LE
CODE NAPOLÉON

CODE CIVIL DE L'EMPIRE FRANÇAIS

MIS A LA PORTÉE DES SOURDS-MUETS

DE LEURS FAMILLES

ET DES PARLANTS EN RAPPORT JOURNALIER AVEC EUX

PAR

FERDINAND BERTHIER

Sourd-muet, doyen en retraite des professeurs de l'Institution impériale de Paris, l'un des vice-présidents de la *Société centrale d'éducation et d'assistance des sourds-muets de France*, président de la *Société universelle des sourds-muets*, chevalier de la Légion d'honneur, membre de la *Société des gens de lettres* et de l'*Institut historique*, etc., etc.

« C'est moi qui ai fait, dit le Seigneur au législateur des Juifs, le muet et le sourd comme l'entendant, l'aveugle comme le clairvoyant. » (EXODE IV, 2).

« Ouvrez la bouche pour le muet, dit le Sage dans le livre DES PROVERBES (XXXI, 8.) ET RENDEZ LA JUSTICE AU PAUVRE ET A L'INDIGENT. »

PARIS

LIBRAIRIE DU *PETIT JOURNAL*

21, BOULEVARD MONTMARTRE, 21

—

1868

LE
CODE NAPOLÉON

CODE CIVIL DE L'EMPIRE FRANÇAIS

Mis à la portée des sourds-muets, de leurs familles
et des parlants en rapport journalier avec eux.

ŒUVRES DE FERDINAND BERTHIER

A LA LIBRAIRIE DU PETIT JOURNAL
21, boulevard Montmartre, 21.

HISTOIRE ET STATISTIQUE DE L'ÉDUCATION DES SOURDS-MUETS, 1839, 1 vol. in-8°.

NOTICE SUR LA VIE ET LES OUVRAGES D'AUGUSTE BÉBIAN, ancien censeur des études de l'Institution impériale des sourds-muets de Paris, 1839, 1 vol. in-8°.

LES SOURDS-MUETS AVANT ET DEPUIS L'ABBÉ DE L'ÉPÉE, mémoire qui a obtenu le prix proposé par *la Société des sciences morales, lettres et arts de Seine-et-Oise*, 1840, 1 vol. in-8°.

DEUX MÉMOIRES, lus en 1839 et 1848 au Congrès historique de Paris, l'un SUR LA MIMIQUE CHEZ LES PEUPLES ANCIENS ET MODERNES, l'autre sur la PANTOMIME DANS SES RAPPORTS, SOIT AVEC L'ENSEIGNEMENT DES SOURDS-MUETS, SOIT AVEC LES CONNAISSANCES HUMAINES, in-8°.

EXAMEN CRITIQUE DE L'OPINION DE FEU LE DOCTEUR ITARD, médecin en chef de l'Institution Impériale des sourds-muets de Paris, Réfutation présentée aux Académies de médecine et des sciences morales et politiques, 1852, 1 vol. in-8°.

OBSERVATIONS SUR LA MIMIQUE, CONSIDÉRÉE DANS SES RAPPORTS AVEC L'ENSEIGNEMENT DES SOURDS-MUETS, adressées le 13 juin 1853 à l'Académie impériale de médecine, à propos des questions relatives à la surdi-mutité, à l'articulation et à la lecture de la parole sur les lèvres, qui s'y discutaient en ce moment, in-8°.

DISCOURS PRONONCÉS EN LANGAGE MIMIQUE aux distributions solennelles des prix de l'Institution impériale des sourds-muets de Paris, des 13 août 1842, 9 août 1849 et 8 août 1857, in-8°.

BANQUETS DES SOURDS-MUETS RÉUNIS POUR FÊTER LES ANNIVERSAIRES DE LA NAISSANCE DE L'ABBÉ DE L'ÉPÉE, de 1834 à 1848 et de 1849 à 1863, relation publiée par la Société centrale des sourds-muets de Paris, 2 vol. in-8°.

L'ABBÉ DE L'ÉPÉE, sa vie, son apostolat, ses travaux, sa lutte et ses succès, avec *l'historique des monuments élevés à sa mémoire à Paris et à Versailles*, orné de son portrait gravé en taille douce, d'un *fac-simile* de son écriture, du dessin de son tombeau dans l'église Saint-Roch à Paris, et de celui de sa statue à Versailles, 1853, 1 vol. in-8°.

LE
CODE NAPOLÉON

CODE CIVIL DE L'EMPIRE FRANÇAIS

MIS A LA PORTÉE DES SOURDS-MUETS

DE LEURS FAMILLES

ET DES PARLANTS EN RAPPORT JOURNALIER AVEC EUX

PAR

FERDINAND BERTHIER

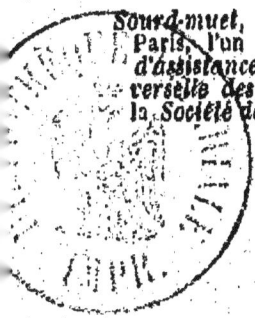

Sourd-muet, doyen en retraite des professeurs de l'Institution impériale de Paris, l'un des vice-présidents de la *Société centrale d'éducation et d'assistance des sourds-muets de France,* président de la *Société universelle des sourds-muets,* chevalier de la Légion d'honneur, membre de la *Société des gens de lettres* et de l'*Institut historique,* etc., etc.

« C'est moi qui ai fait, dit le Seigneur au législateur des Juifs, le muet, et le sourd comme l'entendant, l'aveugle comme le clairvoyant. » (EXODE IV, 2)

« Ouvrez la bouche pour le muet, dit le Sage dans le livre DES PROVERBES (XXXI, 8.) ET RENDEZ LA JUSTICE AU PAUVRE ET A L'INDIGENT. »

———————

PARIS
LIBRAIRIE DU *PETIT JOURNAL*
21, BOULEVARD MONTMARTRE, 21

—

1868

LE
CODE NAPOLÉON,

CODE CIVIL DE L'EMPIRE FRANÇAIS,

MIS A LA PORTÉE DES SOURDS-MUETS,

LEURS FAMILLES ET DES PARLANTS EN RAPPORTS JOURNALIERS AVEC EUX.

LES SOURDS-MUETS

DEVANT L'OPINION PUBLIQUE.

Ce n'est pas pour les jurisconsultes que ce livre a été écrit; — il n'a pas une portée si haute. — C'est surtout à mes frères d'infortune qu'il s'adresse.

La plus grande partie de ma vie a été consacrée à leur instruction.

Que de fois n'ai-je pas éprouvé, au milieu de mes fonctions, qu'un sourd-muet, quelque intelligent qu'on le suppose, risque d'être placé en présence de la loi qu'il enfreint sans la connaître !

Combien n'en voit-on pas dans nos sessions, de moins

heureusement partagés peut-être encore, acquittés en dépit de l'évidence de leur culpabilité !

Ces acquittements ne semblent-ils pas à la fois un effet de la compassion du jury et un sévère reproche à l'insouciance de la société ?

D'autre part, il arrive que plus d'un de ces infortunés est traduit devant un tribunal quelconque pour une faute qu'il n'a pas la conscience d'avoir commise, si tant est qu'il l'ait commise, avec des moyens de défense qui lui manquent au sein de la société des autres hommes parmi lesquels son infirmité l'a condamné à vivre dans un isolement relatif, que l'habitude néanmoins lui rend beaucoup moins insupportable qu'on ne pense, avec des intermédiaires qui trop souvent lui font défaut, avec des interprètes que le hasard lui donne, qu'il comprend mal, et dont il risque de ne pas être toujours compris.

C'est au milieu de ces graves circonstances que la pensée de ce livre a germé naturellement dans mon esprit.

Nous avions primitivement songé à mettre tous les codes à la portée de nos frères sourds-muets ; mais insensiblement ce cadre, malgré toute son importance, s'est restreint, et nous commençons par le plus pressé, par le plus indispensable, par *le Code Napoléon*. Les autres viendront ensuite, réunis dans un second volume, s'il y a lieu.

Qu'il me soit permis d'insister encore sur l'état de la question !

Les lois ne sont-elles pas une nécessité de chaque jour

pour tous les citoyens ? Et plus que tout autre, le sourd-
muet, jeté par sa position, jusqu'à un certain point, en
dehors de la société, n'a-t-il pas besoin d'être éclairé sur
les principes de nos lois et surtout sur la partie de la législation qui le concerne ?

Enfin, et à ce même point de vue, les monuments de
la Jurisprudence, notamment sur les questions d'état et de
la capacité des personnes, ne lui sont-ils pas indispensables à connaître ?

Je me suis fait, il y a longtemps, à mon usage personnel,
une espèce de recueil où j'ai eu soin de relever, à mesure
que j'en trouvais l'application, non-seulement les principes et les dispositions des lois les plus usuelles et les
plus pratiques, mais encore les décisions rendues par les
Cours et par les Tribunaux sur ces mêmes lois et dispositions.

Ce travail m'ayant été précieux dans plus d'une circonstance, j'ai pensé qu'il pourrait également présenter au public et surtout à mes frères d'infortune quelque degré
d'utilité.

Je viens le leur offrir.

Je ne sais pas si je me fais illusion, mais je crois
cette œuvre assez complète, non pas que je lui attribue
une importance scientifique qu'elle n'a pas, mais je fonde
quelque espoir sur son avantage pour ceux-là surtout qui
ne font pas de la législation une étude spéciale, et auxquels cependant leur position et conséquemment leur intérêt commandent de ne pas rester étrangers.

Puisse ce fruit de mes veilles inspirer à mes chers sourds-muets un sentiment réfléchi de leurs droits et de leurs devoirs en les éclairant aussi sur leurs intérêts!

C'est qu'ils sont nombreux, plus nombreux qu'on ne l'imagine, ceux dont mon œuvre, impatiemment attendue, va devenir le *vade-mecum*.

C'est que sur le territoire de la France, ils se comptent par milliers.

Et leurs familles donc? et leurs amis? et tous ceux qui s'intéressent à leur sort, tous ceux qui, lorsqu'il s'agira désormais de les défendre, nous remercieront de leur avoir fourni ce point de départ?

Jusqu'à présent nos nombreuses écoles de sourds-muets des deux sexes n'ont pas dépendu, comme on aurait pu le croire, du ministère de l'instruction publique, mais du ministère de l'intérieur. (Section des établissements de bienfaisance.)

D'après feu le baron de Watteville, inspecteur général de ces établissements, et directeur ensuite, quelque temps, de l'Institution impériale des jeunes aveugles de Paris, le premier dénombrement des sourds-muets en France aurait été fait, sans distinction d'âge, en 1851.

En examinant avec soin les documents recueillis à cette époque, on n'aurait pas tardé à découvrir de nombreuses erreurs dans ce travail, et il serait résulté de nouvelles investigations que, dans plusieurs départements, on avait fait, non-seulement le recensement des *sourds-muets*, mais celui des *sourds* et des *muets*, c'est-à-dire

que, dans un grand nombre de localités, on aurait cru
devoir inscrire sur les contrôles, non-seulement les
sourds-muets, mais encore les sourds adultes, ce qui donnerait un chiffre considérable, attendu que le nombre des
personnes qui deviennent sourdes en vieillissant est très-
élevé.

Enfin, dans un rapport sortant des presses de l'Imprimerie impériale et adressé en 1861 à M. le ministre de l'intérieur, M. de Watteville pense être arrivé,
par un travail de plus en plus sérieux, à un chiffre qu'il a tout
lieu de croire exact, et dont il résulterait que, sur une
population totale de 36,039,364 habitants, la France aurait compté, en 1858, 21,576 sourds-muets des deux
sexes.

A ce rapport sont joints de curieux tableaux faisant
connaître :

1º Le nombre des sourds-muets et leur proportion avec
la population à cette époque;

2º La proportion, en ce temps-là, des sourds-muets à
la population de chaque département, classés suivant le
plus grand nombre de ces infortunés;

3º Enfin le nombre des institutions établies en France
pour l'enseignement de ces malheureux, en 1858, avec
celui des élèves qu'elles comptaient.

Suivant les calculs de M. de Watteville, le chiffre des
sourdes-muettes serait inférieur en France à celui des
sourds-muets dans la proportion de 26 pour cent. Quatre
départements étaient seuls exceptés : l'Ain, qui offrirait

136 sourds-muets sur 161 sourdes-muettes; l'Eure-et-Loir, 55 sur 67; la Meuse, 58 sur 60, et le Gers, 187 sur 6.

Le dénombrement des sourds-muets par âge présenterait le résultat suivant : au-dessous de 5 ans, 573 garçons sur 430 filles ; de 5 à 15, 2,765 sur 2,038 ; au-dessus de 15 ans, 8,987 sur 6,783; total 12,325 sur 9,251; ensemble, comme il a été dit, 21,576 des deux sexes.

La moyenne de la proportion des sourds-muets en France serait, d'après M. de Watteville, de 1 sourd-muet sur 1,669 habitants, soit, pour les hommes, 1 sur 730, et, pour les femmes, 1 sur 939. Les Hautes-Alpes contiendraient 1 sourd muet sur 419 habitants, tandis qu'il n'y en aurait dans la Seine que 1 sur 4,694.

Les départements dans lesquels on en trouverait le plus seraient les Hautes-Alpes, les Hautes-Pyrénées, la Corse, l'Ariége, le Bas-Rhin, la Meurthe, le Puy-de-Dôme, les Basses-Alpes, le Haut-Rhin, la Drôme, contrées montagneuses, maritimes, forestières. Ceux où l'on en rencontrerait le moins : la Seine, la Sarthe, la Haute-Marne, les Pyrénées-Orientales, le Lot-et-Garonne, le Maine-et-Loire, le Loir-et-Cher, les Landes, la Meuse et le Calvados, contrées dans lesquelles dominent, à quelques exceptions près, les plaines et les cultures.

Pour arriver à ce résultat, M. de Watteville a cru devoir diviser les départements : 1º d'après leurs points cardinaux, sud, sud-est, sud-ouest, est, nord et ouest; 2º en localités montagneuses, maritimes, forestières, de plaines et de cultures; 3° en contrées frontières et centrales. Ce sont, comme nous l'avons dit, les régions montagneuses et dont la population est généralement pauvre, qui lui ont fourni le plus de sourds-muets, tandis qu'il en trouve le moins, de beaucoup, dans les pays de culture, où règne une plus grande aisance. De ce premier côté, il la juge de moitié moins considérable.

Remontant aux races primitives de la France, il en divise les débris en germanique, gallo-latine, basque, celtique, gauloise, wallonne et normande.

La première, qu'il trouve dans la Meurthe, la Moselle, le Bas-Rhin et le Haut-Rhin, lui donne 1 sourd-muet sur 1,053 habitants;

La deuxième, dans les Basses-Alpes, l'Aude, les Bouches-du-Rhône, la Corse, le Gard, l'Hérault, le Var et Vaucluse, 1 sourd-muet sur 1,579 habitants;

La troisième, dans les Basses-Pyrénées, 1 sur 1,718;

La quatrième, dans les Côtes-du-Nord, le Finistère, l'Ille-et-Vilaine, la Loire-Inférieure et le Morbihan, 1 sur 1,720;

La cinquième, dans l'Allier, le Cher, l'Indre, l'Indre-et-Loire, le Loir-et-Cher et le Loiret, 1 sur 1,988;

La sixième, dans les Ardennes et le Nord, 1 sur 2,094,

La septième enfin, dans le Calvados et la Seine-Inférieure, 1 sur 2,227.

Moyenne sur la population totale de la France, 1 sourd muet sur 1,669 habitants.

S'il est, ajoute M. de Watteville, une classe d'êtres à laquelle il soit indispensable d'apporter le bienfait de l'instruction primaire, c'est, sans contredit, celle des sourds-muets. Trop longtemps relativement isolée par son malheur de la grande famille humaine, elle en deviendra alors un membre utile et actif. Mais, pour arriver à ce résultat désirable, il faut qu'elle ne soit pas abandonnée à elle-même ou laissée aux soins insuffisants d'une famille indigente; il faut qu'elle soit admise *de droit* dans les écoles, et que l'instruction primaire lui soit, au besoin, donnée gratuitement.

Jusqu'au vi[e] siècle on ne trouve aucun vestige de l'art d'instruire les sourds-muets. Pendant les siècles qui précédèrent l'établissement des asiles ouverts à ces malheureux, ils vécurent dans le plus complet abandon. Les premiers essais tentés pour leur enseignement datent du xvie siècle et sont attribués à un bénédictin espagnol du couvent de Sahagues, dans le royaume de Léon, Pedro de Ponce, mort en 1584.

Deux frères et une sœur du connétable Velasco, frappés de cette double infirmité, durent aux soins éclairés de ce religieux, de remplacer l'ouïe par la vue et la parole par l'écriture. L'impulsion était donnée; il eut des imitateurs, un autre Espagnol, entre autres, Pereira, en 1748.

Le premier instituteur qu'ait eu la France est le père Vanin, de la doctrine chrétienne, qui s'aida d'estampes dans l'éducation de deux sœurs jumelles sourdes-muettes, chez la mère desquelles le hasard, après la mort du père Vanin, conduisit l'abbé de l'Épée.

Celui-ci, sans guide, sans livres, rédigea pour ses nouveaux élèves un projet de *dictionnaire de la langue mimique*,
dont il envoya, dit-on, l'original imparfait à son disciple
l'abbé Sicard.

Si les sourds-muets n'ont pas produit jusqu'ici tout ce
qu'on croyait pouvoir en espérer, on aurait grand tort de
s'en prendre à eux seuls. Les poésies imprimées de l'un
d'eux, Pélissier, ne sont pas certes passées inaperçues, et,
sans compter beaucoup de ses frères dignes d'éloges, nous
serions sans excuse d'oublier M. Alphonse Lenoir, ancien
professeur à l'Institution impériale de Paris, cultivant les
lettres et les arts avec un talent aussi modeste que remarquable, et M. Forestier, qui, puissamment aidé par son épouse
parlante, fille d'un sourd-muet, femme supérieure, dirige,
à l'heure qu'il est, avec autant de talent que de zèle une
des premières institutions de l'Empire, celle de Lyon, pour
laquelle il publie sans cesse de nouveaux livres d'éducation
spéciaux, qu'on aura bien de la peine à surpasser.

Les sourds-muets sont aptes aux études qu'exige un
grand nombre de carrières. Nous en pouvons citer trois,
entre autres, MM. Navarin, Aimé Giraud et Louis Rémond,
qui, à la grande surprise des parlants, sont clercs chez
deux notaires de Paris et de Grenoble, et chez un avoué
de Paris.

Cette nation à part, si digne d'intérêt, a aussi des peintres dont les œuvres figurent aux expositions et au musée
de Versailles : Mlle Fanny Robert, élève de Girodet;
Peyson, élève de Hersent et de Léon Cogniet, qui a

1.

fait don à la chapelle de l'Institution impériale de Paris,
dont il se rappelle avoir suivi les cours, d'un de ses meilleurs tableaux, représentant *les derniers moments de l'abbé
de l'Épée*; Léopold Loustau, Ali de Sant-Prix, Joseph
Tronc, professeur adjoint de dessin à l'Institution impériale; des graveurs : Boclet, attaché au dépôt de la
guerre; Mlle Alavoine; des photographes, entre autres,
Braquehais; des lithographes, des mécaniciens, des hor-
logers distingués : Barbat, Alavoine, frère de la sourde-
muette citée plus haut; enfin des ouvriers intelligents et
habiles; des marins; l'un d'eux, nègre robuste au service
des États-Unis; un autre, le nommé Languerre, ancien
élève de l'Institution impériale de Paris, employé comme
matelot à bord d'un bâtiment de pêche de Tréport et qui
observe admirablement les signaux de son patron, moins
lettré que lui; un autre encore, le nommé Trannés, également ancien élève de l'établissement, membre de la Société
de sauvetage, et à qui des médailles et même la croix
d'honneur ont été décernées en récompense du rare
courage dont il a fait preuve plusieurs fois en retirant de
l'eau des personnes qui se noyaient.

N'oublions pas dans cette énumération, que nous aurions
voulu rendre plus complète, le nom d'un jeune statuaire
sourd-muet, Félix Martin, dont on a remarqué au dernier
salon un groupe d'une composition charmante : *Saint
François de Sales instruisant les sourds-muets*, et qui
expose, en ce moment, un sujet plus touchant encore :
Notre Seigneur appelant à lui les petits enfants.

Cet artiste d'avenir a deux frères atteints de la même infirmité : l'un, grand amateur de peinture, l'autre, graveur sur pierres fines, marié depuis peu à une aimable et spirituelle entendante-parlante, et père d'un petit garçon doué de tous ses sens. Elle vient d'être enlevée encore bien jeune à son affection, à ses espérances, et il en est inconsolable.

Ces jeunes gens sont les petits-fils du célèbre médecin Guersant.

Le nombre des institutions do sourds-muets dont s'énorgueillissait la France en 1861, lors du compte rendu de M. de Watteville, ne dépassait pas 47, sur lesquelles il y en avait 2 impériales, administrées par l'État, à Paris et à Bordeaux; toutes ensemble, situées dans 44 communes différentes, contenant 1,251 sourds-muets et 1,195 sourdes-muettes, soit 2,446 élèves des deux sexes.

Sur ces 47 institutions diverses :

6, suivant lui, n'avaient pas 10 élèves.

6, de 10 à 20.

8, de 20 à 30.

6, de 30 à 40.

7, de 40 à 50.

4, de 50 à 60.

3, de 60 à 70 (Saint-Étienne, Lornay-lès-Poitiers et Toulouse).

1, de 70 à 90 (Lyon).

2, de 90 à 100 (Besançon et Saint-Médard lès-Soissons).

3, plus de 100 (Caen, Bordeaux et Nantes).

1, plus de 200 (Paris).

Total égal 47, dont 13 dirigées par des laïques, 7 par des prêtres et 27 par des communautés religieuses [1].

Voici, du reste, le tableau plus détaillé que traçait M. de Watteville de ces institutions.

1° PARIS, *Institution impériale*, subventionnée par l'État, contenant, avant 1860, 218 élèves (134 garçons, 84 filles); fondée en 1760 par l'abbé de l'Épée, à qui nous avons déjà rendu un légitime hommage. Louis XVI commença à réaliser les vœux du digne prêtre en lui allouant sur sa cassette une rente de 6,000 livres, indépendamment d'un local adhérent au couvent des Célestins. Pendant douze ans, jusqu'en 1772, le respectable instituteur avait consacré toutes ses modestes ressources au maintien de l'établissement, où il rendit le dernier soupir en 1789, entouré de ses enfants d'adoption et dans la pensée que l'œuvre de toute sa vie ne périrait pas. Il eut pour successeur son disciple, l'abbé Sicard, lequel, de son côté, trouva dans le sourd-muet Massieu un collaborateur, qui ne fut pas médiocrement utile à sa réputation et lui valut

1. On nous fournit au moment de mettre sous presse, un renseignement précieux que nous avons tout lieu de croire authentique. L'enseignement des sourds-muets compte aujourd'hui 52 écoles publiques ou privées, contenant 2,000 élèves, dont 1,151 sont boursiers. Sur les 205 maîtres qui composent le personnel enseignant, 54 sont laïques, 151 appartiennent au clergé, à savoir: 14 ecclésiastiques, 29 frères, 108 religieuses.

en partie, lors de la création de l'*Institut de France*, d'y être admis dans la classe qui remplaçait *l'ancienne Académie française*.

L'école des sourds-muets, dont les commencements avaient été si modestes, fut érigée en institution nationale par décrets des 21 et 29 juillet 1791, et transférée en 1794 du couvent des Célestins à l'ancien séminaire de l'archevêque de Paris, dont elle occupe encore le local, rue Saint-Jacques, numéros 254 et 256. Elle est administrée par un directeur assisté d'un censeur des études et de professeurs parlants ou sourds-muets.

Les sujets de 9 à 14 ans peuvent y être admis en justifiant de leur âge par un extrait d'acte de naissance, et de leur infirmité par un certificat médical, constatant, en outre, que l'enfant jouit de toutes ses facultés intellectuelles, qu'il n'est atteint d'aucune maladie contagieuse ou infirmité pouvant le rendre inhabile à recevoir l'instruction intellectuelle et professionnelle, etc.

Le prix de la bourse entière est de 600 francs par an, celui du trousseau de 320 francs, pour tout le temps d'études, ou de 50 francs par an pour les élèves qui viennent y compléter leur instruction. Il n'existe point de limite d'âge pour l'admission de ces derniers; mais ils doivent quitter l'institution dès qu'ils ont accompli leur vingt-unième année.

La durée du cours d'études est de sept ans. La première période, qui comprend quatre années, est exclusivement consacrée à *l'enseignement primaire élémentaire*. Au commencement de la seconde période, qui comprend les trois dernières années, deux voies s'ouvrent à l'élève : à celui qui n'a pas de fortune, *l'apprentissage d'une profession manuelle;* à celui qui est dans l'aisance et au boursier doué de dispositions exceptionnelles, *l'enseignement du degré supérieur.*

Tous les élèves ayant l'aptitude nécessaire apprennent de plus *l'articulation et la lecture de la parole sur les lèvres;*

2° BORDEAUX, *institution impériale*, subventionnée également par l'État, contenant, ayant 1860, 110 élèves (66 garçons, 44 filles), fondée en 1786, par l'archevêque de ce diocèse, Mgr Champion de Cicé, et érigée en institution nationale par la Convention, en 1793. Les élèves peuvent y être admis de neuf à quinze ans, en apportant les deux mêmes pièces dont il vient d'être mention ci-dessus pour l'*Institution impériale de Paris.* Le prix de la bourse est de 500 fr., et celui du trousseau de 300 fr., une fois payés. Le programme ne diffère pas essentiellement de celui de l'école de Paris.

Les deux institutions impériales d'alors ainsi mises à part par M. de Watteville, suivons-le maintenant dans sa classification des autres écoles de sourds-muets, selon l'ordre alphabétique des départements :

3° AIN, Bourg, 44 élèves (12 garçons, 32 filles), fondée en 1855, par l'évêque de Belley, et dirigée par l'abbé Subtil, chanoine honoraire du diocèse. Elle vit du revenu d'un legs de 45,000 francs, que lui a fait l'empereur Napoléon Ier, et d'une allocation de 2,500 francs, que s'impose le département ;

4° Aisne, Saint-Médard-lès-Soissons, 99 élèves (53 garçons, 46 filles), fondée en 1810, par l'abbé Dupont et dirigée actuellement par l'abbé Darras ;

5° Alpes (Hautes-), Gap, 9 élèves (4 garçons, 5 filles), fondée par des sœurs de la Providence ;

6° Embrun, 3 élèves (1 garçon, 2 filles), fondée en 1856 par Mlle Guien, qui la dirigo ;

7° Aveyron, Rodez, 38 élèves (20 garçons, 18 filles), fondée en 1814 par l'abbé Périer, qui l'a cédée au département. Elle est administrée par un directeur et une commission de surveillance, à la nomination du préfet ;

8° Bouches-du-Rhone, Marseille, 55 élèves (32 garçons, 23 filles), fondée en 1819, dirigée par M. Guès, laïque ;

9° Calvados, Caen, 138 élèves (52 garçons, 86 filles), fondée en 1816, par la communauté du Bon-Pasteur dans les bâtiments qu'elle occupe ;

10° Cantal, Aurillac, 19 élèves (9 garçons, 10 filles), fondée en 1845 par une communauté religieuse ;

11° Cher, Bourges, 17 garçons, fondée en 1850, par l'abbé Lebret, dirigée par un laïque ;

12° Côtes-du-Nord, Lamballe, 49 élèves (26 garçons, 23 filles), fondée en 1838, et dirigée maintenant par l'abbé Garnier, assisté de trois frères ;

13° Doubs, Besançon, 90 élèves (40 garçons, 50 filles), fondée en 1819, pour des sourdes-muettes, par la sœur

Rouzet, qui dirige la section des filles. L'abbé Martin est à la tête de celle des garçons;

14° EURE-ET-LOIR, Nogent-le-Rotrou, 28 élèves (12 garçons, 16 filles), fondée en 1808, dirigée actuellement par l'abbé Leboucq, supérieur des sœurs de l'Immaculée Conception;

15° GARD, Nîmes, 18 élèves (10 garçons, 8 filles). M. Chelles, sourd-muet, dirige cet établissement fondé en 1848;

16° GARONNE (Haute-), Toulouse, 60 élèves (39 garçons, 21 filles), fondée en 1826, par l'abbé Chazotte, dirigée maintenant par des sœurs de Saint-Joseph de Lyon. Un laïque est chargé de l'enseignement des garçons;

17° HÉRAULT, Montpellier, 25 élèves (13 garçons, 12 filles), fondée en 1853, par la sœur Marie Caumont, de Saint-Vincent de Paul;

18° ILLE-ET-VILAINE, Rennes, 6 filles, dirigée par des sœurs de la Sainte-Enfance;

19° Fougères, 16 élèves (7 garçons, 9 filles), fondée en 1826 et dirigée par des sœurs de l'Adoration de la Justice de Dieu, sous les ordres de l'abbé Taillandier, supérieur général, y résidant;

20° INDRE-ET-LOIRE, Tours, 10 filles, fondée en 1855 par des sœurs de Saint-Vincent de Paul;

21° ISÈRE, Grenoble, 20 élèves (16 garçons, 4 filles), fondée en 1840 et dirigée par M. Rauh, bavarois, disciple de Grater, dont il suit la méthode;

22o Vizille, 9 filles, fondée par Mlle Gallien, élèves de l'Institution impériale de Paris ;

23o LOIRE, Saint-Étienne, 51 garçons, fondée en 1825, et dirigée par des frères de la doctrine chrétienne ;

24o Même ville, 69 filles, fondée en 1828, dirigée par des sœurs de Saint-Charles ;

25. LOIRE (Haute-), le Puy, 53 élèves, (22 garçons, 31 filles), fondée en 1818, déclarée d'utilité publique par dé-cret impérial de 1853, sous une commission administra-tive, les garçons enseignés par des frères de la doctrine chrétienne, les filles par des sœurs de la Présentation ;

26o LOIRE--INFÉRIEURE, Nantes, 49 garçons, fondée en 1831, à l'hospice général, transférée en 1856, dans un immeuble acheté par le département. Les élèves sont instruits par des frères de Saint-Gabriel ;

27o LOIRET, Orléans, 48 garçons, fondée en 1839, di-rigée par l'abbé Laveau ;

28o Même ville, 28 filles, fondée à la même époque, et dirigée par des sœurs de la Sagesse ;

29o LOT, Cahors, 6 filles, fondée en 1855, par des sœurs du Calvaire ;

30o MAINE-ET-LOIRE, Angers, 30 élèves (11 garçons 19 filles), fondée en 1777, dirigée par des sœurs de Sainte-Marie ;

31o MAYENNE, Laval, 39 élèves (18 garçons, 21 filles), fondée en 1836 dans l'hospice de cette ville, par des sœurs de la Congrégation d'Évron, qui en dirigent l'enseigne-ment ;

32° Meurthe, Nancy, 120 élèves (70 garçons, 50 filles), fondée en 1828 par M. Piroux, ancien élève-professeur de l'Institution impériale de Paris, qui dirige l'enseignement, assisté de deux instituteurs et d'un répétiteur sourds-muets pour la maison des garçons ; de deux institutrices et d'une répétitrice sourdes-muettes pour la maison des demoiselles. — Un instituteur parlant et une institutrice parlante, dans les mêmes catégories pour ce qui concerne la parole artificielle ;

33° Morbihan, Sainte-Anne-d'Auray, 45 filles, fondée en 1811 et dirigée par des sœurs de la Sagesse ;

34° Nord, Lille, 45 filles, fondée en 1824 par le sourd-muet Massieu, élève de l'abbé Sicard, dirigée par des sœurs de la Sagesse ;

35° Fives, 40 garçons, même fondateur, à la même époque, dirigée par des frères de Saint-Gabriel ;

36° Orne, Alençon, 29 élèves (17 garçons, 12 filles), fondée en 1853 par des sœurs de la Providence, qui en dirigent l'enseignement ;

37° Pas-de-Calais, Arras, 29 élèves (14 garçons, 15 filles), fondée en 1817 par Mlle Duler, dirigée actuellement par des sœurs de Saint-Vincent de Paul ;

38° Puy-de-Dôme, Chaumont, 35 élèves (24 garçons, 11 filles), fondée en 1833, et dirigée par l'abbé Dessaigues et sa sœur ;

39° Clermont, 20 filles, fondée en 1827, et dirigée par des sœurs de Saint Joseph ;

40° Pyrénées-Orientales, Perpignan, 13 élèves,

(2 garçons, 11 filles), fondée en 1857, par M. Fourty, qui en dirige l'enseignement;

41° BAS-RHIN, Strasbourg, 34 élèves (14 garçons, 20 filles), fondée d'abord à Colmar, en 1826, par M. Jacoutot, qui l'a transférée en 1839 dans sa résidence actuelle. Il est secondé par un professeur sourd-muet et deux sœurs de Saint-Vincent de Paul;

42° RHÔNE, Lyon, 80 élèves (45 garçons, 35 filles), créée par M. Comberry, sourd-muet, dirigée actuellement par un sourd-muet des plus distingués, ancien élève de l'Institution impériale de Paris, M. Forestier, qui a épousé la fille parlante du fondateur, laquelle dirige l'enseignement des filles;

43° SEINE-INFÉRIEURE, Rouen, 38 élèves (22 garçons, 16 filles), fondée en 1835, et dirigée par l'abbé Lefèvre. Elle a maintenant pour professeur sourd-muet M. Capon, ancien élève de l'Institution impériale de Paris;

44° TARN, Alby, 59 élèves (24 garçons, 35 filles), fondée en 1830 dans le couvent du Bon-Pasteur, et dirigée par des sœurs de cet ordre;

45° VAUCLUSE, Avignon, 6 filles, fondée en 1855 par des sœurs du Bon-Pasteur, dans leur couvent;

46° VIENNE, Poitiers, 24 garçons, fondée en 1838 par des frères de Saint-Gabriel, qui la dirigent.

47° Lornay-lès-Poitiers, 68 filles, fondée en 1833 par des sœurs de la Sagesse, qui la dirigent.

Ce grand nombre d'écoles, appartenant, pour la plupart, si l'on en excepte les institutions impériales, à des cor-

porations religieuses, dont la bonne volonté ne peut à nos
yeux être un instant douteuse, manquent, en général,
d'homogénéité dans leurs méthodes d'enseignement, et dépendent, comme nous l'avons dit, du ministère de l'intérieur (section des établissements de bienfaisance), ce qui
n'empêche pas, ainsi qu'on le verra bientôt, M. le ministre
de l'instruction publique d'exercer une active vigilance sur
elles, sans crainte de conflits qu'heureusement rien ne peut
faire naître entre des fonctionnaires aussi dévoués au bien.

Avant l'agrandissement du territoire de la France par
suite de la guerre d'Italie, M. de Watteville n'évaluait
pas à plus de 4,803 le nombre de nos sourds-muets, des
deux sexes, âgés de 5 à 15 ans, sur lesquel il en supposait
au *maximum* 3,000 capables d'être admis, en raison de
leur âge et de leur santé, au bienfait de l'instruction publique, d'où il en résultait 550 environ exclus. Les filles
se trouveraient plus favorisées dans cette répartition de
lumières que les 'garçons; elles seraient reçues dans les
écoles dans la proportion des 4/5; les garçons seulement
dans celle des 2/3.

Enfin, sur les 2,446 élèves fréquentant les institutions,
334 seulement payeraient, d'après M. Watteville, le prix
de la pension, tandis que 2,112 seraient boursiers ou élevés par la charité publique, ce qui, suivant lui, justifie-
rait grandement son assertion que la plus grande partie
serait issue de parents pauvres.

Par suite de l'annexion de la Savoie à la France, il a
fallu ajouter bientôt aux Institutions impériales de Paris

et de Bordeaux celle de Chambéry, ancienne école royale
de Sardaigne, également subventionnée par l'État, laquelle contient 35 à 40 élèves garçons. Leur direction,
dans un bâtiment spécial, a été confiée à M. l'abbé Riefel,
assisté, entre autres professeurs, d'un sourd-muet,
M. Théobald, ce qui a porté alors le total des écoles de
sourds-muets de France à 48.

Chambéry, possède, en outre, une école destinée aux
jeunes sourdes-muettes, et dont sont chargées les sœurs du
Sacré-Cœur. Dans l'un et l'autre établissement, les élèves
des deux sexes sont admis de 10 à 15 ans, en justifiant
des conditions exigées ci-dessus pour les Institutions impériales de Paris et de Bordeaux. Le prix de la bourse
est de 400 fr. par an, et celui du trousseau de 240 fr.
pour la période du cours d'études qui dure six ans. Le
programme, au reste, est à peu près le même. L'école des
garçons, installée dans un domaine rural, à trois kilomètres
de Chambéry, dispense à ses élèves, quant à l'enseignement
professionnel, une éducation spécialement dirigée vers
les travaux agricoles.

Le ministère de l'intérieur a cru devoir, à la même
époque, opérer un grand bouleversement dans le personnel des élèves des deux Institutions impériales de Paris
et de Bordeaux. La première, qui contenait, comme on
l'a vu, 138 garçons et 84 filles, a dû verser ses 84 filles
dans la seconde; la seconde, qui contenait 66 garçons et
44 filles, a dû verser ses 66 garçons dans la première; de
sorte que la première n'a plus eu que des garçons, et la

seconde que des filles, réforme immense pour les mœurs,
s'est-on écrié tout d'abord, comme si les mœurs avaient
rien à voir à cela ; comme si, dans la vieille organisation,
les quartiers affectés à l'un et à l'autre sexe, dans la même
école, n'étaient pas entièrement distincts, entièrement
séparés, sans aucun rapport possible, les uns avec les
autres, n'ayant, par conséquent, rien de commun entre
eux et n'offrant pas l'ombre d'un danger à courir ; comme
si aujourd'hui même ce prétendu mélange n'en existe pas
moins sans péril dans la majorité des écoles de province.
Tout ce qui résulte de plus palpable de la mesure nouvelle est l'éloignement des élèves de leurs parents, et
chacun sait combien les familles, pauvres ou riches, sont
attachées à leurs enfants sourds-muets des deux sexes, et
combien ces malheureux enfants aiment à vivre le moins
loin possible de leurs familles. Le temps prouvera qui a
eu tort et laquelle des deux organisations était la meil-
leure.

En avril 1866, cinq ans après l'intéressant rapport de
M. de Watteville à M. le ministre de l'intérieur sur l'état de
l'éducation des sourds-muets dans notre pays, M. Duruy,
ministre de l'instruction publique, adressait aux recteurs
de toutes les Académies de France une circulaire ayant
pour but de faire admettre le plus possible de ces infortunés dans les écoles primaires parlantes, travail fort consciencieux et non moins intéressant, d'après lequel Son
Excellence n'évaluait pas à moins de 6 à 7,000 les sourds-
muets français dont très-peu, ajoute-t-elle, appartenant à

des familles aisées, peuvent être admis dans les institutions qui leur sont spécialement ouvertes, le reste crou-
pissant dans l'ignorance et la misère.

Les 16 et 17 août de la même année, deux nouvelles
circulaires de M. le ministre de l'intérieur aux préfets,
complétèrent largement l'œuvre de la circulaire de M. le
ministre de l'instruction publique aux recteurs. Elles traitent particulièrement du mode de recrutement des trois
Institutions impériales de sourds-muets, et de la répartition des crédits annuellement votés par les conseils généraux, à l'approche de l'ouverture desquels Son Excellence
croyait devoir appeler leur attention sur l'enseignement
et l'avenir de ces malheureux.

Nous y lisons ce qui suit :

« L'école de Paris pour les sourds-muets, et l'école de
Bordeaux pour les sourdes-muettes, administrées par des
directeurs placés sous mon autorité immédiate, sont sub-
ventionnées par l'État. Ce sont des établissements modèles
où sont étudiées et appliquées les meilleures méthodes
d'enseignement. Aucune autre institution de cette nature
ne réunit, au même degré que les établissements impériaux,
les éléments d'instruction nécessaires pour donner aux
sourds-muets des deux sexes l'enseignement élémentaire,
la connaissance pratique d'un état manuel, et, au besoin,
l'enseignement supérieur.

» En outre, à la suite de l'annexion de la Savoie à la
France, l'ancien Institut royal de Chambéry, affecté aux

sourds-muets des deux sexes, a été classé au nombre des Institutions impériales.

» En dehors de ces trois institutions, il existe un nombre considérable d'écoles spéciales de sourds-muets, dans lesquelles les départements, les communes et quelques établissements charitables ont fondé des bourses.

» Presque tous les conseils généraux (85 sur 89), votent des crédits en faveur des sourds-muets. Ces allocations, qui atteignent annuellement 320,000 francs environ, sont affectées presque exclusivement à subventionner les écoles locales. 17 départements seulement confient quelques élèves aux établissements impériaux. Il y en a donc 72 qui n'y entretiennent aucune bourse ou fraction de bourse. Il semblerait en résulter que les écoles locales sont en mesure de donner une instruction suffisante à tous les enfants atteints de surdi-mutité. Il est certain cependant que beaucoup d'entre eux restent privés de toute instruction ou ne reçoivent qu'une éducation incomplète, malgré les efforts de l'État, des départements et des communes.

» Vous jugerez sans doute opportun, monsieur le Préfet, d'appeler sur cette question l'attention du conseil général de votre département.

» Il serait à désirer que les sujets les mieux doués sous le rapport de l'intelligence et de la constitution physique, pussent profiter de l'enseignement plus étendu que donnent les Institutions impériales sous le rapport intellectuel et sous le rapport professionnel. Dans ce but, il conviendrait que les élèves qui, après quelques années d'études dans

les écoles locales, auraient fait preuve d'heureuses dispositions, fussent envoyés dans les établissements impériaux.

» En vue de faciliter ce mode de recrutement et d'éviter un surcroît de dépense aux départements disposés à
entrer dans la voie que je viens d'indiquer, j'accorderai
volontiers une demi-bourse de l'État aux élèves que les conseils généraux consentiront à envoyer dans les établissements impériaux pour y compléter et perfectionner leur
éducation. »

Nous croyons devoir ajouter à notre statistique trop
imparfaite du personnel des écoles de sourds-muets
en France quelques renseignements précieux que nous
puisons dans l'*Exposé de la situation de l'Empire*. — *Ministère de l'Intérieur*. — *Assistance publique*, — présenté au
Sénat et au Corps législatif en février 1867 :

« L'Institution impériale des Sourds-Muets de Paris s'efforce de propager les méthodes et les procédés d'enseignement pour les enfants atteints de surdi-mutité. Dans ce
but, un cours normal est fait à deux époques de l'année,
et est ouvert à toutes les personnes françaises ou étrangères qui ont l'intention de se livrer à cet enseignement.

. . . .

» A l'Institution impériale des Sourdes-Muettes de Bordeaux, les élèves et les principaux services ont pu être
installés dans une partie du nouveau bâtiment. L'achèvement de ce bel édifice sera bientôt complet. Des terrains

2

viennent d'être achetés pour établir des préaux spacieux.

» Enfin les travaux d'agrandissement et d'appropriation de l'Institution impériale des Sourds-Muets de Chambéry sont à peu près terminés.

» L'enquête relative à l'enseignement des sourds-muets est également achevée. Le gouvernement en étudie avec soin les résultats, et il est, dès à présent, en mesure d'apprécier la situation et les besoins de cet intéressant service.

» En dehors des trois Institutions impériales de Paris, de Bordeaux et de Chambéry, la France compte 51 écoles publiques ou privées fréquentées par environ 2,000 élèves.

» Ce nombre est encore au-dessous des besoins. Les calculs de l'enquête prouvent que 600 enfants environ, qui seraient aptes à profiter de l'enseignement spécial n'y peuvent participer faute de places dans les écoles et surtout faute de ressources.

» En 1830, il n'existait que 28 établissements recevant 816 sourds-muets.

» Sur les 51 institutions actuelles, 33 sont exclusivement ouvertes aux enfants atteints de surdi-mutité ; 9 admettent des sourds-muets et des parlants ; 3, des sourds-muets, des parlants et des aveugles ; 6, des sourds-muets et des aveugles.

» 25 écoles sont affectées aux deux sexes, 10 aux garçons et 16 aux filles ; 11 sont dirigées par des laïques, 4 ont un caractère mixte, et 36 appartiennent ou à des ecclésiastiques ou à des congrégations religieuses.

» 14 institutions sont administrées sous la surveillance
de commissions gratuites, nommées par l'autorité départementale. Il serait à désirer que ce système se générali-
sât, car la plupart des écoles de sourds-muets reçoivent de
l'État, des départements et des communes des allocations
importantes, soit sous forme de subventions, soit sous
forme de bourses. Ces dernières s'élevaient en 1866 au
nombre de 1,151.

» Elles étaient ainsi réparties :

» Bourses départementales, 957;

» Bourses communales, 110 1/2;

» Bourses fondées par des hospices ou des associations
charitables, 83 1/2.

» Le personnel des professeurs est de 205. Il se subdivise
en laïques et en religieux. Les premiers sont au nombre de
54. Les seconds au nombre de 151, dont 14 ecclésiastiques,
29 frères et 108 religieuses.

» Sous le rapport de la tenue matérielle, la situation est
généralement bonne; mais, malgré les progrès réels que
l'enquête met en lumière, l'enseignement de la langue française laisse encore à désirer dans plusieurs établissements.
L'enseignement professionnel, chez les filles surtout,
donne, en général, des résultats meilleurs. Mais, pour réaliser tout le bien que se proposent les fondateurs ou les
chefs de ces écoles, il sera nécessaire de parer à l'insuffisance des ressources, de généraliser la méthode intuitive,
de préparer un programme d'études, de fortifier le corps
enseignant, d'instituer près des écoles les plus importantes

des commissions d'encouragement et de surveillance. Le gouvernement se préoccupe de ces divers intérêts et il espère que l'enquête actuelle l'aidera à y donner une prochaine satisfaction. »

De pareilles institutions ont, selon nous, droit aux plus grands éloges. Nous regrettons toutefois, pour notre part, de ne pas posséder encore une statistique officielle quelque peu certaine, du nombre actuel de ces malheureux des deux sexes, en France et dans chacun de ses départements.

En 1861, comme je l'ai dit, M. le baron de Watteville, dans son rapport au ministre de l'intérieur, l'évaluait à 21,576 ; à 4,803, 3,000 au moins celui des enfants que leur intelligence et leur santé rendaient aptes au bienfait de l'éducation, et à 2,450 celui des enfants qui le recevaient, 550 en étant ainsi privés. Mais que devient dans ce calcul fort hasardé le surplus nécessaire pour atteindre le chiffre de M. de Watteville en 1858 et 1861, et comment ce chiffre a-t-il pu retomber en cinq ans à celui de 6 à 7,000 évalué en 1866 par M. le ministre de l'instruction publique ? Qui se trompe ? Ou plutôt y a-t-il quelqu'un qui se trompe ou qui soit trompé ici ?

En attendant, jusqu'à ce que la lumière se fasse, jamais on ne nous persuadera que le nombre de ces malheureux ne soit pas bien plus considérable en France qu'on ne se l'imagine, si nous devons nous en rapporter aux renseignements que nous avons été à même de recueillir auprès des chefs des moindres écoles qui leur sont ouvertes, et dans nos relations journalières avec nos frères d'infortune de l'intérieur et du dehors.

Nous nous croyons provisoirement autorisé, sans crainte d'être taxé d'exagération, à le porter chez nous à plus de 30,000, celui des garçons dépassant d'un cinquième celui des filles. D'ailleurs, ceux qui s'occupent de leur instruction constatent assez généralement que, sur 6,000 sourds-muets, qui devraient être admis indistinctement, chaque année, à l'instruction primaire, 2,000 à 2,500 seulement y participeraient à peu près, tandis que 4,000 ne feraient que végéter déplorablement toute leur vie.

Toujours est-il que le gouvernement devrait, selon nous, apporter ses soins à multiplier, en faveur de ces derniers, le trop faible nombre d'établissements spéciaux, vraiment dignes de ce nom, que contient la France; mais, à notre avis, on a le tort grave d'objecter sans cesse que ce serait grever le Trésor public de 3 à 4 millions.

Un philanthrope aussi actif que dévoué dont nous avons à déplorer la perte récente, M. le docteur Blanchet, médecin en chef de l'Institution impériale des Sourds-Muets de Paris, était parvenu (grâces lui en soient rendues!) à éveiller l'attention de l'autorité sur la triste position de ces malheureux enfants, à solliciter, à obtenir même leur admission gratuite dans des écoles primaires de parlants, sans dommage pour les autres élèves.

La circulaire d'avril 1866 du ministre de l'instruction publique aux recteurs de France que nous n'avons pu que citer avec éloge, est le premier résultat de ses généreux

z.

efforts! Comme Son Excellence, nous pensons qu'au sein des écoles normales primaires, les futurs instituteurs doivent se mettre le plus tôt possible au courant de quelques-uns des procédés journellement employés dans plusieurs établissements de Paris, tels que :

1º L'emploi de la mimique naturelle;

2º L'enseignement de l'écriture et simultanément de la langue française, par une méthode qui consiste à aller des choses aux mots, des actions et des faits aux propositions, les choses et les faits pouvant être remplacés, au besoin, par des dessins et des gravures;

3º La dactylologie, qui consiste à graver avec les doigts des lettres dans l'espace ou sur une partie du corps;

4º L'alphabet labial qui apprend à lire la parole sur les lèvres;

5º L'articulation pour les sourds-muets qui ont parlé jusqu'à l'âge de deux à trois ans, quelquefois même de dix à onze, et pour ceux qui y ont des dispositions exceptionnelles.

Le ministre de l'instruction publique recommande, dans sa circulaire aux recteurs, de signaler aux directeurs des écoles normales primaires de parlants les procédés dont l'application exige peu d'efforts et qui, efficacement employés, promettraient d'heureux résultats.

Tel est, à peu près, l'ensemble de ceux que, pendant plusieures années, le docteur Blanchet a poursuivis avec un zèle au-dessus de tout éloge; mais qui, selon nous, ne saurait être à l'abri de toute observation consciencieuse, impartiale, quelque considération bien méritée qu'inspire d'ailleurs tout d'abord l'œuvre du laborieux praticien.

Bien des gens ont été éblouis des prétendus avantages qu'il peut y avoir à maintenir les enfants sourds-muets dans leurs familles, à les placer dans les écoles au milieu des enfants entendants-parlants, qui deviennent dès lors leurs compagnons d'études, de jeux et, plus tard, d'atelier. Mais peu paraissent avoir assez compris la valeur et la portée de ces sortes d'amalgames, si brillants au premier aspect. De longs développements nous entraîneraient hors du cercle imposé à ce travail. Il nous semble même qu'il vaut mieux renvoyer aux préceptes que nous ont laissés nos maîtres sur la matière afin d'en user au mieux pour l'éducation de ces pauvres enfants [1].

Au milieu de ces diverses tentatives, il s'en est produit une nouvelle sous la dénomination d'*alphabet phonomimique*, inventé par M. Aug. Grosselin, sténographe-réviseur au Corps législatif. Comme on le voit, son procédé consiste à représenter par des signes convenus les sons de la voix. A entendre l'auteur, sa méthode aurait de plus l'avantage de rendre facile la participation de nos enfants aux

[1]. Ces principes lumineux, incontestables, quoiqu'on dise, ont été consciencieusement exposés par nous, sourd-muet, dans notre *Mémoire sur les sourds-muets avant et depuis l'abbé de l'Épée*, couronné en 1840 par la société des sciences morales, lettres et arts de Seine-et-Oise, et dans notre *Biographie de l'abbé de l'Épée* qui a paru en 1852. Le premier de ces ouvrages est épuisé. Le second se trouve encore à la librairie Hachette.

leçons données aux entendants-parlants et de permettre
même aux illettrés de converser avec les sourds-muets.

Qui n'a vu l'inventeur l'appliquer durant cinq mois devant le public dans une salle de l'Exposition universelle
de 1867?

Les essais de M. Grosselin réussiront-ils mieux que
ceux de son compétiteur, le docteur Blanchet? C'est au
temps de se prononcer sur le mérite que certaines personnes prétendent leur attribuer.

Au moment où nous livrons cette particularité à l'appréciation de nos lecteurs, nous apprenons qu'une personne
généreuse ayant fait don à la société pour l'enseignement
simultané des sourds-muets et des entendants-parlants
d'une somme de vingt mille francs, la société par l'organe
de son conseil d'administration ayant à sa tête M. Charles
Perrier, député de la Marne, a décidé qu'une portion de
son revenu sera consacré à la fondation de prix annuels,
lesquels, indépendamment de livres, de mentions honorables et de titres de membre honoraire de la société,
consisteront, pour 1868, en grosses médailles, dont deux
de cent francs, et deux de cinquante francs. Ces récompenses seront décernées, non-seulement aux instituteurs,
institutrices et directrices d'asiles publics ou libres, qui
instruiront des sourds-muets en commun avec leurs élèves
doués de l'ouïe et de la parole, mais encore aux instituteurs,
institutrices et directrices d'asiles qui contribueront indirectement à l'émancipation de nos pauvres déshérités, en

enseignant à lire aux entendants-parlants à l'aide du procédé phonomimique.

Encore une fois, attendons les résultats!..

Le mutisme, loin d'être une conséquence obligatoire de la surdité, se tient, au contraire, généralement, sous sa dépendance par un effet de sa liaison naturelle. La surdité, au dire des médecins, a pour cause, ou une paralysie du nerf auditif, ou un amas de matières dans la cavité interne de l'oreille, ou un gonflement des glandes, ou un excroissance dure qui bouche le conduit, etc., etc.

Quoiqu'il en soit, il paraît certain aujourd'hui que, dans l'antiquité, les causes diverses de ce mal n'occupèrent ni Hippocrate, ni Aristote, et qu'à de rares exceptions près, l'appareil vocal du parlant n'est pas autrement organisé que celui du sourd-muet; que souvent même celui-ci est un sujet tout simplement atteint de surdité, dont les organes ne sont pas toujours incapables d'articulation; que même, dans des cas où l'appareil auditif ne peut pas être traité avec succès, il n'est pas toujours impossible à l'appareil vocal d'entrer en fonction sous l'influence, non plus de l'excitation auditive, mais de l'excitation visuelle imitative ou au moyen de l'impression tactile des ondes sonores.

A priori, les causes générales de la surdi-mutité, étant devenues de nos jours l'objet des recherches des hommes de l'art, ont été le plus fréquemment attribuées par eux à l'humidité, à la malpropreté des habitations, à l'influence plus ou moins grave qu'exercent certains mé-

tiers des pères et mères sur la constitution organique de
leurs enfants, etc., etc., etc.

Après avoir présenté rapidement ici quelques observations qui ne sont pas aussi étrangères à notre sujet
qu'elles le paraissent au premier abord, nous croyons devoir mettre sous les yeux de nos lecteurs d'autres causes
non moins immédiates. Nous voulons parler des mariages
consanguins et entre parents à des degrés prohibés par
l'Église, dont il a été fait tant de bruit.

De nombreux praticiens distingués ont mis au jour de
curieux traités sur cette importante matière. Certains ont
cru pouvoir en signaler les dangers et l'influence sur la
production de la surdi-mutité chez des enfants issus de
ces unions, et ils ont été amenés à poser des conclusions
qu'il appartenait au jury compétent de discuter et de résoudre.

Qu'on nous permette d'en reproduire quelques-unes ex-
traites du mémoire présenté, le 16 juin 1862, par le savant
docteur Boudin, à l'Académie impériale de médecine de
Paris?

« La surdi-mutité, disait-il, ne se produit pas toujours
directement par des parents consanguins. On la voit aussi
se manifester parfois *indirectement* dans des mariages
croisés dont l'un des conjoints est issu d'un mariage entre
consanguins.

» Les parents *consanguins* les mieux portants peuvent
procréer des enfants sourds-muets, et, par contre, des
parents sourds-muets, mais non consanguins, ne produi-

sent que *très-exceptionnellement* des enfants sourds-muets. La fréquence de la surdi-mutité chez des enfants issus de parents consanguins est donc *radicalement indépendante de toute hérédité morbide.*

» La proportion des sourds-muets de naissance, se hâtait-il d'ajouter, croît avec le degré de consanguinité des parents, et le nombre de sourds-muets augmente souvent d'une manière très-sensible dans la localité où il existe des obstacles naturels aux mariages croisés. »

Pour preuve de cette assertion, *le Bulletin des Hôpitaux*, n° 27, année 1862, mentionne l'Alsace qui contient la moitié environ de tous les juifs de France.

Pour achever de confirmer ce que nous avançons, nous nous bornerons à citer deux ménages de sourds-muets appartenant à la classe aisée, sans que nous croyions qu'il soit nécessaire d'y en ajouter plusieurs autres que nous connaissons personnellement.

M. Laurent Clerc, ancien professeur sourd-muet à l'institution impériale de Paris, actuellement instituteur à Hartfort, dans le Connecticut (États-Unis), a eu six enfants, tous entendants-parlants, d'une Américaine sourde-muette. Il nous a assuré, lors de son dernier voyage en France, que, ni sa femme, ni lui, n'avait jamais eu la moindre peine à les élever (prétendue difficulté dont paraissent s'effrayer chez nous, outre mesure, bien des familles).

A notre passage, en 1846, à Moulins, nous ne pûmes voir sans une agréable surprise, un de nos anciens condisciples, Clemaron et sa femme, tous deux sourds-muets, se faire parfaitement comprendre de l'aînée de leurs deux enfants qui entendent et parlent. Elle n'avait pas plus de cinq ans. Le second était encore à la mamelle. Pour être complétement dans le vrai, nous ajouterons qu'ils avaient une domestique parlante, possédant très-bien leur langage.

Dans leurs relations avec leurs frères et sœurs d'infortune, avec leurs familles, avec les parlants et parlantes qui sont en rapport journalier avec eux, les sourds-muets et sourdes-muettes lettrés suppléent par *la mimique* et *la dactylologie* à l'ouïe et à la parole qui leur manquent.

La mimique, langue des gestes, peint la pensée et non la parole.

Quelle que soit la langue particulière, écrite et parlée de chaque peuple, la mimique est le seul lien de communication intellectuelle qui existe entre *tous*, quelque partie du globe qu'ils habitent; c'est, jusqu'à présent, comme on l'a très-bien dit, *la langue universelle de l'humanité.*

Au parlant de même qu'au sourd-muet la nature l'inspire, le besoin la suggère et l'usage la développe plus ou moins.

Vouloir lui imposer des règles fixes, c'est rêver l'impossible.

Le travail, l'expérience parviennent, sans doute, à en régulariser, à en préciser, à en éclaircir l'emploi; mais c'est tout.

Il en est différemment de la dactylologie ou langage des doigts, représentation imagée de chacune des lettres de l'alphabet, que nos doigts, variant leurs positions, tracent successivement en l'air, depuis l'*a* jusqu'au *z*, moyen tout-à-fait en dehors de la mimique universelle, pouvant donc varier suivant la langue écrite et parlée de chaque peuple qui l'emploie, moyen très-long à mettre en usage, puisqu'il force à procéder, non-seulement mot par mot, mais lettre par lettre, tandis que, par un seul geste, souvent la mimique peint une pensée entière.

Malgré cela, peut-être même à cause de cela, l'usage de la dactylologie est généralement plus répandu dans le monde. Les parlants s'en servent, de préférence, dans leurs rapports avec les sourds-muets, comme leurs fils parlants et leurs filles parlantes l'ont employée dans leurs écoles et pensions pour dérouter l'œil vigilant du professeur. Elle s'apprend plus vite que la mimique, langue philosophique, universelle, qui, quoiqu'inspirée par la nature, n'en exige pas moins de sérieuses études pour être approfondie et mise en œuvre avec une certaine supériorité.

Nous voulons parler, bien entendu, de l'alphabet dactylologique, qui, grâce à la commodité et à la facilité de son emploi, obtiendra toujours, pour ce qui le concerne, la préférence sur toutes les dactylologies abrégées qu'on a essayé vainement de lui substituer à différentes époques, et dont l'unique résultat a été trop souvent d'embrouiller ce qu'elles avaient la prétention d'éclaircir.

Bon nombre de nos frères d'infortune, peintres et graveurs, comme il y en a beaucoup, ont produit et édité des alphabets dactylologiques ; et le grand débit qui s'en est fait, /

prouve l'attrait qu'ils ont pour d'autres même que les sourds-
muets. Nous sommes redevable de celui que nous donnons
ici, à un artiste de mérite, des nôtres, M. Boclet ; il est également adopté en France et dans quelques pays voisins.

Une demi-heure au plus suffit pour l'apprendre. L'habitude le rend ensuite souvent plus rapide que la parole.

ALPHABET MANUEL DES SOURDS-MUETS

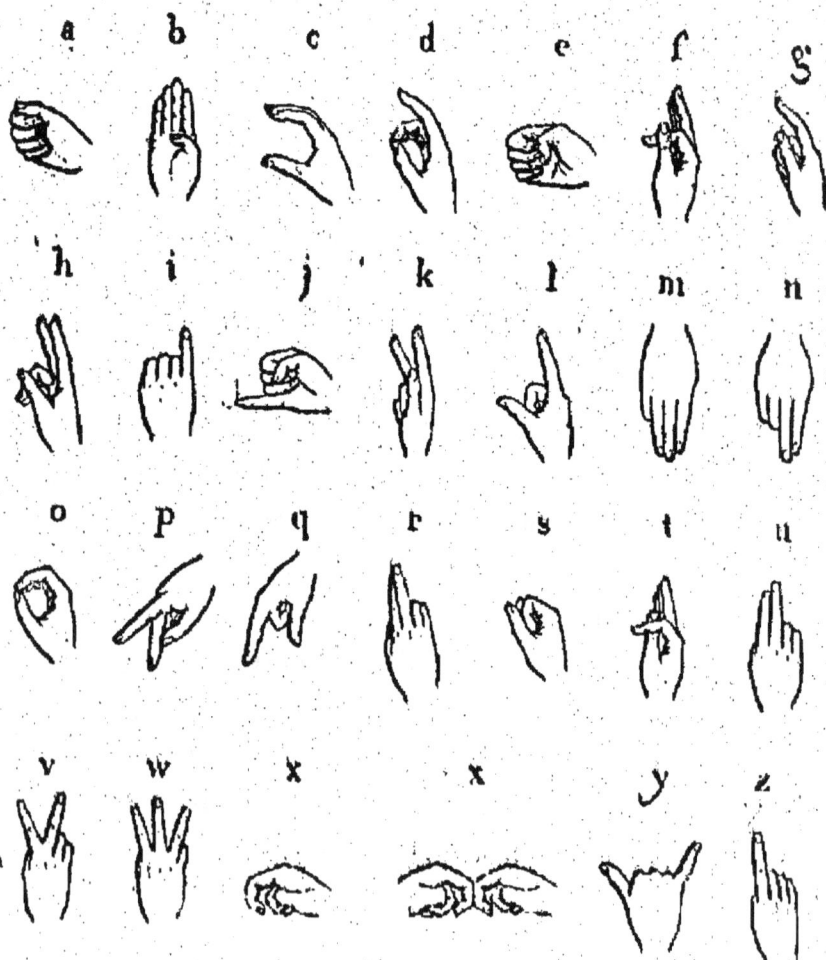

Quant à la mimique, comme langue de la nature, le sourd-muet illettré en a l'instinct, l'inspiration, pour ainsi dire, en entrant dans les écoles de ses frères d'infortune. Il ne lui reste plus alors qu'à en perfectionner l'usage au moyen de l'étude et de la réflexion. En revanche, le même enfant, quand il en franchira le seuil, ignorera presque toujours complétement la dactylologie, si surtout il est issu de parlants qui ne savent ni lire ni écrire.

Dans les rapports journaliers du sourd-muet lettré avec ses frères et sœurs d'infortune, avec sa famille, avec les parlants et parlantes qu'il fréquente, ce n'est qu'à de rares intervalles que la dactylologie devient pour lui l'accessoire de la mimique bien comprise, bien appliquée, et encore n'est-ce que pour des objets exclusivement matériels, qu'il n'a pas eu le temps d'apprendre à peindre.

Forcément le sourd-muet, lettré ou illettré, en vient à la mimique, langue des gestes ou plutôt de la pensée, langue inséparable, chez le parlant, de l'art du barreau, de la tribune, de la chaire, comme de celui du théâtre, du chant, de la chorégraphie même, dont, à son insu, dans chacune de ces carrières, elle devient l'auxiliaire indispensable et que tout entendant-parlant qui y excelle, est obligé, malgré lui d'y introduire.

Incontestablement certes, il faut avoir de l'oreille, tant pour éviter les dissonances, que pour juger de l'accord des sons; mais l'harmonie proprement dite ne consiste-t-elle pas aussi dans la combinaison des formes, dans l'arrangement des termes, dans la finesse et le charme des

expressions, dans l'élégance et la variété des tableaux,
dans la richesse des images, dans la sublimité des pensées ?

Que de fois, une pièce imprimée à la main ou sans ce
guide utile, n'avons-nous pas assisté avec fruit, grâce à la
mimique forcée des acteurs, dans un théâtre quelconque,
à la représentation d'une tragédie, d'une comédie, d'un
drame, d'un opéra, d'un vaudeville même, et n'avons-
nous pas applaudi, nous aussi, Talma, Mlle Mars,
Rachel, Malibran, Frédéric-Lemaître, Déjazet et tant
d'autres? Et au barreau, à la tribune, à la chaire, que
d'orateurs n'avons-nous pas vu déployer leur éloquence
avec non moins de séduction que notre entourage entendant-parlant !

Donc, esprits trop sédentaires et novateurs trop peu
aventureux, bon gré, mal gré, il faut en prendre votre
parti, et, comme nous, proclamer que la mimique est,
non-seulement la langue naturelle des sourds-muets lettrés ou illettrés, mais la langue générale de tous les peuples, la langue universelle de l'humanité.

Quel lien, dès lors, dans un prochain avenir, entre notre
barreau si éclairé, et la classe trop nombreuse en France
de nos frères d'infortune !

Comme chaque pas nous éloigne ainsi, grâce à Dieu,
de ces temps reculés, où, partout et toujours, le sourd-
muet se voyait livré au mépris, à l'ignominie, à toutes
sortes de mauvais traitements, à la mort même, attendu
qu'il était, aux yeux de ses contemporains, la lèpre de la

société! Les lois romaines, aussi peu sages, ne lui permettaient de disposer, ni de sa personne, ni de ses biens. Elles exemptaient toutefois de cette tyrannie absurde les sourds de naissance auxquels la nature avait accordé la parole articulée : *Si enim vox articulata eis naturâ concessa est.*

Ces préjugés, enfants de la barbarie et de la superstition, semblaient, au reste, être accrédités par l'opinion que quelques théologiens avaient émise à ce sujet sur la foi de certains passages de saint Paul et de saint Augustin, et par celle de philosophes adoptant les assertions d'Aristote qui déclarait les sourds-muets incapables d'apprécier toute la sublimité de la morale.

Quelque arriérée que soit même aujourd'hui à leur égard notre jurisprudence, n'est-elle pas loin encore, par son texte et son interprétation, de ces temps primitifs qui nous étonnent au moins quand ils ne nous effraient pas!

Avant de l'aborder toutefois, en détail dans notre Code Napoléon, nous aurions voulu pouvoir jeter, ne fût-ce qu'en passant, un coup-d'œil rapide sur les lois qui régissent les sourds-muets aux États-Unis d'Amérique et en Angleterre, dans les principaux pays d'Allemagne et en Russie, dans la Suède, le Danemark, la Hollande, la Belgique, la Suisse, le Portugal et en Espagne même, berceau de l'art d'instruire ces malheureux.

Nous n'y renonçons pas, tant s'en faut, et ce n'est pour nous, nous l'espérons bien, que partie remise.....

Mais, avant d'aller plus loin, nous avons besoin de parler

encore une fois de la mimique et de la dactylologie. Le sourd-muet instruit, outre qu'il possède entièrement ces deux moyens particuliers de communication, écrit et chiffre couramment sur le papier, au sortir des écoles spéciales, aussi bien et souvent mieux que beaucoup d'entendants-parlants lorsqu'ils quittent les leurs.

Quant au sourd-muet illettré, il est, à l'exception de l'ouïe, juste dans la position de l'entendant-parlant qui ne sait ni lire ni écrire.

A la parole que celui-ci possède, il supplée abondamment par la mimique, dans laquelle il est souvent fort expert.

De l'écriture il n'est pas plus question chez l'un que chez l'autre.

Et pourtant que de fois ne voyons-nous pas, lorsque le parlant illettré est accueilli partout, l'ignorance de certains parlants interdire l'accès de la justice au sourd-muet illettré et même lettré, prétendre que la loi commune n'est point faite pour lui, qu'il n'a aucun droit au titre de citoyen, qu'il n'est enfin qu'un vrai paria rejeté pour toujours en dehors de notre civilisation ?

A les en croire, le sourd-muet est incapable de faire un acte quelconque, de contracter n'importe quel engagement, de se marier, de tester, de tenir un enfant sur les fonts baptismaux, etc., etc. C'est tout au plus s'ils lui permettent de naître, de vivre et de mourir.

Ne les dirait-on pas aveuglément cramponnés encore, malgré l'évidence des faits, à la barbare constitution justi-

nienne plaçant le sourd-muet au niveau de la brute? Tout
ce que la loi romaine avait pu faire pour lui, dans ses
meilleurs jours, c'était de l'admettre dans la catégorie des
idiots et des aliénés. Des curateurs lui étaient imposés pour
la gestion de ses affaires, attendu sa conformation, et parce
que son infirmité équivalait à la mort : *Mortuis similis est.*

Ainsi le Créateur avait beau imprimer sur son front,
comme sur celui du parlant, le cachet de l'intelligence, ce
caractère incontestable de sa supériorité sur toutes les
autres créatures vivantes, cette émanation, pour ainsi
dire, de la Divinité! Vainement, cette intelligence brillait-
elle dans ses yeux, dans ses mouvements, dans ses moindres signes mimiques, le préjugé s'arrêtait à son infirmité
pour décider s'il était, oui ou non, apte à l'accomplissement d'un acte quelconque.

Il y avait à cet égard dans la loi romaine diverses distinctions ou catégories. L'une ou l'autre de ces infirmités
(la surdité ou le mutisme) ou les deux réunies ob-
tenaient grâce si elles provenaient de quelque accident,
remontât-il au moment de la naissance et même si l'on
était naturellement sourd sans être muet ; mais le législateur refusait toute pitié à l'individu né sourd-muet. Celui-
là ne pouvait faire ni testament, ni codiciles, se permettre
une donation à l'article de la mort, confier un secret, af-
franchir un esclave, etc., etc.

Comprend-on bien les motifs de ces capricieuses distinctions? Pourquoi prétendre examiner si une infirmité
quelconque s'oppose ou ne s'oppose pas à ce que celui qui

en est atteint fasse telle ou telle chose, lorsque ses facultés sont d'ailleurs intactes et conservent toute leur liberté, toute leur énergie, toutes leurs conditions de développement et de perfectibilité?

Mais la parole articulée ne se donne pas, elle s'apprend : c'est la nature perfectionnée par l'art ; l'enfant ne parle pas en venant au monde.

Le mutisme n'est pas une conséquence rigoureuse, mais accidentelle, de la surdité. On apprend même à parler à un sourd-muet, à moins toutefois qu'il n'y ait un vice de conformation, sans remède, dans son appareil vocal.

Notre ancienne jurisprudence agrandit le cercle des rares exceptions admises par la loi romaine en faveur des sourds-muets. Elle l'étendit à ceux qui ont l'intelligence et l'instruction nécessaires pour connaître leurs droits et manifester leur volonté. (Voir le *Dictionnaire de Ferrière*, art. *curateur*; le *Répertoire de jurisprudence de Merlin*, art. *sourd-muet*, etc., etc.)

C'était un grand pas fait sans doute, mais il était encore insuffisant.

Combien cependant, déjà alors, dans notre droit, la position des sourds-muets français, comparée à celle de leurs frères des États voisins à l'époque actuelle, n'approchait-elle pas davantage du point où devait la faire parvenir le progrès des lumières et de la civilisation moderne!

Comprend-on, par exemple, que chez un peuple aussi éclairé et qui réfléchit autant que l'Anglais, ils soient encore relégués, de nos jours, dans la catégorie des infor-

tunés qui tombent en enfance par suite de vieillesse ou de
quelque maladie accidentelle ?

La jurisprudence britannique range, sans pitié, cette
classe intéressante de sa population, à côté des idiots et
des aliénés, au nombre des individus incapables de disposer de leurs biens par testament. Une honorable exception
admet toutefois, mais dans des cas fort rares, le sourd-
muet, qui l'est devenu à la suite d'un accident, à tester
par écrit ou par signes.

Le célèbre William Blackstone, né en 1723, mort en
1780, dans ses *Commentaires sur les lois d'Angleterre*
(*Commentaries on the laws of England*), ouvrage resté classique dans le pays sur cette matière, et dont on ne compte
plus depuis longtemps les éditions, après avoir mentionné
en détail cette disposition exceptionnelle (tome III, p. 550),
ajoute un peu plus loin : « L'entendement des sourds-
muets n'ayant pu s'éclairer, à aucune époque, par l'emploi
des moyens ordinaires, ils ne sauraient posséder la conscience véritable du testateur, *animam testandi*, et leurs
testaments sont nuls de plein droit. »

Ailleurs il dit (tome 1er, p. 556) : « L'individu qui
n'est pas né sourd-muet ou *aveugle* et qui le devient à un
âge plus ou moins avancé, ressemble, en général, à un
homme qui perdrait l'intelligence par suite d'une maladie
et qui n'aurait plus, comme on dit vulgairement, sa tête
à lui, *non compos mentis*. La cour de la grande chancelle-
rie le déclare alors communément inhabile à gérer ses
affaires, et le roi devient son tuteur aussi bien que de

l'idiot.... Il est pourtant certains cas particuliers assez rares.....» (Ici l'exception mentionnée ci-dessus, que la loi anglaise ne semble accorder que contrainte et forcée.)

Quant au Code autrichien et au Code bavarois, nous n'en connaissons qu'une disposition formelle, s'opposant à ce que le sourd-muet serve de témoin dans un testament.

Là jadis, ainsi que dans d'autres pays d'Allemagne, (trouvons-nous rapporté dans divers livres de jurisprudence), ils étaient déclarés inhabiles à posséder des fiefs comme de moindres propriétés ; la loi les assimilait, en ces occasions, aux mineurs, aux idiots et aux fous ; c'est-à-dire, que l'administration en était dévolue à un tuteur, et qu'ils étaient dispensés d'en faire hommage-lige au seigneur féodal.

En Italie, ce beau pays, de récentes réformes, dans lesquelles personne, autant qu'on peut, n'est oublié, de notables améliorations ont été apportées tout nouvellement au sort de nos frères d'infortune.

Néanmoins, la pensée principale du Code régénéré paraît y être toujours de proportionner la capacité civile et la responsabilité légale des sourds-muets au degré de leurs lumières, en prolongeant leur minorité et en diminuant leur pénalité en matière de délits, si ce n'est pour tous, au moins pour ceux qui ne sont pas assez instruits.

Qu'on nous permette de reproduire ici deux dispositions, entre autres, de la nouvelle jurisprudence italienne pour ce qui les concerne:

« Le sourd-muet de naissance, ayant atteint sa majorité,

est réputé *incapable*, de droit, à moins que le tribunal ne le déclare apte à gérer ses affaires.

» Le majeur, inhabile à jouir de ses droits civils, ne peut ni emprunter, ni donner, ni tester, sans le conseil d'un curateur. »

Espérons, au reste, que le temps n'est pas loin où toutes les nations civilisées ne resteront plus, sous ce rapport, en arrière de la France, destinée à les précéder dans la voie de l'émancipation et du progrès.

Suivant la loi musulmane, le sourd-muet est spécialement protégé comme l'aveugle, le fou et tout ce qui n'est pas dans la condition normale de l'homme.

Les musulmans sont peut-être, en réalité, plus compatissants que nous. Une forme de leur sentiment de pitié, c'est l'hospitalité, et l'on sait comme elle est pratiquée au milieu d'eux. — En Orient, il y a chez tous du pain et un asile pour les malheureux.

La législation française moderne, mieux inspirée, jusqu'à un certain point, que toutes les autres, permet au sourd-muet d'acheter et de vendre, de prendre à bail, de donner à ferme, tous biens, meubles et immeubles, mais à la condition expresse, destructive d'une grande partie du bienfait, qu'il saura lire et écrire.

« Depuis que par les heureux effets de la bienfaisance et du génie, les sourds-muets ont été rendus à la société, ils sont devenus capables d'en remplir les devoirs et d'en exercer les droits. » Ainsi s'exprimait l'un des auteurs du

Code civil, M. Bigot de Préameneu, dans l'exposé des motifs du titre des *Donations et des testaments*.

Si, aux yeux du législateur, le sourd-muet illettré est inférieur au sourd-muet lettré, faut-il attribuer cette distinction humiliante à ce qu'il n'a pas, comme lui, le discernement nécessaire pour administrer ses affaires et pour contracter? Mais l'expérience de tous les jours ne nous prouve-t-elle pas le contraire? Et alors, pourquoi l'un et l'autre ne seraient-ils pas également maintenus sous l'empire du même droit commun?

Un juge bien compétent en pareille matière, un des hommes les plus instruits dont s'honore cette spécialité, un ancien censeur des études de l'Institution impériale de Paris, mon digne maître, feu Bébian, dit dans son *Journal des sourds-muets et des aveugles* :

« J'ai vu des sourds-muets petillants d'esprit, brillants d'imagination, jugeant des beautés des arts qui sont à leur portée avec un goût peu commun et une exquise délicatesse, pleins de saillies piquantes dans leur conversation mimique, pleins de sens dans leur conduite; et cependant ils savaient à peine écrire quelques mots. D'autres, n'ayant reçu qu'un commencement d'instruction, m'ont étonné par les connaissances positives qu'ils possédaient, jugeant des hommes et des choses avec une singulière sagacité, exerçant avec succès divers genres d'industrie, et n'ignorant presque rien de ce qui les intéressait dans la sphère d'activité où le sort les avait placés. A quoi étaient-ils redevables de ce développement spontané ? Ils le devaient uniquement à l'exercice de leur esprit dans des communications journalières avec d'autres sourds-muets ou avec des parlants qui, par l'habitude de vre avec eux, s'étaient rendu leur langage familier. »

Et, tandis que Bébian traçait ces lignes péremptoires, d'éminents médecins français faisaient revivre dans leurs écrits le système d'incapacité morale prononcée par la loi romaine contre les sourds-muets et s'obstinaient à les parquer dans la catégorie des idiots et des aliénés.

« L'imbécillité, disait, entre autres, le docteur Marc, est la nuit de l'intelligence, la surdi-mutité en est le sommeil. »

Mais, de nos jours, ce qui est bien autrement grave, plus d'un sourd-muet s'est vu exclure de la loi commune et des jouissances des droits des autres citoyens, par des motifs, disons mieux, par des prétextes que nous ne saurions énumérer ici.

Or ces refus, si légèrement, si mal motivés, prennent des proportions d'autant plus graves aux yeux de la loi, qu'ils émanent de magistrats et d'administrateurs, que leurs fonctions chargent du devoir de l'appliquer dans toute son indépendance et son intégrité :

Scire leges non est earum verba tenere, sed vim ac potestatem.

Frappé de cet état de choses, j'ai cru que ma position spéciale vis-à-vis de mes frères d'infortune, mes commettants les sourds-muets, m'imposait l'obligation d'adresser successivement à chacune de nos diverses assemblées législatives une pétition ayant pour but d'obtenir du pou-

voir que certaines modifications, reconnues indispensables,
fussent apportées à la jurisprudence civile et criminelle
qui régit cette classe de citoyens, pétition par moi renou-
velée patiemment, de 1840 à 1853.

« Messieurs (disais-je dans la première, datée du 15 avril
1840, et adressée également à la Chambre des pairs),
l'œuvre de notre *père spirituel*, l'abbé de l'Épée, a enfanté
des prodiges. Les sourds-muets ne sont plus exclus de la
communion des parlants ; ils ne sont plus traités de brutes,
d'automates, de parias, par leurs frères en Dieu, les autres
hommes... Jouissant de la plénitude des droits sociaux
dont ils avaient été repoussés par les philosophes sur la
foi d'Aristote, et par les théologiens sur celle de saint Augustin, ils exercent des professions honorables ; ils occupent
des places dans nos administrations, dans nos écoles,
partout où leur contingent d'utilité peut être acquis à la
société dont ils sont membres. Pères de famille, ils élèvent
leurs enfants, ils dirigent même leur éducation et prépa-
rent à la patrie des citoyens, à la société des hommes.

» Mais, il faut le dire avec douleur, la législation civile
et criminelle qui les régit, n'est plus à la hauteur de l'é-
poque. Pourquoi donc n'essaierait-on pas d'y introduire
quelques améliorations réclamées par la dignité de l'intelligence, d'accord avec la justice et l'humanité ?

» D'abord, la loi reconnaît au sourd-muet sachant lire
et écrire le droit de faire un testament olographe et mystique. Quant au testament par acte public, elle est muette
sur ce point. Ce silence ne doit-il pas nécessairement donner

lieu à contestation, comme il est souvent arrivé, entre un sourd-muet et un officier public, malgré l'autorité d'esprits aussi supérieurs que Merlin et Bousquet?

« Le sourd-muet, ont dit ces profonds jurisconsultes, doit « pouvoir tester par acte public pourvu qu'il écrive lui- « même ses dispositions et les signe en présence du nombre « de notaires et de témoins requis pour ces sortes de tes- « taments et en observant les autres formalités qui leur « sont particulières. »

» Ces grands légistes ont donc reconnu, au moins im- plicitement, ainsi que l'abbé de l'Épée, que l'oreille n'at- tache pas un sens plus déterminé aux mots prononcés que les yeux aux caractères de l'écriture; et ils ont admira- blement conclu de là que l'intelligence du sourd-muet a, devant la loi, des droits égaux à l'intelligence du par- lant.

» Il importe donc à l'honneur de la grande famille que Dieu m'a confiée peut-être, à moi son frère aîné en in- fortune, comme un dépôt dont j'aurai à lui rendre compte un jour, qu'un arrêt solennel des Chambres sanctionne le jugement des habiles jurisconsultes que j'ai cités, et que le droit de tester par acte public soit généralement re- connu à tous les citoyens français auxquels la nature a réparti le même degré d'intelligence, dès qu'il sera bien démontré que le sourd-muet a la conscience de ce qu'il fait et que sa religion n'a pas été trompée.

» A mon avis, il y a aussi des lacunes à combler dans la disposition de la loi, d'ailleurs parfaitement conforme

à l'équité naturelle, qui autorise l'accusé ou le témoin
sourd-muet à correspondre par écrit avec le tribunal.
Pour vous faire apprécier ce que cette disposition a d'in-
complet, souffrez, Messieurs, que je mette ici sous vos
yeux l'article 333 du Code d'instruction criminelle.

« Si l'accusé, y est-il dit, est sourd-muet et ne sait pas
« écrire, le président nommera d'office, pour son inter-
« prète, la personne qui aura le plus d'habitude de con-
« verser avec lui. Il en sera de même à l'égard du témoin
« sourd-muet. Dans le cas où le sourd-muet saurait écrire,
« le greffier écrira les questions et observations qui lui se-
« ront faites; elles seront remises à l'accusé ou au témoin
« qui donnera par écrit ses réponses ou déclarations. Il
« sera fait lecture du tout par le greffier. »

» Mais pourquoi, lorsque le sourd-muet se trouve en
présence de son accusateur parlant, ne pas lui appliquer le
principe adopté par la loyauté, principe qui ordonne le
partage du soleil entre les combattants ? Pourquoi ne pas
lui donner connaissance de l'accusation? L'égalité devant
la loi, cet admirable axiome de notre législation française,
n'est-elle pas évidemment violée si on le déboute, sans
pitié, d'une prétention aussi naturelle, aussi légitime, tandis que ses réponses écrites, lues à haute voix par le greffier, parviennent sans voile ni obstacle à l'oreille du
parlant qui l'accuse ?

» Deux ou plusieurs sourds-muets plaident-ils l'un contre
l'autre? Il est indispensable que la mimique, cette langue
dont l'universalité est aujourd'hui reconnue sur tous les

points du globe et qui remplace, au besoin, toutes les autres, ait avec la parole orale sa part dans les débats de l'audience. Sans doute, on m'objectera que ce sera long. Mais la question n'est pas là. Il ne s'agit pas, en effet, de savoir si les débats dureront plus ou moins de temps, mais si assistance pleine et entière sera donnée à la vérité, de quelque côté qu'elle se trouve, au risque de prolonger les débats de quelques heures, de quelques jours même.

» Enfin, si, parmi les sourds-muets, il s'en rencontre d'illettrés, l'article cité plus haut est là pour lever toute difficulté à cet égard.

» Je demande, en conséquence, qu'il soit décidé :

» 1° Que l'accusé ou le témoin sourd-muet pourra désormais obtenir communication, séance tenante, de l'accusation que lui transmettra par écrit le greffier ou toute personne que le président choisira à cet effet, en cas d'impossibilité du greffier chargé de suivre les débats, pour les consigner sur la feuille d'audience;

» 2° Que l'un et l'autre sourds-muets, sachant également bien écrire, auront chacun un *interprète parlant*, de leur choix, qui traduira, soit en langue orale, soit en langage mimique, leurs réponses écrites.

» En appelant votre attention sur ces graves intérêts de mes frères d'infortune, je suis sûr, à l'avance, Messieurs, d'attirer votre sympathie. Votre sagesse appréciera, ensuite, j'en ai la certitude, leur vœu unanime et le mien. »

Telle était ma première pétition du 15 avril 1840.

Sur le rapport qui en fut fait par M. Moreau (de la Seine), dans une séance de la Chambre des députés, elle fut renvoyée au garde des sceaux M. Martin (du Nord).

Moins heureux à la Chambre des pairs, je la vis repoussée par l'ordre du jour dans sa séance du 18 avril 1842, conformément aux conclusions de M. le comte Beugnot.

Nouvelles pétitions par moi adressées, en mars 1844, à la Chambre des députés et à la Chambre des pairs.

Voici la seconde :

« La Chambre des députés, dans une de ses séances d'avril 1842, a bien voulu, avec une sollicitude éclairée, qui a pénétré de reconnaissance tous les sourds-muets, mes frères, ordonner le renvoi de ma pétition à M. le garde des sceaux.

» Mais votre honorable rapporteur M. Moreau (de la Seine), tout en vous proposant ce renvoi avec tant de bienveillance pour nous, a cru devoir vous faire observer que des difficultés devaient se rencontrer bien nombreuses dans l'adoption des dispositions législatives demandées et surtout dans leur application, difficultés devant lesquelles il lui semblait que les auteurs du Code civil avaient eux-mêmes reculé.

» Touché, comme je dois l'être, des intentions si loyales de votre Commission, permettez-moi d'essayer de dissiper, s'il est possible, toutes ces craintes en détruisant les malentendus qui ont pu les faire naître.

» Et d'abord, quant au testament public, M. le rapporteur déplore avec moi le silence de la loi, et l'unanimité, sur ce point, des commentateurs qui prétendent que le sourd-muet ne peut faire un acte analogue, puisque cet acte doit être *dicté* par le testateur, à peine de nullité, et leur peu d'accord, d'ailleurs, à défaut de texte précis, sur plusieurs des autres points de la question. Il se demande enfin si, sans commettre un crime de lèse-humanité, on peut priver ainsi le sourd-muet de tous moyens quelconques de disposer de sa fortune envers sa femme, ses parents ou les objets de ses plus chères affections, par la raison qu'il ne sait ni lire ni écrire.

» Or, quel est le véritable sens du mot *dicter?*

» A consulter le dictionnaire de l'Académie française, il signifie : *prononcer mot à mot une phrase ou une suite de phrases, pour qu'une ou plusieurs personnes l'écrivent.*

» Je ne crains pas de le demander, cette définition est-elle juste, exacte, incontestable? Comment se fait-il qu'on ne se soit pas occupé d'en étendre l'application à la mimique ou même à la dactylologie, qui sont des langues, des idiomes, dans toute l'acception du terme? Chez nous, en effet, ne voit-on pas journellement un sourd-muet *dicter* une lettre à un sourd-muet ou à un parlant? Et cette expression n'a-t-elle pas été consacrée par l'usage depuis qu'il se rencontre de ces infortunés dans le monde? Et puis, le mot *prononcer mot à mot* doit-il s'entendre uniquement, en bonne logique, des paroles articulées par la langue? Quand il s'agit de sourds-muets, cette expression ne doit-elle pas s'étendre aux paroles reproduites *mot à*

mot par eux au moyen des doigts, langue aussi complète,
aussi claire que l'autre, et dont la nature prévoyante leur
a laissé la libre disposition pour manifester leurs intentions et leurs volontés?

» Il me semble que, dans les questions d'honneur et d'a-
venir qui touchent directement les sourds-muets, on ne
devrait pas courber humblement la tête sous le joug des
langues, ce fruit éphémère des caprices de l'usage. Au
reste, dans notre France, cette terre classique de l'égalité
devant la loi, pourquoi permettre au législateur d'exclure
de la pleine jouissance des droits civils *la mimique*, cette
langue à laquelle on reconnaît aujourd'hui incontestablement la même infaillibilité qu'à la *parole orale?*

» M'opposera-t-on l'indispensable nécessité *d'entendre?*
Mais cette objection ne saurait résister davantage au plus
simple examen de la logique vulgaire. *N'entend-on pas*, en
effet, aussi bien et même mieux souvent par les yeux que
par les oreilles? *Nihil est in intellectu quod priùs non fue-
rit in sensu.* Et l'assentiment que votre Commission a paru
elle-même donner à cette dernière assertion ne vient-il pas
d'être corroboré par un arrêt solennel de la Cour de cassation qui valide l'aptitude du sourd-muet illettré à faire
une donation entre-vifs?

» Me demandera-t-on comment on devra procéder dans
le testament public à l'égard du sourd-muet lettré ou
illettré?

» La question touchant le sourd-muet lettré ne me paraît
devoir subir aucune contradiction.

» S'il sait lire seulement, il n'aura, selon moi, qu'à
dicter son testament par signes à une personne familiarisée avec son idiome particulier, sauf à écrire lui-même, en
lettres moulées, au bas de l'acte, qu'il approuve tout ce qui
précède.

» S'il ne sait ni lire ni écrire, on ne voit pas plus d'inconvénient pour lui, sinon à signer son nom, du moins à
tracer, à la place, *une croix*, comme font tous nos paysans,
toutes les fois qu'il sera avéré qu'il sait fort bien ce
qu'il fait et qu'il comprend toute la portée de l'acte qu'il
va signer.

» Au surplus, la mimique du sourd-muet est généralement plus claire et plus intelligible que son style. C'est
son peu d'habitude de la langue et non la faute de son intelligence qui le rend parfois inférieur, sous ce rapport,
au parlant qui écrit comme il parle.

» Et n'est-ce pas là un argument plus concluant encore
en faveur de ma proposition ?

» Quant aux *lisants* et aux *écrivants*, qui se refusera à
reconnaître en eux, si la loi la consacre, une garantie ras-
surante dans les formes de la signature ou de l'approbation ?

» Opposera-t-on au mode de tester par acte public, que
je propose pour le sourd-muet ne sachant pas signer son
nom, cette raison qu'il n'a pas, comme le paysan ignare,
l'avantage d'entendre la lecture de l'acte?

» Mais, à quelque point de vue qu'on se place, cette objection me semble complétement détruite par les arguments

que je viens de mettre sous vos yeux. La présence de l'interprète du sourd muet rendra d'ailleurs impossible toute surprise, toute captation, en même temps que sa traduction consciencieuse attestera l'intelligence et le consentement du sourd-muet.

» Il reste une dernière difficulté en ce qui concerne l'officier public.

» La question ne saurait être douteuse, je pense, en ce sens que, conformément à l'art. 972 du Code civil, il pourra recourir, en présence des témoins, à la mimique ou à la dactylologie.

» La mimique est une langue d'inspiration, de spontanéité, à l'usage du parlant comme du sourd-muet, c'est la compagne habituelle, imprévue, indispensable de tout discours. Il ne faut pas de longues études pour pouvoir s'en servir : en consultant son cœur, on y parvient toujours.

» Quand à la dactylologie, plus facile au premier abord, il suffira au fonctionnaire d'avoir sous les yeux un alphabet manuel imprimé ou gravé, comme en possèdent tous les sourds-muets, *semblable à celui que nous avons cru devoir insérer dans cette introduction*, d'y puiser, une à une, les lettres dont il aura besoin pour ses mots, de les calquer, pour ainsi dire, à l'aide de ses doigts, sur ce modèle, et de les reproduire de la sorte aussi fidèlement que possible.

» On me dira peut-être : Nous comprenons fort bien que la mimique soit apte à remplacer la parole en ce cas; mais, comment voulez-vous que les témoins exigés par la loi puissent entendre tous suffisamment cette langue muette?

Comment voulez-vous qu'ils puissent l'apprendre soudainement alors qu'ils ont à assister le sourd-muet illettré dans un acte analogue?

» Il me semble que l'impossibilité qu'on allègue en cette circonstance pour celui-ci, vient moins de lui, puisqu'il a la mimique à sa disposition, que des témoins dépaysés, incertains, et du danger qu'au premier aspect ils se voient dépouillés de leur droit au profit de la fraude.

» Mais, quand même parmi les témoins (ce qui ne saurait manquer d'arriver quelquefois en pareil cas), il ne s'en rencontrerait pas un possédant la mimique ou la dactylologie, un interprète sourd-muet ou parlant n'est-il pas là pour éclairer la religion des témoins comme celle de l'officier public? Le notaire, avant d'écrire le testament, constatera en tête de son acte que l'interprète a prêté serment de reproduire fidèlement les intentions du sourd-muet, et que ce serment a été reproduit par lui, notaire, en présence des témoins.

» Après toutes ces considérations, ai-je besoin de vous rappeler le vœu émis par le conseil général de Saône-et-Loire dans ses sessions de 1826 et 1827, qu'il fût proposé une loi qui comblât la lacune que présente le Code civil à l'égard des sourds-muets, et prescrivît les mesures nécessaires à la conservation de leurs droits et à la défense de leurs intérêts dans la société?

» Voilà pour la législation civile.

» Quant aux modifications que me paraît réclamer l'article 333 du Code d'instruction criminelle, dans l'intérêt de la justice aussi bien que dans celui de la dignité de mes

frères d'infortune, je persiste dans ma proposition relative
à la liberté du choix d'un interprète, sans vouloir toutefois contester le moins du monde l'autorité discrétionnaire
accordée au président du tribunal par l'article 268 du même
Code. »

Aux nouvelles observations contenues dans cette seconde
pétition, la Chambre des députés réservait un accueil non
moins bienveillant et plus motivé. Sur le rapport qu'en fit
M. Genty de Bussy dans la séance du 9 avril 1845, elle
fut renvoyée au garde des sceaux M. Martin (du Nord).

Celle que j'avais adressée en même temps (mars 1844) à
la Chambre des pairs, rappelait que, sur la première, elle
avait passé à l'ordre du jour dans sa séance du 18 avril
1842, conformément aux conclusions de M. le comte Beugnot,

« Tout en rendant justice, y disais-je, aux lumières et
à la sollicitude du rapporteur, qu'il me soit permis de déclarer humblement, la main sur la conscience, que ses
arguments ne me paraissent pas avoir prévalu irrévocablement dans l'esprit des sourds-muets et des personnes
qui s'intéressent à leur sort, sur ceux que l'expérience
leur oppose! Souffrez donc que j'en appelle de la Chambre
des pairs jugeant consciencieusement, mais absorbée sans
doute par d'autres soins, à la Chambre des pairs mieux
renseignée!

» J'aborde, avant tout, la question du testament public
qui me semble la plus grave. J'ai demandé et je persiste
plus que jamais à demander que le sourd-muet, lettré ou

illettré, soit admis par un nouvel acte législatif à tester
par devant notaires.

» En effet, tous les citoyens français ne sont-ils pas
égaux devant la loi et n'est-il pas bien constaté aux yeux
de tous les hommes éclairés que le sourd-muet lettré ou
même illettré n'est pas moins apte que le parlant à exercer ses droits civils? La loi elle-même ne reconnaît-elle
pas, au moins tacitement, que, dans tous les cas, l'écriture peut suppléer à la parole?

» Reste à prouver que la mimique peut, à son tour,
remplacer l'une et l'autre, en droit comme en fait. Qu'on
n'aille pas s'effrayer, avec mon honorable adversaire, de
voir s'élever des difficultés nouvelles quand il s'agira, pour
le sourd-muet, de faire connaître au notaire sa dernière
volonté par l'une ou l'autre voie! Je n'ai nullement eu en
vue de créer, comme on le prétend, à l'usage particulier
des sourds-muets, une forme nouvelle de testament, par-
ticipant à la fois du testament public et du testament mystique. Nous ne sollicitons pas autre chose que ce dont
jouit la masse des Français; nous voulons seulement maintenir intacte, dans tous nos actes, notre dignité d'homme
et de citoyen; nous demandons enfin à être placés dans
les mêmes conditions que le reste de nos compatriotes en
face de la loi. Et sur ce point nous croyons nous conformer à l'intention du législateur.

» Qu'entend-on, en effet, par la parole? Persiste-t-on à
lui attribuer, *à elle seule*, la vertu d'imprimer un caractère
sacramentel à l'expression de l'intelligence humaine?

Telle ne saurait être votre opinion. Qui oserait d'ailleurs
prétendre aujourd'hui que le langage des gestes, à la fois
si simple, si naturel, si complet, si universel, n'est pas le
véhicule de la pensée aussi bien que la parole articulée
ou écrite?

» Un fait, entre mille, vous convaincra de la vérité de
ce que j'avance : Il n'y a pas longtemps, aux États-Unis,
devant la cour d'assises du Missouri, une jeune sourde-
muette accusait un jeune homme parlant d'avoir violé à
son égard une promesse de mariage. Elle ne savait pas un
mot d'anglais, et pourtant elle est venue à bout d'obtenir
un verdict de culpabilité contre son séducteur. Comment?
La pauvre fille, tenant dans ses bras, l'enfant, fruit de son
malheureux amour, a, par sa puissante mimique, arraché
des larmes à tout l'auditoire, au jury et au tribunal.

» Chez nous, un arrêt solennel a plus récemment encore
sanctionné l'aptitude du sourd-muet illettré à procéder à
une donation valable entre-vifs. La Cour de cassation
(chambre des requêtes) a rejeté, dans son audience du 30
janvier 1844, le pourvoi formé contre le sourd-muet
Clergue par ses héritiers, pourvoi dont un des moyens
s'appuyait sur l'article 936 du Code civil, disposant que le
sourd-muet qui ne sait pas écrire ne peut accepter une
donation que par un curateur *ad hoc*.

» Un des considérants de cet arrêt souverain porte :

« Attendu que les procédés d'enseignement si heureuse-
» ment appliqués à leur éducation ne permettent plus de
» les considérer, ainsi que le faisait le droit romain,

» comme dépourvus généralement de l'intelligence néces-
» saire à la gestion de leurs affaires; qu'il est manifeste,
» au contraire, qu'à l'aide de ces procédés, ils peuvent
» acquérir un degré supérieur d'instruction et parvenir au
» plus complet développement de leurs facultés intellec-
» tuelles; que, dans une pareille condition, il serait im-
» possible de leur contester la capacité d'apporter dans
» les transactions où ils sont parties, un consentement
» libre, volontaire et suffisamment éclairé... »

» S'il est donc bien reconnu par la haute Cour elle-
même que la parole et l'écriture ne sont que des signes
conventionnels, auxquels il peut être, en certains cas, suppléé par d'autres signes propres à exprimer d'une manière
suffisamment claire et précise la volonté de la personne
qui est obligée de recourir à ce mode de manifestation; si
la loi elle-même n'a pas hésité à admettre le langage des
signes comme une expression fidèle de la pensée des
sourds-muets, quand elle investit (article 333 du Code
d'instruction criminelle), le président du droit de nommer
d'office pour interprète à l'accusé sourd-muet illettré la
personne qui aura le plus d'habitude de converser avec
lui; si enfin, aux yeux de la loi, il importe peu que le
sourd-muet soit illettré pourvu qu'il puisse suffisamment
faire connaître sa volonté, libre et éclairée, par des signes,
et que la capacité de consentir ne lui soit point contestée;
si donc toutes ces conditions sont admises, comment le
sourd-muet illettré ne pourrait-il pas tester par acte public,
quand il est reconnu qu'il peut, aidé d'un ou de deux in-

terprètes, manifester sa dernière volonté par des signes
en présence du nombre de notaires et de témoins requis
pour ces sortes d'actes?

» Non, assurément, la Chambre des pairs ne voudra pas,
dans sa haute sagesse, laisser subsister cette contradiction flagrante, que rien ne saurait justifier. Elle tiendra à
ce que, dans tous les cas possibles, toutes ces conséquences
découlent rigoureusement d'un principe général dont
l'évidence est une fois établie.

» L'opinion de quelques-uns de nos plus célèbres jurisconsultes, tels que Merlin, Grenier, Favard de Langlade,
armés de la Constitution justinienne, cette œuvre de l'erreur des anciens temps, pour ne rien dire de plus, n'ar-
rêtera pas la justice moderne, qui profite des découvertes
comme des erreurs de ses devanciers et marche d'un pas
de plus en plus sûr, éclairée qu'elle est par le flambeau
de la vérité. Le Ciel soit loué! De nos jours on ne sera
plus admis comme autrefois à opposer les prescriptions du
vieux droit romain à la mimique, cette langue universelle,
cherchée pendant une longue suite de siècles avec des
peines infinies par les philosophes et les savants de toutes
les nations, découverte enfin, il y a à peine un demi-siè-
cle, par un humble prêtre.

» La Cour de cassation vient de proclamer l'infaillibilité
du langage des gestes avec M. l'avocat général Delangle,
quand ce dernier a démontré si logiquement, si puissamment, cette vérité de fait : « Que le sourd-muet à qui le
» langage des gestes est devenu assez familier pour qu'il

» puisse se mettre en communication intellectuelle avec
» les personnes qui l'entourent, est aussi capable de con-
» tracter que celui qui s'engage par la parole. »

. . . .

» Examinons maintenant les deux derniers points qu'a-
borde votre honorable rapporteur. Il me paraît d'abord
urgent de vous signaler une grave omission commise par
le législateur dans la rédaction de l'article 333 du Code
d'instruction criminelle.

» En 1839, le président du tribunal correctionnel de l
Seine refusait de recevoir la déposition *écrite* d'un sourd-
muet qui se portait partie civile dans un procès contre un
autre sourd-muet. A la surprise pénible de tout l'auditoire,
le magistrat donnait pour motif de son refus formel une
exception qui résulte de l'article dont il s'agit en faveur de
l'accusé et des témoins sourds-muets. On a prétendu conclure du silence de la loi en ce qui touche spécialement
la partie civile sourde-muette, que cette dernière devait
rester dans la règle commune qui est *la déclaration orale.*
Et, par un raisonnement étrange, on a cru devoir *établir*
une différence entre l'accusé, les témoins et la partie civile, comme si cette différence devait ressortir de la position de chacun d'eux devant la justice.

» A propos de ma protestation insérée à ce sujet dans
une feuille judiciaire, une polémique s'engagea entre un
ancien magistrat qui combattait cette protestation appuyée
sur le texte même de la loi, et ledit journal qui voulait
bien me venir en aide.

4.

» Il fut reconnu avec le président que l'article 333 est une exception, et l'on pensa pourtant qu'on eût dû l'interpréter en ce sens que cette exception porte en elle une règle générale et une exception particulière.

» Or, la règle générale de l'article 333, c'est la déclaration par écrit, si le sourd-muet partie civile sait lire.

» Pourquoi donc repousser le sourd-muet partie civile du droit que l'article accorde à l'accusé et aux témoins, sans paraître pourtant le limiter? La partie civile, comme l'accusé, demande justice ; elle a le droit de réclamer la réparation d'un crime, comme l'autre a le droit de recourir à tous les moyens pour faire triompher son innocence.

» Donc, pour que de pareilles discussions ne se renouvellent plus sur ce sujet à l'avenir, je demande formellement qu'il soit fait également une mention spéciale de la *partie civile sourde-muette* dans la disposition particulière de l'article 333 créée en faveur de *l'accusé et des témoins sourds-muets.*

» Quant au silence de M. le rapporteur sur l'entière liberté du choix d'un interprète de la part de l'accusé sourd-muet qui ne sait pas lire, je pense avec la loi que ce droit doit lui être acquis, à moins qu'il ne soit dans un état habituel d'imbécillité, de démence ou de fureur, cas prévu par l'article 489 du Code civil.

» Mon raisonnement est celui-ci : le sourd-muet illettré doit avoir plus d'intérêt que le sourd-muet lettré à exercer le droit de récusation, ou tout au moins à choisir lui-même son interprète, puisque le sourd-muet lettré a sur l'illettré l'avantage de pouvoir rectifier immédiatement par écrit toute interprétation inexacte, tandis que l'autre ne le peut pas. — S'agit-il d'un témoin sourd-muet, il doit lui importer fort peu, je pense, que l'interprète soit choisi par le président ou par lui, puisque l'accusation ne le touche qu'indirectement.

» Dans l'un et l'autre cas, si le président doute de la bonne foi de l'interprète, il peut, dans l'intérêt de la défense, adjoindre un second interprète à celui qui a été choisi par l'accusé sourd-muet. Le Code d'instruction criminelle (article 268) lui reconnaît ce pouvoir discrétionnaire.

» Je demande, en conséquence, que, conformément aux termes du paragraphe 2 de l'article 332 du Code d'instruction criminelle, l'accusé sourd-muet soit autorisé formellement à se choisir un interprète et que ce choix ne lui soit plus imposé contre son gré, comme il arrive souvent, mais qu'à l'avenir, le président lui demande s'il accepte un tel pour interprète.

» En me résumant, je désire :

» 1° Que le sourd-muet lettré ou illettré soit admis, comme tous les autres citoyens, à tester par acte public, le sourd-muet illettré exprimant sa dernière volonté par signes en présence de deux interprètes, choisis, l'un par lui, l'autre par le président du tribunal; qu'en conséquence soit rapporté l'article 2 de l'ordonnance de 1735 sur la forme des testaments, déclarant nuls ceux du sourd-muet, lors même qu'ils auraient été rédigés sur lesdits signes, article qu'à son époque, le savant Pothier commentait ainsi d'avance : « C'est une règle commune à » tous les testaments qu'ils ne peuvent se faire par signes, » lesdits signes ayant quelque chose de trop équivoque » pour autoriser les dernières volontés déclarées de celte » manière ; »

» 2° Que le sourd-muet, apte à lire et à écrire ait le droit de se faire donner connaissance de l'accusation orale par l'intermédiaire d'un parlant qui sache interpréter ses signes, si ce n'est au moyen de la reproduction par écrit de cette accusation ;

» 3° Que, si le sourd-muet ne sait ni lire ni écrire, il lui soit accordé un interprète de son choix pour traduire ses réponses, soit par écrit, soit en langue orale, sans préjudice de la faculté laissée au président du tribunal par l'article 333 du Code d'instruction criminelle ;

» 4° Enfin, qu'en ce qui touche l'accusé et les témoins sourds-muets, le même article mentionne *la partie civile sourde-muette.* »

Plus heureux cette fois que la première, je ne vis point la Chambre des pairs passer à l'ordre du jour sur ma pétition. Conformément aux conclusions du rapporteur M. Anisson-Duperron, elle fut, comme à la Chambre des députés, renvoyée, dans la séance du 17 mars 1846, à M. le garde des sceaux, ministre de la justice, M. Martin (du Nord).

Dès le 16 juin suivant, j'écrivais à Son Excellence pour lui rappeler mes diverses pétitions et l'accueil qu'elles avaient reçu des deux Chambres. Dans cette lettre je lui déclarais que c'était avec les sentiments de la plus profonde gratitude et du plus ineffable bonheur que je m'associais à la proposition que la dernière commission de la Chambre des pairs avait faite d'une enquête sur les points principaux de la jurisprudence civile et criminelle qui régit les sourds-muets.

« Que Votre Excellence, disais-je au ministre, me permette de lui demander d'organiser sans retard une commission de sept à huit membres *ad hoc* et de proposer à son approbation, comme les plus compétents en pareille matière, MM. Laurent de Jussieu, membre du comité supérieur des établissements de bienfaisance ; de Thorigny, avocat général à la cour royale de Paris ; Eugène Garay de Monglave, membre de la commission consultative de l'Institut royal des sourds-muets ; Édouard Morel, professeur de la classe de perfectionnement de cette école, et l'auteur de ces diverses pétitions, laissant, comme de juste, à Votre Excellence le soin de compléter le nombre des membres, et la priant de faire consulter, sur cette question grave, par son procureur général à Poitiers, un homme non moins compétent, M. Serph-Dumagnou, ancien substitut du procureur du roi, maintenant juge au tribunal de commerce de cette ville. »

Quatre mois après, ne recevant aucune réponse, je renouvelai, le 28 octobre 1846, ma requête à M. Martin (du Nord), ajoutant à la liste de mes candidats, M. Rivière, directeur de l'école des sourds-muets de Rodez, qui était alors, en même temps, juge de paix de cette ville.

A la suite de sept mois de douloureuse attente pour mes frères d'infortune, comme pour moi, je recevais, le 15 mai 1847, du nouveau ministre de la justice, M. Hébert, la lettre suivante, dont la brève sécheresse renversait momentanément toutes mes espérances :

« *Monsieur, la législation civile et criminelle me paraissant donner aux sourds-muets toutes les garanties possibles, je regrette qu'il ne puisse être donné suite aux diverses réclamations que vous avez adressées à mon prédécesseur.* »

La République ayant été proclamée sur ces entrefaites, M. Victor Considérant, membre de l'Assemblée nationale, voulut bien se charger de déposer, le 6 juin 1848, sur le bureau de cette assemblée, un nouvel exemplaire de ma pétition, qui, sous la présidence de M. Armand Marrast et sur le rapport du comité de législation représenté par M. Davy (de l'Eure), fut, le 11 décembre, renvoyée au nouveau ministre de la justice.

Le 20 avril 1849, rappel par moi de cette pétition au président du conseil des ministres, garde des sceaux, M. Odilon Barrot, qui, dans une autre circonstance, avait bien voulu accueillir, avec un empressement tout sympathique, mes démarches en faveur de mes frères d'infortune.

« Le comité de législation, lui disais-je dans ma lettre, effrayé, au premier aspect, des modifications que je demandais, s'est empressé de reconnaître cependant à l'unanimité qu'il importait d'examiner avec soin la position des sourds-muets illettrés qui, ne pouvant user ni de l'article 972 ni de l'article 979 du Code civil, se trouvent ainsi privés du droit de tester.

« L'honorable rapporteur avait pensé qu'il ne serait peut-être pas impossible de rendre l'article 972 applicable à ces infortunés, soit à l'aide du mécanisme proposé par le pétitionnaire, soit à l'aide de tout autre moyen qu'une étude approfondie pourrait suggérer.

« Il regrettait seulement que le comité n'eût sous les yeux ni documents ni renseignements qui pussent servir d'éléments à une décision et qui fussent de nature à éclairer sa conscience dans une matière où il croyait voir certaines difficultés. »

Afin de lever ces difficultés, je m'offris de moi-même à fournir ces documents au ministre, ainsi que le comité en exprimait au moins tacitement le vœu, et je suppliai le nouveau gouvernement, comme ses devanciers, de former sans délai une commission spéciale chargée de résoudre en dernier ressort les points principaux de la législation qui intéressent les sourds-muets.

Le 24 octobre 1852, M. de Thorigny, ancien ministre de l'intérieur, conseiller d'État, aujourd'hui sénateur et premier président de la cour impériale d'Amiens, notre ami, notre protecteur depuis longtemps, voulait bien se charger de remettre au garde des sceaux, M. Abbatucci, une nouvelle lettre de rappel, dans laquelle je mettais sous ses yeux les efforts persévérants que je n'avais cessé de faire, de 1840 à 1849, en faveur de mes frères d'infortune, de-

vant toutes les assemblées législatives et devant tous les
ministres de la justice.

Un mois après, le 19 novembre 1852, M. Abbatucci,
m'accusant réception de mon mémoire, croyait devoir me
faire observer qu'à son avis, les plus graves considérations
prescrivaient de ne modifier les dispositions du Code Napoléon (articles 972 et 979) qu'avec une extrême réserve
et dans le cas de nécessité absolue. On ne pouvait donc,
ajoutait Son Excellence, provoquer la mesure qui faisait
l'objet de mon mémoire, qu'autant que de nombreux intérêts l'exigeraient.

« Comme, disait M. le ministre en finissant, la mission
respectable que vous vous êtes imposée en faveur d'une
classe de citoyens si intéressante, a dû vous procurer des
renseignements sur les sourds-muets complétement privés
d'instruction et qui ne peuvent, en conséquence, écrire
leur testament, je vous prie de vouloir bien me faire connaître, autant que possible, leur nombre et leur position. »

Cette lettre, je l'ai dit, était du 19 novembre 1852. Dès
le 30 décembre je répondais à Son Excellence :

« Quoiqu'il n'existe pas encore de statistique exacte de
la population française affligée de cette double infirmité,
je crois pouvoir, d'après les derniers recensements opérés
dans les autres contrées de l'Europe et de l'Amérique,
l'évaluer rigoureusement de 25 à 26,000 au plus, dont le
quart à peine reçoit le bienfait de l'éducation.

» Mais permettez-moi, monsieur le garde des sceaux,
de vous le faire observer avec tout le respect que je vous

dois, ma pétition n'a en vue que de poser une question de principe qui domine, ce me semble, toutes celles qui s'y rattachent directement ou indirectement, et je reconnais parfaitement avec vous quelle réserve il faut apporter à toute réforme ayant pour but une disposition quelconque du Code Napoléon. »

Ici j'essayais de résumer les considérations éparses dans mes diverses pétitions aux Assemblées législatives qui se sont succédées en France, et j'ajoutais :

« Expliquera qui pourra l'étrange anomalie de la loi, autorisant explicitement, d'autre part, la mimique à sanctionner tout acte civil, notamment celui du mariage, l'acte le plus sérieux de la vie!

» Le Code civil, en ce qui regarde les sourds-muets, n'est pas, du reste, interprété toujours et partout de la même manière. On voit journellement ces malheureux lutter contre l'inexpérience de certaines autorités, contre leur respect superstitieux pour le texte brutal de la loi, dont elles ne saisissent pas peut-être parfaitement l'esprit, alors même qu'il ne s'agit généralement que de remplir les plus simples formalités légales. Cela tient à ce vieux préjugé qui fait trop souvent regarder comme sacramentelle l'intervention d'un parlant dans tous les actes d'un sourd-muet, sur quelque preuve d'ailleurs que celui-ci s'appuie.

» Voulez-vous, disais-je à M. le ministre, des exemples d'une aussi étrange prétention? J'en citerai quatre ou cinq entre mille :

» M. Gouin, ancien élève de notre institution nationale,

artiste très-distingué, était atteint depuis longues années d'une névralgie qui lui faisait craindre une fin prochaine. Il s'occupait du sort de sa fille parlante et, après avoir fait d'abord d'inutiles démarches près de plusieurs notaires, il s'adressa, de guerre lasse, à l'un d'eux qui sut mieux comprendre sa position. C'était M. Moreau (de la Seine), ancien député, ancien maire du septième arrondissement. Grâce à cet officier ministériel, le vœu paternel du sourd-muet fut exaucé.

» Un autre de nos frères d'infortune, ancien élève de la même institution, M. Catois, alors âgé de vingt-trois ans, venait d'hériter de sa mère. Il fut appelé chez le doyen des notaires de Coulommiers (Seine-et-Marne), qui, de prime abord, lui proposa de consentir à la convocation d'un conseil de famille qui lui nommerait un tuteur.

» L'intelligence et l'instruction du sourd-muet se révoltèrent contre cette prétention étrange, qui ne tendait à rien moins qu'à l'assimiler à un idiot, et il donna à l'officier ministériel des preuves si palpables, si convaincantes du contraire, que celui-ci ne balança plus à reconnaître avec lui l'inutilité, au moins, de la précaution qu'on voulait prendre à son égard.

» En 1840, l'auteur même de ce livre, appelé comme témoin du mariage d'un de ses anciens condisciples, lequel, quoiqu'il sût parfaitement lire et écrire, fut repoussé par le maire du onzième arrondissement de Paris, qui remplissait en même temps les fonctions de notaire. A l'en croire, pour assister à un pareil acte, il fallait nécessairement *entendre* et *prononcer*. Force me fut d'adresser une réclamation aux journaux judiciaires. Mais à quoi pouvait-elle me conduire ?

» Tout au contraire, une année auparavant, dans une circonstance identique, aucune observation ne m'avait été faite à la mairie du quatrième arrondissement de Paris.

» Il y a trois ou quatre ans, un de mes collègues, professeur sourd-muet, accompagné de deux témoins, l'un parlant, l'autre sourd-muet, se présentait chez un notaire de Paris pour demander un certificat de vie, et l'on ne craignait pas de lui jeter à la face que l'intervention d'un interprète parlant lui était indispensable. Comme on pense, le professeur indigné repoussa cette prétention inouïe, et l'on fut obligé de faire droit à sa demande.

. . . .

» Je m'arrête ici, monsieur le garde des sceaux, me bornant à vous exposer avec respect qu'il serait temps, ce me semble, de mettre un terme à ces discussions éternelles, si nuisibles aux intérêts de mes frères d'infortune, en intercalant dans le Code quelques clauses explicatives de l'esprit de la législation qui régit cette fraction exceptionnelle de la grande famille humaine, ou bien, si vous le jugiez préférable, en adressant une circulaire dans ce sens à vos procureurs-généraux.

» En déposant entre vos mains, monsieur le ministre, le sort, l'avenir, la dignité, les droits d'une classe intéressante de citoyens (c'est ainsi que vous désignez vous-même les sourds-muets), je suis certain d'avance qu'elle ne peut manquer de trouver en vous un défenseur dévoué.

» De votre puissante initiative il dépend, en effet, que l'ère nouvelle dans laquelle nous entrons, soit marquée par cette belle œuvre de la réhabilitation complète de l'intelligence des sourds-muets aux yeux de la loi. »

Qui n'eût cru après ces nouvelles explications consciencieuses, après surtout la première lettre si encourageante du ministre, que nous touchions au terme désiré de nos efforts et de nos espérances ? Notre espoir ne fut pas long : notre lettre était du 30 décembre 1852. Dès le 18 février 1853, c'est-à-dire un mois et demi après, nous en recevions une de la même source qui portait la désolation dans nos rangs.

En marge on lisait : *Il n'y a pas lieu de modifier la législation en ce qui concerne les sourds-muets.*

La lettre elle-même était ainsi conçue :

« Monsieur, j'ai examiné les différents mémoires que vous m'avez adressés et par lesquels vous demandez que, dans l'intérêt des sourds-muets, des changements soient apportés à la législation, à l'effet de leur permettre de disposer de leurs biens par actes de dernière volonté.

» Une disposition qui permettrait, d'une manière générale, de substituer les signes à l'écriture et à la parole, pourrait avoir les plus graves inconvénients pour le sourd-muet illettré, qui serait ainsi complétement à la merci du notaire, seul appréciateur du degré de certitude donné par le testament à l'expression de sa volonté.

» La cour de cassation a jugé, le 30 janvier 1844, que

le muet illettré est apte à faire une donation entre-vifs par ce motif notamment que l'écriture et la parole ne sont que des signes conventionnels, auxquels il peut, en certains cas, être suppléé par d'autres signes propres à manifester d'une manière suffisamment claire et précise les intentions de la personne forcée de recourir à ce mode de transmission.

» Cette jurisprudence pourrait être étendue aux testaments, avec cet avantage que, dans chaque affaire, les tribunaux seraient appelés à vérifier par quels moyens on s'assurerait de la volonté du testateur et à apprécier la validité de ces moyens.

» Je crois donc que, dans l'intérêt même des personnes si dignes de la sollicitude du gouvernement, dont vous vous êtes rendu l'interprète, il convient de ne rien changer à la législation existante. »

Enfermées dans ces étroites limites, réduites à ces modestes proportions, les questions nombreuses soulevées par mes pétitions aux Chambres et mes requêtes aux ministres n'étaient-elles pas réellement, à leur insu, plutôt éludées que résolues, et les difficultés incessantes qui se dressent, à chaque pas, dans la vie civile du pauvre sourd-muet, ne continuaient-elles pas à exister comme par le passé dans leur plénitude, malgré les témoignages de bienveillance dont le représentant dévoué de ses frères d'infortune avait été fréquemment l'objet de la part du gouvernement et des autorités ?

Tout à coup un secours inattendu nous arriva des départements : M. Édouard Hovelt, notaire et juge suppléant au tribunal civil de Dunkerque, lut le 7 juillet 1851, à la *Société* dont il fait partie, *fondée dans cette ville pour l'encouragement des sciences, des lettres et des arts,* un mémoire intitulé : *Réflexions sur l'insuffisance de notre législation à l'égard des sourds-muets et proposition d'un moyen légal pour combler cette lacune.*

Notre initiative trouvait donc des partisans, des soutiens, des défenseurs loin de Paris, qui ne lui était pas toujours favorable, et notre tentative d'abord isolée commençait à faire son chemin.

« Examinons succinctement, disait M. Hovelt, l'état de la législation en ce qui concerne les sourds-muets ; et de notre examen ressortira clairement pour tous, nous l'espérons, cette vérité que la loi actuelle est incomplète et insuffisante à leur égard, et que, bien qu'elle ait apporté une amélioration considérable à leur situation antérieure, elle entrave trop souvent encore, par ses lacunes et ses exigences, le libre exercice de leurs droits civils et l'accomplissement de leurs volontés.

» Quels sont les actes qu'ils peuvent faire ? Et d'abord rendons justice à l'esprit du législateur moderne qui, sans tenir compte des préventions du droit ancien, leur a appliqué en principe la règle générale en les admettant à la jouissance de tous les droits civils, comme les autres citoyens, à moins d'exceptions particulières qui pourraient résulter du fait même de leur infirmité....

» Aucune disposition du Code ne les déclarant incapables d'administrer leurs affaires, ni de contracter, ils restent à cet égard sous l'empire du droit commun, et la jurisprudence a confirmé ce principe. La loi ne distingue pas entre les sourds-muets de naissance et ceux qui le sont devenus par accident; elle n'établit, non plus, aucune distinction, en général, entre les illettrés et ceux qui savent lire et écrire. Tous sont admis, sans exception, à jouir du bénéfice de la loi, pourvu qu'ils puissent faire connaître suffisamment leur volonté.

» Mais de quelle manière doivent-ils la manifester ? La réponse à cette question se trouve indiquée dans l'œuvre de Locré *sur l'esprit du Code civil*. On a laissé, dit-il, à l'arbitrage des tribunaux le discernement des circonstances et des signes qui peuvent faire juger s'ils ont ou non consenti.

» Quant au mode à employer à cet égard, il faut distinguer : si le sourd-muet sait écrire, il devra manifester sa volonté par écrit plutôt que par signes ; s'il ne sait pas écrire, ni signer, ce sera le cas d'employer un interprète, en conformité de l'article 333 du Code d'instruction criminelle.

» Il résulte de ce qui précède que l'on ne peut provoquer l'interdiction d'un sourd-muet, ni lui faire nommer un conseil judiciaire, que dans le cas de nécessité prévu par la loi, et seulement pour les causes générales qui sont communes à tous les citoyens. Il a donc, comme tout autre individu, la gestion de ses affaires et la libre jouissance de ses biens. Il peut assister à un inventaire, accepter un legs ou une succession et les recueillir. Il peut servir de témoin dans un procès civil ou criminel, lors même qu'il ne saurait ni lire ni écrire, car alors on y supplée en lui nommant d'office un interprète, qui transmet sa déclaration au tribunal ou au jury.

» Mais il ne pourrait être témoin instrumentaire dans un acte authentique, surtout pour un testament, par la raison que, ne pouvant, ni entendre les parties, ni comprendre le testateur, il lui serait impossible de certifier la vérité des faits qui se rattachent à l'acte passé en sa présence, et d'affirmer que le testament contient réellement l'expression de la volonté du testateur.

» Pour des raisons analogues les sourds-muets ne peuvent être appelés à remplir la plupart des fonctions publiques, notamment celles de magistrat, de notaire, de greffier et autres de même nature, ni faire partie d'un jury, ni être admis à la prêtrise. Mais, quoique complétement illettrés, ils ont la capacité électorale pour les élections législatives. (Arrêt de la cour de cassation du 12 novembre 1850.)

» En ce qui concerne le mariage du sourd-muet, que l'on peut considérer comme l'acte le plus important de la vie civile, il existe une lacune bien regrettable dans la loi, car le titre du Code qui traite du mariage, garde un silence absolu à cet égard. Mais il est attesté par les procès-verbaux du conseil d'État relatant les discussions de la séance du 29 fructidor an IX, que les rédacteurs de ce Code s'accordèrent à regarder les sourds-muets comme capables de contracter mariage dans tous les cas où ils peuvent utilement manifester leur consentement. Or, si le sourd-muet a le droit de contracter mariage, il doit être habile également à contracter à toutes les conventions y relatives, par conséquent à faire un contrat de mariage ; et toutes les conventions et donations qu'il y fait, sont valables pourvu qu'il ait été assisté dans le contrat, des personnes dont le consentement est nécessaire à la validité de son mariage (article 1398, Code Napoléon).

» Toutefois, à l'égard du mariage de l'enfant du sourd-muet, il a été jugé que l'article 511 du Code Napoléon lui était applicable en ce que la dot ou l'avancement d'hoirie devait être réglé par un avis du conseil de famille, dûment homologué (arrêt du 3 janvier 1811).

» Peut-on faire un acte respectueux pour un sourd-muet qui veut se marier lorsqu'il ne sait ni lire ni écrire ? Cette question, d'après l'opinion des auteurs, présente une solution assez délicate, parce qu'il s'agit là d'un fait de discernement toujours difficile à apprécier lorsque les parents refusent leur consentement pour des motifs raisonnables et qui paraissent être dans l'intérêt de leur enfant. Alors il est prudent de soumettre la décision à la justice et d'attendre que le tribunal ait reconnu le discernement du sourd-muet.

» Nul doute qu'il puisse accepter une donation, qu'il sache ou ne sache pas écrire. Dans le premier cas, il acceptera lui-même ou par un fondé de pouvoir. Dans le second, l'acceptation sera faite pour lui par un curateur *ad hoc* qui lui sera nommé conformément à l'article 936 du

5.

Code Napoléon et suivant les règles ordinaires, c'est-à-dire par le conseil de famille.

» Mais a-t-il le droit de faire personnellement une donation entre-vifs ? C'est surtout ici le cas de distinguer entre les lettrés et les illettrés, car là gît toute la question.

» Si le sourd-muet est lettré, il pourra faire une donation ; aucune loi ne le déclare alors incapable directement ou tacitement de disposer de ses biens par donation, et rien ne l'empêche, en effet, de manifester sa volonté, puisqu'il peut écrire ses intentions devant le notaire et les témoins.

« Et pourquoi, dit un auteur moderne, le notaire qui « rédigerait ses intentions en forme d'acte, et les lui ferait « signer, ne mériterait-il pas autant de foi que s'il attes- « tait qu'un donateur sachant parler a prononcé ses dispo- « sitions devant lui et les témoins instrumentaires. »

» C'est aussi l'opinion de Merlin.

» Mais, si, au contraire, le sourd-muet ne sait ni lire ni écrire, il ne pourra pas faire de donation. En effet, l'article 936 du Code Napoléon l'ayant déclaré, dans ce cas, incapable de figurer dans un acte de donation, on doit en conclure à *fortiori* qu'il n'y peut figurer en qualité de donataire. « Car, si ses intérêts, dit-on, peuvent être éventuel- « lement compromis par l'acceptation irréfléchie d'une « libéralité, ne seraient-ils pas encore bien plus exposés « dans un acte qui aurait pour effet de le dépouiller ac- « tuellement de la totalité ou d'une partie de ses biens? « Et si, aux yeux de la loi, sa capacité est suspecte quand

« il ne s'agit que d'accepter, ne l'est-elle pas encore plus
« quand il s'agit de disposer ? »

» On comprend, d'ailleurs, qu'il n'est pas possible de
lui nommer un curateur à l'effet de donner, comme on
peut lui en nommer un à l'effet de recevoir.

» Et, en cela, notre droit actuel n'est que la reproduction de l'ancienne jurisprudence qui admettait en principe
que : « Les sourds-muets de nature, qui n'ont point l'art
« de l'écriture, sont incapables de disposer de leurs biens
« par donation entre-vifs, aussi bien que par testament. »
(RICARD, *Traité des donations.*)

» Un arrêt du Parlement de Paris du 27 octobre 1595
avait décidé que : « il était absolument nécessaire que
« celui qui disposait de ses biens, pût faire concevoir son
« intention par une voie indubitable, qui se restreignait
« à la parole et à l'écriture, tous autres moyens par les-
« quels on peut s'expliquer étant trop incertains pour
« servir de fondement à une disposition importante. »

« L'ordonnance de 1735, article 2, déclarait également
« nulles toutes dispositions qui ne seraient faites que par
« signes, encore qu'elles eussent été rédigées par écrit
« sur le fondement desdits signes. »

» Tel était aussi l'avis de Pothier, qui, dans son Traité
des donations, s'exprime ainsi :

« Un sourd-muet qui ne sait pas écrire, ne peut donner
« des signes certains de sa volonté, d'où il suit qu'il est
« dans le cas de l'interdiction et qu'il ne peut, par consé-

« quent, donner entre-vifs. Il en est autrement de celui
« qui n'est simplement que sourd ou muet. »

» Et pourtant un arrêt en sens contraire rendu par la
cour de cassation (comme on l'a vu) le 30 janvier 1844,
dans l'affaire Clergue, valide une donation faite par un
sourd-muet de naissance ne sachant ni lire ni écrire. Mais
cet arrêt ne fait pas jurisprudence ; et la doctrine, de son
côté, persiste dans l'opinion contraire.

» Abordons maintenant la question principale, celle au
moins qui offre le plus d'intérêt à la discussion, parce
qu'elle touche plus directement encore aux droits civils de
ces infortunés et qu'elle met à nu les vices de notre législa-
lation en ce qui concerne leurs dispositions testamentaires :
Le sourd-muet peut-il faire un testament?

» Oui, s'il sait lire et écrire; car alors il peut tester
dans la forme olographe et mystique (articles 970 et 979
du Code Napoléon); et le dernier article surtout lui est
spécialement applicable.

» Non, s'il ne le sait pas ; car, ne pouvant alors écrire
lui-même son testament olographe, ni remplir les formali-
lités requises pour les testaments mystiques, il ne lui reste
d'autre moyen de tester que le testament authentique ; et
les formalités nécessaires pour la validité de ces sortes de
testaments le mettent dans l'impossibilité matérielle d'y
avoir recours. En effet, l'article 972 du Code Napoléon
exige impérieusement que le testament public soit *dicté*
par le testateur au notaire et qu'il en soit donné *lecture*
au testateur, le tout en présence de témoins ; et l'ar-

ticle 1001 dit que ces formalités doivent être observées à
peine de nullité.

» En droit, qu'entend-on par le mot *dicter* ? C'est prononcer de vive voix, sinon mot à mot, au moins distincte-
ment et d'une manière intelligible, ce qu'on veut faire
écrire. Or, le sourd-muet ne pouvant pas prononcer dis-
tinctement, il lui est physiquement impossible de *dicter*
son testament, comme aussi il ne peut en entendre la
lecture. De là son incapacité absolue de faire un testament
public, et, comme, d'un autre côté, il est dit dans l'article 978 du Code Napoléon : « Ceux qui ne savent ni ne
« peuvent lire ne pourront faire de dispositions dans la
« forme dite *testament mystique*, » il s'ensuit nécessairement qu'un sourd-muet illettré ne peut faire aucune espèce
de testament.

» Or nous avons vu que, dans cette même condition, il
était également jugé incapable de faire une donation entre-
vifs. Il faut donc en conclure que le sourd-muet qui ne
sait ni lire ni écrire, n'a aucun moyen légal de faire des
libéralités de son vivant, ni de transmettre ses biens après
son décès ; que, par conséquent, à la suite des dix-huit
siècles de l'ère chrétienne, il se trouve replacé de fait au
même état d'interdiction légale que le Code romain com-
parait à la mort. *Si talis est testator qui, neque scribere,
neque articulate loqui possit, mortuo similis est.* (Loi XXIX
sur les testaments. »

Abordant ensuite mes travaux, M. Hovelt se hâte, dit-
il, d'y donner son adhésion, en applaudissant à la pensée

généreuse qui m'a dicté ce qu'il appelle *ces plaidoyers du cœur*, avec cette réserve toutefois qu'il est loin de partager toutes mes idées sur les moyens à employer pour arriver à l'affranchissement légal des sourds-muets, moyens qu'il juge, en grande partie, inefficaces au point de vue du droit et inexécutables dans la pratique.

Il blâme ainsi, probablement faute de les connaître à fond, *la mimique* et *la dactylologie*, qu'il ne croit pas aussi faciles à apprendre que je pense, et fait observer que, d'ordinaire, c'est au dernier moment et en pleine maladie qu'on songe à faire son testament, considération seule qui suffirait à rendre impraticable la mesure que je propose.

« Mieux vaudrait, ajoute-t-il, s'en rapporter à la loyauté et à la bonne foi d'interprètes-jurés qui seraient spécialement institués pour aider les sourds-muets dans leurs actes et transactions civiles, et notamment pour leurs testaments publics. Alors rien de plus simple : le sourd-muet qui voudrait faire un testament, se ferait aider par un de ces interprètes qui, connaissant parfaitement la langue muette du testateur, rapporterait fidèlement ses intentions au notaire et aux témoins instrumentaires.

» L'interprète, traduisant signe par signe la pensée du sourd-muet, et servant d'intermédiaire pour l'émission de cette pensée, dicterait au notaire les volontés du testateur telles que ce dernier les lui aurait manifestées par ses signes et gestes ; le notaire écrirait au fur et à mesure de la dictée de l'interprète, puis donnerait lecture du testament à cet interprète qui le traduirait successivement au

testateur, le tout en présence des témoins instrumentaires;
enfin le testament serait signé par l'interprète comme
par le testateur, ainsi que par les témoins et le notaire;
et, dans le cas où le sourd-muet ne saurait pas signer, il
lui suffirait d'en faire la déclaration par l'intermédiaire
de l'interprète au notaire, qui le mentionnerait dans
l'acte, toujours en présence des témoins, conformément à
la loi; et ainsi se trouverait remplie la double formalité
exigée par l'article 972 du Code Napoléon, relativement à
la dictée et à *la lecture* des testaments publics.

» Mais, pour cela, il faudrait changer l'économie de cet
article en le modifiant, ou, ce qu serait mieux encore,
créer une loi nouvelle et toute spéciale pour les sourds-
muets. »

Dans cet ordre d'idées, M. Hovell s'associe de tout cœur
à ma proposition. Comme moi, il reconnaît qu'il y a là une
fâcheuse lacune qu'il serait temps de voir combler dans
la législation du pays; que les préventions anciennes doivent tomber devant les résultats merveilleux de l'éducation des sourds-muets, lesquels ont prouvé jusqu'à l'évidence que la nature leur a départi une intelligence égale
à celle des autres hommes; que ce serait une injustice de
persister à les retenir dans un état d'infériorité et à les
ranger dans une classe à part, comme des *ilotes* ou des
parias, et que ne pas leur donner, ainsi qu'aux autres
citoyens, la faculté de disposer librement de leurs biens,
soit de leur vivant, soit après leur mort, ce serait res-
treindre leur droit de propriété.

M. Hovelt cite à ce propos ce passage remarquable d'un auteur émérite, M. Grenier, dans son *Traité des donations* :

« La législation est ici en arrière de ce qu'une administration éclairée a fait en protégeant les travaux de deux amis de l'humanité, les abbés de l'Epée et Sicard. On conçoit fort bien que les sourds-muets, ayant acquis une intelligence suffisante pour exprimer, sans inconvénient, leur consentement, puissent, non-seulement donner et tester, mais qu'ils soient encore capables de tous autres engagements de la vie civile. Néanmoins on comprend aussi que la certitude de ces engagements puisse être soumise, à raison de l'état physique de ces personnes, à des formes particulières; que les notaires ou autres officiers publics ne devraient pas être livrés au choix de celles que leur délicatesse pourrait leur inspirer, et que, pour éloigner les entraves et vaincre les difficultés, il serait à désirer qu'ils pussent suivre des formes fixes qui seraient établies dans la loi. »

M. Hovelt conclut en formulant le vœu que notre législation soit révisée en ce qui concerne les sourds-muets, et qu'une loi nouvelle et toute spéciale vienne combler *au plus tôt* les lacunes de nos Codes à leur égard. Il a joint à ce travail une proposition tendant à rédiger un mémoire que la *Société dunkerquoise pour l'encouragement des sciences, des lettres et des arts* adresserait à M. le ministre de la justice, en sollicitant son initiative pour la présentation d'une loi qui déterminerait, d'une manière précise, les moyens à employer pour rendre aux sourds-muets le plein exercice de leurs droits civils.

Dans la même séance du 7 juillet 1854 de cette société, une commission de cinq membres fut nommée pour l'examen de cette proposition, dont elle s'occupa immédiatement, et bientôt l'un d'eux, M. Delye, juge au tribunal civil de Dunkerque et vice-président de la Société, émit, dans un rapport très-intéressant et très-développé, au nom de la majorité de cette commission, l'avis qu'il n'était pas nécessaire de rédiger un autre mémoire, le travail consciencieux de M. Hovelt étant complet et le moyen qu'il propose lui paraissant le seul propre à suppléer aux prescriptions rigoureuses de la loi.

Le rapporteur ajoute que la commission n'a pas pensé qu'il appartînt à la Société, dans sa modeste sphère, de demander à l'initiative gouvernementale la présentation d'une nouvelle loi, mais qu'elle estimait que la Société pouvait et devait inviter son président à adresser le travail de M. Hovelt à M. le ministre de la justice comme un document très-utile à consulter lorsque le gouvernement jugerait convenable de s'occuper d'un projet sur la matière.

Ces conclusions furent adoptées.

Neuf mois environ après, le 3 avril 1855, le garde des sceaux, M. Abbatucci, le même qui, plus de deux ans auparavant, m'avait adressé la fin de non-recevoir que j'ai consignée dans ce travail, écrivait à M. le procureur impérial Gardin une lettre analogue à celle dont Son

Excellence avait daigné m'honorer, et en marge de laquelle
on lisait aussi : *Il n'y a pas lieu de modifier la législation
en ce qui concerne les sourds-muets.*

Dans cette lettre, communiquée par ce magistrat au
président de la Société dunkerquoise, M. Victor Derode, on
lisait en outre :

« J'ai reçu de M. le président de la Société dunkerquoise un mémoire de M. Edouard Hovelt, ayant pour but
d'introduire certaines réformes dans la législation des
sourds-muets,.... Les obstacles qui, selon lui, s'opposent
à ce qu'ils usent des droits communs à tous les citoyens,
ne sont pas aussi graves qu'il pense.... Dans l'état de
choses actuel, je ne crois pas qu'il soit nécessaire de modifier la législation existante en créant, comme le demande
M. Hovelt, des interprètes-jurés, dont l'institution ne serait
pas justifiée par le nombre, heureusement peu élevé, des
personnes qui se trouveraient dans le cas d'y avoir recours. »

Le pétitionnaire s'incline avec respect devant la décision du ministre et devant la déclaration qui l'a motivée.
Toutefois, comme il s'agit d'une question d'humanité, il
croit que c'est un devoir pour lui d'y répondre par quelques observations qui sont, en quelque sorte, le complé-
ment de son travail et qu'il dépose à ce titre dans les
archives de la Société dunkerquoise en même temps que
son mémoire, pour servir ultérieurement, s'il y a lieu.

Dans ces observations, M. Hovelt revient d'abord sur
l'argument tiré de l'arrêt de la cour de cassation du

30 janvier 1841, chambre des requêtes, affaire du sourd-
muet Clergue, et il persiste à le trouver en opposition avec
la doctrine de presque tous les auteurs anciens et modernes qui ont traité la question. Il cite à ce propos l'article d'un magistrat distingué, M. F. Sacaze, conseiller à
la cour d'Amiens, aujourd'hui à Toulouse, article *sur la
capacité civile des aliénés*, inséré dans la *Revue de législation et de jurisprudence* de M. Wolowski, février 1851,
page 158, dont l'auteur, au sujet d'un arrêt du 16 août
1841, rendu par la cour de Toulouse, s'étonne qu'on
ait pu juger de la capacité d'un sourd-muet illettré, seulement par ses signes.

« On le considère, dit-il, comme doué d'intelligence
parce que cette langue mimique, qu'il a construite lui-
même, lui aura fourni la possibilité de se faire comprendre
de ceux avec qui il s'est trouvé en rapport, aussi bien
qu'ils l'auront compris eux-mêmes. Mais jusqu'à quel ordre
de conception s'étend cette entente réciproque? C'est ce
qu'on ignore. Suffit-il, d'ailleurs, que le sourd-muet qui se
dépouille par une donation entre-vifs conserve l'idée matérielle de son dessaisissement? S'il ne peut comprendre
toute la portée de l'acte qu'il souscrit, son consentement
sera-t-il libre et entier? Or comment appliquer au sourd-
muet illettré, *enfermé dans cette pauvre et étroite nomenclature qui lui a été procurée par des habitudes de voisinage*,
l'idée d'IRRÉVOCABILITÉ, qui est inhérente à son engagement et qui appartient au domaine des êtres moraux?
Combien il serait facile de s'entendre sur ce point et de mon-

trer par des exemples les dangers de cette jurisprudence? »

Eh! mon Dieu, comme je crois l'avoir clairement démontré dans toutes mes pétitions aux Chambres, dans
toutes mes requêtes aux ministres, ces dangers n'existent
par bonheur que dans l'imagination de ceux qui les si-
gnalent, hommes certainement pleins d'excellentes intentions et très-experts en droit, mais qui généralement
ne connaissent que par ouï-dire le sourd-muet lettré ou
illettré, sa mimique et sa dactylologie, lesquelles ne livrent
pas heureusement au hasard tout ce qu'à tort ces messieurs s'imaginent.

Le ministre ayant dit dans sa lettre que les tribunaux
seraient appelés à vérifier par quels moyens on pourrait
s'assurer de la volonté du testateur sourd-muet, et que ce
serait à eux de s'assurer de la validité de ces moyens,
M. Hovelt pense avec raison que ce serait un triste moyen
que celui d'un procès pour suppléer à une mesure légale
réclamée dans un but d'humanité; qu'indépendamment
des frais qui en résulteraient pour les parties, il y aurait
constamment divergence d'opinion entre les tribunaux
sur l'appréciation des faits et moyens; et que la validité
des dispositions testamentaires des sourds-muets dépen-
drait toujours des circonstances et de l'impression individuelle des juges. Ce serait, en un mot, légitimer et
perpétuer une situation fausse et provisoire, qui n'a pas
sa raison d'être. Pourquoi ne pas établir, de préférence,
le plus tôt possible, une base fixe et invariable, qui aide à

résoudre, d'un coup, toutes les questions en suspens?

Et ici M. Hovelt revient, comme on devait s'y attendre, à son interprète spécial :

« Quelle garantie sérieuse, dit-il, pourra-t-on offrir, dans cette question des sourds-muets, aux notaires, comme aux parties intéressées, si le gouvernement ne se décide pas à y pourvoir lui-même en instituant des interprètes-jurés, qui recevraient directement de lui la mission spéciale de concourir à tous les actes des sourds-muets, notamment en ce qui concerne leurs actes de libéralité et leurs dispositions testamentaires? »

Le ministre ayant prétendu que l'institution de ces nouveaux interprètes-jurés ne serait pas justifiée par le nombre heureusement très-circonscrit des personnes qui se trouveraient dans le cas d'y avoir recours, M. Hovelt crut devoir lui répondre que, d'après une statistique récente, dont le relevé avait été inséré dans *le Moniteur universel*, il paraissait constant, qu'à cette époque, le nombre des sourds-muets en France était de 29,512, ce qui, en moyenne, donnait un sourd-muet par 1,212 habitants; il lui semblait que ce nombre devait suffire pour appeler sur eux l'attention sérieuse du gouvernement; qu'après tout, les sourds-muets étant assujettis au payement des impôts et autres charges de l'État, il était juste qu'ils participassent, comme les autres citoyens, à tous les avantages résultant de la loi, et qu'ils jouissent, par conséquent, eux aussi, du libre exercice de tous leurs droits civils. Par tous ces motifs, le pétitionnaire croyait devoir persister dans les conclusions formulées dans son mémoire.

Quelques jours après, le 27 avril 1855, M. Hovelt me faisait l'honneur de m'écrire que, bien qu'il ne fût pas connu de moi, c'était pour lui un devoir de m'adresser quelques exemplaires imprimés de son mémoire, dont il me priait d'agréer l'hommage comme un témoignage de l'estime que lui inspiraient mon caractère et l'œuvre de moralisation à laquelle je m'étais voué.

D'accord avec moi sur l'idée de faire examiner notre législation en ce qui concerne les sourds-muets, sur les lacunes qui existent à cet égard dans nos Codes, et sur la nécessité de les combler, il craint de ne plus l'être quant au moyen légal qu'il propose pour arriver à ce but, notamment en matière de testament public. Il espère que j'y verrai du moins une preuve de sa bonne volonté et de son vif désir d'élucider la question.

Il me supplie surtout d'être bien convaincu que son intention n'a pas été de soulever contre moi une vaine critique, ni de chercher à blâmer une opinion qu'il peut ne pas trouver applicable dans la pratique, mais dont il respecte infiniment la pensée en elle-même comme ne pouvant qu'honorer l'auteur qui n'a pas hésité à la produire avec tant de persistance dans un but louable d'humanité.

Le 20 mai 1855, j'écrivais, dans toute l'effusion de mon cœur, à M. Hovelt pour le remercier de sa lettre et de son mémoire, quoique nous ne fussions pas parfaitement d'ac-

cord sur les moyens légaux à employer. Lettre et mémoire révélaient en lui, me hâtai-je d'ajouter, un défenseur de plus, aussi consciencieux qu'éclairé, acquis à une
classe d'infortunés à laquelle je me fais honneur d'appartenir, et dont je suis un des plus humbles et des plus
modestes professeurs.

Je le priais de vouloir bien, en même temps, transmettre mes remerciements non moins sincères à l'honorable
rapporteur de son mémoire et à la Société qui s'était
montrée digne de comprendre les sentiments qui avaient
dicté.

J'entrais ensuite dans le détail de mes longues et infruc-
tueuses démarches auprès des diverses Assemblées législatives et des divers ministères qui s'étaient succédé, afin
de faire triompher ma demande en modification des lois
qui régissent les sourds-muets, et j'annonçais à mon honorable correspondant qu'heureux, en revanche, de rencontrer sur ma route des appuis comme le sien, je pour-
suivrais jusqu'au bout une tâche qui intéresse à un si haut
degré une fraction importante de la grande famille humaine, dont les facultés, pour être privées d'un sens précieux, n'en égalent pas moins peut-être celle des *enten-*
dants-parlants.

Le 29 octobre suivant, M. Hovelt m'adressait quatre
numéros 1081, 1082, 1083 et 1084, du mois de septembre,
du *Journal du notariat,* traitant, dans un article spécial,
de M. Eugène Hennequin, avocat à la cour de cassation
(nom illustre qui, plus d'une fois, a fait époque dans le

barreau français), la question intéressante de la législation relative aux sourds-muets et contenant quelques observations nouvelles résultant de l'analyse qu'il avait bien voulu y faire de l'important travail du magistrat de Dunkerque, spontanément et sans aucune initiative de la part de l'auteur.

Il s'agit d'un arrêt récemment rendu par la cour impériale de Paris, en la chambre du conseil qui, dit M. Hennequin, a décidé la question de la manière la plus large.

C'est, ajoute-t-il, un arrêt dont la jurisprudence peut se féliciter et s'enorgueillir comme d'un pas nouveau dans les voies de la philosophie et de l'humanité, un arrêt de principe, destiné dans l'avenir à combler les lacunes de la loi à l'égard des sourds-muets et à faire cesser toute incertitude sur les bornes de leur capacité; c'est, en un mot, pour eux, un véritable bienfait.

« Le sieur Pierre Meslaye, sourd-muet, vigneron à Montigny, ne sachant ni lire ni écrire, veuf avec deux enfants, étant sur le point de contracter un second mariage, lors duquel son intention était de faire à sa future épouse une donation de huit cents francs, avait pensé qu'il ne pouvait arriver à ce but qu'en réclamant du tribunal l'autorisation de convoquer un conseil de famille à l'effet de lui nommer un curateur spécial, chargé de faire pour lui cette stipulation dans le contrat, et de désigner pour cette fonction le sieur Meslaye son père. La requête par lui présentée fut communiquée au procureur impérial de

Chartres, qui conclut au rejet ; et le tribunal de première instance de cette ville, par jugement du 30 juin, vu la requête et les conclusions, déclara qu'il n'y avait lieu à jugement, ni à autorisation, aucune loi n'ayant chargé les tribunaux d'intervenir dans le cas exposé, et laissa, en conséquence, les parties et leurs officiers ministériels agir suivant leur initiative et sous leur responsabilité.

« Le sieur Meslaye interjeta appel. Dans une requête présentée par Me Gavignet, son avoué, il invoqua, comme applicable par analogie à sa situation, l'art. 936 du Code Napoléon, suivant lequel un curateur doit être donné au sourd-muet qui ne sait pas écrire, à l'effet d'accepter la donation faite à ce sourd-muet.

» Si l'officier de l'état civil, ajoutait la requête, peut facilement s'assurer d'un consentement qu'un seul signe physique rendra manifeste, il n'en saurait être de même des discussions et conventions de natures diverses, auxquelles le notaire est appelé à imprimer le sceau de l'authenticité.

» M. Barbier, substitut du procureur général impérial, sur la communication faite au parquet, conclut à la confirmation du jugement.

» Conformément à ces conclusions, la première chambre de la cour impériale de Paris, au rapport de M. le conseiller Durantin, en la chambre du conseil, confirma par arrêt du 3 août 1855.

« En principe, dit-elle, toute personne est capable de

6

» s'obliger, lorsque cette capacité ne lui a pas été inter-
» dite, et les incapacités, étant de droit étroit, ne sauraient
» s'étendre d'un cas à un autre sous prétexte d'analogie;
» *les sourds-muets ne sont frappés, à raison de leur infir-*
» *mité, d'aucune incapacité pour l'accomplissement des actes*
» *de la vie civile; par cela seul, ils sont habiles à contrac-*
» *ter, s'ils peuvent manifester une volonté et donner un*
» *consentement libre et éclairé;* notamment, ils sont habiles
» à se marier, et, par voie des conséquences, à consentir
» toutes les stipulations dont les contrats de mariage sont
» susceptibles, sans l'assistance d'un curateur et confor-
» mément à l'art. 1398 du Code Napoléon : c'est l'applica-
» tion pratique de l'axiome de droit romain : *Habilis ad*
» *nuptias, habilis ad nuptiarum consequentias.* Dès lors, si
» le sourd-muet, dans l'espèce, quoique ne sachant pas
» écrire, peut cependant manifester une volonté libre pour
» contracter un deuxième mariage, il est également capa-
» ble de consentir les stipulations de son contrat de ma-
» riage; les dispositions de l'art. 936 du Code Napoléon
» sont exceptionnelles et doivent être restreintes au cas
» spécial qu'elles ont pour objet de régler dans le seul
» intérêt du sourd-muet. »

» Le droit est donc maintenant certain; les notaires
peuvent être fixés sur ce point et dresser sans crainte le
contrat de mariage d'un sourd-muet. Il ne saurait désormais s'élever de doute que sur une question de fait, celle de
savoir si, dans chaque espèce, la volonté manifestée est
libre et éclairée. C'est là une question d'appréciation

abandonnée à la conscience de l'officier public, puis, s'il y
a lieu, à la décision des tribunaux. »

A ce propos, M. Hennequin aborde la législation qui
régit les sourds-muets, sujet qui lui semble trop peu connu
et mériter un examen sérieux. Il rend un juste hommage
au travail de M. Hovelt et trouve le système des interprètes-jurés qu'il propose incontestablement supérieur au
nôtre. Il répond, à son avis, d'une manière plus rationnelle
aux exigences d'une situation tout exceptionnelle, et en
résoud les difficultés d'une manière plus heureuse. C'est
par voie d'analogie que M. Hovelt a dû être arrivé à cette
solution.

« Il y a, dit M. Hennequin, une certaine ressemblance
entre la position d'un sourd-muet, incapable de parler et
d'entendre, et celle d'un étranger qui se trouve dans un
pays dont il ignore la langue. Seulement, dans le premier
cas, l'incapacité est presque absolue, tandis que, dans le
second, elle n'est que relative. Mais la difficulté n'en est
pas moins momentanément la même. Or, qu'ordonne la
loi en pareil cas, c'est-à-dire lorsqu'un accusé traduit devant les tribunaux ne connaît pas la langue française? Elle
prescrit la nomination d'interprètes-jurés qui, après avoir
prêté serment de bien et fidèlement remplir leur mission,
servent d'intermédiaires entre les juges et l'accusé, trans-
mettant à ce dernier les questions du tribunal et traduisant
au tribunal les réponses de l'accusé. Toute la défense des
étrangers repose donc alors sur l'exactitude et la fidélité de
ces interprètes. Pourquoi n'en serait-il pas de même des

sourds-muets? En tous cas, c'est là un précédent considérable, qui a dû guider heureusement M. Hovelt dans ses
recherches pour arriver à la découverte de son système. »

A la dernière lettre du savant notaire de Dunkerque je
répondais de mon côté, le 9 novembre 1855 :

« Monsieur, je vous dois de nouveaux remerciements
pour les quatre numéros du *Journal du Notariat* que vous
avez eu l'attention de m'envoyer... C'est avec le plus vif
intérêt que j'ai lu l'analyse qu'a faite M. Eugène Hennequin de votre excellente brochure. Oui, monsieur, le nouvel arrêté de la cour impériale de Paris, cité dans l'un de
ces journaux, prépare le triomphe plus ou moins prochain
de la cause que nous plaidons tous.

» Plus je réfléchis au moyen légal que vous avez proposé pour suppléer à l'absence du testament public à
l'égard du sourd-muet, et plus je me sens disposé à renoncer
à l'opinion différente que j'avais eu occasion de développer
sur ce grave sujet, pour me rallier complétement à la vôtre,
comme M. Hennequin, tant votre système me paraît sou-
verainement applicable dans les rapports fréquents de mes
frères d'infortune avec les officiers de l'état civil. »

Et pourtant, malgré tous les efforts tentés de toutes parts,
et par de simples individus, et par des magistrats, des
avocats, des officiers ministériels, des conseils généraux,
des tribunaux, des cours impériales et par la cour de
cassation elle-même, depuis près d'un quart de siècle qu'on

s'en occupe, une aussi grave question (c'est triste à dire) n'a pas fait un pas.

Ne faut-il pas, néanmoins, que, dans un pays libre et avancé en civilisation comme la France, un pareil état de choses cesse le plus tôt possible?

Ne faut-il pas, comme l'a entendu le législateur, que la loi soit la même pour tous?

Le seul moyen d'arriver insensiblement à ce résultat, est de la rendre désormais accessible à tous.

Telle est l'origine, tel est le but de ce livre, dont chacun comprendra l'utilité.

Suivant pas à pas le Code Napoléon (comme plus tard nous nous proposons de suivre nos autres Codes), là où il n'y avait rien à dire, nous nous sommes tus. Tous les Codes ne sont-ils pas à la portée de tous les citoyens, des pauvres comme des riches, des ignorants comme des gens instruits, des sourds-muets comme des parlants?

Tout le monde est libre de les consulter ou de les faire consulter, s'il n'en est pas capable.

Quant à nous, étudiant successivement, à fond, un à un, tous leurs articles, et guidé dans cette œuvre peu attrayante par des esprits compétents, nous avons cru devoir nous borner à expliquer dans ce premier travail ce que, en dehors du Code civil, il est indispensable qu'en sachent les sourds-muets lettrés ou illettrés, leurs familles et les parlants en rapports journaliers avec eux.

Tâche ingrate, difficile, répéterons-nous, qu'on nous remerciera sans doute un jour d'avoir osé entreprendre et

6.

remplir, si ce n'est avec talent, avec succès, avec bonheur,
du moins avec conscience et dévouement.

On se rappelle peut-être qu'en 1837, nous essayâmes de
démontrer, dans *le Droit* et dans d'autres feuilles périodiques, toute l'utilité de la rédaction *d'un Code civil et cri-*
minel à l'égard des sourds-muets, d'un Code qui ne fût point
un ramassis indigeste de lois, mais qui se bornât à leur
rendre accessibles celles qu'il leur est le plus essentiel, le plus
important de connaître, leur en présentant enfin un exposé
clair et précis, à la portée des plus faibles intelligences.

Nous émettions, en outre, le vœu qu'un philanthrope
eclairé voulût bien se mettre à la tête de cette œuvre difficile dans sa simplicité ; et à ce vœu nous joignions l'offre
de notre faible concours et de la longue expérience que
nous pouvons avoir acquise en pareille matière. N'était-ce
pas lui fournir l'occasion, non-seulement d'élever ce mo-
nument à sa gloire et à la reconnaissance de nos frères
d'infortune, mais aussi de voir inscrire son nom à côté de
celui de l'immortel abbé de l'Épée ?

Cependant, personne n'ayant répondu à notre appel (et
vraiment je le regrette, quelque raison, fondée ou non, qui
ait pu déterminer, jusqu'à ce jour, une abstention pareille), je me suis décidé à entrer courageusement en cam-
pagne, malgré l'insuffisance que le premier je me reconnais pour un travail aussi ardu.

Dans cette exploration de notre Code civil, dont la nécessité se faisait, depuis longtemps, sentir, et qu'il était
urgent surtout de rendre portatif, deux problèmes étaient

à résoudre : ménager, autant que possible, l'espace laissé à notre disposition et ne rien omettre pourtant d'essentiel, dire tout ce qu'il fallait et rien au delà, rien de trop.

Aussi n'avons-nous reproduit que le texte des articles exigeant des commentaires pour les sourds-muets. Sourd-muet nous-même et juge compétent dans la question, nous croyons connaître jusqu'où va leur intelligence trop contestée, ce qu'ils ignorent, ce qu'ils savent et ce qu'il est nécessaire de leur apprendre. Nous avons jugé à propos de passer les autres articles sous silence. Ils les retrouveront au besoin dans le premier *Code Napoléon* venu, dont l'acquisition n'augmentera pas de beaucoup leur budget.

L'espace pris aux textes supprimés est scrupuleusement consacré pour nous aux développements indispensables des articles que nous conservons, et entre lesquels nous avons établi de nombreux renvois, une nouvelle reproduction des textes exactement gardés nous paraissant d'ailleurs complétement inutile, et nos chiffres, vérifiés avec un soin minutieux, devant en tenir abondamment lieu dans un travail qui doit avoir l'exactitude et la clarté pour premier mérite.

D'ailleurs, les Codes entiers ne sont-ils pas à la portée de tous les Français sans exception ?

En ce premier volume, nous nous sommes exclusivement occupé, dans les limites convenues :

1º *De la Constitution ;*

2º *Du Code Napoléon (Code civil).*

Déjà une bonne partie du présent travail sur les *sourds-*

muets a été consacré, comme on vient de le voir, aux
articles 489, 511, 936, 963, 970, 972, 978, 979, 1001 et
1398 dudit code, que nous ne pouvions manquer de
rencontrer au début de notre carrière historique, car ce
sont ceux qui intéressent, au plus haut degré, sous divers
rapports, nos frères d'infortune.

Un second et dernier volume nous sera plus que suffisant, nous l'espérons, pour embrasser, dans les cinq autres
codes, tout le reste de notre jurisprudence civile et criminelle, y comprenant, bien entendu, les articles 203, 332
et 333 *du Code d'instruction criminelle*, dont nous avons
déjà eu également l'occasion de parler.

Tel est, en abrégé, *notre Code Napoléon mis à la portée
des sourds-muets*, que l'on compte par milliers en France,
*de leurs familles et des parlants en rapports journaliers avec
eux*. Bien des intéressés dans la question, à l'expérience
desquels nous avons jugé à propos de recourir avant l'a-
chèvement complet de notre tâche, nous ayant unanime-
ment encouragé à y persévérer, nous ne balançons plus à
livrer notre œuvre à l'impression.

Qu'elle produise seulement le résultat que nous en attendons! et le sourd-muet, doyen des professeurs de ses
frères d'infortune, aura complétement recueilli le fruit
laborieux de ses travaux et de ses veilles. *Alea jacta est*,
le sort en est jeté.

A la Constitution maintenant !

CONSTITUTION[1] DU 14 JANVIER 1852

FAITE

EN VERTU DES POUVOIRS DÉLÉGUÉS PAR LE PEUPLE

FRANÇAIS

A LOUIS NAPOLÉON BONAPARTE

Par le vote des 20 et 21 décembre 1851

PRÉLIMINAIRES[2]

Du Droit. — Différentes espèces de Droits.

Le droit est une collection de lois.

Les lois sont des règles de conduite prescrites à chacun pour assurer le bien de tous.

Le droit naturel est celui dont nous portons en naissant les règles gravées dans nos cœurs et qui existe indépendamment de toutes les lois écrites ou imposées par les hommes.

Le principe fondamental du *droit naturel* est celui-ci : *ne pas faire à autrui ce que nous ne voulons pas qui nous soit fait.*

Le droit civil ou *privé* est l'ensemble des lois qui règlent les droits et les obligations des citoyens les uns envers les autres relativement à leurs personnes et à leurs biens.

1. Forme du gouvernement d'un État, d'un pays, d'un peuple, d'une nation, ses lois fondamentales.
2. Ce qui précède et éclaircit ce qui va suivre.

Le droit public, politique et administratif est l'ensemble des lois qui sont relatives au mode de gouvernement et à l'administration publique.

On appelle *droit des gens* ou *international* celui qui règle par des usages ou des conventions la conduite des peuples les uns envers les autres, comme le respect dû au pavillon [1], aux ambassadeurs, aux ministres plénipotentiaires, aux chargés d'affaires, aux consuls généraux et particuliers [2], etc., etc.; le droit de guerre [3], les traités de paix et d'alliance [4], etc.

Codes.

Un *Code* est un livre dans lequel sont réunies et classées méthodiquement les lois relatives à un ordre spécial d'intérêts publics ou à une position déterminée des membres d'une société.

En France nous avons :

1º Le *Code Napoléon* ou *Code civil*, dont il sera parlé plus bas ;

1. Bannière, étendard d'une nation, arborée, soit au mât d'un navire, soit devant un consulat ou une ambassade de cette nation, etc.

2. Envoyés ou représentants divers d'une nation près d'une autre nation.

3. Querelle, différend entre deux nations, laquelle se poursuit par la voie des armes, sur terre ou sur mer.

4. *Paix*, état d'un peuple qui n'est point en guerre; *alliance*, rapports d'amitié entre deux peuples dans leurs relations réciproques.

2º Le Code de procédure civile [1];

3º Le Code de commerce [2];

4º Le Code d'instruction criminelle [3];

5º Le Code pénal [4];

6º Le Code forestier [5];

7º L'ensemble des lois sur la presse [6].

De tous nos Codes le plus important est le *Code Napoléon* ou *Code civil*. Là, en effet, se trouvent méthodiquement classées les règles qui fixent les droits de tous les Français; l'existence et la sécurité des familles; la jouissance et la privation des droits civils; les actes de l'État, naissances, mariages, décès; le domicile [7]; l'absence; la sépa-

---

1. Ordre et forme de procéder en justice civile entre citoyens, en dehors des matières criminelles et pénales.

2. Trafic, négoce de marchandises, d'argent, en gros ou en détail.

3. Procédure relative à ce qui concerne les accusés de crimes.

4. Qui assujettit à quelque peine.

5. Concernant tout ce qui a trait aux bois et forêts.

6. Impression, publication et vente d'écrits imprimés.

7. Demeure d'une personne, lieu qu'elle a choisi pour son habitation ordinaire et où elle a fixé son principal établissement.

Domicile réel, celui où elle habite réellement.

Domicile élu, domicile fictif, qu'elle a déclaré choisir pour y recevoir certaines notifications ou significations.

Domicile politique, celui où une personne exerce les droits politiques en vertu desquels elle participe au gouvernement de son pays.

Le domicile civil est par opposition le domicile ordinaire.

Le domicile politique et le domicile civil sont ordinairement réunis.

ration de corps et de bien [1]; la paternité [2] et la filiation [3];
les enfants naturels [4]; l'adoption [5]; et la tutelle officieuse [6]; l'émancipation [7]; la majorité [8] et la minorité [9];

1. Acte par lequel chacun des époux conserve la pleine liberté
de sa personne et de ce qu'il possède.

2. État, qualité de père.

3. Suite continue de générations dans une même famille;
ligne droite, descendant des aïeux aux enfants, ou remontant
des enfants aux aïeux, et plus particulièrement, seul degré de
génération des père et mère aux enfants.

4. Qui ne sont pas nés en légitime mariage.

5. Acte par lequel on choisit quelqu'un pour fils ou pour
fille, et on lui en donne les droits civils, en remplissant certaines
conditions prescrites par la loi.

6. *Tutelle*, autorité donnée conformément à a loi pour
avoir soin de la personne et des biens d'un mineur ou d'un
interdit.

Tutelle officieuse, protection légale accordée à un enfant mineur par une personne qui se propose de l'adopter, quand il
sera devenu majeur.

7. Acte par lequel un fils ou une fille est mis hors de la puissance paternelle, ou un mineur, en état de jouir de ses revenus,
à l'âge et suivant les formes déterminées par la loi.

8. État de celui qui est majeur, c'est-à-dire qui a atteint
l'âge prescrit par les lois pour user et jouir de ses droits et
pouvoir contracter valablement. Il ne fallait avoir que
20 ans, pour être majeur en Normandie. On n'était majeur, dans
la coutume de Paris, qu'à 25 ans. Aujourd'hui, on est majeur
à 21 ans dans toute la France. On ne peut, toutefois, contracter
mariage, sans le consentement de ses père et mère, que lorsqu'on est âgé de 25 ans.

9. État de celui qui n'est pas majeur. Le privilége de la minorité est de faire déclarer nuls tous les actes que le mineur a
faits à son préjudice.

l'interdiction [1]; les conseils judiciaires [2] ; les biens meubles et immeubles [3]; la succession [4]; les donations [5]; les testaments [6]; les legs [7]; les contrats [8]; les obliga-

1. *Interdiction* des droits civiques, civils et de famille, privation, déchéance totale ou partielle de ces droits, prononcée contre celui qui est reconnu coupable; action d'ôter à quelqu'un la libre disposition de ses biens, et même de sa personne, quand on reconnaît qu'il est en état d'imbécillité, de démence ou de fureur.

L'interdiction ne peut-être appliquée au sourd-muet; lettré ou même illettré, qui a conservé la plénitude de son bon sens.

2. Personnes qu'on nomme pour assister, dans certains actes, ceux qui ont été déclarés en état de prodigalité.

3. *Biens meubles*, ceux qui suivent une personne et n'ont point de suite par hypothèque ou gage d'une dette. L'argent comptant, les bijoux, les pierreries, la vaisselle d'argent, les billets à terme, les effets publics, sont regardés comme biens meubles.

Biens immeubles, ceux qui ne peuvent être transportés d'un lieu à un autre. Biens-fonds, fonds de terre, bâtiments, animaux, instruments aratoires qui en dépendent.

4. Héritages, biens, effets, qu'une personne laisse en mourant.

5. Dons qui se font par acte public. Donations entre-vifs. Donations à cause de mort.

6. Actes authentiques par lesquels on déclare ses dernières volontés.

Testaments olographes, écrits, datés et signés de la main du testateur.

Par acte public, reçus par deux notaires, en présence de deux témoins, ou par un notaire en présence de quatre témoins.

Mystiques ou *secrets* écrits, ou au moins, signés par le testateur, et remis par lui clos et scellés à un notaire, en présence de six témoins.

7. Dons faits par testament ou par autre acte de dernière volonté.

8. Conventions, pactes, traités, entre deux ou plusieurs personnes, rédigés par écrit, sous l'autorité publique.

7

tions conventionnelles [1]; la cession de bien [2]; les titres authentiques [3]; les actes sous-seing-privé [4]; le serment [5]; les pactes [6]; les contrats de louage [7]; les baux [8]; le cheptel [9]; les actes de société [10]; les prêts [11]; les dé-

[1]. Liens de droit obligeant à donner, à faire ou à ne pas faire une chose; actes par devant notaire ou sous-seing privé, par lesquels on s'oblige à payer certaine somme, à une époque fixe, suivant certaine convention.

[2]. Abandon qu'un débiteur fait de tous ses biens à ses créanciers, quand il est hors d'état de payer ses dettes.

[3]. Actes reçus, dressés par des notaires, ou autres officiers publics, avec la solennité requise.

[4]. Signature d'un acte qui n'a point été reçu par un notaire ou autre officier public.

[5]. Affirmation ou promesse dans laquelle on prend à témoin Dieu, ou ce qu'on regarde comme saint, comme divin.

[6]. Contrats par lesquels une chose est aliénée moyennant un prix.

[7]. Acte de transport ou de cession de l'usage de quelque chose, fait par le propriétaire pour un certain temps, moyennant un certain prix.

[8]. Le bail est un contrat par lequel on donne à quelqu'un la jouissance d'une chose, moyennant un prix convenu, et pour un temps déterminé. Dans le langage ordinaire, il se dit principalement des propriétés rurales et des maisons.

[9]. Bail de bestiaux, contrat par lequel l'une des parties donne à l'autre des bestiaux à garder, à nourrir, à soigner, sous des conditions convenues.

[10]. Contrat d'où résulte la compagnie, l'union de plusieurs personnes jointes pour quelque intérêt, ou pour quelque commerce, sous certaines conditions.

[11]. Action par laquelle on prête de l'argent. Il n'est guère usité qu'en parlant de l'argent qu'on prête par contrat ou par obligation.

pôts [1] ; les séquestros [2] ; les mandats [3] ; les cautionnements [4] ; la transaction [5] ; la contrainte par corps [6] ; les

1. Objets déposés, placés, remis, confiés, donnés en garde à
quelqu'un, pour être rendus ou employés à la volonté ou suivant l'intention de celui qui les a confiés.

2. État d'une chose litigieuse remise en main tierce par
ordre de la justice ou par convention des parties jusqu'à ce
qu'il soit réglé et jugé à qui 'le appartiendra.

3. Terme de jurispru...nce, acte par lequel on commet le
soin d'une affaire à quelqu'un qui s'en charge gratuitement.
— Terme de commerce, écrit portant ordre de payer certaine
somme à la personne qui y est dénommée. — Terme de justice
et de police,
Mandat de comparution, ordonnance par laquelle un juge
d'instruction enjoint à une personne de comparaître devant lui
pour être interrogée; — *mandat d'amener*, ordre de faire comparaître quelqu'un devant un tribunal, un magistrat; —*mandat
d'arrêt*, ordre d'arrêter, d'emprisonner; — *mandat de dépôt*,
ordonnance en vertu de laquelle un prévenu, contre qui a été
décerné un mandat d'amener, est retenu dans la maison d'arrêt.

4. *Caution*, celui qui répond pour un autre, qui s'engage à
satisfaire à l'obligation contractée par un autre, dans le cas où
celui-ci n'y satisferait pas. — *Cautionnement*, contrat par lequel
la caution s'oblige ; acte même qui constate l'existence de ce
contrat; gage ou somme que les lois obligent certaines personnes
à déposer comme garantie de la responsabilité à laquelle elles
sont soumises.

5. Acte par lequel on transige pour accommoder un différend,
un procès ; — convention, accord, relation d'intérêts, entre
hommes, dans le commerce ou dans la vie ordinaire.

6. Droit de faire emprisonner un débiteur. Elle a été abolie
(pour affaires commerciales) par le Corps législatif, en mars 1867.

nantissements [1]; les hypothèques [2]; l'expropriation
forcée [3]; la prescription, [4] etc., etc.

Ce qui précède explique suffisamment le pas que nous
donnons sur les autres à ce Code, auquel nous renvoyons
pour toutes les explications qu'il nécessite.

Que de questions éminentes, en effet, pour chacun de
nous et pour tous, *pour les sourds-muets en particulier*
dont on s'occupe trop peu depuis des siècles, à notre époque même, si vouée aux études de toute espèce, aux progrès des lettres, des sciences et des arts!

On y pensera plus tard, telle est la réponse universelle
qu'on recueille de tous côtés, comme si nos pauvres
frères d'infortune étaient condamnés à perpétuité à crou-
pir en véritables *parias* [5] dans les ornières de notre civilisation moderne, de plus en plus féconde en prodiges.

1. Gages qu'on donne à un créancier pour sûreté de ce qui
lui est dû.

2. Droit réel qui grève les propriétés, les immeubles, affectés à la sûreté, à l'acquittement d'une obligation, d'une dette, et
qui les suit en quelques mains qu'ils passent.

3. Acte qui prive quelqu'un d'une propriété immobilière,
soit pour cause d'utilité publique, et moyennant une indemnité, soit par voie de saisie des créanciers.

4. Manière d'acquérir la propriété d'une chose, par la possession non interrompue pendant un temps que la loi détermine,
ou de se libérer d'une dette quand le créancier a laissé passer
un certain temps sans en demander le payement.

5. Hommes nés dans la dernière caste des Indous qui suivaient la loi de Brahma.

La caste des *parias* était réputée infâme par toutes les autres, qui refusaient d'avoir la moindre communication avec elle.

Les sourds-muets sont en si petit nombre, et puis ce qu'on demande est si difficile : telles sont les deux misérables objections principales qu'on nous jette à la face depuis trop longtemps.

Nous verrons bien.....

DROIT PUBLIC DES FRANÇAIS.

(Charte constitutionnelle du 14 juin 1814.)

1º Les Français sont égaux devant la loi, quels que soient d'ailleurs leurs titres et leurs rangs [1];

2º Ils contribuent indistinctement, dans la proportion de leur fortune, aux charges de l'État [2];

3º Ils sont tous également admissibles aux emplois civils et militaires [3];

1. *Titre,* qualité honorifique ou désignation d'une dignité : prince, duc, marquis, comte, baron, etc., etc.

Rang, place occupée par tel ou tel degré d'honneur attribué à sa naissance, à sa position sociale, à son emploi, à ses fonctions, etc.

2. *Dans la proportion de leur fortune:* selon que cette fortune est plus ou moins grande, selon ce que chacun possède, suivant qu'il est plus ou moins pauvre, plus ou moins à son aise, plus ou moins riche. — *Charges de l'État,* dettes et dépenses d'un gouvernement.

3. Sans qu'il soit dérogé à cet article 3, ni à l'article 1er qui déclare tous les Français égaux devant la loi, on comprend fort bien qu'il est bon nombre de ces emplois dont les sourds-muets sont forcément exclus par leur double infirmité, comme les aveugles et les estropiés par les leurs.

4º Leur liberté individuelle est également garantie, personne ne pouvant être poursuivi, ni arrêté que dans les cas prévus par la loi et dans la forme qu'elle prescrit ;

5º Chacun professe sa religion avec une égale liberté et obtient pour son culte la même protection ;

6º Les ministres de la religion catholique, apostolique et romaine, professée par la majorité des Français, et ceux des autres cultes chrétiens [1] reçoivent des traitements [2] du Trésor public.

7º Les Français ont le droit de publier et de faire imprimer [3] leurs opinions [4] en se conformant aux lois ;

8º Toutes les propriétés sont inviolables [5] ;

9º L'État peut exiger le sacrifice d'une propriété pour cause d'intérêt public légalement constaté, mais avec une indemnité préalable [6] ;

1. *Protestants,* luthériens ou calvinistes, (Réforme de *Luther* ou de *Calvin.*)

2. Appointements, salaires, payements.

3. Empreindre, sur du papier, des lettres écrites au moyen de caractères de fonte.

4. Ce qu'ils croient, ce qu'ils pensent.

5. Ne peuvent être violées, envahies, usurpées, dévastées impunément.

Quiconque y porte atteinte s'expose aux peines prononcées par la loi.

6. Voyez, dans le titre II du Code Napoléon, l'article 545, ainsi conçu :

Nul ne peut être contraint de céder sa propriété si ce n'est pour cause d'utilité publique et moyennant une juste et préalable indemnité.

10. La conscription est abolie. Le mode de recrutement de l'armée de terre et de mer est déterminé [1], etc., etc.

CONSTITUTION POLITIQUE ACTUELLE DE LA FRANCE.

La France est un Empire constitutionnel.

Le chef de l'État porte le titre d'*Empereur des Français* et s'intitule *par la grâce de Dieu et la volonté nationale.*

L'Empereur est le chef suprême de l'État, il commande les forces de terre et de mer, déclare la guerre, fait les traités de paix, d'alliance et de commerce, nomme à tous les emplois de l'administration publique, fait les règlements et décrets nécessaires pour l'exécution des lois.

La justice se rend en son nom.

Il a seul l'initiative des lois, convoque les Chambres et peut dissoudre celle des députés.

Le gouvernement se compose de ministres dépendants du chef de l'État seul et ne pouvant être mis en accusation que par le Sénat.

1. Dans le principe, le mot *conscription* désignait l'inscription collective (sauf les exceptions prévues par la loi), et la levée annuelle des citoyens appelés à faire partie des armées de terre et de mer. L'abus de ce système de levées ayant fini par jeter l'effroi dans les familles, on chercha, tout en changeant le mot, à conserver la chose dont on ne pouvait se passer. Au mot *conscription*, on substitua le mot *recrutement*, dont la signification est la même. (Loi du 10 mars 1818.)

Ni l'un ni l'autre (on n'a pas besoin de dire pourquoi), n'est applicable au sourd-muet.

Un *Conseil privé* a été institué par décret impérial du
1er janvier 1858. Ce Conseil est consulté par l'Empereur
quand il juge à propos de recourir à ses lumières.

Les membres du Conseil privé ont rang de ministre.

Forme du gouvernement de l'Empire français.

Art. 1er du *Sénatus-consulte* [1] du 7 novembre 1852 :
La dignité impériale est rétablie.

Louis-Napoléon-Bonaparte est Empereur des Français,
sous le nom de *Napoléon III.*

Art. 2 La dignité impériale est héréditaire [2] dans la descendance [3] directe et légitime [4] de *Louis-Napoléon-Bonaparte* de mâle en mâle [5] par ordre de progéniture [6] et à l'exclusion perpétuelle [7] des femmes et de leurs descendants.

. . . .

Art. 1er du *Sénatus-consulte* [8] du 23 décembre 1852:
L Empereur a le droit de faire grâce et d'accorder des
amnisties [9].

1. *Sénatus-consulte*, décision, arrêt, décret du *Sénat*.
2. Transmissible.
3. Action d'être issu, de tirer son origine d'une personne,
d'une race.
4. Immédiate, basée sur le mariage.
5. Ligne masculine.
6. Filiation, descendance directe de père à fils aîné.
7. A jamais, pour toujours.
8. Voir la note 1.
9. *Grâce*, pardon à un ou plusieurs individus coupables;
amnistie, grâce généralement accordée à des masses, et presque

Art. 2 L'Empereur préside, quand il le juge convenable, le Sénat [1] et le Conseil d'État [2].

. . . .

Art. 6 Les membres de la famille impériale appelés éventuellement à l'hérédité et leurs descendants portent le titre de *Princes français*.

Le fils aîné de l'Empereur porte le titre de *Prince Impérial*.

. . . .

Du Sénat.

Le Sénat se compose :

1° Des cardinaux, des maréchaux, des amiraux [3];

toujours, en politique, et pour des complots, conjurations, conspirations contre le gouvernement ou le chef de l'État.

1. Dans l'ancienne Rome, le *Sénat* était une assemblée de *patriciens* (issus des premiers sénateurs institués par Romulus), formant le conseil suprême et perpétuel de l'État.

Chez nous, sous le premier empire, c'était la chambre haute, non élective, devenue Chambre des pairs, sous la royauté, redevenue *Sénat*, en 1852. (Voir ci-dessous sa composition et ses attributions.)

2. Le *Conseil d'État* est une assemblée dans laquelle se traitent les matières de haute politique et de haute administration. (Voir plus loin aussi sa composition et ses attributions.)

3. *Cardinal*, c'est un des soixante et dix prélats (six cardinaux-évêques, cinquante cardinaux-prêtres et quatorze cardinaux-diacres), qui composent le Sacré-Collège ou conseil souverain du Pape, ils ont voix active et passive dans l'élection du

7.

2º Des citoyens que l'Empereur juge convenable d'élever à la dignité de sénateur.

Le nombre des sénateurs nommés directement par l'Empereur ne peut excéder cent cinquante.

Une donation annuelle et viagère [1] de trente mille francs est affectée à la dignité de *Sénateur*.

Les *Sénateurs* sont inamovibles et à vie [2].

Les séances du *Sénat* sont publiques.

Le *Sénat* est le gardien [3] du pacte fondamental et des libertés publiques [4].

Aucune loi ne peut être promulguée [5] avant de lui avoir été soumise.

---

chef de l'Église catholique, et c'est parmi eux qu'est ordinairement choisi son successeur. (*Voix active*, le pouvoir d'élire. — *Voix passive*, la capacité nécessaire pour être élu.)

Maréchal, celui qui occupe le grade militaire le plus élevé, et dont la fonction est de commander en chef les armées.

Amiral, chef suprême des forces navales de l'État.

1. Fonds assigné pour les doter chaque année et pour leur vie.

2. *Inamovibles*, ils ne peuvent être dépouillés de leurs fonctions à volonté.

A vie, ils sont sénateurs tant que leur vie dure.

3. Il est chargé, en corps, de les garder, protéger et conserver intacts.

4. *Pacte fondamental*, Charte, Constitution, qui détermine la forme du gouvernement et règle les droits politiques des citoyens.

Libertés publiques, libertés de l'ensemble des citoyens et de l'ensemble de chaque citoyen en particulier, quel qu'il soit.

5. *Promulguer une loi*, c'est la publier avec les formes requises pour la rendre exécutoire.

Le droit de pétition s'exerce auprès du *Sénat*.

Aucune pétition ne peut être adressée au Corps législatif[1].

Un Sénatus-consulte, modificatif de la Constitution, a été délibéré et voté par le Sénat le 16 juin 1866, et promulgué par l'Empereur le 18. Il porte :

Art. 1er. La Constitution ne peut être discutée par aucun pouvoir public autre que le Sénat, procédant dans les formes qu'elle détermine.

Une pétition ayant pour objet une modification quelconque ou une interprétation de la Constitution, ne peut être rapportée en séance générale que si l'examen en est autorisé par trois au moins des cinq bureaux du Sénat.

Art. 2. Est interdite toute discussion ayant pour objet la critique ou la modification de la Constitution, et publiée ou reproduite, soit par la presse périodique, soit par des affiches, soit par des écrits non périodiques, des dimensions déterminées par le paragraphe 1er de l'article 9 du décret du 17 février 1852.

Les pétitions ayant pour objet une modification ou une interprétation de la Constitution ne peuvent être rendues publiques que par la publication du compte rendu officiel de la séance dans laquelle elles ont été rapportées.

Toute infraction aux prescriptions du présent article

---

1. *Pétition*, demande adressée à l'Empereur, à un ministre, à une autorité supérieure, à une Chambre, etc.

Droit de pétition, faculté d'en envoyer une à qui de droit.

Pétitionnaire, celui qui exerce ce droit.

constitue une contravention punie d'une amende de cinq
cents à dix mille francs.

Du Corps législatif [1].

L'élection a pour base la population.

Il y a un député au Corps législatif à raison de trente
cinq mille électeurs [2]. Néanmoins, il est attribué un dé-

1. *Corps législatif*, sous le premier et le second empire; *Chambre
des députés*, sous la royauté; *Assemblée nationale*, sous la république, représentants de la France, élus avec ou sans restriction
par leurs concitoyens, dans leurs localités.

2. Un sourd-muet peut-il être électeur et député?

Pour le second cas, pas de doute : Un député doit entendre
ce qui se dit au Corps législatif, et prendre la parole quand il
le juge opportun.

Pour le premier cas, pas plus de doute; mais dans un autre
sens;

En décembre 1833, au nom du 9e bureau, M. Odier fit un
rapport à la Chambre des députés (Corps législatif), sur l'élection de M. A. Drault, élu par le premier collège électoral de la
Vienne.

« Messieurs, dit-il à ses collègues, je dois vous faire part de
deux faits qui se sont passés à cette élection.

« Le premier, qui est nouveau dans votre jurisprudence, est
celui d'un sourd-muet qui s'est présenté comme électeur, a fait
valoir ses droits, a écrit au bureau, a prêté serment par écrit et
a signé.

« Le procès-verbal mentionne ce fait.

« Le deuxième fait, est une protestation d'une partie des électeurs présents. »

Le rapporteur, après avoir donné lecture des conclusions de
cette protestation, termine ainsi :

« Votre 9e bureau n'ayant pas cru devoir s'arrêter à ces deux

puté de plus à chacun des départements dans lequel le nombre excédant des électeurs dépasse dix-sept mille cinq cents,

Ils sont élus par le suffrage universel, sans scrutin de liste [1], et par circonscription électorale.

Les députés sont nommés pour six ans.

Ils reçoivent une indemnité [2] qui est fixée à deux mille cinq cents francs pendant la durée de chaque session ordinaire ou extraordinaire [3].

Le sénatus-consulte du 16-18 juillet 1866 élève cette indemnité à douze mille cinq cents francs pour chaque session ordinaire, quelle qu'en soit la durée. — En cas de session extraordinaire, l'indemnité continue à être réglée conformément à l'article 14 du sénatus-consulte du 25 décembre 1852.

Les sessions ordinaires du Corps législatif durent trois mois; ses séances sont publiques; mais la demande de cinq membres suffit pour qu'il se forme en comité secret.

Le même sénatus-consulte de juillet 1866 abroge la disposition de l'article 41 de la Constitution du 14 janvier

faits, et *l'élection lui ayant paru parfaitement régulière,* il m'a chargé de vous proposer l'admission de M. Drault.

En conséquence, M. A. Drault est proclamé, quoiqu'un sourd-muet ait pris part au vote des électeurs, membre de la Chambre.

(*Moniteur universel,* du 25 décembre 1833).

1. Par le vote libre de tous les citoyens.
2. Un dédommagement, un traitement.
3. Temps durant lequel siége le Corps législatif.

1852, qui limitait à trois mois la durée des sessions ordinaires du Corps législatif. Un décret de l'Empereur prononce la clôture de la session.

Le Corps législatif discute et vote les projets de loi et l'impôt.

Le budget des dépenses lui est présenté, avec des subdivisions administratives par chapitres et par articles.

Les amendements adoptés par la Commission chargée d'examiner un projet de loi sont renvoyés au conseil d'État par le président du Corps législatif.

Les amendements non adoptés par la Commission ou par le conseil d'État peuvent être pris en considération par le Corps législatif et renvoyés à un nouvel examen de la commission.

Si la Commission ne propose pas de rédaction nouvelle, ou si celle qu'elle propose n'est pas adoptée par le conseil d'État, le texte primitif du projet est seul mis en délibération.

Le compte rendu des séances par les journaux ou par tout autre moyen de publication, ne consiste que dans la reproduction du procès-verbal [1], dressé, à l'issue de chaque séance, par les soins du président.

Le président et les vice-présidents du Corps législatif sont nommés par l'Empereur pour un an; ils sont choisis parmi les députés.

1. Narré par écrit.

Le traitement du président du Corps législatif est fixé par un décret.

Les ministres [1] ne peuvent être membres du Corps législatif.

Le droit de pétition s'exerce auprès du Sénat.

Aucune pétition ne peut être adressée au Corps législatif (voir plus haut : *du Sénat*).

L'Empereur convoque, ajourne, proroge et dissout [2] le Corps législatif.

En cas de dissolution, l'Empereur doit en convoquer un nouveau dans le délai de six mois.

Du Ministère [3].

Il y a en France dix ministres nommés par l'Empereur et qu'il est libre de révoquer à volonté [4].

Ces ministres sont ceux :

1o De la maison de l'Empereur et des beaux-arts;

2o D'État;

---

1. *Ministre,* celui qui est chargé spécialement par l'Empereur de la direction d'un des dix ministères (ou grandes administrations supérieures), dans lesquels se subdivise le gouvernement de la France. (Voir plus bas.)

2. *Convoquer,* appeler; *ajourner,* remettre à une autre époque; *proroger,* prolonger la session; *dissoudre,* briser, renvoyer.

3. Ou cabinet, ensemble des ministres.

4. Auxquels il peut enlever leurs fonctions, quand il le juge utile.

3º Des affaires étrangères;

4º De l'agriculture, du commerce et des travaux publics;

5º Des finances;

6º De la guerre;

7º De l'instruction publique;

8º De l'intérieur;

9º De la justice et des cultes;

10º De la marine et des colonies.

MINISTÈRE DE LA MAISON DE L'EMPEREUR ET DES BEAUX-ARTS,

Divisé en deux services:

I. *Maison de l'Empereur :*

Administration générale des revenus de la couronne; présentation des décrets de nominations pour les emplois et fonctions de la maison de LL. MM. et des princes et princesses de la famille impériale; administration des domaines, forêts, bâtiments, parcs, jardins, mobilier, bibliothèques, musées impériaux, manufactures impériales, établissements agricoles compris dans la dotation de la couronne, etc., etc.; propositions pour les pensions sur les fonds de la liste civile, dons et secours, prix des courses, encouragements aux arts, concession de brevets de fournisseurs, etc.; théâtre impérial de l'Opéra, etc., etc.

II. Service des beaux-arts.

Légion d'honneur, archives de l'empire, publication de la correspondance de Napoléon Ier; administration des beaux-arts; académie de France à Rome; École spéciale des beaux-arts; écoles gratuites de dessin; ouvrages d'art et décoration d'édifices publics; conservation des monuments historiques; Conservatoire de musique et de déclamation; bâtiments civils; direction générale des haras, etc., etc.

MINISTÈRE D'ÉTAT [1].

Assemblée des titulaires de fonctions auxquelles sont appelés, par décret du 24 novembre 1860, les ministres sans portefeuille (n'ayant pas de département ministériel); — rapports du Sénat et du Corps législatif avec l'Empereur et le conseil d'État; — correspondance de l'Empereur avec les divers ministres; — contre-seing des décrets portant nomination des ministres, des membres du conseil privé, des président, vice-présidents, secrétaire, grand référendaire et membres du Sénat; président, vice-présidents du Corps législatif; membres du conseil d'État; — contre-seing des décrets portant convocation et clôture du Sénat; convocation, ajournement, prorogation, clôture et

1. *État*, gouvernement, administration d'un pays, d'une société politique. *Ministre d'État*, *secrétaire d'État*, etc.

dissolution du Corps législatif; — contre-seing des décrets concernant les matières qui ne sont spécialement attribuées à aucun département ministériel; rédaction et conservation des procès-verbaux du conseil des ministres et des prestations de serment entre les mains de l'Empereur; administration du conseil d'État.

MINISTÈRE DES AFFAIRES ÉTRANGÈRES.

Négociation et exécution des traités et conventions politiques et de commerce; rapports avec les ambassadeurs, ministres et agents diplomatiques et consulaires, soit des puissances étrangères près de l'Empereur, soit de l'Empereur près des puissances étrangères.

MINISTÈRE DE L'AGRICULTURE, DU COMMERCE ET DES TRAVAUX PUBLICS.

Statistique générale de la France. — *Agriculture*, enseignement agricole et vétérinaire; crédit foncier; encouragements et secours à l'industrie rurale, desséchements, subsistances; — préparation des lois et règlements relatifs au commerce intérieur, aux arts et manufactures; sociétés anonymes; écoles industrielles, expositions de l'industrie; — caisses de retraite pour la vieillesse; caisses d'épargne; exécution des règlements sur le travail des enfants dans les manufactures. — Police sanitaire; eaux minérales. — Poids et mesures. — Préparation des tarifs et lois des

douanes et des traités de commerce. — Entrepôts et *docks*.
— Pêches maritimes. — Commerce extérieur; publication
des documents relatifs au commerce de la France et de
l'étranger. — Corps impériaux des ponts et chaussées et
des mines. — Nomination aux emplois administratifs dans
les travaux publics; proposition aux places de fonctionnaires dont la nomination est réservée à l'Empereur. —
Routes impériales et départementales, sauf, pour ces dernières, les questions de comptabilité réservées au ministère
de l'intérieur. — Navigation fluviale, défenses contre les
rivières et torrents; canaux de navigation; contrôle des
canaux concédés. — Ports maritimes de commerce; éclai-
rage des côtes. — Bacs, dunes, associations syndicales
pour le dessèchement des marais et les travaux d'irriga-
tion, règlements des usines sur les cours d'eau et les usines
métallurgiques; recherches et concessions de mines; police des mines, carrières, etc.; mesures de sûreté pour les
appareils à vapeur,—Chemins de fer; contrôle des travaux
de construction des chemins concédés. — Contrôle de
l'exploitation. — Comptabilité des dépenses.

MINISTÈRE DES FINANCES.

Administration des revenus publics, de la dette inscrite
et des monnaies; comptabilité des finances de l'État. —
Établissement et règlement du budget général de chaque
exercice; présentation de tous les projets de lois sur les
finances. — Assiette, répartition et perception des impôts

directs et indirects. — Exploitation des domaines et des
bois, des postes, des tabacs, du timbre, etc., etc. — Véri-
fication de la fabrication et du titre des monnaies. — Mouvement des fonds, négociations et opérations de la tréso-
rerie. — Relations avec la Banque de France et avec la
chambre syndicale des agents de change. — Surveillance
des caisses publiques et des préposés comptables; vérifi-
cation de leurs comptes et de leurs pièces justificatives à
soumettre au jugement de la Cour des comptes. — Description, contrôle et centralisation de tous les faits relatifs
à la recette et à l'emploi des deniers publics. — Inscription des rentes, pensions, cautionnements, contentieux et
agence judiciaire; liquidation et ordonnancement de toutes les dépenses des divers services des finances et de
celles qui ne ressortissent à aucun ministère. — Acquittements, contrôle et justification de toutes les dépenses
publiques ordonnancées par les ministres. — Nominations
aux emplois de finance, administratifs et comptables et à
ceux d'agents de change près la Bourse de Paris. — Proposition aux places de fonctionnaires comptables ou autres, dont la nomination est réservée à l'Empereur. (Voir
plus bas *des Finances en France.*)

MINISTÈRE DE LA GUERRE.

Recrutement, organisation, inspection, police, disci-
pline, mouvements et opérations de l'armée de terre; administration de tous les personnels qui la composent (états-

majors, troupes de toutes armes, services administratifs, service de santé ; — récompenses militaires ; écoles impériales militaires, établissements impériaux de l'artillerie et du génie, matériel de ces armes, places de guerre ; — hôtel impérial des invalides et hôpitaux militaires ; — tribunaux militaires et établissements disciplinaires ; — équipages et transports militaires, vivres, fourrages, chauffage, habillement des troupes, lits militaires, campement, remonte des troupes à cheval, harnachement, solde et traitements de toute nature. — *Dépôt de la guerre.* Géodésie (partie de la géométrie qui enseigne à mesurer et à diviser les terrains), topographie (description détaillée d'un lieu ou d'un canton, à la différence de la géographie, qui est la description générale de la terre, d'un pays, d'une province, d'un département), dessin et gravure, travaux historiques, statistique militaire (description détaillée des troupes d'un pays sous leurs divers aspects), bibliothèque, archives historiques (anciens titres, papiers importants que l'on garde pour les consulter au besoin), carte de France. — Comptabilité générale ; contrôle et ordonnancement des dépenses, contentieux, budgets, comptes généraux, comptes militaires, pensions, secours ; archives administratives de la guerre, état civil de l'armée, constatation des services, dépôt et conservation de tous les documents qui s'y rapportent. —Dotation de l'armée.

MINISTÈRE DE L'INSTRUCTION PUBLIQUE.

Préparation et exécution des lois, décrets et règlements
concernant l'instruction publique ; — administration des
écoles entretenues par les fonds de l'État, des départements
et des communes ; acceptation des dons et legs qui leur
leur sont faits ; surveillance et inspection des établissements libres ; — conseil impérial de l'instruction publique, inspecteurs généraux de l'enseignement supérieur,
de l'enseignement secondaire et de l'enseignement primaire ; — École normale supérieure, — *Administration
académique*. Recteurs, inspecteurs et secrétaires d'académie ; conseils académiques ; facultés de théologie, de droit,
de médecine, des sciences et des lettres ; — écoles supérieures de médecine et de pharmacie, rétribution des professeurs de ces écoles, dont les recettes sont versées au
Trésor ; diplômes ; écoles préparatoires à l'enseignement
supérieur des sciences et des lettres ; écoles préparatoires
médecine et de pharmacie, jurys médicaux. — *Administration de l'instruction secondaire*. Lycées, proviseurs,
censeurs, professeurs, etc. ; bourses impériales, départementales, communales. — Collèges communaux, répartition de la subvention qui leur est accordée. — *Administration de l'instruction primaire*. Inspecteurs de l'instruction primaire, brevets de capacité, écoles primaires publiques de garçons et de filles, salles d'asile, secours aux

communes pour la construction des écoles, secours aux
instituteurs primaires et aux associations religieuses vouées
à l'enseignement ; — administration des établissements
scientifiques et littéraires, collège de France, muséum
d'histoire naturelle, bureau des longitudes, observatoire
de Paris, de Marseille et d'Alger ; école de langues orientales vivantes, école d'Athènes, dépôt légal ; — encouragements aux sociétés savantes, comité des travaux historiques et des sociétés savantes, publication de documents
inédits sur l'histoire de France, souscriptions aux ouvrages classiques, encouragements aux hommes de lettres
et aux membres du corps supérieur.

MINISTÈRE DE L'INTÉRIEUR.

Administration générale et départementale ; — direction
générale de la sûreté publique ; — division de l'imprimerie
et de la librairie ; — commission pour l'examen des livres,
écrits, gravures et estampes destinés au colportage ; —
direction des lignes télégraphiques ; — établissements généraux de bienfaisance ; — asiles impériaux de Vincennes
et du Vésinet ; — hospice impérial du Mont-Genèvre ; —
hospice impérial des Quinze-Vingts (aveugles) ; — institution impériale des jeunes aveugles ; — institution impériale des sourds-muets de Paris (garçons). L'État y entretient 140 bourses, divisibles par fractions. Les conseils

généraux et municipaux y votent aussi des bourses, dont le taux est de 500 fr. Le *maximum* de la pension pour les sourds-muets appartenant à des familles aisées est de 1,000 fr. — Institution impériale des sourds-muets de Chambéry. — Institution impériale des sourds-muets de Bordeaux (filles) sous le patronage de l'Impératrice. L'État y entretient 75 bourses divisibles par fractions.

Entre les institutions libres de sourds-muets et sourdes-muettes de France, une mention honorable est due toujours à celle de Lyon, tenue par M. Claudius Forestier, sourd-muet, élève de l'École de Paris, et par sa digne épouse *parlante*, fille de l'ancien directeur sourd-muet, M. Comberry. Cet établissement est l'objet d'une protection toute spéciale de la ville et du département.

L'École de Nancy fondée en 1829 et dirigée par M. Piroux, ancien élève-professeur de celle de Paris, ne mérite pas moins d'être citée ici, tant pour les succès constants des élèves, que pour le zèle infatigable du directeur. Avec de pareils éléments, elle ne saurait tarder à devenir, elle aussi, *impériale*, titre que ne se lasse pas de solliciter du pouvoir M. Piroux, appuyé des autorités locales, et des conseils généraux de plusieurs départements circonvoisins, etc.

La Société centrale d'éducation et d'assistance pour les sourds-muets en France, sous le patronage de Son Altesse le Prince Impérial, et dont le siége est à Paris à l'institution impériale, s'occupe non-seulement de faciliter l'admission de ces pauvres enfants dans les écoles primaires,

quand ils n'ont pas l'âge requis pour être reçu à l'Institution impériale, mais encore d'obtenir leur admission dans
cet établissement quand ils remplissent les conditions
voulues pour y entrer. La Société centrale travaille, en
outre, à améliorer le sort des sourds-muets des deux
sexes, à pourvoir à leur avenir quand leurs études sont
terminées, à les assister enfin, toute leur vie, dans toutes
les situations difficiles.

Elle s'est adjoint un comité de dames charitables, qui
s'est exclusivement voué au soulagement des pauvres
sourdes-muettes.

Une association analogue à celle dont nous avons conçu
le plan dès 1840, avait été fondée, presque en même temps,
par feu le docteur Blanchet, médecin en chef de l'Institution impériale des sourds-muets de Paris, sous le titre de
*Société générale d'assistance et de prévoyance en faveur des
sourds-muets et des aveugles de France.* Sa Majesté l'Impératrice avait daigné en accepter le haut patronage, et la
présidence perpétuelle en avait été déférée à M. le curé de
Saint-Roch. L'œuvre du fondateur avait pour objet spécial
de donner toute l'extension possible à ces deux catégories
d'infortunés et de mettre les écoles gratuites établies pour
elles en état de participer à l'éducation sans se séparer de
la famille des parlants et des voyants.

La Société universelle des sourds-muets, fondée par nous
en 1838, à Paris, vient d'obtenir l'autorisation de se réor-
ganiser sur un plan mieux approprié aux diverses apti-
tudes de ses membres et à leurs progrès croissants en tout

8

genre. Tout à fait différente de celles qui existent en faveur de malheureux de tout âge, elle a pour objet principal de se concerter sur leurs intérêts en général, de
réunir en un faisceau commun les lumières de tous les
sourds-muets épars sur la surface du globe, et des parlants
instruits, qui ont fait une étude approfondie de cette spécialité, d'offrir à chacun de ses membres un point de ral-
liement, un foyer de communications réciproques et de
leur procurer les facilités de se produire dans le monde ;
— d'aviser aux meilleurs moyens d'assurer partout leur
indépendance et leur dignité ; de mettre les hommes d'intelligence et de cœur parlants et sourds-muets en rapport
les uns avec les autres, malgré la distance, malgré la différence des langues, des mœurs et des lois ; de rechercher
de quelles améliorations est susceptible la législation qui
régit les sourds-muets.

Le but de la Société universelle est, en outre, de procurer aux ouvriers sourds-muets des moyens de réunions et
d'études, de les entretenir dans de bonnes habitudes par
l'assistance de leçons gratuites et de sages conseils. —
Elle pourra publier le recueil de ses travaux, ainsi que les
mémoires, documents et communications que les membres
ou autres personnes lui adresseront.

Elle s'occupera activement d'organiser des cours publics
et gratuits pour les ouvriers sourds-muets aussitôt qu'elle
sera assise sur de solides bases.

Elle admettra également dans son sein des parlants à
titre de membres honoraires ou correspondants.

Le bureau de la Société universelle se compose entièrement de sourds-muets : un président, deux vice-présidents, un secrétaire général, un secrétaire adjoint et un
trésorier.

La Société universelle n'est, comme on le voit, rien
moins qu'une sorte de congrès perpétuel, scientifique, littéraire, artistique et industriel, qui va réaliser enfin nos
longs rêves et nos vœux ardents ! Dieu en soit béni !

MINISTÈRE DE LA JUSTICE ET DES CULTES.

La *justice* s'entend des officiers et des magistrats qui
rendent la justice. — *Rendre la justice*, c'est juger, faire
fonction de juge. — *Juge*, magistrat constitué par le chef
de l'État pour rendre la justice en son nom.

Ce ministère se divise en deux sections :

I. *Justice.* Organisation et surveillance de toutes les
parties de l'ordre judiciaire. — Rapports à l'Empereur sur
les matières de législation, sur l'administration de la justice, sur la statistique de la justice civile, commerciale et
criminelle, sur les recours en grâce, en commutation de
peine ou en réhabilitation (action de rétablir dans son premier état, dans ses droits, etc., quelqu'un qui en était
déchu), sur les dispenses d'âge, de parenté et d'alliance,
pour le mariage et pour l'exercice des fonctions judiciaires ;
sur les collations de titres ; sur les demandes de naturalisation et d'autorisation de service à l'étranger, etc. —
Propositions relatives à la nomination et à la promotion

des fonctionnaires de l'ordre judiciaire dans la Légion d'honneur; — commissions rogatoires (commission qu'un juge adresse à un autre juge, et par laquelle il l'invite à faire quelque acte de procédure, d'instruction, dans l'étendue de son ressort), internationales et extradition de malfaiteurs (action de livrer, de remettre un criminel, un homme prévenu de crime, au gouvernement étranger dont il dépend et qui le réclame); — mesures relatives à la promulgation des lois, envoi du *Bulletin officiel;* — imprimerie impériale. — Présidence du conseil du sceau des titres.

.. ·ltes. Préparation et exécution des lois, décrets, règlements et décisions concernant les cultes; — proposition à l'Empereur des nominations aux archevêchés et évêchés de l'Empire, aux canonicats de Saint-Denis et aux bourses dans les séminaires. — Présentation à l'agrément de Sa Majesté des nominations faites par les évêques aux titres ecclésiastiques (à l'exception des desservants de succursales et des vicaires); — publication des Bulles, Brefs et Rescrits du Saint-Siège; *appels comme d'abus* (appels interjetés de sentences rendues par des juges supérieurs ecclésiastiques, qu'on croit avoir excédé leur pouvoir ou avoir contrevenu aux lois de l'Empire); — contentieux des cultes; congrégations religieuses d'hommes et de femmes; — autorisation pour l'acceptation de dons et legs faits aux établissements ecclésiastiques; — secours aux communes pour la réparation de leurs églises et presbytères; travaux pour la construction et la conservation de cathédrales, archevêchés, évêchés et séminaires; — affaires des cultes non catholiques reconnus; musulmans d'Alger; église réformée de France; confession d'Augsbourg; culte israélite; — présentation à l'approbation de Sa Majesté des nominations des ministres protestants et pasteurs.

MINISTÈRE DE LA MARINE ET DES COLONIES.

Personnel et matériel de la marine impériale; entretien et mouvement des forces navales; entretien des ports militaires, corps impérial des équipages de ligne et des mécaniciens de la flotte; — inscription maritime; levée des marins pour le service des bâtiments de l'État, et des ouvriers pour les travaux des arsenaux militaires; — troupes de gendarmerie, d'artillerie et d'infanterie de marine; — approvisionnement des arsenaux, forges et fonderies de la marine; — hôpitaux maritimes; administration et police des bagnes (lieu ou l'on tient à la chaine *les forçats* ou condamnés criminellement, soit à perpétuité, pour la vie, soit pour un temps plus ou moins long); — tribunaux maritimes; police de la navigation et des pêches maritimes; — administration de l'établissement des invalides de la marine; liquidation et contrôle des pensions de toute nature de la marine; — correspondance avec les consuls de France pour ce qui a rapport aux mouvements des bâtiments de l'État et des navires de commerce, aux bris (état d'un navire qui s'est défoncé, brisé, en donnant

contre des rochers ou sur des bancs de sable); nau-
frages (perte d'un navire causée par quelqu'un des acci-
dents qu'on éprouve sur mer); approvisionnement des
arsenaux maritimes.

DU CONSEIL D'ÉTAT.

Le conseil d'État se compose d'un *président* ayant rang
de *ministre*, de *vice-présidents*, de *présidents de section*,
de *conseillers d'État*, de *maîtres des requêtes* et *d'auditeurs*,
tous nommés par l'Empereur et révocables par lui.

Le conseil d'État est présidé par l'Empereur, et, en son
absence, par la personne qu'il délègue.

Le conseil d'État est chargé, sous la direction de l'Empereur, de rédiger les projets de lois et d'en soutenir la
discussion devant le Sénat et le Corps législatif.

Il propose les décrets qui statuent :

1º Sur les affaires administratives, dont l'examen lui
est déféré par des dispositions législatives ou réglemen-
taires;

2º Sur le contentieux administratif;

3º Sur les conflits d'attributions entre l'autorité administrative et judiciaire.

Il doit être nécessairement appelé à donner son avis sur
tous les décrets portant règlement d'administration publique ou qui doivent être rendus dans la forme de ces

règlements. — Il connaît des affaires de haute police administrative à l'égard des fonctionnaires dont les actes
sont déférés à sa connaissance par l'Empereur; — il donne
son avis sur toutes les questions qui lui sont soumises par
l'Empereur ou par ses ministres.

Les conseillers d'État, chargés de porter la parole dans
les chambres au nom du gouvernement, sont désignés par
l'Empereur.

Le traitement de chaque *conseiller d'État en service ordinaire* est de vingt-cinq mille francs.

Sont qualifiés *conseillers d'État en service extraordinaire*
les fonctionnaires, ambassadeurs, préfets, etc., revêtus de
ce titre, bien qu'ils n'en remplissent pas les fonctions.

Les ministres ont rang, séance et voix délibérative au
conseil d'État (lois du 25 mai 1791 et du 22 frimaire
an VIII, décret du 22 juillet 1806, etc., etc.).

DE LA HAUTE COUR DE JUSTICE.

La haute cour¹ de justice connaît² des crimes et des
délits qui pourraient avoir été commis par des princes de
la famille impériale ou de la famille de l'Empereur, par des

1. *Cour*, siège supérieur de justice. *Cour de cassation, Cour
des comptes.*

2. *Connaître*, avoir pouvoir, autorité de juger en certaines
matières.

ministres, par de grands officiers de la couronne, par des grands-croix de la Légion d'honneur, par des ambassa- deurs, par des conseillers d'État.

Toutefois les personnes poursuivies pour faits relatifs au service militaire demeurent justiciables des juridictions militaires, conformément aux Codes de justice pour les armées de terre et de mer.

La haute cour de justice, formée de juges pris parmi les conseillers de la cour de cassation et d'un haut jury tiré au sort entre les conseillers généraux, juge sans appel ni recours en cassation [1], toutes personnes qui auront été renvoyées devant elle comme prévenues de crimes, atten- tats ou complots [2] contre l'Empereur et contre la sûreté intérieure ou extérieure de l'État [3].

Elle ne peut être saisie [4] qu'en vertu d'un décret de l'Empereur.

Si la poursuite a pour objet un délit, la chambre de jugement statue sans l'assistance du jury [5].

Le premier président de la cour de cassation [6] et les trois présidents de chambre de cette cour, où, à leur dé-

1. Sans possibilité de faire instruire et briser ses arrêts par une autre juridiction.
2. *Crimes, attentats, complots.* (Voir p. 144.)
3. Tranquillité d'un pays en deçà et au-delà de ses fron- tières.
4. Appelée à examiner et juger tel ou tel fait.
5. *Jury.* (Voir plus loin.)
6. *Cour de cassation.* (Voir plus loin.)

faut, les conseillers qui remplissent ces fonctions lui sont adjoints.

DES TRIBUNAUX CIVILS.

Il y a dans chaque canton[1] un *juge de paix* qui prononce sur toutes demandes dont la valeur n'excède pas deux cents francs.

Les décisions des juges de paix sont rendues sans appel et en dernier ressort lorsque la demande n'excède pas cent francs (lois du 24 août 1790 et du 25 mai 1838 ; Code de procédure civile, etc.).

Il y a dans chaque arrondissement[2] un *tribunal de première instance*, composé de trois juges au moins, lequel prononce sur toutes les demandes dont la valeur excède deux cents francs, ainsi que sur les appels des jugements rendus en premier ressort par les juges de paix (Code de procédure civile, 48, etc.; lois du 24 août 1790, du 27 ventôse, an VIII, et du 10 décembre 1830 ; décrets du 30 mars 1808 et du 18 août 1810).

Il y a *un tribunal de commerce* dans chacune des villes susceptibles d'en recevoir par l'étendue de leur commerce et de leur industrie. Ce tribunal est chargé de prononcer, au nombre de trois juges au moins, sur toutes les contes-

1. Subdivision, en France, d'un arrondissement, qui n'est, lui-même, qu'une subdivision d'un département.
2. (Voir le renvoi ci-dessus).

tations [1], qui peuvent s'élever entre négociants, marchands, etc., pour affaires relatives à leurs opérations commerciales.

Les juges des tribunaux de commerce sont élus par les principaux commerçants de l'arrondissement et renouvelés tous les deux ans. (Code de commerce, 615; Code de procédure civile, 414, etc.)

Il y a, en outre, dans les villes manufacturières [2] un conseil de prud'hommes [3] destiné à juger les contestations [4] ntre les maîtres et ouvriers [5], et dont les membres sont élus par les maîtres et les ouvriers. (Loi du 18 mai 1806; décret du 11 juin 1809.)

On peut appeler des jugements rendus par les tribunaux de première instance et de commerce, lorsque la demande excède la valeur de 1,500 francs. Au-dessous de cette somme, leurs jugements sont rendus en dernier ressort. (Loi du 11 avril 1838.)

Les appels des jugements rendus par les tribunaux de première instance et de commerce sont portés devant la cour impériale.

1. Différends, débats.
2. Où il y a des manufactures, des fabriques, des ateliers, etc.
3. Dans l'origine, prud'homme signifiait vaillant homme, homme d'honneur et de probité. Plus tard, il servit à désigner un homme expert et versé dans les connaissances de certaines choses.
4. Contestations. (Voir ci-dessus.)
5. Maître, chef d'atelier ou de fabrique.
Ouvrier, celui qui gagne sa vie par l'ouvrage de ses mains, par son travail, travailleur.

Il y a en France vingt-huit cours impériales ou cours d'appel, entre lesquelles sont partagés tous les départements. L'Algérie en possède une.

Leurs membres ont le titre de *conseillers*, leurs jugements se nomment *arrêts;* elles ne peuvent les prononcer qu'au nombre de sept membres au moins. (Loi du 20 avril; décret du 6 juillet 1810; Code de procédure civile, 443, etc.)

Il y a, pour tout l'Empire, une *cour de cassation*, qui siége à Paris. C'est un tribunal suprême, chargé de *casser* ou d'annuler les arrêts des cours impériales ou les jugements en dernier ressort des tribunaux de première instance, quand il y a eu violation ou fausse application des lois, ou inobservation des formes prescrites, à peine de nullité.

Elle ne juge pas le fond des affaires; elle les renvoie devant un autre tribunal de première instance, ou une autre cour impériale, pour qu'elles y soient jugées conformément à la loi. (Lois du 1er décembre 1790, du 28 floréal an VII et du 1er avril 1837.)

Le délai pour se pourvoir à la cour de cassation est de trois mois en matière civile et de trois jours en matière criminelle.

DES TRIBUNAUX CRIMINELS

On distingue en matière criminelle les contraventions les délits et les crimes [1].

1. (Voir p. 144.)

Les contraventions sont des actes que la loi punit d'une peine qui n'excède pas cinq jours de prison, ni quinze francs d'amende [1] : tels sont, par exemple, le défaut de balayage dans les rues, devant sa porte, aux heures prescrites par les règlements de police; l'action de cueillir et de manger des fruits dans le champ d'autrui; l'action de jeter des immondices sur quelqu'un ou de proférer des injures contre lui, etc. (Code pénal, 464, etc.; 471, etc.)

Les délits sont des actes que la loi punit d'une peine qui excède cinq jours, mais ne dépasse pas cinq ans de prison, ou d'une amende qui excède quinze francs, n'importe à quelle somme elle puisse monter; tels sont, par exemple, le vol, l'escroquerie, la diffamation [2], etc. (Code pénal, articles 6, etc.; 73, etc.; 295, etc.; 351, etc.)

Les crimes sont des actes que la loi punit d'une peine qui excède cinq ans de prison, comme l'assassinat [3], le vol à main armée, la révolte contre le gouvernement, etc, (Code pénal 6, 7 etc, 73, etc., 295, etc., 351, etc.

Les peines portées contre les crimes sont notamment:

1. *Amende,* peine d'argent, punition, châtiment pécuniaire.

2. *Escroquerie,* action de tirer quelque chose d'une personne par fourberie, par artifice. — *Diffamation,* action de chercher à flétrir la réputation de quelqu'un, par paroles ou par écrits.

3. *Meurtre, homicide,* action d'attenter, de dessein formé, de propos délibéré, de guet-apens, à la vie de quelqu'un.

I. La *mort*. Tout condamné à mort a la tête tranchée, (Code pénal 12,)[1];

II. Les *travaux forcés*. Les condamnés aux travaux forcés sont employés aux travaux les plus pénibles; ils traînent à leur pied un boulet auquel ils sont attachés avec une chaine. (Code pénal 15, 16,)

Les travaux forcés sont *à temps* ou *à perpétuité*.

Les travaux forcés à temps sont prononcés au moins pour cinq ans. (Code pénal 6, 18, 19.)

III. La *réclusion*. Les condamnés à la réclusion sont enfermés dans une maison de force pendant cinq ans au moins, (Code pénal, 21.)

Les contraventions[2] sont jugées et punies par le juge de

---

1. *Par la guillotine*, hors les condamnés militaires, qui sont passés par les armes, *fusillés*, tués à coups de fusil.

La *guillotine* est un instrument de supplice en usage en France depuis la révolution de 1789. Elle a remplacé la pendaison. Son couperet ou couteau tranche la tête du condamné à mort par une opération mécanique très-prompte. A tort, on en a attribué l'invention au docteur *Guillotin*, membre de l'Assemblée constituante, qui proposa seulement de remplacer la pendaison par la *décapitation* (action de couper la tête). Cette proposition fut accueillie avec enthousiasme. Un rapport fut fait à l'Académie de chirurgie, par le docteur Antoine, secrétaire perpétuel, et à l'Assemblée constituante, par Carlier, député de l'Oise. La première guillotine fut fabriquée par le mécanicien Schmidt, facteur de pianos.

On s'en servit, pour la première fois, le 25 avril 1792.

2. *Contravention*, infraction à une loi, à un arrêt, à un contrat.

Contrevenir, agir contre quelque loi, quelque défense, quel-

paix, siégeant en *tribunal de simple police* ou par le maire [1]
dans les communes où le juge de paix ne réside pas.
(Code d'instruction criminelle, 137 et 166, etc.)

L'appel des jugements rendus en matière de simple police se porte devant *le tribunal correctionnel*. (Code
d'instruction criminelle, 172, etc.)

Les délits [2] sont jugés par les tribunaux de première
instance, constitués en *tribunaux de police correctionnelle*.
(Code d'instruction criminelle, 179, etc.)

L'appel des jugements rendus par les tribunaux correc-
tionnels est porté devant la cour impériale ou devant le
tribunal correctionnel du chef-lieu du département le plus
voisin, si la cour impériale n'y siége pas. (Code d'instruction criminelle, 204, etc.)

Les crimes sont jugés par *la cour d'assises* [3] après que

que ordre, etc., ou contre quelque obligation que l'on a contractée. — Il se dit particulièrement, dans la législation pénale
actuelle, des infractions aux réglements de police, par opposition aux délits et aux crimes.

1. *Le maire* est aujourd'hui le premier officier municipal
d'une commune. Paris, étant divisé en vingt arrondissements, a
pour chacun d'eux un maire.

Sous la première race des rois de France, le *maire du palais*
avait l'administration de toutes les affaires de l'État.

L'adjoint du maire est un officier municipal qui l'assiste dans
ses fonctions et peut le remplacer en cas d'absence ou de maladie.

2. Violations plus ou moins graves de la loi. Il se dit, dans un
sens plus restreint, d'un délit correctionnel, d'une infraction que
la loi punit de peines correctionnelles.

3. Voir p. 147.

les inculpés ont été mis en accusation et renvoyés devant
elle par la cour impériale. (code d'instruction criminelle,
251, etc.)

DE LA COUR D'ASSISES ET DU JURY.

Il y a une cour d'assises [1] par chaque département ;
elle se compose d'un président envoyé ou délégué par la
cour impériale et de deux autres juges choisis dans cette
cour ou dans le tribunal du lieu. (Code d'instruction criminelle, 251, etc.)

La cour d'assises applique les peines portées par la loi
contre les accusés, après qu'ils ont été déclarés coupables
par le jury.

Le jury se compose de douze citoyens nommés *jurés*,
qui sont tirés au sort dans une liste tirée elle-même
au sort sur une autre beaucoup plus nombreuse par le
président de la cour d'assises, qui peut déléguer ces fonctions à l'un des juges.

Tous les Français âgés de trente ans, jouissant de leurs
droits civils et politiques, peuvent être portés sur la liste
générale du jury, à l'exception de ceux qui ne savent pas
lire et écrire [2], des domestiques ou serviteurs à gages ; de
ceux à qui est interdite totalité ou partie de l'exercice des
droits politiques, civils et de famille ; des faillis non réha-

1. *Cour d'assises.* — On nomme actuellement, en France,
cour d'assises, les cours criminelles, les tribunaux criminels.
2. Des sourds-muets lettrés ou illettrés ; et l'on comprend
pourquoi.

bilités [1], des interdits [2], et de ceux qui sont pourvus d'un conseil judiciaire [3], de ceux qui sont en état d'accusation [4], ou de contumace [5]; des individus qui ont été condamnés, soit à des peines afflictives ou infamantes [6], soit à des peines correctionnelles [7], pour faits qualifiés crimes par la loi ou pour délits de vol, escroquerie [8], abus de confiance [9], usure [10], attentat aux mœurs [11], vagabondage [12],

1. *Failli*, marchand qui a fait une banqueroute non frauduleuse, *non réhabilité*, qui n'a pas été relevé de ses conséquences, et remis dans sa position primitive.

2. *Interdit*, privé momentanément de ses droits de citoyen.

3. *Conseil judiciaire*, chargé de veiller aux intérêts de celui qui est hors d'état de les gérer lui-même.

4. *Être en état d'accusation*, être cité comme *accusé*, pour subir un jugement devant un tribunal quelconque.

5. *Contumace*, accusé ou prévenu qui n'a point comparu après avoir été cité en justice, ou qui s'est soustrait aux recherches de la justice et auquel on fait un procès, sauf à le juger de nouveau, s'il se représente en temps utile.

6. Portant infamie ou flétrissure imprimée à l'honneur, à la réputation, par une action honteuse.

7. Appartenant à la correction, réprimande, admonition, châtiment, peine d'un ordre inférieur à celles qui portent infamie ou flétrissure.

8. *Escroquerie*, voir p. 144.

9. Acte par lequel on abuse, dans un but personnel, de l'intérêt, de la confiance qu'on inspire aux autres.

10. Intérêt illégal et profit illégitime qu'on tire d'argent ou de marchandises prêtés.

11. *Attentat*, entreprise criminelle ou illégale contre les personnes ou les choses.

Un *attentat contre la liberté publique; — les attentats à la pudeur.*

12. Action d'errer çà et là, sans aveu, sans état, sans domicile, sans s'astreindre à la police et aux lois.

ou mendicité [1] ; de ceux enfin qui, à raison de tout autre délit, auraient été condamnés à plus d'un an d'emprisonnement, etc. (Code d'instruction criminelle, 384, etc.)

L'accusé a le droit de récuser [2] tels jurés qu'il juge à propos [3] à mesure [4] que leurs noms sortent de l'urne [5]; mais il ne peut exposer [6] ses motifs de récusation. (Code d'instruction criminelle, 399, etc.)

L'accusé comparaît [7] devant la cour sans être lié ni enchaîné, mais seulement accompagné de gardes pour l'empêcher de s'évader.

Il doit être assisté d'un défenseur [8]. L'accusé ou le défenseur a toujours la parole le dernier.

1. État d'indigence, vraie ou feinte, qui porte à tendre la main sans autorisation.

2. *Récuser*, refuser de soumettre sa cause à la connaissance et à l'appréciation d'un juré, parce qu'on a ou qu'on croit avoir des motifs de craindre qu'il ne soit *partial* (porté à ne pas être juste pour un motif quelconque, ou qu'on a tout autre reproche à lui faire).

3. Qu'il lui convient, qu'il lui plaît de récuser.

4. Selon que, suivant que, à proportion que.

5. Boîte contenant les noms des jurés.

6. Faire connaître, divulguer, rendre public.

7. *Comparaître*, paraître devant un ou plusieurs juges, se présenter en justice.

8. *Avoué* ou *avocat* devant les cours ou tribunaux civils. — *Agréé* devant le tribunal de commerce de la Seine. — Quand l'accusé n'a pas fait choix d'un défenseur, ses juges lui en donnent un *d'office*. Il peut aussi, avec l'agrément de ses juges, être défendu par une personne de son choix, fût-elle étrangère au barreau et à la magistrature.

En cas de partage d'avis[1] dans le jury, l'accusé est ac-
quitté[2]. (Code d'instruction criminelle, 300, etc.)

DES AFFAIRES JUDICIAIRES[3].

Les *procureurs-généraux* sont les chefs des parquets[4]
des cours impériales et de tous les parquets du ressort
desdites cours.

Les *avocats-généraux* viennent après et substituent (remplacent) les procureurs-généraux.

Ensuite, dans un rang inférieur, viennent les *substituts
du procureur général.*

Après les magistrats des parquets des cours viennent
les magistrats attachés au parquet de chaque tribunal de
première instance. Ces magistrats sont sous la surveillance du procureur général.

En tête du parquet de chaque tribunal de première
instance il y a :

1º Un *procureur* ou *avocat impérial.*

2º Un ou plusieurs *substituts* de ce procureur impé-

1. Partage d'avis ou de voix, la moitié des jurés étant pour,
l'autre moitié contre.
2. Déclaré non coupable.
3. Relevant de la justice.
4. *Parquet,* espace compris entre les sièges des juges et le
barreau où prennent place les avocats.
Il se dit aussi du lieu où les officiers du ministère public
tiennent leur séance pour recevoir les communications qui les
concernent.
Étendue de juridiction.

rial. Ils constituent tous ensemble ce qu'on appelle le ministère public.

Ils sont chargés de poursuivre tous les accusés de crimes, délits ou contraventions pour, s'il y a lieu (lorsqu'ils
pensent qu'ils le méritent), les faire punir conformément
aux lois.

Ils sont indistinctement [1] nommés par l'Empereur, qui
a également le droit de les révoquer [2], (Loi du 20 avril
1820, etc.)

Sont officiers de police judiciaire et auxiliaires du ministère public, les *commissaires de police* [3], *les gendarmes,
sous-officiers et officiers de gendarmerie* [4], et *les gardes*

1. Sans distinction, sans différence de personnes.
2. *Révoquer,* rappeler, destituer. Il se dit particulièrement de
la personne à laquelle on ôte, pour des raisons de politique,
d'opinion, de convenance ou de mécontentement, l'emploi, les
fonctions qu'on lui avait confiés.
3. *Commissaire de police,* ou simplement *commissaire,* et
officier de paix, officiers publics chargés, dans les communes, de
maintenir l'ordre, en faisant observer les règlements et ordonnances de police.
4. Sous le nom de *gendarmerie,* on comprenait autrefois tout
le corps des gendarmes et des chevau-légers, des compagnies
d'ordonnance, autres que les gendarmes et les chevau-légers
de la garde du roi. C'est aujourd'hui un corps à pied et à cheval, composé d'anciens militaires de choix, ayant le grade de
sous-officier, lequel a remplacé, en France, la maréchaussée et
qui est spécialement chargé de maintenir, dans l'étendue de
l'Empire, la sûreté et la tranquillité publique. — Paris a sa
gendarmerie particulière, son beau corps de *gardes de Paris,* à
pied et à cheval. Elle a de plus, comme Lyon et d'autres villes,
ses sergents de ville, anciens militaires pour la plupart, portant
l'épée, chargés de maintenir le bon ordre dans les lieux publics,

champêtres[1]. (Code d'instr. crim., 8, etc., ordonnance du 29 octobre 1820, etc., etc.)

Il y a dans chaque cour et dans chaque tribunal un *greffier*, chargé de recueillir et de conserver par écrit les arrêts ou jugements qui y sont rendus et d'en délivrer des copies ou des expéditions aux parties [2] qui en demandent. (Décrets des 6 juillet et 18 août 1820, etc.)

Il y a, près de chaque cour et de chaque tribunal, des *huissiers*, chargés de faire l'appel des causes à l'audience et de porter aux parties [3] les assignations qui leur sont données pour comparaître devant la justice au jour indiqué, ainsi que de leur signifier les décisions judiciaires et de requérir, au besoin, l'assistance de la force armée pour contraindre les parties[4] à les exécuter. (Décr. du 14 juin 1813.)

Il y a, près de chaque tribunal de première instance et de chaque cour impériale, des *avoués*, qui sont institués pour y représenter les parties [5], pour les diriger et pour veiller à la conservation de leurs droits. (Loi du 7 ventôse 1811, décret du 13 frimaire an IX.)

Les *avocats* sont des jurisconsultes qui ont fait preuve, dans des examens publics, de leurs connaissances dans la science des lois, et qui se chargent d'éclairer les parties[6]

sous les ordres des maires, adjoints, commissaires de police et *officiers de paix*.

1. *Garde-champêtre*, agent préposé à la garde des récoltes et des propriétés rurales de toute espèce. En cas de contravention, il est apte à dresser *procès-verbal*.

2, 3, 4, 5, 6. *Parties*, les personnes qui plaident, soit en demandant, soit en défendant; celles qui contractent ensemble.

par leurs conseils et de défendre leurs causes de vive voix ou par écrit devant les cours et tribunaux. (Loi du 22 ventôse an XII, ordonnance du 20 novembre 1822 et du 27 août 1830.)

Les *avocats au conseil d'État et à la cour de cassation* forment un corps à part, d'un ordre supérieur, *avocats et avoués* à la fois, fonctions que les autres avoués et avocats ne peuvent cumuler.

On appelle *agréés*, comme nous l'avons déjà dit, des avoués-avocats spécialement attachés au tribunal de commerce de la Seine.

Les *notaires* sont des officiers publics institués, dans toute la France, pour constater par écrit, en présence de témoins, les conventions que les parties [1] font devant eux et pour donner à leurs contrats ou obligations la force des jugements rendus par les tribunaux. (Loi du 25 ventôse an XI.)

DE L'ADMINISTRATION INTÉRIEURE DES COMMUNES [2] ET DES DÉPARTEMENTS [3].

Hors Paris qui compte un *maire* [4] pour chacun de ses vingt arrondissements, il y a dans chaque commune de

1. Voir p. 152.
2. *Commune*, corps de citoyens d'une ville, d'un bourg, d'un village.
3. *Département*, circonscription de la France ayant remplacé les anciennes Provinces.
4. Voir p. 140.

9.

France un maire, chargé d'exercer la police municipale et d'administrer les intérêts communaux.

Il y a un ou plusieurs *adjoints* pour le remplacer en son absence, au besoin, et un certain nombre de conseillers municipaux.

Le maire, les adjoints et les conseillers municipaux forment le corps municipal de chaque commune.

Les fonctions de maire, adjoints et autres membres du corps municipal sont gratuites.

Le maire et les adjoints sont nommés par l'Empereur dans les chefs-lieux de département, d'arrondissement, et dans les communes de trois mille habitants et au-dessus.

Dans les autres communes, ils sont nommés par le préfet, au nom de l'empereur.

Ils peuvent être pris en dehors du conseil municipal.

Ils sont nommés pour cinq ans.

Ils peuvent être suspendus ' par arrêté du préfet.

Cet arrêté cesse d'avoir son effet, s'il n'est pas confirmé ² dans le délai de deux mois par le ministre de l'intérieur.

Mais ils ne peuvent être révoqués ³ que par décret de l'Empereur.

Il y a un adjoint dans les communes de 2,500 habitants et au-dessous; il y en a deux, dans celles de 2,501 à 10,000. Dans les communes d'une population supé-

1. Privés pour un temps de leurs fonctions.
2. Approuvé et rendu exécutable.
3. Voir p. 151.

rieure, il pourra être nommé un adjoint de plus pour chaque excédant de 20,000 habitants.

Chaque commune a un conseil municipal composé de dix membres dans les communes de 500 habitants et au-dessous; de douze, dans celles de 501 à 1,500 ; de seize, dans celles de 1,501 à 2,500; de vingt-un, dans celles de 2,501 à 3,500; de vingt-trois, dans celles de 3,501 à 10,000; de vingt-sept, dans celles de 10,001 à 30,000 ; de trente, dans celles de 30,001 à 40,000; de trente-deux, dans celles de 40,001 à 50,000; de trente-quatre, dans celles de 50,001 à 60,000; de trente-six, dans celles de 60,001 et au-dessus.

Les membres du conseil municipal sont élus pour cinq ans par les électeurs inscrits sur la liste communale.

Dans la ville de Paris, dans les autres communes du département de la Seine et dans la ville de Lyon, le conseil municipal est nommé par l'Empereur tous les cinq ans et présidé par un de ses membres également au choix de l'Empereur.

Le conseil municipal de la ville de Paris se compose de soixante membres, sous le nom de commission municipale.

La France est maintenant divisée en quatre-vingt-neuf départements, dont trois nouveaux : la Savoie, chef-lieu Chambéry, la Haute-Savoie, chef-lieu Annecy, et les Alpes maritimes, chef-lieu Nice.

Chaque département ou préfecture ₁ est divisé en plu-

1. Charge principale dans l'ancien Empire romain; aujour-

sieurs arrondissements administratifs ou sous-préfectures.

Il y a, dans chaque arrondissement, un *sous-préfet*, pour y exercer l'autorité supérieure sur tous les maires et les adjoints de l'arrondissement, et, dans chaque département, un *préfet* pour y exercer cette autorité sur tous les pouvoirs administratifs du département.

Les préfets et *sous-préfets* sont également nommés par l'Empereur et révocables à sa volonté. (Loi du 28 pluviose an VIII).

Dans chacune des sous-préfectures, il y a un *conseil d'arrondissement*, qui est chargé de répartir [1] entre les communes [2] dont elle se compose, laquotité d'impôts [3] qui est mise à la charge de l'arrondissement et de donner son avis [4], en général, su l'administration de cet arrondissement.

Dans chaque département, il y a un *conseil général*, qui est chargé de répartir [4] entre les arrondissements dont il se compose, la quotité d'impôts, qui est mise à la charge du département et de donner son avis [4], en général, sur l'administration de ce département.

d'hui, territoire soumis, en France, à l'autorité administrative d'un préfet,
1. Partager, diviser.
2. Réunions d'habitants, villes, bourgs, villages.
3. La somme fixe à laquelle monte la quote-part de chacun, *impôt*, contribution.
4. Opinion, manière de voir.

Les membres de ces deux conseils sont choisis par les électeurs [1] de l'arrondissement et par ceux du département. (Loi du 22 juin 1833, du 20 avril 1834 et du 10 mai 1838.)

Près de chaque préfet est placé un *conseil de préfecture*, qui est chargé d'éclairer le préfet par ses avis et de prononcer comme tribunal administratif sur les contestations qui peuvent s'élever entre l'administration et les particuliers dans les cas définis par la loi, notamment en matière de contributions et de travaux publics.

La loi du 27 mai 1863 porte qu'il y a un secrétaire-général titulaire dans chaque préfecture et que le conseil de préfecture est composé de huit membres, y compris le président, dans le département de la Seine; de quatre, dans trente et un départements; et de trois dans les autres.

Les membres des conseils de préfecture sont nommés par l'Empereur et révocables à sa volonté. (Loi du 11 septembre 1790 et du 28 pluviose an VIII, etc., etc.)

RÉVISION DES LISTES ÉLECTORALES [2].

Quiconque laissera passer (sans aller prendre connaissance à sa mairie de la liste électorale), le temps laissé

1. Ceux qui élisent, choisissent, nomment.
2. L'*élection* est l'action d'élire, le choix fait par la voie des suffrages. L'*électeur* est celui qui élit, qui a le droit de concourir à une élection. Il se dit principalement des citoyens qui concourent à la nomination des députés ou membres du Corps législatif. On appelle *électoral*, tout ce qui est relatif au droit

aux citoyens pour réclamer leur inscription sur cette liste, s'expose à être privé, pendant toute une année, de l'exercice de ses droits politiques, et son nom n'entrera point en ligne de compte pour fixer le nombre des députés que son département sera appelé à élire aux prochaines élections générales.

Chaque électeur inscrit a le droit de requérir l'inscription ou la radiation de tout citoyen appartenant à la même circonscription.

La liste est arrêtée, chaque année, le 31 mars. Quiconque, à cette époque, aura atteint l'âge de 21 ans accomplis, et sera, depuis six mois, domicilié dans une commune, ou à Paris dans un des arrondissements, a le droit de requérir son inscription, pourvu que son habitation y remonte au 1er octobre précédent.

Ceux qui qui demeurent en garni ont le même droit que les autres citoyens.

Les pièces à produire sont relatives à l'âge, à la nationalité et au domicile.

L'âge et la nationalité se prouvent par un acte de naissance ou de mariage, délivré gratuitement pour cet objet, ou par un certificat de libération du service militaire, ou par un diplôme, ou par un livret d'ouvrier.

Les six mois d'habitation sont constatés par une patente ou par des quittances de contribution mobilière, ou par

d'élire, ou aux élections. Il est dit surtout en parlant de l'élection des députés : cens électoral, loi électorale, droit électoral, *listes électorales*, collége électoral (assemblée d'élection).

des quittances de loyer, ou par un certificat du propriétaire, principal locataire ou patron, dont la signature est légalisée sans frais par le commissaire de police. L'électeur a le droit d'exiger un récépissé de sa déclaration.

DE L'INSTRUCTION PUBLIQUE[1].

L'*Université* est le corps des fonctionnaires, professeurs, et instituteurs, qui sont chargés de diriger ou de donner l'instruction publique. (Loi du 10 mai 1806 ; décret du 17 mars 1808, etc.)

Le Ministre de l'instruction publique est grand maître de l'Université de France et préside le *Conseil de l'Instruction publique*, dont les membres, révocables, sont nommés par l'Empereur, ainsi que les *inspecteurs généraux de l'Université*, chargés de surveiller l'enseignement public dans toutes les parties de la France.

Il y a, pour plusieurs départements, une *Académie universitaire*, dirigée par un *Recteur*[2], assisté d'un *conseil académique*; et ayant sous ses ordres des *Inspecteurs d'Académie* qui surveillent l'enseignement public dans les diverses parties de sa circonscription.

La France compte dix-neuf académies universitaires.

Outre l'École normale supérieure, l'École polytechnique, le Collège de France, l'École des ponts et chaussées, l'École des mines, l'École des langues orientales, l'École des

1. Enseignement, éducation à la portée de tous.
2. Du latin *regere*, diriger, conduire, surveiller.

Chartes, l'École des beaux-arts, le Conservatoire de musique, etc., etc., établissements publics qui siégent tous à Paris, *l'enseignement supérieur de France* compte, dans cette capitale et dans les principales académies de province, des facultés de théologie, de droit, de médecine, des sciences, des lettres, etc., dans chacune desquelles les professeurs ont à leur tête un *Doyen*.

L'enseignement secondaire est réparti, à Paris et dans les départements, entre les lycées [1], dont les chefs portent le titre de *Proviseurs*, et les collèges, pensions, institutions, etc.

L'enseignement primaire des garçons et des filles comprend l'instruction morale et religieuse, la lecture, l'écriture, le calcul, la grammaire, le système métrique, le dessin, les travaux d'aiguille, l'arpentage, le chant, les éléments d'histoire et de géographie, et surtout ceux d'histoire et de géographie de France. (Loi du 28 juin 1833.)

DES CULTES [1].

Le culte catholique [3] est administré par des curés et des

---

1. *Lycées*, collèges de premier ordre, subventionnés par l'État. C'était en Grèce des lieux publics pour les exercices du corps, et spécialement l'école philosophique d'Aristote, parce qu'il enseignait ses doctrines dans le *Lycée* d'Athènes. On appelait, de même, *Portique*, l'école de Zénon, parcequ'il enseignait les siennes sous le Portique.

2. Foi, croyance, manière d'adorer Dieu.

3. Universel, répandu partout, conforme à la foi primitive prêchée par Jésus-Christ.

desservants sous l'autorité d'évêques et d'archevêques [1].

Il y a, dans chaque canton, un curé[2] et dans chaque commune, autant que possible, un desservant[3], qui exerce sous la surveillance du curé.

Chaque département forme ordinairement un diocèse, à la tête duquel il y a un évêque, et au-dessus des évêques un archevêque, dont l'autorité s'étend sur plusieurs diocèses. (Loi du 18 germinal an X.)

On compte dans la France entière 17 archevêchés, indépendamment de celui d'Alger, créé par un décret du 13 janvier 1867, et 71 évêchés sur le continent, qui en relèvent, y compris ceux de Constantine et d'Oran, créés par le même décret.

Les cultes protestants ou *réformés*, différents du culte catholique[4], sont administrés par un *pasteur* dans chaque *église reformée*, sous l'autorité d'un *consistoire*, assemblée

1. *Évêque,* prélat de premier ordre, chargé de la direction spirituelle d'une circonscription nommée diocèse. — *Évêque* IN PARTIBUS INFIDELIUM, évêque pourvu par le Pape d'un évêché dont le territoire est au pouvoir des infidèles.—*Archevêque,* prélat métropolitain qui a pour suffragants un certain nombre d'évêques.

2. *Curé,* prêtre, ecclésiastique, pourvu de la direction spirituelle d'une paroisse. — *Vicaires,* adjoints aux curés.

Le Pape s'intitule *vicaire de Jésus-Christ.*

Il donne le titre de *vicaires apostoliques* aux ecclésiastiques qu'il charge de veiller sur la religion dans les pays hérétiques ou infidèles.

3. *Desservant,* curé d'un ordre inférieur.

4. *Luthériens* ou *calvinistes* ou *anglicans.*

composée de pasteurs et de citoyens notables protestants. (*Ibidèm.*)

Le culte israélite [1] est administré par des *Rabbins* [2].

Il y en a un pour chaque synagogue [3], sous l'autorité d'un *consistoire*, assemblée composée de rabbins et de citoyens notables israélites. (Décret du 17 mars 1868, Ordonnance du 25 mai 1844.)

Il nous reste à parler des musulmans d'Alger [4].

DES FINANCES EN FRANCE.

Les finances publiques se composent en France du produit des impôts et du revenu de l'État.

1. *Hébreu*, Juif, soumis à la loi de Moïse.

2. Docteurs, étudiant les livres de la loi.

3. Assemblée des fidèles dans l'ancienne loi ; lieu où les Juifs se réunissaient jadis à part ; temple où ils se réunissent encore aujourd'hui pour l'exercice public de leur religion.

4. *Musulman*, nom générique donné aux partisans de *Mahomet*.

Le *Mahométisme* ou l'*Islamisme*, fut fondé, en Arabie, vers l'an 611 de Jésus-Christ, mais il ne date que de 622, époque de l'*Hégire*, ou fuite de Mahomet de la Mecque à Médine.

Le mahométisme se subdivise en un grand nombre de sectes, dont les principales sont les *Chiites* et les *Sunnistes*.

La loi religieuse et la loi civile, chez les musulmans, ne forment qu'un seul code, dont la base repose sur le texte du Coran, et dont les doctrines et les commentaires les plus suivis en *Algérie*, se trouvent dans le précis de jurisprudence musulmane de *Sidi Khrelil*.

La loi civile des musulmans est appliquée dans l'Algérie, en premier ressort, par des tribunaux indigènes, et, en appel, au

On distingue les *impôts* en contributions directes et contributions indirectes.

LES CONTRIBUTIONS DIRECTES sont celles qui frappent directement les immeubles ou les personnes, savoir : la contribution foncière, la contribution personnelle et mobilière, la contribution des portes et fenêtres, les patentes, etc.

La contribution foncière est celle qui est imposée sur les immeubles ; elle est répartie, autant que possible, par égalité proportionnelle, sur toutes les propriétés foncières, à raison de leur revenu net, déduction faite des frais de culture et d'entretien. (Loi du 1er décembre 1790 et du 2 messidor an VII, etc.)

La contribution personnelle et mobilière est celle que paie chaque habitant non indigent, en proportion de l'importance de son logement d'habitation. (Loi du 26 mars 1831.)

La contribution des portes et fenêtres est celle qu'on paie à raison du nombre des portes et fenêtres qui existent dans chaque maison.

La contribution des patentes est celle que payent les commerçants à raison de la nature de leur commerce et de l'importance des habitations et magasins qu'ils occupent. (Loi du 25 avril 1844.)

delà d'une certaine limite, avec le concours des tribunaux français. L'organisation des tribunaux musulmans est réglée par des décrets des 31 décembre 1803, et 13 décembre 1806, insérés au *Bulletin des lois.*

Les CONTRIBUTIONS INDIRECTES sont celles qui ne frappent que sur les marchandises ou objets de consommation. Tels sont notamment les droits sur les boissons et les droits d'octroi.

Les *droits sur les boissons* sont ceux qu'on paie sur la fabrication de la bière et sur la vente des vins et eaux-de-vie [1].

Les *droits d'octroi* [2] sont ceux qu'on paie à l'entrée des villes pour les marchandises et objets de consommation qu'on veut y introduire.

L'introduction des objets en *fraude* [3] des droits d'octroi est un vol fait à la ville. Il est puni, comme tel, de la confiscation [4] de ces objets, d'une amende [5] et quelquefois de la prison [6]. (Loi du 28 avril 1846.)

Les *droits de douane* sont ceux qu'on paie à la frontière pour l'entrée en France de marchandises provenant de pays étrangers et pour la sortie de celles qu'on exporte.

Toute *fraude* [3] aux droits de douane est un vol fait à l'État. Il est puni, comme tel, de la confiscation [4] des ob-

1. *Bière*, boisson qui se fait avec du blé ou de l'orge et du houblon; *vin*, produit du raisin; *eau-de-vie*, produit du vin distillé.

2. *Octroyer*, permettre, *octroi*, concession, impôt que le gouvernement autorise les villes à lever sur elles-mêmes.

3. Vol, tromperie, acte de mauvaise foi.

4. Adjudication au fisc ou au trésor, pour contravention aux lois et ordonnances.

5. *Amende*, V. p 144.

6. Emprisonnement, mis en lieu sûr.

jets, d'une amende, et, dans certains cas, de la prison [1].
(Loi du 28 avril 1816.)

Les *droits d'enregistrement* sont ceux qui doivent être
payés lors de l'enregistrement [2] des actes authentiques ou
sous seing-privé [3], à raison, soit d'un droit fixe pour
chaque acte, soit de tant pour cent de la valeur qui en est
l'objet.

Tous les actes sous seing-privé contenant vente [4] ou
bail de biens immeubles [5], doivent être enregistrés dans
les *trois mois* de leur date, sous peine d'être soumis à
payer le double du droit lors de leur enregistrement. (Lois
du 22 frimaire, du 27 ventôse an VII, et du 28 avril
1816, etc.)

Les *droits de mutation après décès* [6] sont ceux que doivent payer les héritiers à raison de tant pour cent des valeurs qui existent dans une succession.

Ces droits doivent être enregistrés dans les *six mois* à

1. *Amende et prison.* V. p. 111 et 101.
2. *Enregistrement*, inscription sur les registres destinés à
recevoir les actes publics, pour les rendre plus authentiques,
plus valables et leur donner plus de force.
3. Signatures particulières d'individus à individus, contrac-
tant un acte qui les lie.
4. Aliénation à prix d'argent comptant, ou à terme.
5. Contrat par lequel on donne une terre à ferme ou une
maison à loyer.
6. Droit qui est dû à la suite de tout changement ou remplacement d'une personne par une autre, après la mort d'un individu, par ceux qui recueillent son héritage.

compter du décès [1], sous peine de payer la moitié du droit en sus. (Loi du 22 frimaire an VII.)

Une loi fixe, chaque année, le *budget de l'État*, c'est-à-dire le montant des recettes et dépenses [2] à faire par l'État durant l'année suivante.

La *cour des comptes* est un corps de magistrats siégeant à Paris, nommés à vie [3] par l'Empereur, lesquels sont chargés de vérifier les comptes de tous les receveurs et payeurs des deniers publics [4], pour s'assurer si les recettes et dépenses ont été faites conformément à la loi [5]. (Loi du 16 septembre, décret du 28 *idem* 1807.)

DE L'ARMÉE, DE LA GARDE NATIONALE ET DE LA MARINE DE L'ÉTAT ET DU COMMERCE.

La France est partagée en vingt-deux divisions militaires, ayant chacune à sa tête au moins un général de di-

1. Ou mort de celui dont on hérite.
2. *Recettes*, rentrées des fonds de l'État. — *Dépenses*, déboursé de ce qu'il a payé.
3. Pour leur vie entière.
4. Finances de l'État.
5. Il y a dans chaque département un *trésorier payeur général*, chargé de centraliser les recettes du trésor et de payer pour lui. Il remplace le receveur général et le payeur du trésor. Il a sous lui des *receveurs particuliers* et des *percepteurs*. Tous ces employés sont assujettis à fournir des *cautionnements*, sommes qu'ils doivent déposer comme garantie de leur responsabilité.

vision, avec des subdivisions commandées chacune au moins par un général de brigade.

La *garde nationale* sédentaire est une troupe non soldée, composée de citoyens, laquelle est instituée pour maintenir l'obéissance aux lois, conserver ou rétablir l'ordre et veiller à la défense intérieure de l'Empire.

Tous les Français en font parie, sauf les cas d'exemptions dont il sera parlé plus bas et dans lesquels sont naturellement compris les sourds-muets, qui ne peuvent ni entendre ni parler!

La garde nationale sédentaire choisit elle-même ses officiers et sous-officiers.

L'Empereur nomme son commandant supérieur, et ses chefs de bataillon dans les localités où il le juge convenable.

La garde nationale mobile ouvre ses rangs pour cinq années aux soldats qui ont servi quatre ans dans l'armée active.

Elle l'aide et l'appuie quand l'ennemi menace la France à l'intérieur et sur la frontière; elle ne reçoit de paye, de logement, etc., que tant qu'elle est sous les armes et a ses officiers et sous-officiers nommés par l'Empereur. Même exemption ici pour les sourds-muets que dans *la garde nationale sédentaire.*

L'armée est un nombre plus ou moins considérable de troupes soldées que la France lève et entretient pour sa sûreté intérieure et extérieure.

Elle se recrute, par un appel qui se fait, tous les ans, des jeunes Français ayant atteint l'âge requis par la loi.

Chaque année, tous les jeunes gens du même canton [1] qui ont atteint cet âge, sont convoqués [2] pour *tirer au sort* [3] ceux d'entre eux qui devront former le nombre d'hommes demandé à leur canton.

Sont *exemptés* [4] du service militaire les infirmes, ceux qui n'ont pas la taille demandée [5], l'aîné de plusieurs enfants qui n'ont ni père ni mère, le fils unique ou l'aîné d'une femme veuve ou d'un père aveugle ou âgé de soixante-dix ans, celui qui a déjà un frère sous les drapeaux [6] ou engagé volontaire [7].

La durée du service militaire dans l'armée et, ensuite, dans la garde nationale mobile, est ensemble de neuf ans.

Les jeunes gens qui se soustraient frauduleusement au service militaire ou se font eux-mêmes des blessures pour y être impropres, sont punis d'un mois à un an de prison,

1. Agglomération de communes.
2. Appelés, assemblés, réunis.
3. Choisir au hasard, par la chance.
4. Affranchis, dispensés.
5. *Stature du corps humain* exigée.
6. Dans l'armée, dont chaque régiment a sa bannière, son étendard, son *drapeau*, qui est celui de la France.
7. Qui a pris volontairement du service dans l'armée, sans que rien l'y obligeât.

Les sourds-muets sont naturellement compris dans ces exceptions et ne peuvent pas plus faire partie de l'armée que d'aucune garde nationale.

et mis, après l'expiration de leur peine, à la disposition du ministre de la guerre.

Ceux qui cachent ou prennent à leur service un *insoumis* ou *réfractaire* [1], sont punissables de six mois de prison.

Les *grades militaires* en France sont, dans l'armée de terre, en procédant du plus bas au plus élevé :

1° *Soldat*, puis caporal dans l'infanterie ou brigadier dans la cavalerie, caporal-fourrier dans l'une, brigadier-fourrier dans l'autre ;

2° *Sous-officier* : Sergent dans l'infanterie ou maréchal-des-logis dans la cavalerie, sergent-fourrier dans la première et maréchal-des-logis-fourrier dans la seconde, sergent-major dans l'une, maréchal-des-logis-chef dans l'autre, adjudant sous-officier dans les deux ;

3° *Officier* : Sous-lieutenant, lieutenant, capitaine, adjudant-major ;

4° *Officier supérieur* : Chef de bataillon dans l'infanterie, chef d'escadron dans la cavalerie, major, lieutenant-colonel, et colonel dans l'une et dans l'autre ;

5° *Officier général* : général de brigade, général de division, maréchal de France.

Tous les militaires et marins ont droit, soit à une pension de retraite [2], soit à être admis à l'*Hôtel des Invali-*

1. *Insoumis* ou *réfractaire*, celui qui a refusé de se soumettre à la loi sur le recrutement et de se ranger sous les drapeaux.

2. Somme allouée annuellement, pour le reste de leur vie, par l'État, aux militaires et marins de tout grade, qui ont quitté le service.

des [1] après trente ans de service, ou en cas de blessures ou d'infirmités les rendant impropres au service actif.

Les veuves et orphelins des militaires et marins, morts en activité de service, ont droit également à une pension.

Les crimes et délits commis par des militaires en activité de service et même par ceux qui ont été admis à l'Hôtel des Invalides, sont jugés par des conseils de guerre.

Le *conseil de guerre* est composé de sept membres nommés par le général commandant la division.

Savoir : Un colonel, président ; un chef de bataillon ou d'escadron, deux capitaines, un lieutenant, un sous-lieutenant et un sous-officier. (Lois des 13 et 21 brumaire an V.)

Les jugements des conseils de guerre peuvent être annulés par un *conseil de révision*, composé de cinq membres, dont un officier général président. (Loi du 18 vendémiaire an VI.)

La France est divisée en quatre arrondissements maritimes. Un officier général de la marine militaire de l'État, investi du commandement supérieur de chacun d'eux, a le titre de *préfet maritime*.

Quant à l'*armée de mer* elle-même, quiconque se livre à la navigation maritime, ou aux professions y relatives, de dix-huit à cinquante ans, est inscrit sur un rôle tenu à cet effet et peut être appelé au service public sur les vais

1. Grande caserne, grand asile ouvert, dans Paris, aux militaires et marins hors d'état de servir.

seaux de l'État. C'est ce qu'on appelle l'*inscription maritime*[1].

Les marins[2] sont divisés en quatre *classes* : les célibataires[3], les veufs[4], les hommes mariés sans enfants et les
pères de famille. La seconde classe n'est mise en réquisition qu'après l'épuisement de la première, et ainsi des
classes suivantes. (Loi du 11 mars 1791 et du 3 brumaire
an IV, ordonnance du 5 août 1836.)

Les engagements[5] volontaires de la marine sont reçus à
l'âge de seize ans accomplis. (Loi du 21 mars 1832.)

Les grades dans l'armée de mer sont, en procédant du
plus bas au plus élevé :

1° *Mousse, apprenti marin et matelot ;*

2° *Sous-officier :* quartier-maître, second maître four-
rier ;

1. La *marine du commerce* ou *marine marchande* se compose
de navires de divers tonnages, à vapeur ou à voiles, armés par
des particuliers ou des compagnies et commandés par des *capitaines au long cours* ou *au cabotage,* selon qu'ils entrepren-
nent de longues expéditions ou qu'ils naviguent le long des
côtes. Les uns et les autres doivent avoir servi un temps plus
ou moins long dans la marine de l'État, et subir un examen,
plus ou moins compliqué, pour être admis dans l'une ou l'autre
catégorie.

2. Pour les articles qui suivent, mêmes exceptions en faveur des sourds-muets dans la marine de l'État que dans l'armée de terre, et cependant on compte plus d'un sourd-muet dans
la marine marchande.

3. Marins non mariés.

4. Ceux qui, ayant été mariés, ont perdu leur femme.

5. Enrôlements.

3o *Officier* : aspirant, enseigne de vaisseau, lieutenant de vaisseau ;

4o *Officier supérieur* : capitaine de corvette, capitaine de vaisseau,

5o *Officier général* : contre-amiral, vice-amiral, amiral.

L'avancement est réglé comme dans l'armée de terre dans la marine pour les grades correspondants. (Ordonnance du 11 octobre 1836.)

Le droit à la *pension de retraite* ou *d l'admission à l'hôtel des Invalides* [1] est acquis aux marins après vingt-cinq ans de services. Les veuves et orphelins ont droit à une pension comme dans l'armée de terre. (Loi du 18 avril 1832.)

Les crimes et délits commis par des marins sont jugés par un *Conseil de guerre maritime*, dont les jugements peuvent être annulés par un *Conseil de révision*. (Décrets du 12 novembre 1806 et du 21 mai 1816.)

DES AFFAIRES ÉTRANGÈRES [2].

La France a des *ambassadeurs* [3], des *chargés d'affaires* et des *consuls généraux* [4] qui la représentent auprès des gouvernements étrangers.

Elle a, en outre, dans chaque port ou ville de l'étranger

1. Voir p. 170.
2. Relations de la France avec les autres pays.
3. *Ambassadeur*, haut agent diplomatique, envoyé par un prince pour le représenter auprès d'une cour étrangère.
4. *Consul*, un des premiers magistrats de l'ancienne Répu-

où elle juge convenable d'en avoir, un *consul* nommé par l'Empereur, lequel est chargé de protéger les intérêts des Français faisant le commerce ou voyageant dans le pays, soit en leur donnant les renseignements dont ils peuvent avoir besoin, soit en remplaçant à leur égard les autorités françaises, soit en leur faisant rendre justice par les autorités locales étrangères.

La France, en ce moment, est représentée au dehors par huit ambassadeurs qui résident dans les villes de Londres, Vienne, Berlin, Madrid, Rome, Saint-Pétersbourg, Berne et Constantinople; par vingt-six ministres plénipotentiaires[1] dans les royaumes de Belgique, Danemarck, Grèce, Hanovre, Italie, Pays-Bas, Portugal, Prusse, Suède et Norwége, aux États-Unis, au Mexique, au Brésil, en Perse, au Japon, en Chine, dans la République Argentine et dans les divers États secondaires d'Allemagne.

Cent trente secrétaires, attachés et chanceliers[2] sont adjoints à ces postes. Dans l'Amérique centrale, au Chili, dans la république de l'Équateur, à Haïti, dans le Pérou, à Siam, dans l'Uraguay, à Venezuela, à Tunis et au Maroc,

blique romaine, et chez nous, entre la première République et le premier Empire, échevins, juges qui étaient chargés, en France, de poursuivre tout ce qui avait trait aux billets, lettres de change, marchandises, comme aujourd'hui nos tribunaux de commerce, juridiction, tribunal des consuls, etc.

1. *Ministre plénipotentiaire*, agent diplomatique accrédité par un prince auprès d'une cour étrangère, avec pleins pouvoirs pour y traiter toute affaire importante quelconque.

2. Gardiens des sceaux.

10.

nous avons des consuls généraux chargés d'affaires. Les
intérêts commerciaux de notre pays sont, en outre, confiés
à environ deux cent quatre-vingts agents, aux titres de
consuls généraux, consuls, élèves consuls, chanceliers,
drogmans,[1] etc., et à plusde cinq cent autres agents consulaires non rétribués.

1. *Truchemans,* interprètes, dans les anciennes Echelles du
Levant.

LE
CODE NAPOLÉON

CODE CIVIL DE L'EMPIRE FRANÇAIS

TITRE PRÉLIMINAIRE

*De la Publication et des Effets de l'application des Lois
en général.*

ART. PREMIER. Les lois sont exécutoires dans tout le territoire français en vertu de la promulgation qui en est faite par
l'Empereur.

Elles seront exécutées dans chaque partie de l'Empire du
moment où la promulgation en pourra être connue.

Code, du latin *Codex,* recueil, s'est d'abord dit de la
compilation de certaines lois, de certaines constitutions,
de certains rescrits, etc, faite par ordre de tel ou de
tel empereur romain : le Code théodosien ou de Théodose,
le Code de Justinien, etc., etc. En France, ce mot désigne
tout corps de lois, contenant un système complet de législation sur certaine matière.

Le Code civil est celui qui traite spécialement des droits des personnes et des citoyens, par opposition aux codes qui règlent les rapports, soit des citoyens avec *la société proprement dite*, soit *des sociétés entre elles.*

Le nôtre s'intitule *Code Napoléon* du nom de l'Empereur Napoléon Ier à qui nous en sommes redevables.

Titre et article, division et subdivision employées dans les codes de lois, dans les recueils de jurisprudence, etc.;

Préliminaire, qui précède la matière principale et sert parfois à l'éclaircir.

Publication, action par laquelle une chose est rendue publique, notoire, et connue généralement.

Effet, résultat produit par une cause quelconque.

Application, action d'user d'une loi dans les circonstances pour lesquelles elle a été faite.

En général, communément, dans la plupart des cas.

Loi, acte de l'autorité souveraine qui règle, ordonne, permet ou défend.

Exécutoire, faite pour être mise à exécution.

Territoire français, étendue de terre constituant l'Empire français.

En vertu de la promulgation, par suite de la publication qui en est faite avec les formes requises.

Réputée connue, regardée comme parvenue à la connaissance de tous.

Art. 2 et 3. La loi ne dispose que pour l'avenir; elle n'a point d'effet rétroactif.

Les lois de police et de sûreté obligent tous ceux qui habitent le territoire.

Les immeubles, même ceux possédés par des étrangers, sont régis par la loi française.

Les lois concernant l'état et la capacité des personnes régissent les Français, même résidant en pays étrangers.

(V. les art. 1, 11, 47, 170, 517 et 2063.)

Rétroactif, de deux mots latins *retrò* et *agere* (agir sur le passé); il est tout naturel, en effet, que la loi ne puisse obliger avant son existence.

Les lois de police et de sûreté sont des règlements établis dans un État, dans un pays, pour y faire régner l'ordre et la tranquillité. Elles obligent tous les citoyens.

On entend par *immeuble* ce qui ne peut être transporté d'un lieu à un autre, les biens-fonds, terres, maisons et certaines autres choses qu'une fiction de la loi leur assimile. Ils sont gérés, administrés, selon les dispositions de la loi française, lors même qu'ils appartiennent à des personnes, hommes ou femmes, qui ne sont pas nés dans le pays qu'ils habitent.

L'état d'une personne est sa condition comme enfant légitime, naturel, reconnu ou adoptif, vis-à-vis son père ou sa mère. *Sa capacité* est la faculté qu'elle a de contracter, disposer, donner ou recevoir, soit par acte entre-vifs, soit par testament. La loi assure ces droits au Français, lors même qu'il habite un pays autre que le sien.

ART. 6. On ne peut déroger par des conventions particulières aux lois qui intéressent l'ordre public et les bonnes mœurs.

(V. les art. 86, 900, 1133, 1172, 1387 et 1390.)

Déroger à une loi, c'est la modifier, la changer, de quelque manière que ce soit, s'en écarter, faire quelque chose qui lui soit contraire. Des arrangements personnels ne peuvent autoriser à enfreindre celles qui ont pour but de veiller sur la tranquillité de tous et sur la morale publique.

LIVRE PREMIER

DES PERSONNES

TITRE PREMIER

De la jouissance et de la privation des droits civils.

ART. 7 et 8. L'exercice des droits civils est indépendant de la qualité de citoyen, laquelle ne s'acquiert et ne se conserve que conformément à la loi constitutionnelle.

(V. les art. 1, 3, 7, 17, 22.)

Tout Français jouit des droits civils. (Sauf de nombreuses exceptions, qu'on trouvera en leur lieu et place. (V. les art. 1, 7, 17 et 22.)

Livre, division employée dans les Codes, ayant pour subdivision d'abord *le titre*, puis *le chapitre* et enfin *l'article*.

Personnes (hommes ou femmes), individus, habitants, domiciliés ou non.

Droits civils, ceux, tels que le droit de succéder, de tester, etc., dont la jouissance est garantie par la loi civile à tout Français, au sourd-muet comme à tout autre. — *La jouissance* est l'usage et la possession d'une chose. — *La privation* est la perte d'un bien, d'un avantage.

La jouissance d'un droit est l'usage et la possession de ce droit.

L'exercice d'un droit suppose qu'on agit en vertu de ce droit. *La qualité de citoyen français* s'acquiert, se confère, se perd de la manière et dans les cas déterminés par les articles 2, 3, 4 et 5 de la loi du 22 frimaire an VIII.

Il ne faut pas confondre l'*usage des Droit scivils* avec la *qualité de citoyen* qui est celle de quiconque jouit, en France, de ses *droits politiques*, tels que celui de concourir à l'élection de membres des conseils municipaux, des conseils d'arrondissements, des conseils généraux, des députés au Corps législatif, de siéger aux assises en qualité de juré, etc., etc. A ce dernier droit sa double infirmité rend le sourd-muet impropre. Il ne peut, davantage, siéger, pour la même cause, aux conseils municipaux, aux conseils généraux, au Corps législatif, etc., etc., bien que, comme tous les autres citoyens, il doive être admis à exercer tous ses droits civils et politiques.

Ici, il faut le dire, son incapacité ne provient pas du défaut d'intelligence, mais de la privation d'un instrument au service de cette intelligence.

Il ne peut, par exemple, être député puisqu'il ne parle point la langue de la députation nationale, mais il n'en a pas moins mission et qualité de se faire représenter au Corps législatif par *un tel*, plutôt que par un *tel*, quoique le tribunal de Narbonne ait décidé le contraire, dans un cas tout à fait exceptionnel et qui ne saurait s'appliquer à l'ensemble des sourds-muets.

Voici de quoi il s'agissait :

En 1840, un sourd-muet de naissance avait été porté et maintenu sur les listes électorales par le maire de la commune de Couilhac, arrondissement de Narbonne, contre l'avis de la Commission du conseil municipal chargée de la révision et de la rectification de ces listes.

L'opinion du maire fut attaquée par voie d'appel et déférée au tribunal de Narbonne.

Un premier jugement ordonna la comparution du sourd-muet pour l'appréciation d'un fait controversé : *savait-il lire et écrire?*

A l'audience du 30 mars, il se présente en personne. Les juges le font placer près de leurs siéges et le président lui trace le modèle du serment exigé pour être électeur : *Je jure obéissance,* etc.

Aussitôt le sourd-muet le transcrit d'une main ferme et assurée sur une petite ardoise dont il est pourvu. Le caractère de son écriture ne manque pas de netteté.

Le tribunal ne s'en tient pas à cette première épreuve : il veut s'assurer si, dans sa pensée, ces lignes présentent un sens.

En conséquence, le président lui adresse par écrit une première question à laquelle il doit répondre autrement qu'en copiant le modèle proposé. On lui demande :

Comment vous appelez-vous?

Et il répond par la question recopiée :

Comment vous appelez-vous?

On l'interroge de mille façons, par signes et par écrit ; on cherche à lui faire comprendre qu'on désire savoir le nom de sa commune; on n'en peut obtenir de réponse.

Alors le tribunal fait venir un sourd-muet de Narbonne, élève de l'Institution de Paris. Celui-ci interroge par des signes des mains et des yeux son frère en infirmité, qui n'exprime que de l'étonnement.

Le président demande par écrit à l'interprète ce qu'ils se disent. Il répond qu'il ne peut réussir à s'en faire comprendre.

Plusieurs questions furent, au moyen de cet intermédiaire, adressées par signes et par écrit au réclamant qui ne répondit à aucune.

Il fut, dès lors, évident pour tout le monde qu'il ne savait pas lire, qu'à la vérité on lui avait appris à tracer des mots, mais qu'il n'y attachait aucun sens; qu'il ne comprenait pas même la formule du serment qu'il avait si nettement transcrite, et que, s'il traçait avec son crayon des lettres, c'était par un mouvement purement mécanique d'imitation.

Dans ces circonstances, le tribunal déclara que le sourd-muet en cause ne savait ni lire ni écrire, et qu'il était, par conséquent, incapable de remplir les fonctions d'électeur communal, puisqu'on ne pouvait lui faire comprendre, ni ce qu'un électeur avait à faire, ni en quoi consistait le serment dont il copiait si bien la formule, mais auquel il lui était impossible d'attacher aucun sens, cas tout

11

à fait exceptionnel, nous le répétons, et qui ne saurait s'appliquer à l'ensemble des sourds-muets.

La *loi constitutionelle* est la constitution, la charte, la loi fondamentale qui détermine la forme d'un gouvernement et règle les droits politiques des citoyens.

Art. 9, 10, 11, 12 et 13. Tout individu né en France d'un étranger peut, dans l'année qui suivra l'époque de sa majorité, réclamer la qualité de *Français*, pourvu que, dans le cas où il résiderait en France, il déclare que son intention est d'y fixer son domicile, et que, dans le cas où il résiderait en pays étranger, il fasse sa soumission de fixer en France son domicile et qu'il s'y établisse dans l'année à compter de l'acte de soumission.

(V. les art. 1, 7, 8, 102, 104 et 488.)

Tout enfant né d'un Français en pays étranger est Français. Tout enfant né en pays étranger d'un Français, qui aurait perdu la qualité de Français, pourra toujours recouvrer cette qualité en remplissant les formalités prescrites par l'article 9.

(V. aussi les art. 1, 3, 7, 10, 20, 47 et 48.)

L'étranger jouit en France des mêmes droits civils que ceux qui sont ou seront accordés aux Français par les traités de la nation à laquelle cet étranger appartiendra.

(V. les art. 314, 47, 69, 166, 170, 423, 726, 405 et 912.)

L'étrangère qui aura épousé un Français suivra la condition de son mari.

(V. les art. 19 et 108.)

L'étranger qui aura été admis par l'autorisation de l'Empereur à établir son domicile en France, y jouira de tous ses droits civils tant qu'il continuera d'y résider.

(V. les art. 7, 9, 12, 17, 19, 108 et 212.)

La *majorité* est l'âge prescrit par la loi pour jouir de ses droits et pouvoir contracter valablement. *La qualité de Français* ou de *citoyen* appartient à tout individu né sur le territoire français d'un père qui a vu le jour dans un autre pays. Cette qualité peut être réclamée dans les douze mois qui suivent le jour où il est devenu majeur, — à la condition cependant que, s'il habite la France, il promettra d'y fixer son domicile, et que, s'il habite un pays étranger, il se soumettra à le fixer en France et qu'il s'y établira dans le cours de l'année qui suivra sa soumission. — On entend par *domicile*, la demeure d'une personne, le lieu qu'elle a choisi pour son habitation ordinaire ; — par *domicile élu*, celui qu'elle déclare choisir pour y recevoir certaines notifications ou significations ; — par *domicile réel*, celui que réellement elle habite ; — par *domicile politique*, celui où elle exerce ses droits politiques ; — par *domicile civil*, enfin, le domicile ordinaire d'un citoyen.

Le domicile de tout Français, quant à l'exercice de ses droits, comme on le verra à l'article 102, est au lieu où il a son principal établissement.

Comment se perd et se retrouve la qualité de Français, c'est ce qu'expliquent plus bas les articles de 17 à 33. — Les enfants de père et de mère inconnus, trouvés sur le territoire français, sont Français (voir la loi du 4 juillet 1793 et le décret du 19 janvier 1811), quant aux droits

accordés aux enfants des Français naturalisés en pays
étranger, et nés dans ce pays. (Voir le décret du 26 août
1811, article 4.)

Les *traités* sont des conventions faites entre deux ou
plusieurs États, deux ou plusieurs gouvernements.

Suivre la condition de son mari, c'est partager en tout
lieu son sort, sa position.

L'*autorisation* donnée à un étranger par le souverain
est l'acte par lequel le gouvernement lui accorde la faculté,
la permission de faire quelque chose.

ART. 15 et 16. L'étranger, même non résidant en France,
pourra être cité devant les tribunaux français pour l'exécution
des obligations par lui contractées en France avec un Français ;
il pourra être traduit devant les tribunaux de France pour les
obligations par lui contractées en pays étranger envers des
Français.

(V. les art. 3, 11, 15, 16, 2123 et 2128.)

Un Français pourra être traduit devant un tribunal de France
pour des obligations par lui contractées en pays étrangers,
même avec un étranger.

En toutes matières, autres que celles de commerce, l'étranger
qui sera demandeur, sera tenu de donner caution pour le paiement des frais et dommages-intérêts résultant du procès, à moins
qu'il ne possède en France des immeubles d'une valeur suffisante pour en assurer le paiement.

(V. les art. 3, 11, 15 et 2040.)

Nous avons déjà dit ce qu'il fallait entendre par *étranger* et par *résidant*. — Le *tribunal* est la juridiction d'un
ou de plusieurs magistrats instruisant des procès et ren-

dant des jugements. — L'*obligation* est un lien de droit qui astreint à donner, à payer, à faire ou à ne pas faire une chose. Contracter une obligation, c'est s'engager à s'y soumettre; l'exécuter, c'est l'effectuer, la mettre à effet.

On entend par *matières*, diverses parties du *droit* ou de la *jurisprudence*.

La *jurisprudence* n'est autre chose que l'ensemble des décisions des tribunaux, des cours, duquel ensemble résulte que l'opinion de telle cour ou de tel tribunal sur une question donnée est telle ou différente.

Voilà pourquoi on dit : *La jurisprudence de telle cour et de telle autre ne sont point les mêmes.*

Mais *jurisprudence* et *droit* sont choses différentes.

Jurisprudence et *doctrine* sont également choses distinctes.

La *doctrine* est l'ensemble des opinions des auteurs pris isolément et collectivement.

C'est pour cela que, quand la *doctrine* et la *jurisprudence* sont d'accord sur un point, tout va bien pour le système plaidé.

Le *commerce* est un trafic, un négoce de marchandises, d'argent ou de valeurs, en gros ou en détail.

Celui qui fait un et même plusieurs actes de commerce, n'est point pour cela commerçant, il faut, pour avoir droit à ce titre :

1º La profession;

2º L'exercice ;

3º L'habitude.

Le commerce se divise en *terrestre* et *maritime* (V. les art. 1, 632, 633, etc., du Code de Commerce.)

Le demandeur est celui qui intente un procès. *Le défendeur* est celui qui repousse l'attaque.

Caution (sûreté), du latin *cautio* qui vient lui-même de l'adjectif *cautus*, prudent, — celui qui répond pour un autre, qui s'engage à satisfaire à l'obligation contractée par un autre, dans le cas où celui-ci n'y satisferait pas.

Ne pas confondre toutefois la *sûreté* avec la personne qui la donne. La caution garantit, mais il ne faut pas prendre la caution pour la sûreté elle-même.

Le *cautionnement* est l'acte par lequel la caution s'oblige, l'acte même qui constate l'existence de ce contrat. Il signifie surtout le gage ou la somme que les lois obligent certaines personnes à déposer comme garantie de la responsabilité à laquelle elles sont soumises : le cautionnement d'un receveur général, d'un percepteur, d'un journal, etc.

Les frais sont des dépenses, des déboursés. On entend, en *droit*, par *dommage-intérêt*, l'indemnité due à quelqu'un pour le dommage, le préjudice qu'on lui a causé.

Le procès est une contestation de fait ou de droit, par suite de laquelle les parties sont en instance devant un tribunal ou une cour (*stant in judicio*).

Stare, se tenir debout.

In judicio, devant le juge.

Ainsi *procès* et *instance* ne sont pas la même chose.

CHAPITRE II.

DE LA PRIVATION DES DROITS CIVILS.

SECTION PREMIÈRE

De la privation des droits civils par la perte de la qualité de Français.

ART. 17, 18, 19 et 20. La qualité de Français se perd.

1° Par la naturalisation acquise en pays étranger ;

2° Par l'acceptation non autorisée par l'Empereur de fonctions publiques conférées par un gouvernement étranger ;

3° Enfin par tout établissement fait en pays étranger, sans esprit de retour.

Les établissements de commerce ne peuvent jamais être considérés comme ayant été faits sans esprit de retour.

(V. les art. 3, 7, 16, 17 et 22.)

Le Français qui aura perdu sa qualité de Français, pourra toujours la recouvrer en rentrant en France avec l'autorisation de l'Empereur et en déclarant qu'il veut s'y fixer et qu'il renonce à toute distinction contraire à la loi française.

(V. les art. 3, 7, 9, 11, 13 et 17.)

Une personne française qui épouse un étranger, suit la condition de son mari.

Si elle devient veuve, elle recouvre sa qualité de Française, parce qu'elle réside en France ou qu'elle y rentre avec l'autorisation de l'Empereur et en déclarant qu'elle veut s'y fixer.

(V. les art. 3, 7, 12, 13, 17, 18 et 108.)

Les individus qui recouvrent la qualité de Français dans les cas prévus par les articles 10, 18 et 19, ne peuvent s'en prévaloir qu'après avoir rempli les conditions qui leur sont imposées par ces articles, et seulement pour l'exercice des droits civils ouverts à leur profit depuis cette époque.

(V. les art. 2, 7, 9 et 18.)

On entend par *naturalisation* l'acte de se faire accorder par un gouvernement étranger les droits et priviléges dont jouissent les naturels ou habitants ordinaires de ce pays.

Les *fonctions publiques* sont des emplois, des charges conférés par un gouvernement et acceptés par celui à qui il les confie. *Le gouvernement étranger* est celui d'un autre pays que le nôtre.

Établissement, fondation faite en pays étranger pour l'exercice ou l'exploitation d'une industrie privée.

Esprit de retour, intention qu'une personne éloignée de son pays conserve d'y retourner un jour.

Recouvrer, c'est rentrer en possession, acquérir de nouveau une chose perdue. — *Se fixer dans un pays*, c'est y établir sa résidence, son domicile. — On appelle *distinction* tout ce qui indique ou constate une différence entre des personnes, comme les qualités, les grades, les places, les charges, les emplois, les fonctions, etc. — *Les distinctions contraires à la loi française* sont celles que notre gouvernement ne permet pas, n'autorise pas.

Les individus qui recouvrent la qualité de Français peuvent en user, en tirer avantage, seulement après avoir rempli les clauses, charges, obligations, que la loi leur impose pour qu'ils soient admis à exercer leurs droits de citoyen, sans aucun effet rétroactif toutefois, et sans jamais retour au passé.

SECTION II

De la privation des droits civils par faits de condamnations judiciaires.

ART. 22. Les condamnations à des peines dont l'effet est de priver celui qui est condamné de toute participation aux droits civils, emportent la mort civile.

(V. les art. 7, 23 et 24.)

La mort civile était en matière de loi, la perte des droits de citoyen. Elle était le résultat d'un arrêt de la cour impériale ou autre, etc. Elle a été abolie par la loi du 31 mai 1854.

TITRE II

Des actes de l'état civil.

CHAPITRE I.

DISPOSITIONS GÉNÉRALES.

ART. 34. Les actes de l'état civil énonceront l'année, le jour et l'heure où ils seront reçus, les prénoms, noms, âge, profession et domicile de tous ceux qui y seront dénommés.

(V. les art. 41, 43, 57, 76, 78 et 88.)

Actes de l'état civil, écrits constatant les déclarations officielles et faites dans certaines formes de l'état des personnes. Il faut établir cette différence entre les *Actes* et les *Registres*, que ceux-ci ne constatent que les actes et les renferment. — Les actes constatent l'état civil des personnes, leur condition en temps qu'elles sont enfants naturels ou adoptifs de tel père ou de telle mère, légitimes ou

11.

bâtards, mariés ou non mariés, vivants ou morts naturellement ou civilement. (Voir l'*Introduction* pour ce qui
concerne les sourds-muets.)

Dispositions générales, points principaux que règle une
loi, une ordonnance, un décret, un arrêté, un jugement, etc. — *Énoncer,* c'est exprimer par écrit ce qu'on
a dans la pensée. — *Les actes de l'état civil* doivent
mentionner l'an, le jour et l'heure où se passe le fait qu'ils
relatent, etc. — *Nom de baptême* ou autre, celui qui précède le nom de famille et sert à distinguer les personnes
qui en font partie. — *Nom de famille,* celui que l'on a
reçu de ses aïeux et qu'on transmet à ses descendants,
celui que porte le père, la mère, les enfants mâles et
les filles jusqu'à leur mariage. — *Age,* degrés divers de la
vie humaine. — *Profession,* états différents, emplois,
arts et métiers. — *Domicile,* demeure, habitation.

ART. 36. Dans le cas où les parties intéressées ne seront point
obligées de comparaître en personne, elles pourront se faire représenter par un fondé de procuration spéciale et authentique.

(V. les art. de 25 à 33, 38 et 44.)

Parties, personnes qui ont à faire un acte quelconque
devant l'autorité. — *Intéressées,* qui ont un intérêt au susdit acte. — *Comparaître en personne,* se présenter, paraître soi-même devant l'autorité. — *Se faire représenter,*
se faire remplacer. — *Fondé de procuration,* porteur
d'un pouvoir donné par une personne à une autre pour
agir en son nom comme elle pourrait agir elle-même. —

Spéciale, exclusivement destinée à un cas particulier. — *Authentique,* reçu, dressé par un officier public, dans les formes voulues, pièce certaine dont la vérité et la valeur ne peuvent être contestées.

ART. 37. Les témoins produits aux actes de l'état civil ne pourront être que du sexe masculin, âgés de vingt-un ans au moins, parents ou autres, et ils seront choisis par les personnes intéressées.

(V. les art. 25, 34, 35, 55, 63, 77 et 99.)

Témoin produit, personne dont on se fait assister pour la confection d'un acte en présence de l'autorité compétente. — *Parent ou autre,* parent ou non parent, appartenant ou n'appartenant pas à la famille de celui qu'on assiste. — Par lui choisi.

ART. 38. L'officier de l'état civil donnera lecture des actes aux parties comparantes, ou à leur fondé de procuration et aux témoins. — Il y sera fait mention de l'accomplissement de cette formalité.

(V. les art. 25, 34, 36 et 37.)

Officier de l'état civil, fonctionnaire chargé de recevoir les actes de l'état civil et préposé à leur garde et à leur conservation. — *Les registres* où sont contenus ces actes, ainsi que nous l'avons expliqué tantôt, sont des livres publics sur lesquels on inscrit successivement, jour par jour, les naissances, mariages et décès, etc., de chaque commune, pour y avoir recours dans l'occasion et pour servir de preuve dans les matières de fait. — Dans les registres il sera déclaré par écrit que l'acte auquel il vient d'être procédé l'a été strictement, rigoureusement, suivant les formes prescrites par la loi.

Cette obligation, pour l'officier de l'état civil, de donner lecture des actes aux parties comparantes, ou à leurs fondés de procuration et aux témoins, a été, pour les sourds-muets, privés de la faculté d'entendre, une source éternelle d'obstacles, d'embarras, de décisions contradictoires, sur les divers points de la France, et, à cet égard, chaque officier de l'état civil, chaque autorité , chaque tribunal a souvent émis des opinions diverses, qui ont eu bien de la peine, jusqu'à présent, à former un corps de doctrine homogène et compacte.

Sans avoir besoin de nous arrêter à cette divergence de sentiments, contentons-nous d'invoquer le plus simple bon sens à l'appui de notre thèse.

Si, parmi les parties contractantes ou les témoins, il se trouvait un sourd-muet sachant lire, quel motif, quel prétexte aurait-on de taxer d'infraction formelle, flagrante, à la loi l'action de l'officier de l'état civil, qui, pour suppléer l'absence de l'ouïe chez le sourd-muet, mettrait purement et simplement sous ses yeux l'acte dont il aurait préalablement donné lecture aux autres parties contractantes ou aux témoins? et enfin, serait-il plus répréhensible devant la loi, s'il se permettait de faire traduire cet acte par gestes au sourd-muet ne sachant pas lire, mais comprenant fort bien ce moyen universel de transmission de la pensée, inspiré, en grande partie, par la nature et qu'ignorent bien peu de ses frères d'infortune les plus illettrés?

C'est ici surtout que se fait sentir l'absence d'*interprètes assermentés* entre les sourds-muets et les entendants-parlants, moyen proposé par un magistrat, M. Hovelt, appuyé par M. Eugène Hennequin, et auquel nous avons été heureux nous-même de nous rallier. (Voir l'*Introduction*.)

ART. 39. Ces actes seront signés par l'officier de l'état civil, par les comparants et les témoins, ou mention sera faite de la cause qui empêchera les comparants et les témoins de signer.

(V. les art. 25, 36, 37 et 38.)

Signer, c'est apposer de sa main sa signature, c'est-à-dire ses prénoms, son nom et son paraphe au bas d'un acte, pour le certifier, le confirmer, le rendre valable et s'engager soi-même.

Les causes qui peuvent empêcher les comparants et témoins de signer sont de trois sortes pour le sourd-muet :

1o Amputation ou paralysie du bras ou de la main ;

2o Ignorance de l'art d'écrire ;

3o Objection qui lui est faite par certains officiers de l'état civil de ne point être apte à signer un acte dont il n'a pas entendu la lecture que l'article 38 prescrit de lui faire.

Dans le premier et le second cas, le sourd-muet est admis ordinairement (comme tout parlant-entendant qui se trouve dans une position identique) à tracer de l'une ou de l'autre main une croix, dont les comparants et témoins ont mission de certifier par écrit la valeur et la portée.

Dans le troisième cas, on entre dans une toute autre

série d'idées, souvent fort contradictoires, dont nous avons
cru devoir dire un mot dans l'article précédent, et en faveur desquelles nous pouvons, pour achever notre démon-
stration, avoir simplement à renvoyer derechef à l'*Introduction* de cet ouvrage.

Aʀᴛ. 45. Toute personne pourra se faire délivrer par les dé-
positaires des registres de l'état civil, des extraits de ces registres. Les extraits délivrés conformes aux registres et légalisés
par le président du tribunal de première instance ou par le juge
qui le remplacera, feront foi jusqu'à inscription de faux.

(V. les art. 14, 25, 34, 36 et 37.)

Se faire délivrer, c'est se faire remettre entre les mains.
— Le *dépositaire* est celui à qui un dépôt quelconque a
été confié et qui en doit tenir compte. — L'*extrait* est
un fragment exact, fidèle, de telles ou telles parties de
ces registres, *conforme*, copié textuellement dans les susdits registres, — *Légalisé*, dont l'authenticité est attestée
par une autorité qui a mission pour cela, afin que l'acte
dont il s'agit, puisse *faire foi*, offrir une assurance, un témoignage, une preuve méritant toute confiance, — *jusqu'à
inscription de faux*, jusqu'à ce qu'on se soit inscrit en
faux et qu'on ait ainsi donné lieu à suivre sur cette inscription de faux, soit par soi-même, soit par les représentants de la loi. — L'inscription de faux est le résultat de
la certitude qu'on croit avoir de l'altération, de la contrefaçon, de la supposition frauduleuse d'un acte.

L'autorité dont il est ici question est *le président du tribunal de première instance* de la circonscription, magistrat

nommé par l'Empereur pour être à la tête d'un de ces tribunaux inférieurs jugeant en matière civile ; — et, à son
défaut, *le juge*, membre de ce tribunal, substitué momentanément à son chef.

ART. 46. Lorsqu'il n'y aura pas existé de registres, ou qu'ils
seront perdus, la preuve en sera reçue tant par titres que par
témoins, et, dans ces cas, les mariages, naissances ou décès
pourront être prouvés tant par les registres et papiers émanés
des pères et mères décédés, que par témoins.

(V. les art. 33, 34, 45, 53, 99, 194, 323, 324 et 1331.)

Quand il n'y aura pas eu de registres dans la commune
ou qu'ils auront disparu, le fait pourra être constaté par
un *titre*, un écrit, une pièce, un texte authentique, et par
la déposition de témoins en règle. — *Et les naissances,
mariages et morts* pourront alors être prouvés, soit par témoins aussi, soit par papiers de famille provenant des pères
et mères n'existant plus.

ART. 52. Toute altération, tout faux dans les actes de l'état
civil, toute inscription de ces actes faite sur une feuille volante
et autrement que sur les registres à ce destinés, donneront lieu
aux dommages-intérêts des parties, sans préjudice des peines
portées au Code pénal.

(V. les art. 16, 25, 31, 34, 36, et 1149.)

Altération ou *faux*, contrefaçon, supposition frauduleuse,
en tout ou en partie, dans un acte authentique, avec
dessein de tromper. — *Feuille volante*, seule, isolée, déta-
chée des registres de l'état civil. — *Dommages-intérêts
des parties.* — Indépendamment des peines, punitions,

châtiments — qu'inflige le recueil des lois ayant trait à la pénalité. .

Art. 54. Dans tous les cas où un tribunal de première instance connaîtra des actes relatifs à l'état civil, les parties intéressées pourront se pourvoir contre le jugement.

(V. les art. 14, 15, 34, 36, 45 et 100.)

Dans toutes les circonstances où *un tribunal de première instance* aura à intervenir dans des actes relatifs à *l'État civil*, — Les *parties intéressées* auront le droit de se pourvoir contre sa décision devant les juges compétents.

CHAPITRE II.

DES ACTES DE NAISSANCE.

Art. 55. Les déclarations de naissance seront faites dans les trois jours de l'accouchement à l'officier de l'état civil du lieu; l'enfant lui sera présenté.

(V. les art. 34 et suivants.)

Acte de naissance, pièce inscrite sur les registres de l'état civil, constatant la mise au monde d'un enfant, de l'un ou de l'autre sexe, sur la déclaration faite, le troisième jour au plus tard après l'accouchement, à *l'officier de l'état civil*, maire ou adjoint de la commune, auquel l'enfant aura dû être présenté.

Art. 56. La naissance de l'enfant sera déclarée par le père ou, à défaut du père, par les docteurs en médecine ou en chirurgie, sages-femmes, officiers de santé ou autres personnes qui auront assisté à l'accouchement, et, lorsque la mère sera accouchée hors de son domicile, par la personne chez qui elle sera accouchée.

L'acte de naissance sera rédigé de suite, en présence de deux témoins.

(V. les art. 9, 37 et 55.)

Naissance de l'enfant déclarée par le père, ou, si celui-ci est absent, pour un motif quelconque, par le médecin ou chirurgien pourvu de diplôme, ou par l'accoucheuse ayant fait ses cours, ou par *l'officier de santé*, admis à exercer la médecine sans études approfondies, ou par toute autre personne ayant été présente à l'accouchement, et, si l'enfant a vu le jour hors du domicile de sa mère, par la personne chez laquelle il sera venu au monde.

L'acte sera rédigé, écrit convenablement, sans délai, ni retard, en présence de deux témoins.

ART. 57. L'acte de naissance énoncera le jour, l'heure et le lieu de la naissance, le sexe de l'enfant, et les prénoms qui lui seront donnés, les prénoms, noms, profession et domicile des père et mère et ceux des témoins.

(V. les art. 9, 34, 35, 56 et 81.)

L'acte devra mentionner exactement le jour, l'heure et le lieu de la naissance de l'enfant, si c'est un garçon ou une fille, quels prénoms on veut lui donner et quels sont les prénoms, noms, états, métiers, emplois, des père et mère et des témoins.

Lorsqu'un enfant vient au monde, le père, les voisins ou autres personnes présentes à l'accouchement ont trois jours, comme on l'a vu, pour faire leur déclaration au maire, ou à son adjoint, à qui l'enfant doit être présenté.

Si, dans les trois jours, cette déclaration n'est pas faite, on court risque d'être mis en prison et de payer une amende qui peut s'élever à 300 francs.

Art. 58. Toute personne qui aura trouvé un enfant nouveau-né, sera tenu de le remettre à l'officier de l'état civil, ainsi que les vêtements et autres effets trouvés avec l'enfant, et de déclarer toutes les circonstances du temps et du lieu où il aura été trouvé.

Il en sera dressé un procès-verbal détaillé, qui énoncera, en outre, l'âge apparent de l'enfant, son sexe, les noms qui lui seront donnés, l'autorité civile à laquelle il sera remis. Ce procès-verbal sera inscrit sur les registres.

(V. les art. 34, 38 et 57).

Quiconque trouvera un enfant, né depuis peu, devra l'apporter au maire ou à l'adjoint de la commune, avec les vêtements dont il est couvert, ainsi que les effets d'habillement ou autres qui l'accompagnent, et déclarer en détail dans quelles circonstances, en quel lieu, à quelle heure il a été trouvé.

Du tout il sera dressé un acte circonstancié en due forme, relatant, de plus, son âge probable, présumé, approximatif, son sexe, les nom et prénoms qu'on a l'intention de lui donner, le maire ou l'adjoint entre les mains duquel on le dépose. Ce procès-verbal sera inséré, copié, transcrit sur les registres de l'état civil.

Ceux qui abandonnent leurs enfants encourent la sévérité des lois, l'amende et la prison. La peine devient plus grave si, par suite de l'abandon, l'enfant reçoit des contusions ou des blessures, ou si sa santé en est sensiblement altérée.

Les noms de l'enfant trouvé ne lui sont pas donnés par la personne qui le présente. C'est le maire ou l'adjoint qui est chargé de les choisir. Si l'enfant néanmoins est présenté par les administrateurs d'un hospice, c'est à eux de le nommer.

ART. 62. L'acte de reconnaissance d'un enfant sera inscrit sur les registres, à sa date; et il en sera fait mention en marge de l'acte de naissance, s'il en existe un.

(V. les art. 25, 34, 55, 58 et 334.)

L'acte de reconnaissance est celui par lequel on reconnaît être le père ou la mère d'un enfant naturel, c'est-à-dire qui n'est pas né en légitime mariage. — On a défini ailleurs les registres de l'état civil. — La *date* est l'indication exacte du temps fixe où un acte est passé. — *Faire mention, à la marge*, c'est indiquer, mentionner le fait en question au blanc qui aura été laissé le long de la page écrite de *l'acte de naissance*, quand il y en a un, soit au *recto*, soit au *verso*, et parfois au bas de la page.

CHAPITRE III.

DES ACTES DE MARIAGE.

ART. 63. Avant la célébration du mariage, l'officier de l'état civil fera deux publications à huit jours d'intervalle, un jour de dimanche, devant la porte de la maison commune. Cette publication et l'acte qui en sera dressé énonceront les prénoms, noms, professions et domiciles des futurs époux, leur qualité de majeurs ou de mineurs, et les prénoms, noms, professions et domicile de leurs pères et mères. Cet acte énoncera, en ou...

les jours, lieux et heures où les publications auront été faites ; il sera inscrit sur un seul registre qui sera coté et paraphé à chaque feuille par le président du tribunal de première instance ou par le juge qui le remplacera, et déposé à la fin de chaque année au greffe du tribunal de l'arrondissement.

(V. les art. 1, 9, 14, 25, 34, 38, 41, 43, 45, 56, 58, 64, 65, 94, 95, 166 à 170 ; 192 et 193.)

Actes de mariage, ceux qui concernent l'union d'un homme et d'une fille ou femme, célibataires ou veufs, l'un ou l'autre, ou tous les deux. — *Célébration du mariage*, sa consécration d'après les formes requises. — *L'officier de l'état civil fera deux publications*, usage tombé en désuétude complète dans presque toutes les communes de l'Empire français. On se contente aujourd'hui dans les mairies de l'affiche du mariage dans le tableau exclusivement destiné à ces publications.

Intervalle de huit jours, distance d'un pareil nombre de jours écoulés d'une publication à l'autre. — *Dimanche*, premier jour de la semaine, consacré particulièrement aux pratiques de la religion chrétienne. — *Maison commune* ou commune, municipalité, hôtel de ville, mairie.

Cette publication et l'acte qui en sera rédigé dans les formes prescrites, mentionneront les noms, prénoms, états, professions, emplois des deux personnes qui contractent ensemble pour se marier, et ceux de leurs pères et mères. Il y sera spécifié si les deux futurs époux sont majeurs ou mineurs, s'ils ont atteint l'âge fixé par la loi pour user et jouir de leurs droits et pouvoir contracter valablement. Il ne fallait avoir que vingt ans pour être majeur en Normandie. On ne l'était autrefois dans la commune de Paris qu'à vingt-cinq ans. A présent, on est majeur dans toute la France à vingt-un ans; mais on ne peut contracter mariage sans le consentement de ses père et mère qu'à vingt-cinq ans. — D'après ce qui précède, les *mineurs* sont ceux qui n'ont pas encore atteint l'âge fixé par la législation pour user et jouir de leurs droits et pouvoir contracter valablement; ceux, en un mot, qui ne peuvent disposer de leurs personnes, ni de leurs biens.

Seul registre coté et paraphé, unique livre manuscrit où sont copiés de tels actes, collationnés, numérotés et revêtus à chaque feuille du *paraphe* (trait de plume abréviatif, tenant lieu de signature de l'officier public, afin qu'ils ne puissent être altérés, falsifiés et qu'on ne leur en substitue point d'autres).

Nous avons déjà parlé de l'intervention légale, dans ces actes, du président du tribunal de première instance ou du juge chargé de le remplacer. — *Le tribunal d'arrondissement* est celui dont ressortit la portion du territoire français formant une sous-préfecture. — *Greffe,* pièce d'un tribunal où sont déposés les minutes des jugements, arrêts, actes divers de procédure, enquêtes, rapports, déclarations, etc.

Aɴᴛ. 64. Un extrait de l'acte de publication sera et restera affiché à la porte de la maison commune pendant les huit jours d'intervalle de l'une à l'autre publication. Le mariage ne pourra être célébré avant le troisième jour depuis et non compris celui de la seconde publication.

(V. les art. 45, 63 et 65.)

Un extrait de l'acte de publication restera affiché, dans un cadre à ce destiné, sur une porte ou un mur de la maison commune, pour en donner connaissance au public, durant les huit jours d'intervalle entre les deux publications, et il ne pourra être procédé à la célébration du mariage que lorsqu'il y aura deux jours pleins écoulés après la seconde publication et en dehors de cette publication.

Art. 65. Si le mariage n'a pas été célébré dans l'année à compter de l'expiration du délai des publications, il ne pourra plus être célébré qu'après que de nouvelles publications auront été faites dans la forme ci-dessus prescrite.

(V. les art. 25, 63 et 64.)

Si la célébration du mariage n'a pas lieu dans le cours des douze mois composant l'année qui aura suivi les deux publications, il ne pourra y être procédé qu'après deux nouvelles publications dans la forme des premières.

Art. 66, 68 et 69. Les actes d'opposition au mariage seront signés sur l'original et sur la copie par les opposants ou par leurs fondés de procuration spéciale et authentique; ils seront signifiés, avec la copie de la procuration, à la personne ou au domicile des parties et à l'officier de l'état civil, qui mettra son *visa* sur l'original.

(V. les art. 25, 29, 36, 38, 39, 63, 64, 65, 172 et 192.)

En cas d'opposition, l'officier de l'état civil ne pourra célébrer le mariage avant qu'on lui en ait remis la main-levée, sous peine de trois cents francs d'amende et de tous dommages-intérêts.

(V. les art. 16, 38, et de 63 à 66.)

S'il n'y a point d'opposition, il en sera fait mention dans l'acte de mariage, et si les publications ont été faites dans plusieurs

communes, les parties remettront un certificat délivré par l'officier de l'état civil de chaque commune, constatant qu'il n'existe
point d'opposition.

(V. les art. 25, 34, 36, 38, 58, 63 à 66 et 68.)

Acte d'opposition, empêchement ou obstacle mis à un
acte quelconque. — *Original*, minute, manuscrit primitif
de cet acte. — *Copie*, écrit exact, fait d'après l'autre, reproduction textuelle de la minute de l'acte primitif. —
Opposants, ceux qui y mettent opposition, empêchement,
obstacle. — *Fondés de procuration spéciale et authentique*,
ceux qu'ils chargent de les représenter en ce cas spécial, dans les formes voulues. — *Actes signifiés*, notifiés,
déclarés par voie de justice, par ministère d'huissier,
avec adjonction d'une copie exacte de la procuration,
soit aux personnes elles-mêmes que l'affaire intéresse, soit
à leur demeure si on ne peut les atteindre, soit au maire
ou à l'adjoint qui y ont pris part, et qui devront apposer
leur *visa* sur l'original comme formule légale, revêtue de
leur signature, pouvant seule rendre cet acte authentique
et valable, ce qui n'aurait pas lieu si *le visa* y manquait.
Par cette formule, l'autorité certifie qu'un acte lui a été
présenté et qu'elle n'y est pas restée étrangère.

S'il se présente des opposants en règle, le maire ou l'adjoint ne pourra passer outre à la célébration du mariage
qu'après en avoir reçu un acte judiciaire ou volontaire qui
lève l'empêchement résultant de leur opposition, faute de
quoi il courra risque de subir une peine de trois cents
francs d'amende, outre toute indemnité due à la partie

adverse pour le dommage, le préjudice, qu'il aura pu lui causer.

S'il n'existe pas d'opposition au mariage, cette absence sera constatée sur le registre de l'état civil, et, s'il y a eu publication dans différentes mairies, les parties intéressées remettront un certificat délivré par le maire ou l'adjoint de chacune d'elles, établissant le fait par preuves certaines.

Art. 70. L'officier de l'état civil se fera remettre l'acte de naissance de chacun des futurs époux. Celui des époux qui serait dans l'impossibilité de se le procurer, pourra le suppléer en apportant un acte de notoriété, délivré par le juge de paix du lieu de sa naissance ou par celui de son domicile.

(V. les art. 9, 34, 38, 55, 63 et 99.)

Chacun des futurs époux devra remettre son acte de naissance au maire ou à l'adjoint qui a mission de procéder à leur mariage. S'il est impossible à l'un deux de réussir à l'avoir, il pourra le remplacer par un acte de notoriété, suppléant, à l'aide de témoins, à l'acte authentique qui manque, lequel aura été rédigé, écrit et signé, soit par *le juge de paix* de l'endroit où il était né, soit par celui du lieu qu'il habite depuis un certain laps de temps. — Tout le monde sait que *le juge de paix* est un magistrat d'un ordre inférieur, mais souvent d'une capacité et d'une expérience remarquables, chargé de juger sommairement, sans ministère d'avoués, les contestations peu importantes, et de concilier, autant que possible, les différends dont le jugement est réservé aux tribunaux ordinaires.

ART. 71 et 72. L'acte de notoriété contiendra la déclaration faite par sept témoins, de l'un ou de l'autre sexe, parents ou non parents, des prénoms, nom, profession et domicile du futur époux et de ceux de ses père et mère, s'ils sont connus; le lieu, et autant que possible, l'époque de sa naissance et les causes qui empêchent d'en apporter l'acte. Les témoins signeront l'acte de notoriété avec le juge de paix; et, s'il en est qui ne puissent ou ne sachent signer, il en sera fait mention.

(V. les art. 9, 25, 34, 37, 38, 39, 55, 57, 63 et suivants, 70 et 150.)

L'acte de notoriété sera présenté au tribunal de première instance du lieu où doit se célébrer le mariage. Le tribunal, après avoir entendu le procureur impérial, donnera ou refusera son homologation, selon qu'il trouvera suffisantes les déclarations des témoins, et les causes qui empêchent d'apporter l'acte de naissance.

(V. les art. 14, 25, 34, 45, 55, 63, 70 et 71.)

L'acte de notoriété dont il s'agit, contiendra la déclaration que feront les témoins, hommes ou femmes, appartenant ou n'appartenant pas à la famille du futur époux, de ses prénoms, nom, profession, domicile et de ceux de ses père et mère, si l'on en a connaissance, du lieu et, autant que possible, des temps, année, mois, jour, où l'on suppose qu'il est né, et des motifs qui empêchent qu'on en puisse déposer l'acte authentique. — Ces témoins signeront l'acte de notoriété, conjointement avec le juge de paix, et, s'il en est qui ne puissent ou ne sachent le faire, on le mentionnera avec les causes. (*Voir plus bas pour les sourds-muets.*)

C'est au tribunal de première instance du lieu où devra

12

être célébré le mariage, que sera présenté *l'acte de notoriété* dont il est question. Le procureur impérial ayant été entendu, c'est-à-dire après que ce magistrat, investi du ministère public et chargé de requérir l'éxécution et l'application des lois, aura pris la parole conformément à ses fonctions, le tribunal accordera ou refusera à l'acte émané de particuliers la force et la validité d'un acte fait en justice, suivant qu'il jugera bonnes ou insuffisantes les déclarations des témoins et les causes qui empêchent l'exhibition de l'acte de naissance, faisant défaut.

ART. 73. —L'acte authentique du consentement des père et mère ou aïeul et aïeule, ou, à leur défaut, celui de la famille, contiendra les prénoms, noms, professions et domiciles du futur époux et de tous ceux qui auront concouru à l'acte, ainsi que leur degré de parenté.

(V. les art.9, 34, 52, 63 et suivants, 71, 148 et 155.)

Dans l'acte en bonne et due forme de l'acquiescement ou adhésion des père et mère, ou des grand-père et grand'mère, ou, s'ils font défaut pour un motif quelconque, des oncles, tantes ou autres parents, devront être mentionnés les prénoms, noms, professions et domiciles des futurs époux et de toutes les personnes qui auront pris part à l'acte, sans omettre surtout de relater, aussi exactement que possible, leur degré de parenté.

ART. 74. Le mariage sera célébré dans la commune où l'un des deux époux aura son domicile. Ce domicile, quant au mariage, s'établira par six mois d'habitation continue dans la même commune.

(V. les art. 9, 25, 63, 69, 102, 165 et 192.)

La célébration du mariage aura lieu dans la commune habitée par l'un des époux. Leur domicile, pour ce qui concerne le mariage, y sera déterminé par six mois de résidence non interrompue.

Art. 75. — Le jour désigné par les parties après les délais des publications, l'officier de l'état civil, dans la maison commune, en présence de quatre témoins, parents ou non parents, fera lecture aux parties, des pièces ci-dessus mentionnées, relatives à leur état et aux formalités du mariage, et du chapitre VI du *Titre du mariage sur les droits et les devoirs respectifs des époux.*

Il recevra de chaque partie, l'une après l'autre, la déclaration qu'elles veulent se prendre pour mari et femme; il prononcera, au nom de la loi, qu'elles sont unies par le mariage et il en dressera acte sur-le-champ.

(V. les art. 1, 25, 34, 36, 37, 38, 39, 55, 56, 63, 68, 71, 165, 191 et 212 à 236.)

Quand viendra le jour fixé par les futurs époux et leurs familles, pour la célébration du mariage, après le temps légal accordé pour les deux publications, le maire ou l'adjoint, dans la mairie, en présence de quatre témoins, parents ou non, fera lecture, *lira*, dit-on, *à haute voix.* Ici, même difficulté pour le sourd-muet, n'entendant pas, que celle qui a été soulevée par l'officier de l'état civil, le magistrat et le juge méticuleux, à propos des articles 38 et 39, difficulté dont il a été et dont il sera plusieurs fois question dans ce livre.

Aux parties intéressées, c'est-à-dire aux futurs époux. — *Pièces*, documents, titre servant à un acte, établissant tel fait, tel droit, nécessaires à la circonstance. — Ayant trait à la position sociale des époux et aux formes prescrites pour le mariage,—articles du Code relatifs à leurs droits ou facultés, à leurs devoirs ou obligations réciproques. — Chacune des parties, c'est-à-dire le mari et la femme, déclarera successivement, l'un à la suite de l'autre, au maire ou à l'adjoint, qu'ils ont l'intention de s'accepter réciproquement en cette qualité. — Après quoi, l'officier municipal annoncera à haute voix, comme représentant de la loi et conformément à ce qu'elle ordonne, qu'ils sont unis l'un à l'autre par le mariage et rédigera incontinent, à la minute, sans retard, le procès-verbal en règle qui constate ce fait important. (*Voir encore pour les sourds-muets, ci-dessus et ci-dessous.*)

Art. 76. On énoncera dans l'acte de mariage :

1° Les prénoms, noms, professions, âges, lieux de naissance et domiciles des époux ;

2° S'ils sont majeurs ou mineurs ;

3° Les prénoms, noms, professions et domiciles des pères et mères ;

4° Le consentement des pères et mères, aïeuls et aïeules et celui de la famille, dans le cas où ils sont requis ;

5° Les actes respectueux, s'il en a été fait ;

6° Les publications dans les divers domiciles ;

7° Les oppositions, s'il y en a eu ; leur main-levée, ou la mention qu'il n'y a point eu d'opposition ;

8° La déclaration des contractants de se prendre pour époux ; et le prononcé de leur union par l'officier public ;

9° Les prénoms, noms, âges, professions et domiciles des témoins, et leur déclaration s'ils sont parents ou alliés des parties, de quel côté ou à quel degré.

(V. les art. 1, 3, 9, 25, 34, 35, 37, 38, 55, 63, 66, 70, 73, 88 et 89.)

Le maire ou l'adjoint relatera exactement dans l'acte de mariage : — les prénoms, noms, professions, états, emplois, âge, lieu natal et demeure présente du mari et de la femme ; — leur majorité ou minorité constatée ; — les prénoms, noms, professions et domiciles des pères et mères ; — l'acquiescement des pères et mères, aïeuls et aïeules, et de la famille même, s'il en était besoin. — Dans le cas où il y en aurait eu, *les actes respectueux*, sommations, actes *extra-judiciaires* qu'un fils de vingt-cinq ans ou une fille majeure de vingt-et-un ans sont tenus de faire signifier à leur père et à leur mère ou à leurs aïeuls et aïeules, pour leur demander conseil sur leur mariage, lorsque les parents n'ont pas donné leur consentement.

Il peut être passé outre à la célébration du mariage un mois après le troisième acte respectueux et même un mois après le premier, lorsqu'on a plus de trente ans ; — les deux publications de mariage faites, conformément à la loi, aux domiciles respectifs des époux ; — les oppositions, s'il en était fait, l'acte volontaire ou judiciaire, qui a pu les lever, ou la mention qu'il n'y a point eu d'opposition ; — la déclaration réciproque des époux se prenant pour tels et celle du maire ou de l'adjoint affirmant qu'il les a unis ; — les prénoms, noms, âge, professions et demeure des témoins et leur déclaration s'ils sont parents, ou par affinité, alliance, degré de proximité que le mariage fait acquérir d'un côté ou de l'autre aux nouveaux époux, de quelle part et à quel degré.

12.

Si, pour tous en général, hommes ou femmes, le mariage est un des actes les plus importants de la vie, c'est principalement aux yeux du sourd-muet et de la sourde-muette qu'il revêt ce caractère. Isolés dans le monde, ils éprouvent de bonne heure, l'un et l'autre, le besoin de s'unir à un être, soit sourd-muet ou sourde-muette, soit entendant-parlant ou entendante-parlante, qui les comprenne, leur serve d'intermédiaire et avec lequel ils partagent leurs plaisirs et leurs peines. De là leurs fréquents mariages, soit avec des frères ou des sœurs d'infortune, soit avec des entendants-parlants ou des entendantes-parlantes, qu'ils ont bientôt initiés à leur langue universelle, *la mimique*, s'ils ne la possèdent déjà.

Ce qu'on ne comprend pas, c'est la presque constante opposition des autorités de tous les pays à cet acte d'humanité autant que de justice. La question, cependant, est bien facile à résoudre, quoique le Code civil garde trop souvent le silence à cet égard. Oui, le sourd-muet est apte, comme tous les autres citoyens, à se marier, s'il est en état de manifester sa volonté, soit par l'écriture, soit par des signes, et plutôt par le premier mode que par le second.

L'attestation d'un notaire, la présence d'un second notaire ou de témoins, semblerait, dans le dernier cas, rendre tout à fait inutile la précaution qu'on a proposé d'annexer à l'acte la déclaration que le sourd-muet et la sourde-muette auraient faite de leur intention, et les notes ou écrits par lesquels elle se serait manifestée. Le notaire, d'ailleurs, ne peut-il pas constater qu'ils ont pu prendre eux-mêmes lecture de l'acte et certifier le fait, s'il a eu lieu ?

S'ils ne savent pas écrire, c'est le cas d'avoir recours à un interprète qui prête serment. Toutefois cet intermédiaire n'est pas indispensable si le notaire et les témoins possèdent suffisamment la *mimique* ou seulement la *dactylologie* (deux voies de communication aujourd'hui plus répandues qu'on ne pense), pour pouvoir rendre un témoignage certain de la volonté du sourd-muet ou de la sourde-muette.

C'est aux tribunaux que, dans le cas d'opposition, il appartiendra d'apprécier s'ils ont pu se faire comprendre et s'ils ont été compris. Mais il suffira qu'ils aient pu se mettre en communication certaine avec ceux que la loi charge de constater leurs volontés, pour qu'il ne soit plus permis de les rejeter, comme sourds-muets, en dehors du droit commun.

Au xıı⁰ siècle, le pape Innocent III, consulté sur la question de savoir si les sourds-muets pouvaient se marier, répondit qu'aucune loi ne les excluant du mariage, il lui semblait que, s'ils voulaient en contracter un, on ne devait pas s'y opposer parce qu'ils ne pouvaient donner leur consentement que par signes.

Ce fut également l'opinion de deux grands théologiens, Thomas Sanchez et Diégo Covariavas. — Le premier, savant jésuite, né à Cordoue (Espagne), en 1556, mort en 1610, a laissé un livre *de matrimonio* (du mariage), imprimé à Genève, en 1692, dans lequel il traite, avec une

supériorité remarquable, des matières les plus délicates
et les plus controversées. — Le second, né à Tolède
(Espagne), en 1512, professa *le droit canon* à Salamanque,
et a laissé une réputation telle qu'on l'a surnommé *le Bar-
thole espagnol*. Il fut nommé par Philippe II à l'évêché
de Ciudad-Rodrigo, envoyé au Concile de Trente, avec
Buoncompagno, depuis Grégoire XIII, pour dresser le *décret de Réformation*, appelé enfin, dès son retour en Espagne, au siége épiscopal de Ségovie. Il mourut, à Paris,
en 1577, âgé de 66 ans, président du Conseil de Castille.
Ses œuvres ont été publiées en deux volumes.

Ce qui précède est en partie extrait d'une conférence cu-
rieuse que donna M. l'abbé Lambert, chanoine honoraire de
Fréjus et Toulon, premier aumônier de l'Institution impériale des sourds-muets, le 13 février 1856, dans la paroisse
de la Madeleine, à Paris, conférence dans laquelle il exa-
mina et démontra fort bien l'obligation, pour le prêtre
surtout, d'instruire les sourds-muets illettrés.

Le consentement des parties contractantes est absolument nécessaire pour la validité du mariage, et il doit
être donné avec liberté et connaissance de cause; ainsi les
insensés, les furieux ne peuvent se marier, mais ceux qui
n'ont que l'esprit faible et qui en ont assez pour savoir ce
qu'ils font, le peuvent validement. Ce consentement doit
paraître au dehors par des paroles claires et intelligibles,
quoiqu'absolument et selon le cathéchisme du Concile de
Trente, une inclination de tête, et les signes sensibles qui
marquent clairement le consentement de la volonté suffi-

sont pour la validité du mariage. Ainsi les sourds-muets peuvent se marier; le droit commun et civil l'a décidé ainsi, et l'usage constant l'a admis et confirmé.

Voici le texte du Concile de Trente : *Verborum loco tùm mutus et signa, quæ intimum consensum apertè indicant satis ad matrimonium esse possunt, tùm ipsa etiàm taciturnitas cùm parentes loquuntur;* lorsque les parents ou témoins nécessaires ne peuvent au besoin répondre pour la partie qui garde le silence. (Voir le chapitre intitulé : *Mutuis vel signa loco verborum sufficere possunt,* du Concile de Trente, *article* MARIAGE.)

Il a, plus tard, été décidé par arrêt du Parlement de Paris, du 26 juin 1776, que les sourds-muets de naissance, lorsqu'il sont majeurs, n'ont pas plus besoin, pour contracter mariage, du consentement de leurs parents, que les personnes jouissant de l'ouïe et de la parole.

Avant la discussion, au conseil d'État, de l'article 146 du Code civil (voir plus bas), il en avait été proposé, disent les procès-verbaux de la séance du 26 fructidor an IX, un autre portant que le furieux et l'imbécile, le condamné à la mort civile et le sourd-muet, à moins qu'il ne fût constaté, à l'égard de celui-ci, qu'il était incapable de manifester sa volonté, était incapable de contracter mariage.

La disposition relative au sourd-muet donna lieu à de longs débats. — On prétendait, d'un côté, qu'elle était inutile, puisqu'il existait un article général qui exigeait le consentement libre pour première condition d'un mariage;

qu'un sourd-muet devait même éprouver plus de besoin
qu'un autre de se marier pour posséder une compagne qui
le servît avec une affection, un dévouement supérieurs à
ceux des domestiques et qu'on avait trouvé l'art de les faire
s'expliquer et s'entendre. — On répondait, d'un autre côté,
qu'on ne pouvait se dissimuler que ceux qui étaient affectés de ce vice de conformation, ne fussent plus difficilement
compris et plus aisés à tromper que d'autres, que tous
n'avaient pas reçu une éducation égale et ne possédaient
pas le talent du sourd-muet Massieu, la merveille de l'é-
poque; qu'il fallait donc que la loi prît à leur égard des
précautions. — De guerre lasse, on résolut de retrancher
l'article entier et l'on convint de le remplacer par un autre au chapitre *des actes du mariage*, sous ce titre *des actes
de l'état civil*, lequel expliquerait la manière dont le sourd-
muet de naissance donnerait son consentement. Mais cette
disposition n'y fut point insérée. Pourquoi?

On a laissé, dit Locré, à l'arbitrage des tribunaux le
discernement des circonstances et des signes qui peuvent
faire juger si le sourd-muet a ou non consenti.

(*Esprit du code civil*, Tome II, page 41.)

Une autre difficulté se présente ici, difficulté fréquemment soulevée dans les mariages ordinaires et plus fréquemment encore dans ceux de sourds-muets ou de
sourdes-muettes, bon nombre de parents s'opposant à ces
mariages, quelques-uns par intérêt, beaucoup plus par affection. Nous voulons parler des *Actes respectueux* dont il
est question à l'article 76.

Peut-il être fait un acte respectueux par le sourd-muet ou la sourde-muette ne sachant ni lire ni écrire?

« Il ne suffit pas, dit Vezeille (Tome II, page 95), de vérifier un simple fait. Il faut, de plus, s'assurer du discernement du sourd-muet et de sa volonté. S'il est en puissance de parents, leur attestation répond de ces deux conditions, en même temps qu'elle garantit l'interprétation de la volonté de celui auquel le père ou la mère refuse son consentement. Quand il ne sait ni lire ni écrire, il y a grande incertitude qu'il soit capable de discerner.

» Ce point est trop délicat pour que le notaire puisse trancher la difficulté, lors même qu'il se croirait en état d'interpréter exactement les signes du sourd-muet; et la prudence exige qu'il refuse son ministère jusqu'à ce que le tribunal ait reconnu le discernement de celui-ci. »

Mais, d'après ce qui a été déjà expliqué au sujet de l'intelligence et de la volonté du sourd-muet, même illettré, la question ne semble plus offrir aucune difficulté. La solution est, au contraire, affirmative toutes les fois que les deux conditions ne laissent aucun doute.

« Il ne suffit pas, dit Bourguignon, d'être en garde contre l'intérêt que des étrangers pourraient avoir à séduire le sourd-muet; il convient également de ne pas perdre de vue celui que pourrait avoir sa famille à l'empêcher de se marier. La loi n'a pas le pouvoir de changer la nature, ni la destinée des hommes. Celle du sourd-muet l'expose inévitablement, par rapport au mariage, à divers dangers dont la loi ne l'affranchira jamais. Elle doit se borner à la déclarer incapable de se marier lorsqu'il ne peut manifester son consentement. Si elle se rend plus difficile, elle met le sourd-muet dans un état d'interdiction plus pénible encore qu'un mariage hasardé. »

« Le mariage des sourds-muets, objecte Portalis, ne peut causer d'embarras ; ils sont entourés d'une famille et d'amis qui attestent le consentement qu'ils expriment par leurs signes. »

Que dire de plus ?

Peu importe donc que les sourds-muets soient illettrés. Ils ne cessent pas d'être capables de contracter s'ils peuvent faire connaître leur volonté, soit par l'écriture, soit par des signes propres à la manifester, assertion que confirme l'arrêt de la cour de cassation du 30 janvier 1844, que nous rapporterons à l'article 936.

Cependant, en dépit de tout ce qui précède, les mariages de sourds-muets se heurtent fréquemment contre des obstacles inattendus, à Paris même, dans cette ville qu'on nomme à juste titre la capitale de la civilisation.

Citons-en quelques exemples, entre beaucoup d'autres !

Dans un arrondissement de Paris, une difficulté s'élève entre le maire et un sourd-muet sur le point de contracter mariage. Il s'agissait de savoir si le consentement d'un sourd-muet pouvait être reçu sans l'intermédiaire d'un parlant. Un élève de l'abbé Sicard, Gouttebarge, ancien employé à l'administration des postes, s'étant présenté à sa municipalité avec sa future, parlante, le maire déclara à cette dernière que l'intervention d'un interprète parlant était indispensable pour valider l'acte civil auquel on allait procéder. Elle eut beau lui objecter l'intelligence et l'instruction de son fiancé, le magistrat persista et force fut aux futurs époux d'obtempérer à une exigence que rien ne justifiait, ni le bon sens, ni la loi.

Voyons quelle raison, bonne ou mauvaise, pouvait alléguer l'officier de l'état civil! Prétendait-il, par hasard, attribuer exclusivement à la parole *articulée* le droit de sanctionner un acte émané du discernement et de l'intelligence? Eh bien! que la loi alors le déclare positivement! et l'on saura à quoi s'en tenir. Mais jusque-là, qu'on nous permette de penser à cœur ouvert et de proclamer bien haut que l'expression *parole*, comprise dans son véritable sens, dans son sens large et complet, n'est et ne peut être que l'art d'exprimer ses sentiments et ses volontés par tous les moyens possibles. Or l'écriture n'est-elle pas un de ces moyens et un de ces moyens les plus puissants et les plus certains?

Disons-le, à l'honneur du clergé français, à l'exemple d'Innocent III, pas un seul ecclésiastique, que nous sachions, ne s'est refusé jusqu'à présent à sanctifier un mariage de sourds-muets; tous se sont empressés, au contraire, de les unir avec des parlants et même entre eux. On a vu, presque à la même époque, un prêtre respectable accueillir deux futurs époux, dont l'un était sourd-muet de naissance, interroger lui-même ce dernier à l'aide de la *dactylologie*, en présence des fidèles étonnés, et, ailleurs, un père Capucin unir deux sourds-muets qu'il interrogeait au moyen de la *mimique*.

Mais nous allons plus loin encore : le sourd-muet qui ne sait pas écrire, doit être admis aux actes civils. Tous les jurisconsultes de quelque mérite partagent cette opinion. Ils ne demandent au sourd-muet qui veut contracter mariage, que des signes certains, positifs, indubitables de son intelligence, de sa volonté, de son discernement, et, à ce sujet, qu'on nous permette de transcrire ici textuellement une lettre, en date du 17 mai 1822, d'un garde des sceaux de la Restauration, M. le comte de Peyronnet, à un procureur du roi de son temps :

« Monsieur le procureur du Roi,

» Le maire de....., me demande s'il peut procéder au mariage d'un sourd-muet de sa commune et quelles sont les formalités à observer dans cette circonstance?

» Vous voudrez bien lui répondre sur la première question que cette infirmité qui ne s'oppose pas aux fins du mariage, n'y forme point, dans notre droit, un empêchement légal, puisque la loi ne la met pas au rang des incapacités, et qu'il ne nous est pas permis de suppléer à son silence. Tels étaient, d'ailleurs, les principes de l'ancienne jurisprudence. Il n'y a donc pas de doute que l'on ne puisse procéder au mariage d'un sourd-muet, pourvu toutefois qu'il soit en état de donner son consentement et de le donner en connaissance de cause, puisque le consentement est essentiel à la validité du mariage.

» Quant à la seconde question, celle de savoir comment le sourd-muet pourra donner valablement ce consentement, il faut distinguer les cas. S'il sait écrire, le mode le plus sûr sera de donner ce consentement par écrit. S'il ne sait pas écrire, mais qu'il ait été élevé dans une des institutions fondées pour les sourds-muets[1], le futur se fera assister de son professeur ou de son instituteur, qui, après avoir certifié lui connaître une intelligence assez développée pour comprendre toute l'étendue des obligations qu'il va contracter, lui expliquera par signes les questions qui lui seront adressées, et transmettra à l'officier public les réponses qu'il en aura reçues. Enfin, s'il n'a pas été élevé dans une de ces institutions, et qu'il ne connaisse pas les signes qu'on y enseigne, si cependant il sait se faire entendre par des signes particuliers et qu'il ait un discernement suffisant, ses parents ou autres personnes habituées à vivre avec lui et familiarisés avec l'expression de ses pensées, deviendront ses interprètes naturels, comme ferait l'instituteur, dans le cas précédent. — Ce sera, d'ailleurs, toujours au maire à s'assurer par lui-même et par les moyens qu'il jugera les plus convenables, de la volonté et du degré d'intelligence du sourd-muet. »

Et pourtant, malgré cette lettre si positive, trois ans s'étaient à peine écoulés, qu'un nouveau mariage de sourd-muet rencontrait les mêmes obstacles dans un autre arrondissement de Paris.

1 Tous les élèves sortant des institutions de sourds-muets savent, au moins, lire et écrire.

Un ancien élève de l'a... Picard, Badolle, de Roanne, avait invité l'auteur du présent trav il à lui servir de témoin dans cette circonstance importante de sa vie. Qu'on juge de notre surprise en nous voyant, pour la première fois, depuis que nous exercions notre long professorat, exclu du droit de signer comme les autres témoins. Le maire du onzième arrondissement d'alors, dans d'excellentes intentions sans doute, pour ne pas voir, à son avis, infirmer, plus tard, la validité de l'acte, objecta au futur qu'il fallait, pour être témoin, *entendre* et *prononcer*, et que, d'ailleurs, la loi sur ce point gardait le silence. — Qui sait même si l'honorable magistrat municipal n'eût pas aussi refusé de recevoir le consentement du futur époux si, par un hasard providentiel, il n'eût appris, quoique sourd-muet, à articuler *oui* et quelques autres mots?

Loin de nous la pensée d'accuser l'officier de l'état civil de la moindre apparence de mauvais vouloir! C'est contre le fait seulement que nous protestâmes alors, nous demandant s'il n'était pas urgent que nous sussions à quoi nous en tenir dans nos rapports avec l'autorité municipale, et que l'autorité municipale sût, à son tour, ce qu'elle avait le droit d'exiger de nous, la loi ne nous semblant pas devoir être élastique et variable dans les divers arrondissements de Paris. Le culte superstitieux de la loi, qui fait violer la loi, ne peut s'expliquer que par ce vieux préjugé qui, jadis, accordait exclusivement le droit de bourgeoisie chez tous les peuples civilisés à la parole *articulée*, au détriment de tout autre instrument de communication, émanant de la même source, l'intelligence humaine.

A cinq ou six ans de là (il ne s'agit plus ici d'un fait de mariage), un parlant, qui a jeté un grand éclat sur l'enseignement des sourds-muets par ses leçons et par ses études, Bébian, ancien censeur des études à l'Institution de Paris, voulut faire inscrire son nouveau-né sur les registres de l'état civil du même arrondissement. Il prit pour témoin un de ses élèves, Peyson, de Montpellier, sourd-muet, peintre d'histoire d'un rare mérite, auteur du beau tableau des *Derniers moments de l'abbé de l'Épée*, dont il a fait don à l'École.

A l'aspect d'un pareil témoin s'élèvent, on le pense bien, de nouvelles difficultés; mais les explications claires et précises de Bébian finissent par les dissiper toutes, et l'élève sourd-muet est admis à apposer sa signature sur le registre à côté de celle de son maître parlant.

Voici, selon nous, de quelle manière, conformément à l'esprit de la loi, l'autorité civile devrait procéder dans les mariages de sourds-muets pour suppléer au prononcé de ce *oui* sacramentel qu'ont si fort à cœur tant de maires! Les futurs prendraient d'abord connaissance, par eux-mêmes, ou par un interprète-assermenté, des chapitres du Code définissant *les devoirs des époux* (voir les chapitres V et VI du titre V), tandis que l'officier de l'état civil (voir les articles 39 et 76), en ferait lecture à haute voix. Ils inscriraient ensuite leur *oui* respectif au bas d'une déclaration en vertu de laquelle ils s'accepteraient réciproquement pour époux. Puis, le mariage serait prononcé.

Après quoi, les nouveaux conjoints auraient encore à signer une double déclaration par laquelle ils affirmeraient
avoir pris connaissance des devoirs légaux des époux et
contracté ensemble leur union selon le vœu de la loi.

Mais supposons qu'il s'agisse d'un sourd-muet et d'une
sourde-muette, dont l'un ou l'autre ne sait ni lire ni
écrire, ou dont tous les deux sont illettrés, ou l'un d'eux
seulement, voulant s'unir à un parlant, ou à une parlante, obstacle qui disparaîtra bientôt quand l'enseignement de ces malheureux sera plus répandu; quand les écoles
qui leur sont consacrées, seront plus fréquentées et plus
nombreuses!

L'essentiel ici est que le sourd-muet ou la sourde-muette
comprenne parfaitement le grand acte de la vie auquel
il va s'associer, et que non-seulement il le comprenne,
mais qu'il prouve encore à tout ce qui l'entoure qu'il le
comprend.

C'est ici que l'intervention de l'interprète assermenté,
parlant ou sourd-muet, que propose M. Hovelt (voir
plus haut) nous paraît indispensable. Il ne nous restera
ensuite qu'un être, de l'un ou de l'autre sexe, ne sachant ni lire ni écrire, qui tracera de sa main une croix
sur tous les points de l'acte où besoin sera, croix dont la
signification et la valeur seront certifiées, comme pour les
parlants dans la même position, par tous les assistants ou
témoins à ce requis qui en comprendront la portée.

Le vendredi 14 septembre 1849, on lisait, sous la rubrique d'Angleterre, dans *L'Opinion publique*, journal quotidien de M. Alfred Nettement, ce qui suit:

« Deux sourds-muets de naissance, Knowles, marchand colporteur, et miss Catherine Conolly, ont contracté mariage dans la paroisse de Briddlington, comté de Derby. L'un et l'autre, sachant lire et écrire, ont pu exprimer leur consentement de la manière la moins douteuse. Pendant que le prêtre célébrant lisait le rituel, les deux futurs époux indiquaient du doigt chacune de ses questions sur le livre et traduisa, int ensuite leur réponse au moyen de la *dactylologie*. Il était facile au Révérend Barnès de s'assurer s'ils avaient répondu *yes*, c'est-à-dire *oui*. L'exhortation que, dans l'église anglicane, on a coutume d'adresser aux conjoints, était manuscrite, et ils en ont pris lecture. Après la cérémonie, ils ont signé très-correctement leurs noms et prénoms sur le registre.

» Quelques années auparavant, la question de savoir si un sourd-muet peut donner un consentement valable à un acte de mariage avait été débattu devant un tribunal de la Grande-Bretagne et résolue affirmativement.»

Chez nous, l'intention formelle de la loi est que le consentement incontestable des parties consentantes soit accepté, sans la moindre difficulté, sous quelque forme qu'il se manifeste.

« Prétendre, dit M. Puybonnieux dans son *Impartial*, journal de l'enseignement des sourds-muets, septembre 1857, que la prononciation du mot *oui* est de rigueur, ce serait méconnaître la sagesse des rédacteurs du Code et condamner au célibat, non pas seulement les muets de naissance, mais encore les muets adultes, quelque instruits qu'ils fussent, et aussi les étrangers qui ne connaîtraient pas notre langue. Ce serait tomber dans l'absurde.

» Le mot *oui* n'est qu'une manière de manifester sa volonté, celle que la langue présente comme la plus expressive et la plus usuelle; mais elle peut, sans difficulté, être suppléée par d'autres, quand, pour une cause quelconque, il n'est pas possible de s'en servir. Il n'est pas même nécessaire que le sourd-muet sache écrire et puisse tracer les trois lettres alphabétiques qui constituent le mot *oui*; il suffit qu'il soit en état de manifester sa volonté par un signe qui, quelque intelligible qu'il soit, doit cependant, pour plus de certitude, être traduit par un interprète sûr [1]. Le sourd-muet totalement illettré peut donc se marier. »

En septembre 1842, le tribunal civil de Castel-Sarrasin était appelé à juger une affaire qui avait attiré une foule de curieux. Marguerite L... était une belle fille de vingt-cinq ans, sourde-muette de naissance, ne sachant point écrire, n'ayant profité d'aucuns des moyens d'instruction dus à l'abbé de l'Épée. Elle menait une vie simple et monotone dans le village de Gensac, auprès de ses parents. Cependant, malgré son infirmité naturelle, elle n'en était pas

---

1 Nous nous associons aux arguments de M. Puybonnieux. Toutefois nous ne pensons pas que la nécessité d'un interprète sûr doive, dans ce dernier cas, être aussi rigoureuse qu'il le prétend.

moins robuste, bien constituée et douée d'un cœur sensible. Elle était riche pour une paysanne. Un jeune homme
du même village la demande en mariage. La jeune fille y
consent; ses parents l'attestent ainsi que le jeu de sa phy-
sionomie et ses signes aussi expressifs que tendres; mais
le maire, tout en lui reconnaissant les plus louables qualités, avouant qu'elle garde ses vaches avec soin, qu'elle
est excellente femme de ménage, qu'elle remplit enfin admirablement ses devoirs de fille dévouée, ne lui trouve
pas l'intelligence suffisante qu'exigent les articles 212 et
suivants du Code civil et se refuse à voir un consentement
au mariage dans ses signes.

Le magistrat municipal est sommé, sous les peines de
droit, d'avoir à procéder aux formalités de l'union conjugale. Refus obstiné! Comment sortir de là? La loi ne déclare point incapables, il est vrai, les sourds-muets, mais
elle exige qu'ils puissent manifester leur consentement
d'une manière claire et précise. Or notre muette n'a reçu
aucune instruction. On assigne le maire devant le tribunal de Castel-Sarrasin pour qu'il ait à passer outre à la
célébration du mariage, dans le plus bref délai, sous peine
de forts dommages.

C'est ainsi que se présente l'affaire à l'audience du 19
mai 1842. L'avocat de la sourde-muette a à peine exposé
les faits, que le tribunal, sans rien préjuger, ordonne la
comparution des parties.

Le 26, la jeune sourde-muette, son prétendu, les parents
et le maire comparaissent, en effet, ensemble. Elle a de
13.

grands yeux noirs, exprimant bien toute l'intelligence qu'on lui attribue. Elle semble plus surprise qu'effrayée de la vue des robes noires et du public qui encombre la salle ; elle lance des regards courroucés au magistrat municipal.

Le président ordonne de faire éloigner la famille ; puis il interroge la sourde-muette à haute voix :

« Comment vous appelez-vous ! » (Silence.)

« Votre profession ? » (Elle pousse un léger cri, et cherche des yeux sa mère.)

L'huissier s'approche, elle recule.

« Demandez à la comparante si elle veut se marier ? » (L'huissier, avec sa voix d'audience, pose la question.)

La jeune fille répond par un cri, voulant dire sans doute oui.

« Demandez-lui avec qui elle veut se marier ? » (Même cri.)

Le président désignant à l'huissier son confrère de service :

« Demandez-lui si c'est avec B...? » (Grimace des plus expressives et très-peu flatteuse pour l'huissier.)

On fait appeler la mère.

« Dites à votre fille de nous montrer celui qu'elle veut épouser !... Dites-lui de le chercher dans la salle ! »

Jeu mimique entre la mère et la fille. Celle-ci paraît un instant émue ; elle reste indécise... Cependant la pantomime de son avocat se joint à celle de sa mère ; la jeune fille semble alors frappée d'une idée subite ; elle s'élance, court précipitamment dans la salle et reparaît bientôt, entraînant par la main son futur, qui s'est blotti dans un coin.

On passe à l'interrogatoire du maire. Il rend compte de la moralité de la sourde-muette, il fait l'éloge de son intelligence, elle va à la messe, elle s'occupe du ménage, elle garde les vaches...

« Cependant, ajoute le magistrat municipal, rien ne prouve qu'elle se rende un compte bien exact des prescriptions du chapitre VI du Code civil au Titre du mariage, *Sur les devoirs des époux*. J'ai dû, par conséquent, dit-il, refuser de procéder aux formalités de l'union conjugale. Si le tribunal juge que la muette parle et que la sourde entend, je ne demande pas mieux que de soumettre mes lumières aux siennes... »

« Vous venez *d'entendre* la sourde-muette, répond l'avocat. Ce qu'elle vous a déclaré, la scène touchante à laquelle vous avez assisté, parle plus haut et plus éloquemment que tout ce qu'on pourrait objecter contre son intelligence. »

« La question, réplique le ministère public, a été mal posée: il ne s'agit point de savoir si la fille L... s'occupe des soins du ménage, si elle fait bien ou mal la cuisine, ces faits ne sont pas contestés, mais si elle comprend les charges et les devoirs du ménage, si elle peut donner un consentement. Nous croyons que non. Pour prouver, en effet, qu'elle comprend l'importance de cet acte solennel, il ne suffit pas qu'elle ait repoussé l'huissier et qu'elle ait ramené son prétendu. Le mariage est un lien moral et civil qui forme les familles. Vous rejetterez la demande de la sourde-muette et vous la condamnerez aux dépens. »

Marguerite n'a que trop bien compris les conclusions du ministère public. Elle reste tout abattue. Le maire s'en rapporte à la justice. Le tribunal délibère. Par un nouvel interlocutoire, il désigne le curé d'une paroisse voisine pour se mettre en correspondance avec la jeune fille et faire son rapport à l'audience du 29.

Au jour indiqué, l'ecclésiastique déclare qu'il n'a pu, dans un aussi court délai, s'entendre avec la muette, et il demande *trois mois au moins* pour en venir à bout. Le tribunal, considérant qu'un consentement doit être intelligent et compréhensible, et non purement machinal et problématique, décide qu'il n'y a pas lieu, pour le moment, à autoriser le maire à procéder à la célébration du mariage et condamne la pauvre sourde-muette aux dépens.

Quelle dérision ! N'est-ce pas exposer cette malheureuse à une maladie qui peut amener la mort, ou, ce qui est plus triste peut-être, la pousser à commettre une faute ? Et pourtant, bien qu'elle ignore la méthode de l'abbé de l'Épée et qu'elle ne sache ni lire ni écrire, elle a vingt-cinq ans, elle est robuste, bien portante ; sa conduite est irréprochable, elle va à la messe ; elle fait ses achats ; elle s'occupe du ménage ; elle garde les vaches de son père ; elle coupe et coud ses robes ; elle surveille et monte la pendule de la ferme, etc., etc. A l'audience, elle a paru plus surprise qu'affligée de la vue des robes noires et du public. On l'a interrogé à haute voix, elle n'a point répondu. Le sourd-muet le plus instruit n'eût pas répondu d'avantage. Mais, quand on lui demande si elle veut se marier, elle pousse un cri ; quand on lui demande si elle veut prendre l'huissier pour époux, elle le repousse ; quand on lui demande de chercher son prétendu dans l'auditoire, elle le trouve et le ramène par la main devant ses juges. Certes c'est là de l'intelligence ; elle n'est douteuse pour personne. Cependant, suivant le ministère public, elle ne prouve pas que la jeune fille comprenne *les charges et les devoirs du mariage*. On choisit pour interprète un curé qui demande *trois mois au moins* pour se mettre en correspondance avec la sourde-muette. Le tribunal déclare qu'il n'y a pas lieu, pour le moment, à autoriser le mariage.

Comment justifier ce refus ? Le ministère public craint que la pauvre enfant ne comprenne pas les charges et les devoirs du mariage ; mais qui lui prouve que ses craintes soient fondées ? Lui-même ne comprend pas davantage le langage des gestes, personne ne le comprend dans l'audience, et le curé demande *trois mois au moins* pour s'y préparer.

A ce compte, nous, sourd-muet de naissance, qui avons professé à l'Institution Impériale de Paris pendant plus de quarante ans, qui sommes auteur de nombreux ouvrages, nous n'aurions pas pu nous marier, à cette époque, à Castel-Sarrasin, si une blessure nous eût empêché d'écrire. Il aurait fallu attendre que cette blessure fût guérie. Ces charges, ces devoirs du mariage, est-il nécessaire que les sourds-muets les connaissent plus à fond que les autres hommes? Y a-t-il, pour leur usage personnel, des définitions plus savantes et plus métaphysiques? On marie le premier rustre de village pourvu qu'il dise *oui*, et il faudra presque un diplôme de docteur au sourd-muet qui voudra se marier. Mais notre mimique naturelle, cette langue universelle, dont nous nous servons habituellement, ne diffère pas, au fond, de celle du sourd-muet inculte. Ce n'est pas nous qui apprenons la nôtre à cet enfant de la nature; c'est lui qui nous apprend la sienne. Seulement nous la polissons, nous la perfectionnons, nous l'épurons, nous procédons comme le grammairien qui enregistre la langue, mais la langue est créée longtemps avant l'opération du grammairien.

Le curé consciencieux demande *trois mois au moins* pour se sentir apte à devenir l'interprète de Marguerite. Il n'est pas de professeur parlant ou sourd-muet d'une institution quelconque de sourds-muets, qui n'eût traduit sa pantomime à première vue. Et remarquez l'abattement de la pauvre fille aux conclusions du ministère public et au prononcé du jugement! Elle n'entend pas, elle, et pourtant les signes dont, à leur insu, le ministère public et le tribunal entremêlent le réquisitoire et le jugement, l'ont bientôt instruite de sa position. Et il s'est trouvé un tribunal en France qui a pu douter de son intelligence et la déclarer inhabile à comprendre la valeur d'un consentement!

Et tout cela s'est passé de nos jours en France, sur la terre classique de la civilisation! A ce douloureux exemple qu'on nous permette d'en opposer un, qui, quoique remontant à une date moins récente, au delà de 1789, prouve que, chez nous, la fidélité et le dévouement des pauvres sourdes-muettes rencontrait aussi parfois, quel que soit leur degré d'instruction, de plus dignes appréciateurs! Nous empruntons le fait dont il s'agit à la *Gazette des Tribunaux*.

« La demoiselle Lemannois est née sourde-muette; mais une éducation soignée a développé son esprit, et elle a montré, pendant le temps qu'elle est restée au couvent de la Providence à Angers, une intelligence qui s'est portée de préférence sur les matières les plus abstraites. Avec une fortune honnête, elle a pris du goût pour le sieur Choinière, son parent. Celui-ci n'a vu que ses vertus, et, flatté des éloges que les religieuses faisaient de leur élève, il a conçu le projet de l'épouser : ses visites sont devenues fréquentes. Le sieur Rincé, chargé de l'éducation de la jeune personne, ayant été averti par les religieuses de cette inclination réciproque, a approuvé le but légitime qu'elle se proposait, et déclaré qu'il ne s'opposerait pas à ce que le mariage eût lieu.

» La demande de la demoiselle fut faite par le père du sieur Choinière, et le tuteur la reçut avec satisfaction.

» Cependant son approbation n'était qu'apparente. A peine les sieurs Choinière père et fils furent-ils de retour à Brissac, où ils résidaient, qu'ils reçurent une lettre du sieur Rincé, par laquelle il leur annonçait qu'il ne pouvait donner, *quant à présent*, son consentement à cette union, qu'il voulait auparavant consulter les docteurs de l'Église et les jurisconsultes et les parents de sa pupille.

» Le sieur Rincé fut inflexible aux prières des deux futurs, et il ne restait à la jeune personne d'autre parti à prendre que d'attendre sa majorité. En effet, étant parvenue à cette époque, n'ayant ni père, ni mère, se trouvant dans la classe de tous les citoyens libres, elle se transporta chez son curé, accompagnée du sieur Choinière, du père et de la mère de celui-ci, et le pria de publier ses bans. Le curé connaissait bien la prétendue ; il lui avait même administré les sacrements de pénitence et d'eucharistie. Il comprit parfaitement les signes dont elle se servait pour manifester ses intentions; mais il répondit que, quelque juste que pût être sa demande, il ne pouvait se prêter à ce qu'elle exigeait, attendu qu'on l'avait prié de ne pas procéder à cette publication.

» Le seul parti qui restait à la jeune personne, était de se pourvoir contre le pasteur, mais le sieur Rincé fut le premier qui parut en justice. Il forma opposition à ce qu'aucun ban fût publié. Il fit plus, il signifia aux religieuses de la Providence d'Angers la défense de la laisser sortir, de lui permettre aucune communication avec qui que ce fût, et les somma, en cas de résistance, de l'enfermer dans une chambre grillée.

» La demoiselle se pourvut en la sénéchaussée d'Angers, où elle fit assigner le sieur Rincé en main-levée de son opposition, et demanda qu'il fût passé outre à la publication des bans. Une sentence du 9 mars 1776, avant de faire droit, ordonna que les parents tant paternels que maternels de la prétendue seraient convoqués à l'effet de donner leur avis et leur consentement au mariage.

» Sur l'appel de cette sentence, porté en la cour, l'opposante a soutenu qu'elle devait être infirmée. Elle a opposé divers moyens : sa majorité, le consentement qu'elle donnait d'une manière claire et expressive, etc. Privée de ses père et mère, disait son défenseur, elle jouit de tous ses droits indistinctement; aucune espèce d'interdiction n'est prononcée contre elle; ainsi sa volonté est suffisante, elle peut disposer de sa main sans le consentement de ses parents collatéraux.

» On lui oppose son infirmité en soutenant qu'étant sourde-muette de naissance, on ne peut connaître ses intentions, ses goûts et son choix; on la range donc dans une classe particulière.

» Elle répond qu'elle a assez d'intelligence, qu'elle articule quelques mots, qu'elle entend le bruit qui se fait autour d'elle, et qu'elle est sensible au son des instruments.

» Le sieur Rincé, sans faire attention à l'espèce particulière, semble se renfermer dans les principes généraux relatifs aux sourds-muets, qui sont, d'après lui, interdits de droit et ne peuvent contracter sans l'assistance d'un curateur; il prétend que l'avis des parents est nécessaire; il ne refuse pas son consentement, ni le compte de sa gestion; mais il croit, dit-il, pouvoir soutenir que la demoiselle

Lemannois, appelée à une fortune considérable, ne peut se marier sans l'avis de ses parents collatéraux, qui méritent des égards pour leur naissance et les avantages qu'ils sont en position de lui faire.

» Le sieur Rincé ajoute que la sentence ne fait aucun tort aux parties, dont le mariage serait déjà conclu, si les parents y avaient acquiescé; qu'au surplus, la jeune personne avait bien senti qu'elle ne pouvait agir seule, puisqu'elle se faisait assister du sieur Gilton, son curateur *ad hoc*; il persistait, en conséquence, à dire que, sous quelque point de vue que l'affaire fût considérée, il convenait de prendre l'avis des parents de l'opposante.

» Enfin, le 26 juin 1776, intervint, sur les conclusions de *M. l'avocat général Séguier*, un arrêt qui, en confirmant la sentence du présidial d'Angers, ordonna qu'il serait passé outre à la publication des bans et à la célébration du mariage. »

Mais que se passait-il en octobre ou novembre 1843 aux États-Unis, tandis que la pauvre Marguerite L... était si maltraitée en France au tribunal de Castel-Sarrasin? Il ne s'agit pas ici, il est vrai, d'un mariage à contracter, mais d'une promesse de mariage. Cet étrange procès a été jugé en faveur de la plaignante par la cour d'assises du comté de Colo, dans le Missouri, et nous en avons déjà rendu compte ailleurs; mais il est certaines démonstrations évidentes auxquelles, dans notre spécialité, nous ne saurions trop revenir : un jeune homme, Samuel Porck, est accusé par miss Élisabeth Thompson

d'avoir enfreint une promesse de mariage qu'il lui a
faite. Il n'est pas rare de voir dans ce pays des jeunes filles
poursuivre leurs infidèles en dommages-intérêts. Cette
fois, le drame emprunte un nouvel attrait à la position d'un des deux personnages. Miss Elisabeth
Thompson est sourde-muette. Elle plaide elle-même sa
cause à l'aide d'une pantomime si expressive, qu'elle arra-
che des larmes aux assistants et aux juges. Elle tient dans
ses bras l'enfant, fruit et victime de sa faute. Aussi le jury
n'hésite-t-il pas à prononcer contre Porck un verdict qui
le condamne, aux applaudissements de l'auditoire, à payer
à la pauvre sourde-muette une somme de *trois mille dol-
lars* (15,000 fr.), le cours ordinaire du *dollar*, monnaie des
États-Unis, étant fixé, dans le commerce, à la valeur de
cinq francs, terme moyen.

Heureusement, ce n'est pas seulement loin, bien loin
de la France que pleine et entière justice est rendue aux
sourds-muets. Tous nos tribunaux ne jugent pas comme
celui de Castel-Sarrasin. Nous en avons pour preuve l'arrêt
rendu le 3 août 1855 par la première chambre de la cour
impériale de Paris dans l'affaire de Pierre Meslaye, vigneron à Montigny, sourd-muet, ne sachant ni lire ni
écrire, dont nous avons déjà parlé dans cet ouvrage. Il est
vrai, n'oublions pas de le dire, que la cour impériale de
Paris était, cette fois, présidée par un des plus éminents
magistrats de notre époque, M. Delangle, qui depuis a été
ministre de la justice.

Trois ans après que ladite cour impériale, par l'organe

de ce digne premier président, rendait ce solennel hommage à l'intelligence des sourds-muets, nous nous trouvions en présence d'un maire de Paris, qui repoussait l'assistance que nous avions à cœur de donner, comme interprète, à un de nos frères d'infortune. C'était en juin 1858. M. Navarin, sourd-muet, ancien élève, puis maître d'étude à l'Institution impériale, plus tard clerc en l'étude de M° Roquebert, notaire à Paris, était venu nous prier de l'assister, comme interprète, à l'ancienne mairie du troisième arrondissement, dans une des circonstances les plus importantes de sa vie, à l'occasion de son mariage avec Mlle Claire Alexandrine Lecrosnier, majeure, sourde-muette, quoiqu'aux termes stricts de notre jurisprudence, il eût certes une instruction assez étendue pour ne pas avoir besoin de recourir à un intermédiaire.

Eh bien! le croirait-on? Nous, doyen des professeurs de la célèbre école, auteur d'ouvrages rentrant dans notre spécialité, décoré de la Légion d'honneur pour nos travaux, nos publications et nos services, nous étions repoussé par qui de droit et, bon gré mal gré, forcé de réclamer contre une prétention qui nous semblait injustifiable. Il fallait absolument à l'autorité municipale un parlant.

De ce que nous regardions comme un déni de justice, résulta, de notre part, le 27 juin, une protestation qui fut accueillie par les journaux et à laquelle tous nos anciens collègues sourds-muets s'associèrent spontanément.

« Veuillez, y disions-nous, permettre au doyen sourd-muet des professeurs en retraite de l'Institution impériale de Paris, à celui que tous ses compagnons d'infortune font l'insigne honneur de regarder comme leur représentant habituel, d'en appeler par la voie de la publicité dont vous disposez, au tribunal de l'opinion publique, à l'occasion d'un déni de justice dont un de ses clients vient d'être victime. »

Après avoir raconté succinctement le fait, nous ajoutions :

« Jugez quelle a été notre surprise en apprenant qu'on objectait au futur époux qu'il lui fallait absolument un parlant pour l'assister dans cet acte solennel ! Quelle pitoyable objection ! En définitive, nous aimons mieux laisser à l'opinion publique le soin d'en faire bonne et prompte justice, que de nous évertuer, sur nouveaux frais, à la pulvériser, comme nous l'avons déjà fait dans bien des circonstances identiques.

» En daignant insérer avec votre empressement accoutumé ces quelques mots dans un de vos plus prochains numéros, vous obligerez infiniment tous les sourds-muets dont le nombre en France ne s'élève pas à moins de trente mille.... »

A cette lettre était jointe une déclaration des professeurs de l'Institution impériale de Paris, s'associant, tant en leur nom, qu'au nom de tous leurs frères, à la protestation si noblement motivée, disaient-ils, de leur honorable collègue, avec toute l'énergie que leur donnait, ajoutaient-ils, le sentiment de leurs droits méconnus. Cette pièce était signée de MM. *Al. Lenoir, Eugène Allibert, Pélissier, Benjamin Dubois, Chomat, Rivière.*

Trois jours après, les mêmes feuilles inséraient une réponse de M. Decan, maire du troisième arrondissement, officier de la Légion d'honneur, dans laquelle l'honorable magistrat municipal commençait par regretter que les feuilles publiques qui avaient accueilli une protestation, à son avis, si peu fondée, n'eussent pas pris la peine de contrôler des faits qu'il était, selon lui, de leur devoir de rectifier.

« Deux sourds-muets, poursuit-il, se présentent pour contracter mariage. La loi veut qu'ils aient conscience exacte et complète, non-seulement de l'acte qu'ils vont accomplir, mais encore des formalités qui l'accompagnent. En permettant l'assistance d'une personne atteinte de la même infirmité, il est évident que le rapport ne serait pas plus immédiat entre l'officier de l'état civil et les conjoints; ils doivent être assimilés aux étrangers et pourvus d'un interprète. Or la loi et le bon sens veulent que l'interprète possède les deux langues qu'il est chargé de transmettre, et, dans l'espèce, qu'il entende et puisse minier.

» C'est ainsi que j'ai compris et exécuté mon devoir. M. Navarin a été assisté, en définitive, de M. Vaïsse, sous-directeur, parlant, de l'Institution impériale des sourds-muets de Paris, qui a traduit aux futurs époux les articles du Code et les paroles sacramentelles, après lesquels la loi les a déclarés unis en mariage.

» Je n'ajoute aucun commentaire au simple énoncé des faits. »

Notre réplique ne se fit pas attendre : elle paraissait, deux jours après, dans les mêmes feuilles et était ainsi conçue :

« Monsieur le maire,

« Vous nous demandez une rétractation des termes de la protestation que nous avons cru devoir adresser aux journaux, de concert avec nos collègues sourds-muets, tant dans l'intérêt de notre position de représentant d'une classe intéressante de citoyens, que dans celui de l'égalité devant la loi.

» Nous sommes d'autant plus porté à vous satisfaire là-dessus, qu'en soutenant, comme nous l'avons dû, une question de principe, nous n'avons pas eu, nous vous l'assurons, Monsieur le maire, la moindre pensée d'outrager votre caractère, ni votre personne.

» Or, nous vous le demandons, que peut-il y avoir de personnel dans notre lettre? Rien, absolument rien, au jugement de tous ceux qui l'ont lue et au vôtre également, Monsieur le maire, sans aucun doute.

» Toutefois, nous sommes prêt à désavouer cette expression de *déni de justice*, ou tout autre, qui a pu vous blesser, mais qui s'est rencontrée au bout de notre plume, faute de savoir en trouver une qui rendît à la fois plus exactement et plus convenablement notre pensée.

» Au surplus, c'est sous la puissante égide de la loi, cette manifestation imposante de l'opinion publique, que nous maintenons notre opinion sur le droit sacré qu'a le sourd-muet illettré de choisir un interprète pour traduire ses réponses, soit par écrit, soit en langue orale ; sur le droit encore plus sacré qu'a le sourd-muet lettré de faire respecter sa volonté expresse, alors même qu'il s'agit de remplir les formalités légales les plus simples.

» Souhaitant que ces explications franches puissent vous convaincre de la pureté de nos intentions, nous avons l'honneur d'être, etc. »

Or que s'était-il passé dans les intervalles de cette correspondance ?

Notre révélation dans plusieurs feuilles publiques avait paru produire une certaine impression sur le public.

L'autorité municipale s'en était émue.

Pour en avoir le cœur net, nous en étions venu à des explications avec l'officier de l'état civil en cause.

Il n'en persistait pas moins à ne pas partager notre opinion au point de vue du *droit* ; mais il tenait surtout à ce que l'honorabilité de son caractère fût reconnue par nous tous sans exception.

L'abandonnant à une erreur dont les conséquences, dans une aussi grave question, nous semblaient de plus en plus regrettables, nous nous bornâmes, de guerre lasse, à poser le principe que nous défendions, principe, selon nous, incontesté et incontestable. Nous en appelons ici à la loyauté de nos lecteurs aussi bien qu'à la raison publique.

Peut-être eût-il mieux valu faire sommation à l'officier

de l'état civil de procéder au mariage du sourd-muet en dehors de l'intervention d'un parlant, et, en cas de refus, saisir le tribunal de la question. Car il nous semble qu'une décision de la justice aurait eu une tout autre importance qu'une lettre insérée dans les journaux ; et, parce qu'il s'est rencontré un maire qui, dans la crainte de compromettre sa responsabilité, a cru devoir méconnaître un principe posé par la jurisprudence avec tant d'évidence, ce n'était pas un motif pour poursuivre inutilement une guerre de plume à propos de cette violation du simple bon sens. A notre grand regret, un appel à la justice dans une circonstance aussi grave ne dépendait point de notre volonté.

En définitive, un sourd-muet suffisamment instruit, comprenant la portée et la plénitude de son rôle, peut-il être choisi pour interprète ou témoin d'un de ses frères ou d'une de ses sœurs d'infortune, tout comme un entendant-parlant, qui lui est souvent très-inférieur en capacité ?

Et n'est-ce pas méconnaître l'esprit de la loi que de refuser, pour quelque raison bien ou mal fondée qu'on allègue, de l'admettre à un acte semblable ?

Pourquoi l'écriture qui reproduit, tout le monde le sait, la pensée humaine avec autant d'exactitude et de précision que la parole articulée, serait-elle tyranniquement, de prime abord et sans le moindre examen, déclarée inadmissible à remplacer ce dernier moyen dans tous les cas possibles ?

Et de ce qui précède ne résulte-t-il pas clairement que, dans l'espèce, le sourd-muet qui sait suffisamment lire et écrire, peut être interrogé *par écrit* et être également admis, sans scrupule, à répondre *par écrit* avec autant de facilité au moins que l'entendant-parlant, auquel, comme on ne le voit que très-fréquemment, l'écriture fait complétement défaut?

Aux paroles qui, pour bien des gens, ne sont que de vagues sons, pourquoi le sourd-muet ne suppléerait-il pas par des sentiments qu'il est à même d'exprimer fort nettement au moyen de *la mimique*, alors même qu'il n'aurait pas reçu une instruction spéciale.

Pourquoi ce qui a lieu *au criminel*, quand il s'agit de condamner un homme à mort (voir l'article 333 du Code d'instruction criminelle), ne s'appliquerait-il pas, à plus forte raison, *au civil* quand il est question de mariage?

A considérer attentivement l'esprit qui a motivé l'arrêt de la cour de cassation du 30 janvier 1844 (voir plus haut), en faveur d'un sourd-muet; il n'est pas difficile de se convaincre de la vérité de cet argument que l'intervention d'un interprète n'est pas nécessaire si l'officier de l'état civil (voir l'article 38) et les témoins (voir l'article 25) comprennent les signes du sourd-muet et peuvent rendre un témoignage certain de sa volonté.

Cet argument n'a-t-il pas reçu un nouveau caractère d'évidence dans le procès d'Élisabeth Thompson aux États-Unis, dont nous venons de rendre compte?

S'en tenir en France, jusqu'au bout, au pied de la lettre, n'est-ce point arriver forcément à cette fatale consé-

quence que les sourds-muets doivent être déclarés incapables de se marier?

Heureusement, on l'a dit depuis des siècles, *si la lettre
tue, l'esprit vivifie*, et l'on n'a pas mis en oubli, dans l'espèce, le vieux proverbe latin : *Scire leges non est earum
verba tenere, sed vim ac potestatem* (savoir les lois, c'est en
posséder, non pas la lettre, mais la force et la puissance).

Qu'il nous soit permis de clore cette discussion, qui aura
paru peut-être un peu longue, par une anecdote que nous
empruntons au *Siècle* du 26 octobre 1851, qui en est redevable à *l'Union médicale*.

Elle a trait à un nouvel obstacle que nos magistrats,
dominés par une crainte exagérée, opposent encore trop
souvent aux mariages des sourds-muets entre eux, ou avec
des entendants-parlants, sans réfléchir que ces déshérités
de la nature adoucissent leur sort, se consolent et se com-
plètent par les unions, quand elles sont bien assorties. Que
d'heureux ménages de sourds-muets ne connaissons-nous
pas, pour notre part, dans l'une et l'autre catégorie !

L'obstacle en question prend sa source dans la crainte
qu'éprouvent ces magistrats de voir les sourds-muets procréer infailliblement des sourds-muets, quand c'est le contraire qui a lieu presque toujours, la plupart des sourds-
muets que nous connaissons étant issus de père et mère
parlants-entendants, et n'ayant eux-mêmes, en général,
que des enfants parlants-entendants.

Quoiqu'il en soit, voici le fait :

« Dans le mois de septembre 1851, a eu lieu à Hartford, près de Londres, un banquet de 200 sourds-muets, dont 103 avaient été ou étaient en ce moment mariés. On y comptait 40 ménages où l'homme et la femme étaient tous les deux sourds-muets; 23 où l'un des deux époux pouvait entendre et parler. D'après le rapport lu en séance, 31 de ces couples n'avaient pas eu d'enfants, et les 72 autres en avaient eu 102. Sur ces 102 enfants, 98 parlaient et entendaient bien, 4 seulement étaient sourds-muets. Il semblerait donc, d'après cette statistique, dont nous ne pouvons donner ici tous les détails, que la grande loi de l'hérédité n'agit pas sur l'organe de l'ouïe avec cette puissance, cette uniformité, qu'elle montre habituellement dans la propagation d'autres infirmités congénitales. »

Une autre anecdote que nous empruntons au *Courrier de Lyon* du mois de mars 1866 |

« Si vous aviez été, mardi, à l'église Saint-Matthiew de Londres, vous auriez assisté à un spectacle singulier. Le sieur Power, photographe, sourd-muet, était uni à Mˡˡᵉ Hé-lèneX..., sourde-muette comme lui. Les demandes et les réponses absolument nécessaires se faisaient sur des feuilles volantes, qui couraient du ministre au fiancé, de la jeune fille à la mère et ainsi de suite.

» Quant aux questions moins importantes, elles se faisaient au moyen des signes conventionnels des sourds-muets.

» Le ministre lui-même a improvisé dans ce langage expressif une petite allocution très-émouvante, et l'effet qu'il a produit sur son auditoire, a été très-considérable, si l'on en juge par la vive émotion que semblaient éprouver les deux fiancés.

» Le plus curieux de l'affaire, c'est que le garçon et la fille d'honneur étaient aussi sourds-muets, et que deux jeunes gens, venus comme témoins, se trouvaient frappés de la même infirmité. Parmi tous les gens de la noce, il n'y avait que la mère de la jeune fille qui ne fût pas privée de la parole. Aussi, reconnaissante envers la Providence du bienfait inestimable qu'elle en a reçu, elle ne laissait pas sa langue dans l'inaction et bavardait pour tout le monde. »

CHAPITRE IV.

DES ACTES DE DÉCÈS.

ART. 77, 78, 79 et 81. Aucune inhumation ne sera faite sans une autorisation, sur papier libre et sans frais, de l'officier de l'état civil, qui ne pourra la délivrer qu'après s'être transporté auprès de la personne décédée, pour s'assurer du décès, et que vingt-quatre heures après le décès, hors les cas prévus par les règlements de police.

(V. les art. 13, 33, 34, 38, 46, 70 et 81.)

L'acte de décès sera dressé par l'officier de l'état civil sur la déclaration de deux témoins. Ces témoins seront, s'il est possible, les deux plus proches parents ou voisins, ou, lorsqu'une personne sera décédée hors de son domicile, la personne chez laquelle elle sera décédée et un parent ou autre.

(V. les art. 25, 33, 34, 37, 38, 50, 55, 63 et 82.)

L'acte de décès contiendra les prénoms, nom, âge, profession

14.

et domicile de la personne décédée; les prénoms et nom de l'autre époux, si la personne décédée était mariée ou veuve; les prénoms, nom, âge, profession et domicile du déclarant; et, s'ils sont parents, leur degré de parenté. Le même acte contiendra, de plus, autant qu'on pourra le savoir, les prénoms, nom, profession et domicile des père et mère du décédé et le lieu de sa naissance,

(V. los art. 9, 25, 33, 34, 37, 46, 50, 55, 58, 70, 71, 73 et 78.)

Lorsqu'il y aura des signes ou indices de mort violente ou d'autres circonstances qui donneront lieu de la soupçonner, on ne pourra faire l'inhumation qu'après qu'un officier de police, assisté d'un docteur en médecine ou en chirurgie, aura dressé procès-verbal de l'état du cadavre et des circonstances y relatives, ainsi que des renseignements qu'il aura pu recueillir sur les prénoms, nom, âge, profession, lieu de naissance et domicile de la personne décédée,

(V. los art. 3, 9, 34, 46, 56, 58, 70, 77 et suivants.)

Pièces constatant la mort d'une personne. Aucun enterrement ne pourra avoir lieu sans que la permission en ait été donnée sur papier ordinaire, non marqué du sceau de l'État (aucune dépense n'étant exigible), par l'officier municipal (maire ou adjoint dans les communes ordinaires, agent délégué pour cela dans les grandes villes). Aucun d'eux ne devra délivrer cette autorisation qu'après s'être rendu auprès du mort ou de la morte pour être certain qu'il ou elle n'existe plus, et que lorsque vingt-quatre heures se seront écoulées depuis sa fin dernière. — Il faut en excepter les dispositions que déterminent d'avance les ordonnances de police relatives à la sûreté, à la tranquillité et à la commodité des habitants. — Quiconque contreviendrait au règlement qui défend d'enterrer un mort ou une morte, si ce n'est vingt-quatre heures après son décès, et sur une autorisation délivrée par l'officier de l'état civil, s'exposerait à être condamné à deux mois de prison et à une amende. — Dans le cas seulement où la maladie qui a emporté le défunt, serait de nature à se communiquer par exhalaisons malsaines, on pourrait obtenir de l'autorité la permission de faire porter le corps en terre dans un moindre délai.

L'acte constatant la mort doit être écrit par le maire ou l'adjoint ou par un délégué autorisé à les remplacer. — *Déclaration*, témoignage de deux personnes présentes autant qu'on pourra, appartenant de plus près à la famille ou demeurant le plus près du mort. — Si celui-ci (homme, femme ou enfant) s'est éteint hors de chez lui, ce sera la personne chez laquelle il aura rendu le dernier soupir, et une personne de la famille du défunt ou un autre individu quelconque.

Ledit acte devra énoncer le nom de famille, les noms de baptême et la demeure du défunt, les noms et prénoms du mari ou de la femme, si le mort était marié, ou veu les prénoms, nom, nombre d'années et demeure des témoins ; s'ils sont de la famille, et à quel degré.

Il devra énoncer, en outre, autant qu'il y aura possibilité de s'en procurer la connaissance, les noms de baptême et de famille, le métier ou les emplois et la demeure des père et mère du mort, avec le nom exact de son pays natal.

S'il y a marque, apparence, probabilité de mort occasionnée par accident, brutalité, violence, crime et non d'une façon naturelle; ou si quelques particularités sont de nature à faire conjecturer une mort violente, on ne peut enterrer le corps qu'après qu'un médecin ou un chirurgien aura, dans un acte écrit, constaté l'état du cadavre, les particularités s'y rapportant, et les indices qu'on aura pu rassembler sur les noms de baptême et de famille, le nombre d'années, le métier ou emploi, le pays natal et la demeure du mort.

CHAPITRE VI.

DE LA RECTIFICATION DES ACTES DE L'ÉTAT CIVIL.

Art. 99 et 100. Lorsque la rectification d'un acte de l'état civil sera demandée, il y sera statué, sauf l'appel par le tribunal compétent et sur les conclusions du procureur impérial. Les parties intéressées seront appelées, s'il y a lieu.

(V. les art. 34, 36, 45, 46, 55, 72, 110 et 198.)

Le jugement de rectification ne pourra, dans aucun temps, être opposé aux parties intéressées qui ne l'avaient point requis, ou qui n'y auraient point été appelées.

(V. les art. 36, 54 et 99.)

L'état civil est la condition des personnes en ce qui touche les relations de famille, la minorité ou la majorité, l'interdiction, les mariages (la mort civile, quand elle existait), la mort naturelle.

L'état civil d'une personne constate, bien entendu, si elle est enfant naturel ou adoptif, de tel père ou de telle

môro, légitime on non, mariée ou non, vivante ou morte, naturellement ou autrement. On appelle *Actes de l'état civil*
les registres constatant, jour par jour, les déclarations officielles de la condition des personnes. — Quand on demande qu'un de ces actes soit redressé, corrigé, remis
en l'état ou l'ordre où il doit être, une décision est prise,
sauf réserve à une juridiction supérieure, par celle qui a
le droit d'en connaître, sur avis et réquisitoire du ministère public. — Les personnes que la demande intéresse,
sont citées à comparaître, quand c'est nécessaire.

Le jugement de rectification ne sera susceptible, à aucune époque, ni sous aucun prétexte, d'être objecté aux
personnes y ayant intérêt, qui ne l'auraient point demandé
ou n'auraient point été citées à comparaître.

TITRE III

Du domicile.

Art. 102, 103, 104, 108, 109, 110 et 111. Le domicile de tout
Français, quant à l'exercice de ses droits civils, est au lieu où il
a son principal établissement.

(V. les art. 7, 9, 40, 13, 17 et 103.)

Le changement du domicile s'opère par le fait d'une habitation réelle dans un autre lieu, joint à l'intention d'y fixer son
principal établissement.

(V. les art. 9, 17, 18, 102, 104 et suivants.)

La preuve de l'intention résultera d'une déclaration expresse faite tant à la municipalité du lieu qu'on quittera, qu'à celle du lieu où on aura transféré son domicile.

(V. les art. 9, 50, 77 et 103.)

La femme mariée n'a point d'autre domicile que celui de son mari. Le mineur non émancipé aura son domicile chez ses père et mère, ou tuteur. Le majeur interdit aura le sien chez son tuteur.

(V. les art. 7, 9, 12, 19, 25, 63 et 231.)

Les majeurs qui servent ou travaillent habituellement chez autrui, auront le même domicile que la personne qu'ils servent ou chez laquelle ils travaillent, lorsqu'ils demeureront avec elle dans la même maison.

(V. les art. 9, 102 et 108.)

Le lieu où la souscription s'ouvrira sera déterminé par le domicile.

(V. les art. 9, 25, 108 et 793.)

Lorsqu'un acte contiendra, de la part des parties, ou de l'une d'elles, élection de domicile pour l'exécution de ce même acte, dans un autre lieu que celui du domicile réel, les significations, demandes et poursuites relatives à cet acte pourront être faites au domicile convenu et devant le juge de ce domicile.

(V. les art. 9, 25, 36, 71, 102, 1247, 1258 et 1264.)

C'est non-seulement le lieu où l'on a fixé son principal établissement, mais encore sa demeure, le lieu qu'on a choisi pour son habitation ordinaire.

Le domicile politique est dans l'arrondissement où l'on a son domicile réel, où l'on exerce ses droits de citoyen, ses droits électoraux; ces deux domiciles peuvent être séparés. Pour les moyens d'opérer cette séparation, ses effets et ses conséquences. (Voir la loi du 10 août 1831.)

Pour le domicile quant au mariage. (V. l'art. 70.)

Le domicile élu est un domicile fictif qu'une personne a déclaré choisir pour y recevoir certaines notifications ou significations, et, dans un sens analogue, on dit : *Élire domicile, faire élection de domicile en tel endroit*, etc.

Le domicile de secours est réglé par le décret du 24 vendémiaire an II. C'est le lieu où l'homme nécessiteux a droit aux secours publics. Le lieu de la naissance, (Voir l'art. 70) est le lieu naturel du domicile de secours.

Le changement de domicile se constate par le fait d'une résidence suivie autre part, avec le dessein pris d'y établir son principal établissement.

Pour prouver qu'on a le dessein pris de transférer ailleurs son domicile, il suffira de le déclarer d'une manière formelle, positive, incontestable, et à la mairie du lieu que l'on quitte et à celle du lieu où l'on va résider.

L'épouse ne peut avoir d'autre domicile que celui de son époux. — L'individu qui n'a pas atteint l'âge fixé par la loi pour disposer de sa personne et de ses biens, et qui, n'étant pas mis hors de la puissance paternelle, n'a pas été admis *par exception* à jouir des droits de majeur avant cet âge, a son domicile chez ses père et mère, ou chez celui à qui sa tutelle a été déférée. — Chez son tuteur est également le domicile d'un majeur privé par la loi de la totalité ou d'une partie de ses droits civils.

Les individus ayant atteint l'âge prescrit par la loi pour

user et jouir de leurs droits et pour pouvoir contracter valablement, lorsqu'ils seront employés comme domestiques par un maître, ou comme ouvriers par un patron qui les paie, auront le même domicile qu'eux, s'ils habitent la même maison.

C'est le domicile du défunt qui détermine l'endroit où son héritage sera mis à la disposition de ses héritiers.

Lorsque, dans un acte quelconque, il sera fait mention, par l'initiative des intéressés ou de l'un d'eux, du choix d'un autre domicile que le domicile réel, pour l'exécution de cet acte, les notifications judiciaires, exploits d'huissiers, actions intentées en justice, procédures ayant pour but d'obtenir le payement d'une créance ou le redressement d'un grief qui s'y rattache, pourront avoir lieu dans le domicile convenu et devant le juge dans la circonscription duquel se trouvera ce domicile.

TITRE IV

Des absents.

CHAPITRE PREMIER

DE LA PRÉSOMPTION D'ABSENCE.

Art. 112, 113 et 114. S'il y a nécessité de pourvoir à l'administration de tout ou partie des biens laissés par une personne présumée absente et qui n'a point de procureur fondé, il y sera statué par le tribunal de première instance, sur la demande des parties intéressées.

(V. les art. 14, 28, 36, 45, 99, 424, 817, 819, 838 et 840.)

Le tribunal, à la requête de la partie la plus diligente, commettra un notaire pour représenter les présumés absents dans les inventaires, comptes, partages et liquidations dans lesquels ils seront intéressés.

(V. les art. 36, 112, 134, 138, 819, 838 et 840.)

Le ministère public est spécialement chargé de veiller aux intérêts des personnes présumées absentes, et il sera entendu sur toutes les demandes qui les concernent.

(Voir les art. 112, 113 et 126.)

L'absence est l'éloignement d'une personne qui n'est point dans le lieu de sa résidence ordinaire, dont on n'a point de nouvelles depuis un certain temps et dont la résidence présente est inconnue. — *L'absent* est celui qui se trouve dans cette position. — *La présomption* est la conjecture, le jugement basé sur des apparences, sur des indices, ce qui est supposé vrai *par prévision*, tant que le contraire n'est pas prouvé.

S'il est nécessaire, indispensable, urgent d'aviser à la gestion de la totalité ou d'une partie de ce qu'a laissé en argent, valeurs, meubles, immeubles, fonds de terre ou autrement, une personne réputée absente et qui, en s'éloignant, n'a point délégué de remplaçant chargé d'administrer ses affaires, le tribunal de première instance aura à prendre un parti sur la situation, à la requête des intéressés.

Le tribunal de première instance, sur la demande écrite et présentée, suivant les formules voulues, par l'intéressé le plus prompt et qui aura pris les devants, chargera un notaire (officier public, recevant, passant et gardant les contrats, obligations, transactions et autres actes volon-

15

taires), de tenir la place des absents présumés dans les inventaires, partages et liquidations qui les concernent.

L'inventaire est le rôle, mémoire, état, catalogue, dans lequel sont énumérés et décrits, article par article, les biens, meubles, titres, papiers, d'une personne ou d'un établissement. — *Le compte* est l'état ou écrit contenant le calcul, la supputation de ce qui a été reçu, payé, dépensé, avancé ou fourni. — *Le partage* est la division de quelque chose entre les parties intéressées. — *La liquidation* consiste à fixer et régler ce qui était indéterminé en toute espèce de comptes : c'est l'opération relative au payement des dettes, à la rentrée des créances et au partage entre les associés de l'*actif* qui reste, quand les comptes sont réglés.

Le ministère public est la magistrature établie près de chaque tribunal pour y requérir l'exécution et l'application de la loi. — Il a particulièrement pour but de veiller aux intérêts des personnes qu'on présume absentes. — Son intervention sera admise et la parole lui sera accordée dans toutes les observations, requêtes, réclamations qui regardent, touchent ou intéressent les absents.

CHAPITRE II

DE LA DÉCLARATION D'ABSENCE

ART. 115 et 116. Lorsqu'une personne aura cessé de paraître au lieu de son domicile ou de sa résidence, et que, depuis quatre ans, on n'en aura point eu de nouvelles, les parties intéressées pourront se pourvoir devant le tribunal de première instance, afin que l'absence soit déclarée.

(V. les art. 14, 36, 46, 55, 112 et suivants.)

Le jugement de déclaration d'absence ne sera rendu qu'un an après le jugement qui aura ordonné l'enquête.

(V. les art. 27, 55, 112, 515 et 820.)

Lorsqu'un individu ne se sera plus montré à l'endroit de son domicile ou de sa demeure ordinaire depuis quatre ans révolus, et que, dans ce laps de temps, on n'aura eu de lui directement ou indirectement aucune lettre, aucun renseignement, constatant où il peut être, les intéressés auront la faculté de recourir au tribunal de première instance de la circonscription, pour en obtenir une déclaration d'*absence* qui établisse le fait.

Le jugement du tribunal de première instance, qui déclarera et constatera l'absence, sera prononcé une année seulement après celui par lequel il aura ordonné, sur le vu des pièces et documents produits, en vertu de l'article 116, une enquête par audition de témoins, ou autrement, contradictoirement avec le procureur impérial chargé du ministère public, dans l'arrondissement du domicile et dans celui de la résidence, s'ils sont distincts.

CHAPITRE III

DES EFFETS DE L'ABSENCE

SECTION PREMIÈRE

Des effets de l'absence, relativement aux biens que l'absent possédait au jour de sa disparition.

(Art. 120, 121, 122, 123, 124, 125, 126, 127, 128, 129, 130, 131, 132, 133 et 134.)

SECTION II

Des effets de l'absence, relativement aux droits éventuels qui peuvent compéter à l'absent.

Résultats de l'absence, quant aux droits qui, subordonnés à quelques événements incertains, peuvent appartenir à l'absent.

(Art. 135, 136, 137 et 138.)

TITRE V

Du mariage

CHAPITRE PREMIER

DES QUALITÉS ET CONDITIONS REQUISES POUR POUVOIR

CONTRACTER MARIAGE

ART. 144, 145, 146 et 147. L'homme avant dix-huit ans révolus, la femme avant quinze ans révolus, ne peuvent contracter mariage.

(V. les art. 25, 63, 170 et 184.)

Néanmoins il est loisible à l'Empereur d'accorder des dispenses d'âge pour des motifs graves.

(V. l'art. 164.)

Il n'y a point de mariage lorsqu'il n'y a point de consentement.

(V. les art. 25, de 63 à 76, puis 170, 180, 181, 196 et 201.)

On ne peut contracter un second mariage avant la dissolution du premier.

(V. les art. 25, 55, 139, 170, 184, 187, 201 et 202.)

Le mariage est l'union d'un homme et d'une femme par le lien conjugal. — Diverses dispositions, clauses, obligations sont indispensables pour le contracter. — Il faut d'abord que l'homme ait plus de dix-huit ans et la femme plus de quinze.

Toutefois le chef de l'État, pour des causes sérieuses, importantes, peut autoriser un jeune homme ou une jeune personne à se marier avant l'âge fixé par la loi.

Un mariage n'est valable qu'autant que, de part et d'autre, on y a librement consenti.

Un second mariage ne peut avoir lieu, il est impossible, tant que le premier existe et n'a pas été dissous.

Art. 149 et 150. Le fils qui n'a pas atteint l'âge de vingt-cinq ans accomplis, la fille qui n'a pas atteint l'âge de vingt-un ans accomplis, ne peuvent contracter mariage sans le consentement de leurs père et mère. En cas de dissentiment, celui du père suffit.

(V. les art. 73, 152, 156, 159, 160, 170, 182, 183, 186 et 188.)

Si l'un des deux est mort, ou s'il est dans l'impossibilité de manifester sa volonté, le consentement de l'autre suffit.

(V. les art. 141, 155, 158, 170 et 182.)

Si le père et la mère sont morts, ou s'ils sont dans l'impossibilité de manifester leur volonté, les aïeuls et aïeules les remplacent. S'il y a dissentiment entre l'aïeul et l'aïeule de la même ligne, il suffit du consentement de l'aïeul. S'il y a dissentiment entre les deux lignes, ce partage emportera consentement.

(V. les art. 73, 142, 143, 148, 151, 155, 158, 170, 182 et 183.)

Le fils qui n'a pas vingt-cinq ans révolus, la fille qui n'en a pas vingt-un également révolus, ne peuvent se marier sans l'assentiment de leurs père et mère. Si le père et la mère ne sont point d'accord, on se contentera, à la rigueur, de l'acquiescement du père.

Si le père ou la mère est mort, ou, s'il ne peut, pour un motif quelconque, faire connaître sa volonté, on peut se contenter de l'acquiescement de l'autre.

Dans le cas où le père et la mère seraient morts, ou, s'ils ne pouvaient, pour un motif quelconque, faire connaître leur volonté, les grand-pères et grand'mères seraient appelés à donner leur consentement en leur lieu et place. Si le grand-père et la grand'mère du même côté ne tombaient pas d'accord, le consentement du grand-père suffirait.

Si ce dissentiment se manifeste entre les aïeux de la famille du père, et ceux de la famille de la mère, il suffira de le constater pour qu'il équivale à un acquiescement.

ART. 151. Les enfants de famille ayant atteint la majorité fixée par l'article 148, sont tenus, avant de contracter mariage, de demander, par un acte respectueux et formel, le conseil de leur père et de leur mère, ou celui de leurs aïeuls et aïeules, lorsque leur père et leur mère sont décédés, ou dans l'impossibilité de manifester leur volonté.

(V. les art. 9, 46, 48, 73, 76, 148, 149, 152, 153, 154, 155, 157, 158, 170 et 182.)

Les fils et filles ayant vécu jusqu'alors sous l'autorité de leurs parents, mais étant parvenus à l'âge fixé par la loi pour se marier, devront, avant de procéder à cet acte solennel, demander, par une sommation respectueuse, mais positive, conseil à leurs père et mère, ou à leurs aïeuls et aïeules, si les premiers sont morts ou ne peuvent, pour un motif quelconque, faire connaître leur volonté.

A dater de la majorité qui permet de disposer de leur personne et de leurs biens, jusqu'à l'âge de trente ans révolus pour les fils et de vingt-cinq ans révolus pour les filles, l'acte respectueux, prescrit par l'article précédent, s'il revenait sans le consentement demandé, serait réitéré deux fois encore, de trente jours en trente jours, et, quand un nouveau mois se serait écoulé vainement depuis la troisième sommation, on pourrait procéder, malgré ce silence, à l'acte civil du mariage.

Au delà de la trentième année, on pourra, en l'absence de consentement, sur l'acte respectueux, procéder, un mois après, à l'acte civil du mariage.

L'acte respectueux dont il s'agit, devra être signifié, dans les formes légales, à celui ou à ceux des grand-pères et grand'mères dont il a été question, par deux notaires (qui reçoivent et passent les contrats, obligations, transactions et autres actes volontaires) ou par un notaire et deux témoins à ce requis ; et dans le procès-verbal (relation écrite authentique, qui en sera dressé), on mentionnera la réponse faite à l'acte respectueux, quelle qu'elle soit.

S'il y a absence de l'aïeul ou de l'aïeule, à qui devait être signifié l'acte respectueux mentionné ci-dessus, on n'en pourra pas moins procéder à la célébration du mariage, en exhibant le jugement du tribunal de première instance qui aura constaté l'absence, et, à défaut de cette pièce régulière, le jugement qui en aura ordonné la recherche, la preuve faite par témoins, enfin, cette pièce manquant aussi, un acte de notoriété, de connaissance complète du fait, donné par le juge de paix de l'endroit que l'aïeul a habité en dernier lieu. Sur cet acte devra être mentionnée la déclaration de quatre témoins appelés d'office par le magistrat.

Art. 158, 159 et 160. Les dispositions contenues aux articles 148 et 149 et les dispositions des articles 151, 152, 153, 154 et 155, relatives à l'acte respectueux qui doit être fait aux père et mère dans le cas prévu par ces articles, sont applicables aux enfants naturels légalement reconnus.

(V. les art. 182 et 334.)

L'enfant naturel qui n'a point été reconnu, ou celui qui, après l'avoir été, a perdu ses père et mère ou dont les père et mère ne peuvent manifester leur volonté, ne pourra, avant l'âge de vingt-un ans révolus, se marier qu'après avoir obtenu le consentement d'un tuteur ad hoc qui lui sera nommé.

(V. les art. 25, 62, 73, 129, 170, 175 et 405.)

S'il n'y a ni père ni mère, ni aïeuls ni aïeules, ou s'ils se trouvent tous dans l'impossibilité de manifester leur volonté, les fils ou filles mineurs de vingt-un ans ne peuvent contracter mariage sans le consentement du conseil de famille.

(V. les art. 63, 73, 142, 149, 170, 174 et 405.)

L'enfant naturel est celui qui n'est pas né en légitime mariage. — Reconnaître un enfant naturel, c'est déclarer par un acte authentique qu'on en est le père ou la mère. Cette reconnaissance a lieu quand elle n'a pas été faite dans son acte de naissance.

L'enfant naturel, n'étant pas né en légitime mariage, qui n'aura été reconnu authentiquement ni par son père ni

par sa mère, ou celui qui, l'ayant été, s'en sera vu privé, par
la mort, de .'un ou de l'autre, ou dont les père et mère ne
pourront, pour un motif quelconque, faire connaître leur
volonté, ne sera admis, avant sa vingt-unième année accomplie, à s'unir en légitime mariage, qu'après en avoir
obtenu l'autorisation d'un tuteur ad hoc, qui lui sera
nommé. — Ad hoc, deux mots latins qui signifient pour
cela, à cette occasion, pour ce cas particulier.

En l'absence de père ou de mère, d'aïeuls ou d'aïeules,
ou s'il leur est impossible à tous, pour un motif quelconque, de faire connaître leur volonté, les fils ou filles mineurs de vingt-un ans, n'ayant pas encore la disposition
de leurs personnes et de leurs biens, ne seront admis à
s'unir en mariage civil qu'avec l'assentiment d'une assemblée de parents convoquée et présidée par le juge de
paix, pour délibérer sur ce qui concerne leurs intérêts.

CHAPITRE II
DES FORMALITÉS RELATIVES A LA CÉLÉBRATION DU MARIAGE

Art. 165, 166, 167, 168, 169, 170 et 171. Le mariage sera
célébré publiquement devant l'officier civil du domicile de l'une
des deux parties.

(V. les art. 25, 38, 48, 63, 74, 191 et 193.)

Les deux publications ordonnées par l'article 63 au titre des
actes de l'état civil, seront faites à la municipalité du lieu où
chacune des parties contractantes aura son domicile.

(V. les art. 9, 63, 68, 74, 76 et 94.)

16

Néanmoins, si le domicile actuel n'est établi que par six mois de résidence, les publications seront faites, en outre, à la municipalité du dernier domicile.

(V. les art. 9 et 63.)

Si les parties contractantes, ou l'une d'elles, sont, relativement au mariage, sous la puissance d'autrui, les publications seront encore faites à la municipalité du domicile de ceux sous la puissance desquels elles se trouvent.

(V. les art. 45 et 76.)

Il est loisible à l'Empereur, ou aux officiers qu'il préposera à cet effet, de dispenser, pour des causes graves, de la seconde publication.

(V. les art. 14, 25, 45, 63, 71, 72, 145 et suivants.)

Le mariage contracté en pays étranger entre Français, ou entre Français et étrangers, sera valable, s'il a été célébré dans les formes usitées dans le pays, pourvu qu'il ait été précédé des publications prescrites par l'article 63, au titre des Actes de l'état civil, et que le Français n'ait point contrevenu aux dispositions contenues au chapitre précédent.

(V. les art. 25, 47, 48, 63, de 144 à 164, 191 et 999.)

Dans les trois mois après le retour du Français sur le territoire de l'Empire, l'acte de célébration du mariage contracté en pays étranger sera transcrit sur le registre public des mariages du lieu de son domicile.

(V. les art. 9, 25, 27, 29, 34, 63, 69 et 144.)

FORMULES PRESCRITES ET CONSACRÉES AU SUJET DE LA CÉLÉBRATION DU MARIAGE

Il aura lieu en public, devant tout le monde, en présence du maire ou de l'adjoint de la résidence du futur époux ou de la future épouse, précédé de la déclaration que feront librement l'un et l'autre, assistés de quatre témoins, de se prendre pour mari et femme.

Les deux publications préalables exigées auront lieu à la mairie de la commune dans laquelle chacun des futurs époux sera domicilié.

Si toutefois le domicile présent des deux futurs époux remonte seulement à six mois de séjour continu, les publications auront lieu, de plus, à la mairie du précédent domicile.

Si le futur époux et la future épouse, ou l'un d'eux, se trouvent, en ce qui concerne le mariage, sous la dépendance ou l'autorité d'autres personnes, et qu'ils ne puissent disposer d'eux sans le consentement de ces personnes, les publications auront lieu à la mairie de la commune que celles-ci habitent.

L'Empereur ou les fonctionnaires qu'il délègue à cet effet, dans ce but, peuvent, pour des motifs graves, importants, excepter les futurs époux de la deuxième publication, — Ces dispenses sont accordées, s'il y a lieu, au nom du gouvernement, par le procureur impérial près le tribunal de première instance de l'arrondissement où les futurs époux se proposent de célébrer leur mariage. Il est rendu compte par le magistrat au ministre de la justice des causes graves qui ont déterminé cette mesure. Il est perçu, sur les dispenses de parenté pour mariage, un droit de sceau de *deux cents francs* et un droit d'enregistrement de *quarante francs*. Les lettres de dispenses sont délivrées gratuitement aux pauvres, dont l'indigence est constatée.

Le mariage qui aura eu lieu hors de France, soit entre un Français et une Française, soit avec un homme ou une femme du pays dans lequel on se trouve, ou d'un autre pays étranger, sera bon, valable, légal, si l'on y a procédé selon la loi du pays où l'on se trouve, à condition toutefois qu'il ait été précédé des deux publications exigées chez nous, et que notre compatriote (homme ou femme) n'aura enfreint aucune des formalités prescrites au chapitre ci-dessus : *des qualités et conditions requises pour contracter mariage.*

Dans le cours des trois mois qui se seront écoulés depuis la rentrée du Français ou de la Française en France, l'acte de la célébration du mariage en pays étranger devra être transcrit sur le registre des mariages de la mairie de la commune qu'il ou qu'elle habite. Ce délai est de rigueur. Une fois passé, la transcription n'en pourra plus avoir lieu qu'en vertu d'un jugement. Le Français qui, à son retour en France, prendra un autre domicile que celui qu'il avait lorsqu'il en est sorti, en devra faire opérer la transcription dans les deux communes.

CHAPITRE III

DES OPPOSITIONS AU MARIAGE

Art. 172, 173, 174, 175, 176, 177, 178 et 179. Le droit de former opposition à la célébration d'un mariage appartient à la personne engagée par un mariage avec l'une des deux parties contractantes.

(V. les art. 25 et 66.)

Le père et, à défaut du père, la mère, et, à défaut de père et de mère, les aïeuls et les aïeules peuvent former opposition au mariage de leurs enfants et descendants, encore que ceux-ci aient vingt-cinq ans accomplis.

(V. les art. 25, 56, 66, 73 et 148.)

A défaut d'aucun ascendant, le frère ou la sœur, l'oncle ou la tante, le cousin ou la cousine germains, majeurs, ne peuvent former aucune opposition que dans les deux cas suivants .

1° Lorsque le consentement du conseil de famille requis par l'article 160 n'a pas été obtenu;

2° Lorsque l'opposition est fondée sur l'état de démence du futur époux. Cette opposition, dont le tribunal pourra prononcer main-levée pure et simple, ne sera jamais reçue qu'à la charge par l'opposant de provoquer l'interdiction et d'y faire statuer dans le délai qui sera fixé par le jugement.

(V. les art. 45, 63, 66, 73, 99, 142, 160 et 489.)

Dans les deux cas prévus par le précédent article, le tuteur ou curateur ne pourra, pendant la durée de la tutelle ou curatelle, former opposition qu'autant qu'il y aura été autorisé par un conseil de famille, qu'il pourra convoquer.

(V. les art. 25, 66, 120, 142, 159, 406, 450 et 468.)

Tout acte d'opposition énoncera la qualité qui donne à l'opposant le droit de la former; il contiendra élection de domicile dans le lieu où le mariage devra être célébré; il devra également, à moins qu'il ne soit fait à la requête d'un ascendant, contenir les motifs de l'opposition : le tout à peine de nullité et de l'interdiction de l'officier ministériel qui aura signé l'acte contenant opposition.

(V. les art. 34, 63, 66, 71 et 114.)

Le tribunal de première instance prononcera dans les dix jours sur la demande en main-levée.

(V. les art. 14, 45, 67, 114 et suivants.)

S'il y a appel, il sera statué dans les dix jours de la citation.

(V. les art. 99 et suivants.)

Si l'opposition est rejetée, les opposants, autres néanmoins que les ascendants, pourront être condamnés à des dommages-intérêts.

(V. les art. 16, 66, 1146 et 1149.)

Opposition se dit en jurisprudence de l'acte par lequel on cherche à empêcher par voies judiciaires un acte qui va s'accomplir. — Toute personne, homme ou femme, déjà mariée à un des futurs époux, a le droit de s'opposer à la célébration du nouveau mariage qu'il est sur le point de contracter illégalement.

Le père, et, en son lieu et place, la mère, et, en lieu et place de l'un et de l'autre, les grand-pères et grand'mères, ont le droit de s'opposer au mariage de leurs fils ou filles et de ceux qui en descendent, lors même qu'ils auraient vingt-cinq ans révolus.

En l'absence du grand-père et de la grand'mère, le frère ou la sœur, l'oncle (frère du père ou de la mère) ou la tante (sœur de l'un ou de l'autre), le cousin ou la cousine germains (issus soit de deux sœurs, soit du frère et de la sœur), ayant la jouissance de leurs personnes et de leurs biens, auront le droit seulement de faire acte d'opposition dans les circonstances ci-après :

1o Si le consentement du conseil de famille, dont il a été question, n'a pas été accordé ou a été refusé;

2o Si l'opposition allègue pour motif la folie, l'idiotisme, l'aliénation mentale d'un des deux futurs époux. Cette opposition, dont le tribunal de première instance pourra prononcer la main-levée sans condition, restriction, ni réserve, sera seulement accueillie et admise lorsque l'opposant se sera engagé à poursuivre la privation, la déchéance, pour l'aliéné ou présumé tel, de la libre disposition de sa personne et de ses biens, et à obtenir une décision à cet égard dans le délai qu'aura fixé le jugement.

Dans les deux circonstances que prévoit l'article ci-dessus, le tuteur ou le curateur (établi par la justice, soit pour veiller aux intérêts d'un mineur émancipé et l'assister dans certains actes, soit pour administrer les biens d'un majeur déclaré incapable, soit pour régir une succession vacante ou une chose abandonnée), aura le droit, pendant la durée de ses fonctions, de former opposition. Seulement il faudra qu'il y soit autorisé par un conseil de famille, qu'il sera libre de convoquer. — Ce conseil sera établi, soit sur la réquisition et à la diligence des parents du mineur, de ses créanciers ou d'autres parties intéressées, soit même d'office, et à la poursuite du juge de paix du domicile du mineur. Toute personne peut dénoncer à ce juge de paix le fait qui donne lieu à la nomination d'un tuteur.

Tout acte d'opposition devra mentionner en vertu de quel titre l'opposant s'est cru apte à le lancer. Celui-ci fera choix de domicile en la commune où le mariage doit avoir lieu. L'acte d'opposition (excepté pourtant s'il est lancé à la diligence d'un ascendant), contiendra, en outre, les raisons qui le motivent, le tout à peine de s'exposer à ce qu'il soit déclaré nul, sans valeur, sans effet et à ce que, par décision de l'autorité supérieure, l'officier ministériel, notaire, avoué, huissier, qui aurait signé la pièce, puisse être suspendu de ses fonctions pour un temps plus ou moins long.

Le tribunal de première instance jugera, décidera, dans l'intervalle de dix jours, sur la demande judiciaire ou volontaire, ayant pour but de lever l'empêchement provenant de l'opposition.

S'il y a recours à une juridiction supérieure, le nouveau jugement devra être rendu dans les dix jours qui suivront l'assignation donnée en appel.

Si l'opposition n'est point admise, ceux qui l'auront faite à l'exception toutefois des personnes dont on descend), s'exposeront à être condamnés à payer une indemnité pour le préjudice qu'ils auront pu causer.

CHAPITRE IV

DES DEMANDES EN NULLITÉ DE MARIAGE

Art. 180, 181, 182, 183, 184, 185, 186, 187, 188, 189, 101, 101, 105, 106, 107, 198, 199, 200, 201 et 202. Le mariage qui a été contracté sans le consentement libre des deux époux, ou de l'un d'eux, ne peut être attaqué que par les époux ou par celui des deux dont le consentement n'a pas été libre.

Lorsqu'il y a eu erreur dans la personne, le mariage ne peut être attaqué que par celui des deux époux qui a été induit en erreur.

(V. les art. 27, 73, 146, 170 et 1100.)

Dans le cas de l'article précédent, la demande en nullité n'est plus recevable toutes les fois qu'il y a eu cohabitation continuée pendant six mois depuis que l'époux a acquis sa pleine liberté, vu que l'erreur a été par lui reconnue.

(V. les art. 160 et suivants.)

Le mariage contracté sans le consentement des père et mère, des ascendants ou du conseil de famille, dans le cas où ce consentement était nécessaire, ne peut être attaqué que par ceux dont le consentement était requis, ou par celui des deux époux qui avait besoin de ce consentement.

(V. les art. 73, 142 et 148.)

L'action en nullité ne peut plus être intentée, ni par les époux, ni par les parents dont le consentement était requis, toutes les fois que le mariage a été approuvé expressément ou tacitement par ceux dont le consentement était nécessaire, ou lorsqu'il s'est écoulé une année sans réclamation de leur part depuis qu'ils ont eu connaissance du mariage. Elle ne peut être intentée, non plus, par l'époux lorsqu'il s'est écoulé une année sans réclamation de sa part, depuis qu'il a atteint l'âge compétent pour consentir lui-même au mariage.

(V. les art. 37, 71 et 73.)

Tout mariage contracté en contravention aux dispositions contenues aux art. 144, 147 et suivants, peut être attaqué, soit par les époux eux-mêmes, soit par tous ceux qui y ont intérêt, soit par le ministère public.

(V. les art. 144, 139 et suivants.)

Néanmoins, le mariage contracté par des époux qui n'avaient point encore l'âge requis, ou dont l'un des deux n'avait point atteint cet âge, ne peut plus être attaqué :

1° Lorsqu'il s'est écoulé six mois depuis que cet époux ou ces époux ont atteint l'âge compétent ;

2° Lorsque la femme qui n'avait point cet âge, a conçu avant l'échéance de six mois.

(V. les art. 5, 144 et suivants.)

Le père, la mère, les ascendants et la famille qui ont consenti au mariage contracté dans le cas de l'article précédent, ne sont point recevables à en demander la nullité.

(V. les art. 25, 73 et suivants.)

Dans tous les cas où, conformément à l'article 184, l'action en nullité peut être intentée par tous ceux qui y ont intérêt, elle ne peut l'être par les parents collatéraux ou par les enfants nés d'un autre mariage, du vivant des deux époux, mais seulement lorsqu'ils y ont un intérêt né et actuel.

(V. les art. 25, 54, 71, 174, et suivants.)

L'époux au préjudice duquel a été contracté un second mariage, peut en demander la nullité du vivant même de l'époux qui était engagé avec lui.

(V. les art. 25, 139, 147, 170 et suivants.)

Si les nouveaux époux opposent la nullité du premier mariage, la validité ou la nullité de ce mariage doit être jugée préalablement.

Tout mariage qui n'a point été contracté publiquement et qui n'a point été célébré devant l'officier public compétent, peut être attaqué par les époux mêmes, par les père et mère, par les ascendants et par tous ceux qui y ont un intérêt né et actuel, ainsi que par le ministère public.

(V. les art. 25, 38, 73, 75, 76, 114, 165 et suivants.)

Nul ne peut réclamer le titre d'époux et les effets civils du mariage, s'il ne représente un acte de célébration inscrit sur les registres de l'état civil, sauf les cas prévus par l'article 46, au titre des actes de l'état civil.

(V. aussi les art. 28, 34, 63 et 76.)

La possession d'état ne pourra dispenser les prétendus époux qui l'invoqueront respectivement, de représenter l'acte de célébration du mariage devant l'officier de l'état civil.

(V. les art. 38, 46, 63, 76 et 321.)

Lorsqu'il y a possession d'état et que l'acte de célébration du mariage devant l'officier de l'état civil est représenté, les époux sont respectivement non-recevables à demander la nullité de cet acte.

(V. les art. 25, 34, 63, 76 et 321.)

Si, néanmoins, dans le cas des articles 194 et 195, il existe des enfants nés de deux individus qui ont vécu publiquement comme mari et femme, et qui soient tous deux décédés, la légitimité des enfants ne peut être contestée sous le seul prétexte du défaut de représentation de l'acte de célébration, toutes les fois que cette légitimité est prouvée par une possession d'état qui n'est point contredite par l'acte de naissance.

(V. les art. 34, 46, 55, 63 et 319.)

Lorsque la preuve d'une célébration légale du mariage se trouve acquise par le résultat d'une procédure criminelle, l'inscription du jugement sur les registres de l'état civil assure au mariage, à compter du jour de sa célébration, tous les effets civils, tant à l'égard des époux qu'à l'égard des enfants issus de ce mariage.

(V. les art. 7, 25, 27, 34, 63, 99, 104, 123, 124, 127, 137 et 326.)

Si les époux ou l'un d'eux sont décédés sans avoir découvert la fraude, l'action criminelle peut être intentée par tous ceux qui ont intérêt à faire déclarer le mariage valable, et par le procureur impérial.

(V. les art. 25, 31, 36, 46, 55, 72, 124, 170, 326 et 327.)

Si l'officier public est décédé lors de la découverte de la fraude, l'action sera dirigée au civil contre ses héritiers par le procureur impérial, en présence des parties intéressées et sur leur dénonciation.

(V. les art. 25, 31, 36, 38, 46, 55, 72 et suivants.)

Le mariage qui a été déclaré nul, produit néanmoins les effets civils, tant à l'égard des époux, qu'à l'égard des enfants, lorsqu'il a été contracté de bonne foi.

(V. les art. 14, 25, 124, 133, 138, 144, 147, 164 et suivants.)

Si la bonne foi n'existe pas de la part de l'un des deux époux, le mariage ne produit les effets civils qu'en faveur de cet époux et des enfants issus du mariage.

(V. les art. 25, 124, 133, 138 et 301.)

La demande en nullité de mariage est une action intentée en justice dans le but d'établir, de prouver un vice, un défaut, qui peut rendre un mariage nul, de nulle valeur, de nul effet. — La validité d'un mariage qui aurait eu lieu sans que le mari et la femme, ou l'un d'eux, y aient librement acquiescé, peut être seulement contestée en justice par les deux ou par celui des deux qui prouve n'avoir pu agir librement et sans contrainte dans cette circonstance. Quand une erreur a été commise relativement à la personne d'un des deux époux, la validité du mariage peut être seulement contestée par celui ou celle qui a été victime de l'erreur.

Dans la circonstance prévue, la demande ayant pour but de faire déclarer le mariage nul ne peut plus être accueillie si le mari et la femme ont habité ensemble pendant six mois, sans interruption, à partir du jour où celui des deux qui avait été induit en erreur a reconquis sa pleine liberté et où il a eu conscience de la méprise qu'il avait faite.

Le mariage, qui avait eu lieu sans l'acquiescement des

père et mère, des ascendants ou du conseil de famille, dans les circonstances où il en était absolument besoin, est susceptible seulement d'être attaqué, soit par les personnes dont le consentement était indispensable, soit par le mari ou la femme à qui, conformément à la loi, il était nécessaire.

L'action en nullité d'un mariage ne peut plus être poursuivie, ni par le mari ou la femme, ni par les membres de la famille dont ils ont requis le consentement, toutes les fois que l'union a reçu l'assentiment formel ou sous-entendu des personnes de qui il était indispensable, ou qu'ayant pu en être instruites depuis un an, elles n'ont jugé à propos ni de réclamer, ni de protester.

Cette action en nullité ne peut être, non plus, intentée par l'un ni par l'autre des deux époux, en ce qui le concerne, s'il a laissé passer un an sans se pourvoir depuis qu'il a atteint l'âge prescrit par la loi pour pouvoir se marier sans l'assistance de personne.

Tout mariage qui aura eu lieu en infraction des articles précédents, pourra être attaqué et poursuivi, soit par le mari ou la femme, soit par toutes les personnes qui peuvent y être intéressées, soit par le ministère public, magistrature établie près de chaque tribunal pour veiller à l'exécution de la loi.

Cependant le mariage de deux époux qui n'avaient pas l'âge prescrit par la loi, ou de l'un d'eux qui se trouvait dans ce cas, ne peut plus être poursuivi :

1º S'il s'est écoulé six mois depuis que l'un des deux, ou les deux ont atteint cet âge;

2º Si l'épouse qui ne l'avait pas encore, a mis au monde un enfant avant ces six mois.

Père, mère, grand-père, grand'mère, tous les membres d'une famille qui auraient donné leur consentement au mariage contracté dans les circonstances qui précèdent, ne sauraient être admis à le poursuivre en nullité.

Dans toutes les circonstances spécifiées ci-dessus où l'action en nullité de mariage peut être poursuivie par les intéressés, elle ne saurait l'être par les collatéraux en dehors de la ligne directe, oncles, frères, sœurs, cousins germains, ni par les enfants nés d'une autre union, quand les deux époux sont encore en vie, à moins toutefois qu'ils n'aient à cette poursuite un intérêt présent, effectif, réel, de position.

L'époux, le mari ou la femme, au détriment duquel une seconde union aurait eu lieu, a le droit d'en requérir la nullité, lors même que vivrait encore le conjoint, mari ou femme, auquel l'unissait un premier mariage.

Si les nouveaux époux repoussent cette demande, en alléguant que le premier mariage doit être considéré comme nul et non avenu, la validité ou la nullité devra en être décidée avant tout.

Tout mariage qui n'aura pas eu lieu en public, devant tout le monde, avec toute la publicité exigée par la loi, en présence du maire ou de l'adjoint, peut être l'objet de poursuites de la part du mari ou de la femme eux-mêmes, de leur père ou mère à l'un ou à l'autre ; de leurs aïeuls ou aïeules ; de toutes les personnes enfin qui y ont un intérêt présent, effectif, réel, de position ; ainsi que par le ministère public chargé de veiller au respect de la loi. Il peut également être déclaré nul s'il a été contracté entre personnes n'ayant pas l'âge requis, si le consentement de l'un des époux a été arraché par menaces ou violences, si enfin il reconnaît avoir épousé une personne en croyant en épouser une autre.

La notoriété publique résultant d'une suite non interrompue d'actes faits par la même personne, en la même qualité, ne suffit pas pour exempter les époux qui se prétendent tels, ou qu'on prétend tels, et qui l'invoquent en leur faveur, d'exhiber l'acte de célébration du mariage devant le maire ou l'adjoint.

Nul n'a le droit de revendiquer le titre d'époux ou d'épouse, et les droits et avantages garantis en cette qualité par la loi civile, s'il n'exhibe pas une pièce en règle prouvant, d'après les registres de la mairie, que son mariage a eu lieu selon les formalités prescrites, sauf le cas où les registres n'existeraient pas ou auraient été perdus, ce dont la preuve serait faite par témoins ou par papiers de famille.

Quand existe la possession d'état dont il a été question, et qu'on exhibe, en outre, copie, en due forme, de l'acte de mariage contracté devant le maire ou l'adjoint, le mari et la femme sont, de part et d'autre, inadmissibles à en requérir la nullité.

Si toutefois, dans les circonstances dont il s'agit, il y a des enfants issus d'un père et d'une mère qui ont vécu et cohabité, au vu et su de tout le monde, comme mari et femme, et sont morts l'un et l'autre, la qualité d'enfants nés durant le mariage ou après la mort du père, dans le délai fixé par la loi, ne peut leur être contestée sous l'unique prétexte de l'absence de l'acte constatant la célébration du mariage, dans tous les cas où cette légitimité a pour preuve la notoriété d'une possession d'état que ne contredit nullement l'acte de naissance.

Lorsque la preuve qu'un mariage a été accompli conformément aux lois, résulte de l'issue d'un procès au criminel, jugé suivant la législation, le jugement inscrit sur le livre manuscrit où sont inscrits journellement, dans chaque mairie, tous les actes qui constatent l'état civil des personnes, investit les participants à ce mariage, depuis qu'il a été célébré, des droits dont la jouissance est garantie à tous les Français, en ce qui concerne le mari, la femme et les enfants, fruits de cette union.

A supposer que, soit le mari ou la femme, soit l'un d'eux ait cessé de vivre avant d'avoir eu connaissance de l'action de mauvaise foi dont il s'agit, le recours au criminel revient de droit à quiconque a intérêt à faire établir que le mariage est valable, ainsi qu'au procureur impérial.

Si le maire ou l'adjoint, coupable de la fraude, est mort avant qu'elle ait été découverte, il appartient au procureur impérial de se pourvoir au civil contre les héritiers en présence et sur signification extrajudicaire des intéressés.

Quoiqu'un mariage ait été déclaré nul, il n'en conserve pas moins les résultats, les droits, les avantages qu'assure la législation civile aux époux et aux enfants, quand il est prouvé qu'il a été contracté de bonne foi.

Si un seul des époux, le mari ou la femme, a agi de bonne foi, le mariage conserve seulement les résultats, les droits, les avantages qu'assure la législation civile à cet époux qui a agi de bonne foi et aux enfants, fruits de cette union.

CHAPITRE V

DES OBLIGATIONS QUI NAISSENT DU MARIAGE

Art. 203, 204, 205, 206, 207, 208, 209, 210 et 211. Les époux contractent ensemble, par le fait seul du mariage, l'obligation de nourrir, entretenir et élever leurs enfants.

(V. les art. 14, 25, 124, 1409, 1418 et 1552.)

L'enfant n'a pas d'action contre ses père et mère pour un établissement par mariage ou autrement.

(V. les art. 63, 133, 312 et suivants.)

Les enfants doivent des aliments à leurs père et mère et autres ascendants qui sont dans le besoin.

(V. les art. 955 et 1538.)

Les gendres et belles-filles doivent également, et dans les mêmes circonstances, des aliments à leurs beau-père et belle-mère, mais cette obligation cesse:

1° Lorsque la belle-mère a convolé en secondes noces;

2° Lorsque celui des deux époux qui produisait l'affinité et

46

les enfants issus de son union avec l'autre époux sont décédés.

(V. les art. 46, 135, 1558 et suivants.)

Les obligations résultant de ces dispositions sont réciproques.

(V. les art. 45, 135 et 1558.)

Les aliments ne sont accordés que dans la proportion du besoin de celui qui les réclame et de la fortune de celui qui les doit.

(V. les art. 135 et 1558.)

Lorsque celui qui fournit ou qui reçoit des aliments, est replacé dans un état tel que l'un ne puisse plus en donner ou que l'autre n'en ait plus besoin, en tout ou en partie, la décharge ou réduction peut en être demandée.

(V. les art. 135 et 1558.)

Si la personne qui doit fournir les aliments justifie qu'elle ne peut payer la pension alimentaire, le tribunal pourra, en connaissance de cause, ordonner qu'elle recevra dans sa demeure, qu'elle nourrira et entretiendra celui auquel elle devra des aliments.

(V. les art. 14, 45, 135 et 1558.)

Le tribunal prononcera également si le père ou la mère qui offrira de recevoir, nourrir et entretenir dans sa demeure l'enfant à qui il devra des aliments, devra, dans ce cas, être dispensé de payer la pension alimentaire.

(V. les art. 14, 45, 135 et 1558.)

ENGAGEMENTS OBLIGATOIRES QUI DÉCOULENT DU MARIAGE

Qui en sont les conséquences et en imposent les devoirs. — Par le seul fait de leur mariage, les époux prennent ensemble l'engagement de nourrir leurs enfants, de les soigner en bonne santé et dans leurs maladies, de les loger, de pourvoir à tous leurs besoins et de les instruire.

L'enfant, fils ou fille, n'a pas le droit de former contre son père ou sa mère une demande en justice quand il s'agit pour lui ou pour elle de se marier, de s'établir, ou pour tout autre intérêt les concernant.

Les enfants sont obligés, tant qu'ils le peuvent, de nourrir leurs père et mère, aïeuls ou aïeules, dans l'indigence ou le dénûment.

Le *gendre*, nom que l'on donne à un homme par rapport au père et à la mère de la femme qu'il a épousée. — La *belle-fille*, terme relatif exprimant l'alliance entre la fille née d'un premier mariage et le second mari de sa mère ou la seconde femme de son père. Il se dit aussi d'une *bru*, d'une femme, par rapport au père où à la mère de son mari. — Gendres et belles-filles sont tenus, dans une position semblable, à nourrir leur beau-père et leur belle-mère. — Le *beau-père*, terme relatif exprimant l'alliance entre un mari et le père de sa femme, ou entre une femme et le père de son mari, ou entre des enfants et le second mari de leur mère. — La *belle-mère*, autre terme relatif, exprimant l'alliance entre un mari et la mère de sa femme, ou entre une femme et la mère de son mari, ou entre des enfants et la seconde femme de leur père.

Gendres et belles-filles n'ont plus, toutefois, à remplir cette obligation :

1° Quand la belle-mère s'est remariée;

2° Quand celui des deux époux, mari ou femme, dont procédait l'alliance (le degré de parenté que le mariage fait acquérir à un homme avec les parents de sa femme ou à une femme avec ceux de son mari) est mort, ainsi que les enfants issus de son union.

Elles sont mutuelles et engagent de part et d'autre.

Les parents ne peuvent refuser une pension pour vivre, encore moins quelques moyens d'existence, à leur enfant, lors même qu'ils en seraient mécontents. C'est, d'ailleurs, aux juges à apprécier si les besoins de l'enfant proviennent de circonstances indépendantes de sa volonté, ou s'ils sont le résultat de sa paresse, de son inconduite, et, dans ce dernier cas, à borner le plus possible la pension qu'on doit lui faire. Ils peuvent aussi forcer l'enfant, s'il a suffisamment de quoi vivre, et, si ses parents se trouvent dans la gêne, à les faire subsister.

Cette obligation de nourrir certaines personnes doit avoir pour limites le plus ou moins de dénûment de l'obligé et le plus ou moins de ressources pécuniaires de celui qui oblige.

Quand celui qui nourrit ou celui qui est nourri, se retrouve, par un revirement de fortune, dans une position telle que l'un ne puisse continuer ses secours et que l'autre puisse s'en passer entièrement ou partiellement, celui qui en a fourni jusqu'alors, a le droit de réclamer en justice d'en être exempté ou de les payer dorénavant moindres.

Si la personne obligée d'en nourrir une autre prouve qu'elle est dans l'impossibilité de lui payer la pension fixée par autorité de justice, ou par convention entre les parties, pour faire vivre la personne qui l'a obtenue, le tribunal, après avoir pris connaissance de ce dont il s'agit, aura le droit d'ordonner qu'elle lui donnera asile chez elle, qu'elle l'y nourrira et pourvoira à ses autres besoins.

Le tribunal décidera, en outre, si le père ou la mère qui proposera de prendre chez lui ou chez elle et d'y nourrir et entretenir l'enfant auquel l'un ou l'autre est tenu de fournir des aliments, pourra, si son offre est acceptée, être dispensé de lui payer une pension alimentaire.

CHAPITRE VI

DES DROITS ET DES DEVOIRS RESPECTIFS DES ÉPOUX

ART. 212, 213, 214, 215, 216, 217, 218, 219, 220, 221, 222, 223, 224, 225 et 226. Les époux se doivent mutuellement fidélité, secours, assistance.

(V. les art. 7, 75, 124, 203 et 1338.)

Le mari doit protection à sa femme, la femme obéissance à son mari.

La femme est obligée d'habiter avec le mari et de le suivre partout où il juge à propos de résider; le mari est obligé de la recevoir et de lui fournir tout ce qui est nécessaire pour les besoins de la vie, selon ses facultés et son état.

(V. les art. 75, 203, 1388, 1448 et 1537.)

La femme ne peut ESTER en jugement sans l'autorisation de son mari, quand même elle serait marchande publique, ou non commune, ou séparée de biens.

(V. les art. 13, 25, 124, 344, 776, 1388, 1449, 1538 et 1576.)

L'autorisation du mari n'est pas nécessaire lorsque la femme est poursuivie en matière criminelle ou de police.

(V. les art. 13, 905, 940, 1421, 1990, 2039 et 2194.)

16.

La femme, même non commune ou séparée de biens, ne peut donner, aliéner, hypothéquer, acquérir, à titre gratuit ou onéreux, sans le concours du mari dans l'acte, ou son consentement par écrit.

(V. les art. 25, 73, 123, 128, 776, 905, 934, 940, 942, 1029, 1421, 1304, 1388, 1449, 1535, 1538, 1549, 1576, 1940 et 2026.)

Si le mari refuse d'autoriser sa femme à ESTER en jugement, le juge peut donner l'autorisation.

(V. les art. 43, 45, 1535, 1538, 1576 et 2208.)

Si le mari refuse d'autoriser sa femme à passer un acte, la femme peut faire citer son mari directement devant le tribunal de première instance de l'arrondissement du domicile commun, qui peut donner ou refuser son autorisation, après que le mari aura été entendu ou dûment appelé en la chambre du conseil.

(V. les art. 9, 13, 25, 45, 905, 934, 940, 742, 10.., 1096, 1121, 1417, 1426, 1450 et 1555.)

La femme, si elle est marchande publique, peut, sans l'autorisation de son mari, s'obliger pour ce qui concerne son négoce, et, audit cas, elle oblige aussi son mari, s'il y a communauté entre eux. Elle n'est pas réputée marchande publique si elle ne fait que détailler les marchandises du commerce de son mari, mais seulement quand elle fait un commerce séparé.

(V. les art. 13, 124, 215 et suivants.)

Lorsque le mari est frappé d'une condamnation emportant peine afflictive ou infamante, encore qu'elle n'ait été prononcée que par contumace, la femme, même majeure, ne peut, pendant la durée de la peine, ESTER en jugement ni contracter qu'après s'être fait autoriser par le juge, qui peut, en ce cas donner l'autorisation sans que le mari ait été entendu ou appelé.

(V. les art. 9, 13, 14, 22, 27, 45, 63, 215 et suivants.)

Si le mari est interdit ou absent, le juge peut, en connaissance de cause, autoriser la femme, soit pour ESTER en jugement, soit pour contracter.

(V. les art. 14, 45, 58, 108, 110, 140, 211 et suivants.)

Toute autorisation générale, même stipulée par contrat de mariage, n'est valable que quant à l'administration des biens de la femme.

(V. les art. 13, 25, 63 à 70, 112, 144, 170, 1388, 1508 et 1988.)

Si le mari est mineur, l'autorisation du juge est nécessaire à la femme, soit pour ESTER en jugement, soit pour contracter.

(V. les art. 13, 14, 45, 63, 476, 481, et 2208.)

La nullité fondée sur le défaut d'autorisation ne peut être opposée que par la femme, par le mari ou par leurs héritiers.

(V. les art. 13, 25, 66, 124, 180, 197, 912, 1123, 1241, 1304, 1312, 1413, 1417, 1420, 1426, 1427, 1449 et 1555.)

La femme peut TESTER sans l'autorisation de son mari.

(V. les art. 13, 25, 124, 905 et 940.)

Droit : faculté de faire quelque chose, d'en jouir, d'en disposer, d'y prétendre, de l'exiger, par suite des rapports qu'établissent entre les personnes le pacte social, les lois positives ou les conventions particulières, etc. — *Devoir* : ce à quoi on est obligé par la loi, la morale, la raison, la position où l'on se trouve, les bienséances, etc. — *Respectif*, mutuel, réciproque, entre le mari et la femme.

Entre eux doit exister un échange obligatoire d'attachement à leurs devoirs, de régularité à remplir leurs engagements, de constance dans leurs affections, d'aide et d'appui dans toutes les circonstances.

L'époux est tenu de protéger l'épouse, l'épouse est tenue d'obéir à l'époux.

L'épouse est tenue de demeurer avec l'époux et de l'accompagner partout où il croira devoir fixer sa résidence. On comprend, en effet, qu'elle ne peut mieux jouir de sa protection qu'en habitant avec lui. L'époux, de son côté, ne peut refuser de la recevoir sous son toit et de pourvoir à tous les besoins de son existence selon ses ressources pécuniaires et sa position sociale.

Il est interdit à l'épouse d'ESTER ou poursuivre une action en justice, comme demanderesse ou comme défenderesse, à moins qu'elle n'y soit autorisée par l'époux, lors même qu'elle trafiquerait pour son propre compte, ou qu'elle ne serait pas soumise à la communauté de biens entre mari et femme, ou qu'il serait convenu dans leur contrat de mariage qu'ils vivraient en dehors de cette communauté.

Il n'y a pas besoin de l'autorisation de l'époux quand l'épouse est l'objet de poursuites pour crime ou seulement pour délit attentatoire à la sûreté publique.

La femme, même non soumise à la communauté de biens entre époux, ou autorisée par le contrat de mariage à vivre en dehors de cette communauté, n'a pas le droit de faire une donation, de transférer à une autre personne la propriété d'un fonds, ou de ce qui tient lieu de fonds, de soumettre un immeuble au droit réel qui grève ceux affectés à la sûreté, à l'acquittement d'une obligation, d'une dette, et qui les suit en quelques mains qu'ils passent, ni de devenir propriétaire par achat, ou par échange d'un immeuble ou autre chose procurant rentes, profits ou avantages.

A titre gratuit ou onéreux : par le second, on acquiert une chose à prix d'argent ou sous la condition d'acquitter certaines charges; il est l'opposé du premier.

Sans le concours du mari dans l'acte : si l'époux n'est pas intervenu dans l'acte, ou s'il n'y a pas consenti par écrit.

L'époux ne voulant pas permettre à l'épouse de poursuivre une action en justice, comme demanderesse ou défenderesse, le juge a le droit de lui en donner l'autorisation.

L'époux refusant d'autoriser sa femme à passer un acte, celle-ci a le droit de faire assigner celui-là, sans intermédiaire, devant le tribunal de première instance de leur domicile commun, lequel tribunal pourra donner ou refuser son autorisation, le mari ayant été préalablement admis à expliquer ses motifs, ou mandé, cité seulement, dans les formes, en la pièce où les juges se retirent pour délibérer.

La femme faisant le commerce peut, sans y être autorisée par son mari, prendre des engagements pour ce qui a trait à son négoce, et alors elle engage aussi son mari avec elle, s'ils sont mariés sous le régime de la communauté.

Elle ne doit pas être considérée comme marchande publique, si son commerce se borne à vendre en détail les marchandises dont son mari trafique en gros, à condition, toutefois, que leur spécialité sera entièrement distincte.

Quand le mari a été frappé d'une condamnation entraînant peine corporelle et physique qui atteint la personne du condamné, ou peine ayant un effet moral qui le déshonore et le flétrit dans l'opinion publique, lors même qu'elle serait prononcée sans qu'il eût paru devant le tribunal, la femme, lors même qu'elle est dans l'âge où elle a la disposition de sa personne et de ses biens, ne peut, tant que dure la peine, ni poursuivre une action en justice, ni contracter une obligation, sans s'être fait autoriser par le juge, qui a le droit, dans cette circonstance, de donner l'autorisation sans que le mari ait été appelé ou entendu.

Le mari étant absent ou privé de la libre disposition de ses biens et de sa personne, le juge, après avoir pris connaissance complète de ce dont il s'agit, a le droit d'autoriser la femme à poursuivre une action en justice et à contracter une obligation.

Toute autorisation universelle, alors même qu'elle est convenue et mentionnée dans le contrat de mariage, a seulement force et valeur pour ce qui concerne la gestion des biens de la femme.

Si le mari n'a point atteint l'âge où il peut disposer de sa personne et de ses biens, l'autorisation du juge est indispensable à la femme pour suivre une action en justice et contracter un engagement.

La nullité basée sur l'absence d'autorisation peut être invoquée comme empêchement, seulement par la femme, le mari ou leurs héritiers.

La femme est libre de déclarer par acte écrit ce qu'elle veut qui soit exécuté après sa mort; il n'est pas besoin qu'elle y soit autorisée par son mari.

CHAPITRE VII

DE LA DISSOLUTION DU MARIAGE

Art. 227. Le mariage se dissout :
1° Par la mort de l'un des époux;
2° Par la condamnation devenue définitive de l'un des époux à une peine emportant mort civile.

(V. les art. 22, 23, 25, 33, 52, 121, 139, 250, 261, et 295.)

RUPTURE DU LIEN CONJUGAL

Elle peut avoir lieu :
1° Par le décès du mari ou de la femme;
2° Par la condamnation, sans appel possible, de l'un d'eux à une peine emportant la cessation de toute participation aux droits civils, telles sont la condamnation à mort, la peine des travaux forcés à perpétuité et celle de la déportation. Autrefois l'entrée dans un couvent avait les effets de la mort civile.

CHAPITRE VIII

DES SECONDS MARIAGES

Art. 228. La femme ne peut contracter un nouveau mariage

qu'après dix mois révolus depuis la dissolution du mariage précédent.

(V. les art. 22 à 25, 139, 188, 194, 195, 296, 297 et 386.)

Il n'est permis à la femme de se remarier que dix mois accomplis après la rupture légale de l'union conjugale précédente.

TITRE VI

Du divorce

Cette rupture légale du mariage pendant que le mari et la femme sont encore vivants, en usage parmi les Juifs et parmi les Romains, fut établie en France par un décret du 30 ventôse an XI (21 mars 1803), promulgué selon les ormes requises, et rendu exécutoire le 10 germinal (30 du même mois.)

Une loi du 8 mai 1817 porte : Article 1er. *Le divorce est aboli.*

Dans le Code civil ou Code Napoléon primitif, il comprenait le titre VI tout entier, composé de 5 chapitres et de 83 articles, du 229° au 311° inclusivement.

L'usage, malgré cette suppression, conserve encore dans le chap. V, *De la séparation de corps*, 5 articles sur 6, les 306°, 307°, 308°, 309° et 311° dont il sera question plus bas.

Le mot *divorce* vient du latin *divortium*, lequel, selon Justinien, aurait été formé des deux mots, *diversitas mentium*, assez exactement rendu par l'expression *incompatibilité d'humeur* qu'ont popularisée nos codes.

« *Divertium*, dit un ancien ministre de la justice, M. Odilon Barrot, exprime, comme *diversitas* (divergence), l'action de deux personnes qui quittent une route qu'elles suivaient ensemble, pour prendre deux chemins différents, dans lesquels chaque pas les éloigne l'un de l'autre. »

CHAPITRE V

DE LA SÉPARATION DE CORPS

Art. 306, 307, 308, 309 et 311. Dans le cas où il y a lieu à la demande en divorce pour cause déterminée, il sera libre aux époux de former demande en séparation de corps.

(V. les art. 31, 124 et 219.)

Elle sera intentée, instruite et jugée de la même manière que toute autre action civile, elle ne pourra avoir lieu par le consentement mutuel des époux.

(V. les art. 25, 31 et 148.)

La femme contre laquelle la séparation de corps sera prononcé pour cause d'adultère, sera condamnée par le même jugement et sur la réquisition du ministère public, à la réclusion dans une maison de correction pendant un temps déterminé, qui ne pourra être moindre de trois mois, ni excéder deux années.

(V. les art. 27, 114 et 123.)

Le mari restera maître d'arrêter l'effet de cette condamnation en consentant à reprendre sa femme.

La séparation de corps emportera toujours la séparation de biens.

(V. les art. 124, 299, 1441, 1452 et 1815.)

17

SÉPARATION DE CORPS

État nouveau dans lequel se trouvent les époux en vertu du jugement ou de l'arrêté par lequel il est permis à un mari de ne plus habiter avec sa femme et à cette femme de ne plus habiter avec son mari, ne dissolvant pas le mariage, bien entendu, non plus que les conséquences pouvant en résulter du chef de la naissance des enfants par exemple, mais séparant les époux de corps, avec faculté pour eux de faire cesser cet état à volonté, *ad nutum*. Dans le cas d'excès, sévices ou injures graves, ce droit est accordé par la loi à celui des deux qui, maltraité ou gravement injurié par l'autre, n'a pas d'autre moyen de mettre un terme aux mauvais procédés auxquels il est en butte.

La demande en séparation de corps sera lancée, mise en état et décidée comme toute autre demande poursuivie en justice ailleurs qu'au criminel. Elle ne sera point autorisée quand, sur ce point, il y aura accord parfait du mari et de la femme. — Le mariage est en effet un nœud qu'on ne peut rompre à volonté. Il faut, pour en arriver là, alléguer de graves motifs, prouvés par témoins.

La femme contre laquelle la séparation de corps aura été obtenue pour violation de la foi conjugale, pourra être condamnée par le même arrêt et, à la diligence du ministère public, chargé près de chaque tribunal du maintien de l'ordre et de l'application des lois, à être enfermée dans une maison de correction pour trois mois au moins et deux ans au plus.

Le mari sera libre de faire cesser la durée de cette réclusion en consentant à reprendre sa femme chez lui.

Un arrêt rompant la communauté de biens est toujours la conséquence d'une séparation de corps.

TITRE VII

De la Paternité et de la Filiation

CHAPITRE PREMIER

DE LA FILIATION DES ENFANTS LÉGITIMES OU NÉS DANS LE MARIAGE

Art. 312. L'enfant conçu pendant le mariage a pour père le mari.

Néanmoins, celui-ci pourra désavouer l'enfant, s'il prouve que, pendant le temps qui a couru depuis le trois centième jusqu'au cent quatre-vingtième jour avant la naissance de cet enfant, il était, soit par cause d'éloignement, soit par l'effet de quelque accident, dans l'impossibilité physique de cohabiter avec sa femme.

(V. les art. 25, 55, 104, 112, 133, 184, 191, 316 et 325.)

La *paternité* est l'état, la qualité de père. — La *filiation* est une suite continue de générations dans la même famille, ligne directe qui descend des aïeux aux enfants et remonte des enfants aux aïeux, relation, en un mot, des descendants avec leurs auteurs. On le dit plus particulièrement du seul degré de génération des père et mère aux enfants.

Quand une femme devient enceinte durant le mariage, le mari est considéré comme le père de l'enfant qu'elle

met au monde, fille ou garçon. — Toutefois, il est libre de
nier d'en être l'auteur, de refuser de le reconnaître comme
sien, s'il prouve que, dans le laps de temps qui s'est écoulé
de trois cents à cent quatre-vingts jours avant la naissance
de cet enfant, il a été, pour motif d'absence constatée, ou
par suite d'un événement malheureux, fortuit, arrivé par
hasard, hors d'état, réellement, physiquement, d'habiter
avec sa femme, genre de preuves des plus difficiles.

ART. 313, 314, 315, 316, 317 et 318. Le mari ne pourra, en
alléguant son impuissance naturelle, désavouer l'enfant; il ne
pourra le désavouer même pour cause d'adultère, à moins que
la naissance lui ait été cachée, auquel cas il sera admis à proposer tous les faits propres à justifier qu'il n'en est pas le père.

(V. les art. 55, 133, 308, 312 et 325.)

L'enfant né avant le cent quatre-vingtième jour du mariage
ne pourra être désavoué par le mari dans les cas suivants :
1° S'il a eu connaissance de la grossesse avant le mariage;
2° S'il a assisté à l'acte de naissance et si cet acte est signé de
lui ou contient sa déclaration qu'il ne sait pas signer;
3° Si l'enfant n'est pas déclaré viable.

(V. les art. 23,34, 39, 55, 63, 133 et 312.)

La légitimité de l'enfant né trois cents jours après la dissolution du mariage pourra être contestée.

(V. les art. 197 et 227.)

Dans les divers cas où le mari est autorisé à réclamer, il devra le faire :
1° Dans le mois, s'il se trouve sur les lieux de la naissance
de l'enfant;
2° Dans les deux mois après son retour, si, à la même époque,
il est absent;

3º Dans les deux mois après la découverte de la fraude, si on lui avait caché la naissance de l'enfant.

(V. les art. 55, 70, 71, 112, 133, 199, 312 et 325.)

Si le mari est mort avant d'avoir fait sa déclaration, mais étant encore dans le délai utile pour la faire, les héritiers auront deux mois pour contester la légitimité de l'enfant, à compter de l'époque où l'enfant se serait mis en possession des biens du mari, ou de l'époque où les héritiers seraient troublés par l'enfant dans cette possession.

(V. les art. 25, 28, 29, 46, 112, 133, 197, 329, 330 et 724.)

Tout acte extrajudiciaire contenant le désaveu de la part du mari ou de ses héritiers sera comme non avenu, s'il n'est suivi, dans le délai d'un mois, d'une action en justice dirigée contre un tuteur *ad hoc* donné à l'enfant et en présence de sa mère.

(V. les art. 25, 31, 38, 71, 124, 133, 159 et 2245.)

Le mari en cherchant à faire valoir l'incapacité où il est d'avoir des enfants par vice d'organisation ou par accident ne pourra désavouer celui-ci, même en accusant la mère d'adultère, à moins qu'on ne lui ait caché la naissance de l'enfant, seul cas où il sera admis à alléguer et à prouver tous les faits de nature à démontrer qu'il n'en est pas le père.

Le mari ne sera pas admissible à désavouer l'enfant venu au monde avant le cent quatre-vingtième jour du mariage, dans les trois cas suivants :

1o Si, avant d'épouser sa femme, il a su qu'elle était enceinte ;

2o S'il a été présent à l'acte de naissance de l'enfant, s'il l'a signé ou s'il contient sa déclaration qu'il ne sait pas signer ;

3o Si l'enfant a été déclaré, à sa naissance, n'être pas assez fort, n'avoir pas des organes assez bien conformés, pour qu'on pût espérer qu'il vivrait.

Légitimité, état de l'enfant venu au monde durant le mariage, ou après sa dissolution, ou après la mort du père dans le délai fixé par la loi. — *Contester,* refuser de reconnaître un droit qu'on prétend avoir; débattre, disputer, etc.

Dans les diverses circonstances où l'époux est admis à faire valoir ses droits, il ne pourra en user que dans le mois, s'il habite les lieux où l'enfant est venu au monde; que dans les soixante jours après son retour, s'il résidait autre part; qu'à la même époque enfin, après la découverte de la naissance de l'enfant, dont, par une fraude coupable, on lui aurait fait jusque-là mystère.

Si le mari est décédé avant d'avoir fait sa réclamation, mais dans l'espace de temps où elle pouvait encore être faite, ceux que la loi appelle à recueillir sa succession, pourront, durant deux mois, refuser de reconnaître la légitimité de l'enfant à partir du jour où il aura été admis à prendre possession des biens du mari, ou de l'époque où cette possession leur aura été contestée par l'enfant.

Tout acte, en dehors du procès pendant en justice, contenant refus de reconnaître l'enfant de la part du mari ou des personnes appelées à recueillir la succession de ce dernier, sera considéré comme nul, n'existant pas, n'ayant jamais été passé, si, dans l'intervalle de trente jours, il n'a pas été suivi d'un acte judiciaire, dirigé contre un tuteur spécial donné à l'enfant, et sa mère étant présente.

CHAPITRE II

DES PREUVES DE LA FILIATION DES ENFANTS LÉGITIMES

Art. 319, 320, 321, 322, 323, 324, 325, 328, 329 et 330. La filiation des enfants légitimes se prouve par les actes de naissance inscrits sur le registre de l'état civil.

(V. les art. 34, 55, 104, 133, 197 et 312.)

A défaut de ce titre, la possession constante de l'état d'enfant légitime suffit.

(V. les art. 46, 56, 133, 195 et 312.)

La possession d'état s'établit par une réunion suffisante de faits, qui indiquent le rapport de filiation et de parenté entre un individu et la famille à laquelle il prétend appartenir.

Les principaux de ces faits sont :

Que l'individu a toujours porté le nom du père auquel il prétend appartenir;

Que le père l'a traité comme son enfant et a pourvu, en cette qualité, à son éducation, à son entretien et à son établissement;

Qu'il a été reconnu pour tel par la famille.

(V. les art. 63, 112, 133, 144, 195 et 312.)

Nul ne peut réclamer un état contraire à celui que lui donnent son titre de naissance et la possession conforme à ce titre;

Et réciproquement nul ne peut contester l'état de celui qui a une possession conforme à son titre de naissance.

(V. les art. 34, 35, 195, 196 et 197.)

A défaut de titre et de possession constante, où si l'enfant a été inscrit, soit sous de faux noms, soit comme né de père et mère inconnus, la preuve de filiation peut se faire par témoins.

Néanmoins, cette preuve ne peut être admise que lorsqu'il y a commencement de preuve par écrit, ou lorsque les présomptions ou indices, résultant des faits dès lors constants, sont assez graves pour déterminer l'admission.

(V. les art. 25, 34, 46, 55, 56, 81, 104, 112, 133, 195, 312, 326 et 341.)

Le commencement de preuve par écrit résulte des titres de famille, des registres et papiers domestiques du père ou de la mère, des actes publics et même privés, émanés d'une partie engagée dans la contestation, ou qui y aurait intérêt si elle était vivante.

(V. les art. 25, 36, 46, 104 et 187.)

La preuve contraire pourra se faire par tous les moyens propres à établir que le réclamant n'est pas l'enfant de la mère qu'il prétend avoir, ou même, la maternité prouvée, qu'il n'est pas l'enfant du mari de la mère.

(V. les art. 104 et suivants.)

L'action en réclamation d'état est imprescriptible à l'égard de l'enfant.

(V. les art. 31, 32, 133, 137, 195, 316 et suivants.)

L'action ne peut être intentée par les héritiers de l'enfant qui n'a pas réclamé, qu'autant qu'il est décédé mineur, ou dans les cinq années après sa majorité.

(V. les art. 9, 25, 46, 63, 133, 316, 317 et suivants, et 724.)

Les héritiers peuvent suivre cette acti...: lorsqu'elle a été commencée par l'enfant, à moins qu'il ne s'en fût désisté formellement, ou qu'il n'eût laissé passer trois années sans poursuites, à compter du dernier acte de la procédure.

(V. les art. 25, 34, 133. 317 et suivants, et 724.)

PREUVE CONSTATANT LA GÉNÉRATION DIRECTE DES ENFANTS NÉS PENDANT LE MARIAGE

Elle est établie par les actes de naissance inscrits journellement dans les mairies sur des registres servant à constater l'état civil des personnes, naissances, mariages et décès.

Cet acte faisant défaut, il suffit de constater que l'enfant a toujours été considéré comme légitime.

Cette possession d'état d'enfant légitime se constate par un assemblage de faits suffisants pour établir un rapport de filiation et de parenté entre l'individu, fils ou fille, auquel on conteste les droits qu'il prétend avoir et la famille qui se refuse à les lui reconnaître. — Voici les principaux de ces faits : — Il a toujours porté le nom du père dont il soutient qu'il est le fils ; — ce père l'a toujours traité comme son enfant, pourvoyant à son éducation, à tous ses besoins et n'épargnant rien pour lui faire apprendre un état, lui trouver une place lucrative, le marier et l'établir; — il a été toujours considéré comme son enfant dans le monde; — la famille l'a toujours reconnu pour tel.

Aucun individu n'a le droit de réclamer une position civile autre que celle qui résulte de son acte de naissance et de la position qu'il lui assure dans le monde. — Par

17.

contre, nul n'a le droit de contester à un individu sa position civile quand elle résulte d'un acte de naissance en règle.

En l'absence du titre de naissance et de la position constante d'état qui peut l'assurer, ou si l'enfant a été inscrit sur les registres de l'état civil, soit sous de faux noms, soit comme né de père et mère inconnus, il a le droit de recourir à des témoins pour prouver sa filiation.

Toutefois, cette preuve est admissible seulement lorsqu'il y a déjà commencement de preuve par écrit, ou lorsque les apparences, les conjectures, qui résultent de faits dès lors certains, sont assez graves pour en déterminer l'admission.

Le commencement de preuve par écrit résulte de papiers de famille, de registres privés où le père et la mère ont pu relater leurs affaires de chaque jour pour y avoir recours au besoin, de toute espèce de documents personnels qu'ils ont pu posséder. — Il résulte aussi de tout acte passé entre particuliers, avec ou sans ministère d'officiers publics, notaire, avoué, huissier, avec ou sans jugement, quand ces pièces sont produites par une partie qui a intérêt à la contestation ou qui y prendrait part si elle était vivante.

La preuve tendant à établir l'opinion contraire pourra se baser sur tous les faits, sur tous les indices, de nature à démontrer que celui qui réclame, n'est pas issu de la personne qu'il s'est donné pour mère, ou même, la preuve étant faite qu'elle est sa mère, qu'il n'est pas issu du mari de celle qui l'a mis au monde.

L'action intentée pour réclamer la possession d'état d'un enfant n'est pas susceptible de prescription, en ce qui le concerne, c'est-à-dire qu'elle ne peut cesser d'être poursuivie par lui dans un laps de temps fixé par la loi.

L'action relatée en l'article précédent peut être poursuivie par les héritiers de l'enfant qui n'.. pas réclamé, alors seulement qu'il est mort n'ayant pas encore atteint l'âge où la loi lui donne le droit de disposer de sa personne et de ses biens, ou dans les cinq ans qui suivent l'âge où ce droit lui est assuré par la loi.

Les héritiers ont le droit de suivre l'action susdite quand elle a été intentée par l'enfant, si ce n'est dans le cas où celui-ci y aurait renoncé positivement, ou s'il avait laissé s'écouler trois ans sans poursuites depuis le dernier acte de la procédure.

CHAPITRE III

DES ENFANTS NATURELS

SECTION PREMIÈRE

De la légitimation des enfants naturels

ART. 331, 332 et 333. Les enfants nés hors mariage, autres que ceux nés d'un commerce incestueux ou adultérin, pourront être légitimés par le mariage subséquent de leurs père et mère, lorsque ceux-ci les auront légalement reconnus avant leur mariage, ou qu'ils le reconnaîtront dans l'acte même de célébration.

(V. les art. 25, 34, de 63 à 76, 133, 308, 334, 335, 338, 342, 756 et 762.)

La légitimation peut avoir lieu, même en faveur des enfants décédés qui ont laissé des ascendants; et, dans ce cas, elle profite à ces descendants.

(V. les art. 46, 120, 133 et 335.)

Les enfants légitimés par le mariage subséquent auront les mêmes droits que s'ils étaient nés de ce mariage.

(V. les art. 25, 133 et suivants.)

ENFANTS NATURELS

Ce sont ceux qui ne sont pas nés en légitime mariage. — Leur légitimation ou changement d'état par lequel leurs père et mère les mettent en possession des droits d'enfants légitimes, pourvu qu'ils ne soient pas issus d'une violation de la foi conjugale ou d'une liaison illicite entre personnes de l'un ou de l'autre sexe, parents ou alliés au degré prohibé par la loi, s'acquiert par le mariage qui suit leur naissance, quand leurs père et mère ont authentiquement déclaré préalablement qu'ils leur devaient le jour ou qu'ils le reconnaissent dans l'acte même de la célébration de leur mariage.

Il est permis de légitimer même des enfants décédés, fils ou filles, qui sont morts en laissant des descendants, et, dans ce cas, ces descendants eux-mêmes profitent de la légitimation.

Les enfants rendus légitimes par le mariage qui a suivi leur naissance, jouissent des mêmes droits et avantages que ceux qu'ils auraient s'ils étaient le fruit de ce mariage.

SECTION II

De la Reconnaissance des enfants naturels

ART. 334, 335, 336, 337, 338 et 339. La reconnaissance d'un enfant naturel sera faite par un acte authentique lorsqu'elle ne l'aura pas été dans son acte de naissance.

(V. les art. 25, 30, 34, 55, 62, 63, 334, 342, 383, 388, 756 et 762.)

Cette reconnaissance ne pourra avoir lieu au profit des enfants nés d'un commerce incestueux ou adultérin.

(V. les art. 130, 133, 159, 331, 342 et 762.)

La reconnaissance du père, sans l'indication et l'aveu de la mère, n'a d'effet qu'à l'égard du père.

(V. les art. 138 et suivants, et 344.)

La reconnaissance faite pendant le mariage par l'un des époux au profit d'un enfant naturel qu'il aurait eu, avant son mariage, d'un autre que de son époux, ne pourra nuire, ni à celui-ci, ni aux enfants nés de ce mariage.
Néanmoins elle produira son effet après la dissolution de ce mariage, s'il n'en reste pas d'enfants.

(V. les art. 25, 33, 34, de 63 à 76, 124, 130, 133, 227, 331 et suivants.)

L'enfant naturel reconnu ne pourra réclamer les droits d'enfant légitime. Les droits des enfants naturels seront réglés au titre des Successions.

(V. les art. 25, 123, 133, 158, 197, 316, 331, 383 et 756.)

Toute reconnaissance de la part du père ou de la mère, de même que toute réclamation de la part de l'enfant, pourra être contestée par tous ceux qui y auront intérêt.

. (V. les art. 36, 63, 133, 197 et 316.)

L'acte par lequel on reconnaît qu'on est le père ou la mère d'un enfant, né en dehors d'un légitime mariage, doit être fait authentiquement, lorsqu'il n'en a pas été question dans son acte de naissance.

Sont sujettes au droit fixe de deux francs, les reconnaissances d'enfants naturels par *acte de célébration de mariage* et au droit fixe de cinq francs, les reconnaissances d'enfants naturels autrement que par acte de mariage. (Loi du 28 avril 1816.)

Les actes de reconnaissance d'enfants naturels appartenant à des individus notoirement indigents (évidemment, manifestement nécessiteux, extrêmemont pauvres), sont enregistrés (transcrits, ou seulement inscrits, mentionnés dans un registre public, pour empêcher les antidates et les faux), *gratis*, mot emprunté du latin, gratuitement, sans qu'il en coûte rien. (Loi du 15 mai 1818.)

Ces droits (ces impositions, ces taxes), ne se perçoivent (ne se prélèvent) que sur *l'expédition* (seulement sur la copie littérale de l'acte, déli vrée en bonne forme par l'officier public, maire ou adjoint, déposi taire de l'original), et qu'autant que l'expédition en est requise, demandée, exigée par la *partie* qui en a besoin. (Décision ministérielle des Finances du 5 août 1816.)

Si la reconnaissance a lieu dans l'acte même de nais-

sance, il n'est dû aucun droit parce qu'alors la reconnaissance forme une partie essentielle et intégrante de l'acte
de naissance qui a pour objet d'établir la qualité de
l'enfant. (Délibération du conseil d'administration de l'enregistrement, 16 mai 1811.)

L'acte de mariage contenant reconnaissance et légitimation de plusieurs enfants naturels n'est soumis qu'au
payement d'un seul droit. (Délibération du 17 décembre
1819.)

La reconnaissance dont il s'agit, ne peut être admise au
profit d'enfants, fruits d'une violation de la foi conjugale
ou d'une liaison illicite entre personnes de l'un ou de
l'autre sexe, parents ou alliées, au degré prohibé par
la loi.

La reconnaissance d'un enfant naturel faite par le père,
sans qu'il y désigne, en aucune façon, la mère et sans
que celle-ci y fasse aucun aveu, n'a de résultat qu'en ce
qui concerne le père.

La reconnaissance faite par le mari ou la femme, pendant le mariage, d'un enfant naturel que l'un des deux
aurait eu, avant le mariage, d'une autre personne, ne
pourra être préjudiciable, ni à l'autre époux, ni aux enfants nés de ce mariage.

Cependant elle exercera son influence après que le mariage aura été dissous, s'il n'en reste aucun enfant (fils
ou fille.)

Les droits des enfants nés en dehors du mariage sont
fixés, déterminés, au titre des Successions. (Art. 718

et suivants.) L'enfant naturel reconnu ne pourra être admis à réclamer les droits d'enfant légitime.

Toute reconnaissance faite par un père ou une mère, toute réclamation faite par un enfant, seront également contestables par tous ceux qui y auront intérêt.

ART. 340, 341, et 342. La recherche de la paternité est interdite. Dans le cas d'enlèvement, lorsque l'époque de cet enlèvement se rapportera à celle de la conception, le ravisseur pourra être, sur la demande des parties intéressées, déclaré père de l'enfant.

(V. les art. 36, 111, 114, 120, 138 et 312.)

La recherche de la maternité est admise.

L'enfant qui réclamera sa mère, sera tenu de prouver qu'il est identiquement le même que l'enfant dont elle est accouchée.

Il ne sera reçu à faire cette preuve par témoins que lorsqu'il aura déjà un commencement de preuve par écrit.

(V. les art. 25, 104, 133, 316, 323, 335 et 336.)

Un enfant ne sera jamais admis à la recherche soit de la paternité, soit de la maternité, dans le cas où, suivant l'article 335, la reconnaissance n'est pas admise.

(V. les art. 133, 159, 312, 334 et 335.)

Il est défendu de se livrer à des perquisitions minutieuses, inquisitoriales pour chercher à découvrir quel est le père d'un enfant. — Une personne étant arrachée du sein de sa famille, si l'époque de son enlèvement coïncide avec celle où elle devient enceinte, le ravisseur peut, à la requête des parties intéressées, être déclaré père de l'enfant qui en survient.

Il est permis de se livrer à des recherches pour essayer

de parvenir à savoir quelle est la mère d'un enfant. — L'enfant qui réclamera sa mère devra prouver qu'il est absolument, intégralement, le même que celui qu'elle a mis au monde. — Il ne sera admis à faire cette preuve par témoins que lorsqu'il y aura déjà un commencement de preuve par écrit.

Un enfant n'est jamais admis à rechercher son père, ni sa mère, s'il est lui-même le fruit d'un commerce incestueux ou adultérin.

TITRE VIII

De l'Adoption et de la Tutelle officieuse

CHAPITRE PREMIER

DE L'ADOPTION

SECTION PREMIÈRE

De l'Adoption et de ses effets

ART. 343, 344, 345, 346, 347, 348, 349, 350, 351 et 352. L'adoption n'est permise qu'aux personnes de l'un ou de l'autre sexe, âgées de plus de cinquante ans, qui n'auront, à l'époque de l'adoption, ni enfants, ni descendant légitimes, et qui auront au moins quinze ans de plus que les individus qu'elles se proposent d'adopter.

(V. les art. 7, 63, 133, 197, 361 et 366.)

Nul ne peut être adopté par plusieurs, si ce n'est pas deux époux.

Hors le cas de l'article 366, nul ne peut adopter qu'avec le consentement de l'autre conjoint.

(V. aussi les art. 73, 124 et 366.)

La faculté d'adopter ne pourra être exercée qu'envers l'individu à qui l'on aura, dans sa minorité, et pendant six ans au moins, fourni des secours et donné des soins non interrompus, ou envers celui qui aurait sauvé la vie à l'adoptant, soit dans un combat, soit en le retirant des flammes ou des flots.

Il suffira, dans ce deuxième cas, que l'adoptant soit majeur, plus âgé que l'adopté, sans enfants, ni descendants légitimes, et, s'il est marié, que son conjoint consente à l'adoption.

(V. les art. 25, 64, 73, 121, 197 et 336.)

L'adoption ne pourra, en aucun cas, avoir lieu avant la majorité de l'adopté.

Si l'adopté, ayant encore ses père et mère, ou l'un des deux, n'a point accompli sa vingt-cinquième année, il sera tenu de rapporter le consentement donné à l'adoption par ses père et mère, ou par le survivant, et, s'il est majeur de vingt-cinq ans, de requérir leurs conseils.

(V. les art. 29, 32, 46, 63, 70, 148, 366 et 368.)

L'adoption conférera le nom de l'adoptant à l'adopté, en l'ajoutant au nom propre de ce dernier.

(V. les art. 34 et 366.)

L'adopté restera dans sa famille naturelle et y conservera tous ses droits.

Néanmoins le mariage est prohibé :

Entre l'adoptant, l'adopté et ses descendants ;

Entre les enfants adoptifs du même individu ;

Entre l'adopté et les enfants qui pourraient survenir à l'adoptant ;

Entre l'adopté et le conjoint de l'adoptant, et réciproquement entre l'adoptant et le conjoint de l'adopté.

(V. les art. 25, 133, 164, 321, 322 et 353.)

L'obligation naturelle qui continuera d'exister entre l'adopté et ses père et mère de se fournir des aliments dans les cas déterminés par la loi, sera considérée comme commune à l'adoptant et à l'adopté l'un envers l'autre.

(V. les art. 25, 203 et 208.)

L'adopté n'acquerra aucun droit de successibilité sur les biens des parents de l'adoptant, mais il aura sur la succession de l'adoptant les mêmes droits que ceux qu'y aurait l'enfant né en mariage, même quand il y aurait d'autres enfants de cette dernière qualité nés depuis l'adoption.

(V. les art. 25, 71, 123, 133, 360 et 745.)

Si l'adopté meurt sans descendants légitimes, les choses données par l'adoptant, ou recueillies dans sa succession, et qui existeront en nature lors du décès de l'adopté, retourneront à l'adoptant ou à ses descendants, à la charge de contribuer aux dettes et sans préjudice des tiers.

Le surplus des biens de l'adopté appartiendra à ses propres parents, et ceux-ci exclueront toujours, pour les objets mêmes spécifiés au présent article, tous héritiers de l'adoptant autres que ses descendants.

(V. les art. 25, 31, 33, 46, 71, 112, 120, 123, 129, 161, 197, 747 et 766.)

Si, du vivant de l'adoptant et après le décès de l'adopté, les enfants ou descendants laissés par celui-ci mouraient eux-mêmes sans postérité, l'adoptant succédera aux choses par lui données, comme il est dit en l'article précédent, mais ce droit sera inhérent à la personne de l'adoptant et non transmissible à ses héritiers, même en ligne descendante.

(V. les art. 25, 123 et 133.)

Adopter quelqu'un, c'est le prendre pour fils ou pour fille, en lui en donnant les droits civils et en remplissant, à son égard, certaines conditions prescrites par la loi. — La tutelle officieuse est une protection légale accordée à un enfant qui n'est pas en âge de disposer de sa personne et de ses biens, avec intention de l'adopter quand il aura atteint cet âge. — L'adoption n'est permise qu'aux personnes de l'un ou de l'autre sexe, ayant plus de cinquante ans, ayant au moins quinze ans de plus que ceux qu'elles ont l'intention d'adopter, et n'ayant, au moment de l'adoption, ni fils, ni filles, ni descendants, ni descendantes légitimes.

On ne peut être adopté par plusieurs personnes à la fois, si ce n'est par le mari et la femme, et encore ne peuvent-ils faire acte d'adoption que de concert entre eux. — Si le tuteur officieux, dont il a été question en l'article précédent, après cinq ans révolus de tutelle, prévoyant qu'il sera mort avant que son pupille ait atteint sa majorité, lui confère l'adoption par son testament, cette nouvelle disposition ne sera valable que s'il n'a point d'enfants légitimes.

Il n'est permis d'adopter que la personne à laquelle, quand elle était mineure et pendant six ans au moins, on a, sans interruption, donné ses soins et prodigué aide, protection, assistance, ou celle qui a arraché à la mort *l'adoptant* sur un champ de bataille, dans un incendie, ou quand il courait risque de se noyer.

Il suffira, dans ce dernier cas, que celui qui adopte soit majeur, plus âgé que celui qu'il va adopter, qu'il n'ait ni enfants, ni descendants légitimes et que, s'il est marié, l'autre époux, mari ou femme, consente à l'adoption.

Dans aucun cas, il ne peut y avoir adoption que lorsque

l'adopté aura, par son âge, la libre disposition de sa personne et de ses biens. — S'il n'a point accompli ses vingt-cinq ans, et qu'il ait encore ses père et mère, ou l'un d'eux seulement, il devra apporter le consentement donné par l'un et l'autre ou le survivant, et, s'il a atteint sa majorité et ses vingt-cinq ans, requérir leurs conseils.

Par l'adoption le nom propre de l'adoptant sera acquis à l'adopté, qui l'ajoutera au sien.

L'adopté pourra continuer à résider dans sa famille et y jouir, comme par le passé, de toutes ses prérogatives et de tous ses avantages. — Cependant, le mariage est interdit entre celui qui adopte, celui qui est adopté et ceux qui descendent de celui-ci; — Entre les enfants adoptés par la même personne; — Entre l'adopté et les enfants qui peuvent subvenir à l'adoptant; — Entre l'adopté et le mari de la femme de l'adoptant, et réciproquement, entre l'adoptant et le mari ou la femme de l'adopté.

L'obligation naturelle qui astreint l'adopté et ses père et mère à se nourrir réciproquement dans les circonstances prévues par la loi, existera également entre l'adoptant et l'adopté.

Par l'adoption dont il est l'objet, celui ou celle qui aura été adopté, n'acquerra aucun droit sur l'héritage des parents de l'adoptant, mais il aura sur l'héritage de celui-ci les mêmes droits que l'enfant légitime, lors même qu'il existerait d'autres enfants de cette catégorie, nés depuis l'adoption;

L'adopté mourant sans descendance légitime, les biens

donnés par l'adoptant, ou provenant de son héritage, et
qui existeraient en nature à la mort de l'adopté, feront
retour à l'adoptant ou à sa descendance, avec obligation
de contribuer au payement des dettes et sans qu'il soit
porté atteinte aux justes prétentions des ayants-droits. —
Le reste des biens de l'adopté reviendra à sa propre famille, et celle-ci exclura toujours du partage qui en sera
fait, même pour les objets mentionnés au présent article,
toutes les personnes qui ont droit à l'héritage de l'adoptant, hors celles qui descendent directement de lui.

Si, quand l'adoptant vit encore et que l'adopté n'existe
plus, les enfants ou descendants de celui-ci, mouraient
eux-mêmes sans laisser de postérité, l'adoptant rentrerait
en possession des choses à lui léguées par l'adopté ; mais
ce droit aux choses qu'il a données à celui qu'il a adopté,
serait inséparable de sa personne; il appartiendrait à lui
seul et ne pourrait passer à ses héritiers, même en ligne
descendante.

SECTION II

Des Formes de l'adoption

ART. 353, 354, 358, 359 et 360. La personne qui se proposera
d'adopter et celle qui veut à être adoptée, se présenteront
devant le juge de paix du domicile de l'adoptant pour y passer
acte de leurs consentements respectifs.

(V. les art. 9, 35, 70, 73, 341 et 343.)

Une expédition de cet acte sera remise, dans les dix jours
suivants, par la partie la plus diligente, au procureur impérial

près le tribunal de première instance dans le ressort duquel se trouvera le domicile de l'adoptant, pour être soumis à l'homo- logation de ce tribunal.

(V. les art. 9, 28, 34, 36, 45, 72 et 343.)

Tout arrêt de la cour impériale qui admettra une adoption sera prononcé à l'audience et affiché en tels lieux et en tel nombre d'exemplaires que le tribunal jugera convenable.

(V. les art. 64, 343 et suivants.)

Dans les trois mois qui suivront le jugement, l'adoption sera inscrite, à la réquisition de l'une ou de l'autre des parties, sur le registre de l'état civil du lieu où l'adoptant sera do- micilié.

Cette inscription n'aura lieu que sur le vu d'une expédition en forme de jugement de la cour impériale, et l'adoption sera sans effet si elle n'a pas été inscrite dans ce délai.

(V. les art. 9, 27, 28, 29, 31, 30, 123, 316, 324 et 343.)

Si l'adoptant venait à mourir après que l'acte constatant la volonté de former le contrat d'adoption a été reçu par le juge de paix et porté devant les tribunaux, et, avant que ceux-ci eussent définitivement prononcé, l'instruction sera continuée et l'adoption admise, s'il y a lieu.

Les héritiers de l'adoptant pourront, s'ils croient l'adoption inadmissible, remettre au procureur-général tous les mémoires et observations à ce sujet.

(V. les art. 25, 45, 69, 70, 72, 126, 343 et 350.)

FORMALITÉS PRESCRITES POUR L'ADOPTION

L'individu, homme ou femme, qui a l'intention d'adop- ter quelqu'un, homme ou femme, et l'individu, homme ou femme, qui consent à être adopté, doivent se présenter ensemble devant le juge de paix du domicile de l'adoptant pour y procéder à l'acte de leurs intentions réciproques.

Une copie textuelle de cet acte sera déposée, dans le délai de dix jours, par celui des deux contractants le plus prompt, le plus actif, le plus empressé, entre les mains du magistrat chargé du ministère public près le tribunal de première instance dans la circonscription duquel se trouve le domicile de l'adoptant, pour que le tribunal donne à cet acte passé entre deux particuliers la force d'un acte fait en justice.

Tout arrêt, jugement, sentence d'une justice souveraine, comme une cour impériale, décidant une question de fait ou de droit et accueillant une demande d'adoption, devra être rendu dans une de ses séances où les juges, conseillers, écoutent les plaidoiries, et placardé en tel nombre de copies et en tels endroits que décidera la cour.

Dans le délai de quatre-vingt dix jours après l'arrêt ou jugement, l'acte d'adoption sera inscrit à la requête d'un des deux contractants sur le registre public des actes de naissance, mariage et décès de la mairie dans la circonscription de laquelle l'adoptant aura élu domicile.

Cette inscription ne pourra avoir lieu que sur l'exhibition de la copie, en bonne forme, de l'arrêt rendu par la cour impériale; et l'adoption demeurera nulle et sans effet si elle n'a pas été inscrite dans ce délai.

Si l'adoptant mourait après que l'acte constatant l'intention de faire un contrat d'adoption aurait été reçu par le juge de paix et porté devant les tribunaux, et avant que les tribunaux eussent prononcé leur jugement sans appel, l'instruction serait poursuivie et l'adoption admise, s'il y avait lieu.

Les héritiers de l'adoptant auraient le droit, s'ils croyaient l'adoption de nature à ne pouvoir être admise, de déposer entre les mains du procureur impérial, chargé du ministère public, tout écrit sommaire, tout recueil de notes qui leur semblerait propre à élucider la question.

CHAPITRE II

DE LA TUTELLE OFFICIEUSE

ART. 361, 362, 363, 364, 365, 366, 367, 368, 369 et 370. Tout individu, âgé de plus de cinquante ans et sans enfants ni descendants légitimes, qui voudra, durant la minorité d'un individu, se l'attacher par un titre légal, pourra devenir son tuteur officieux en obtenant le consentement des père et mère de l'enfant ou du survivant d'entre eux, ou, à leur défaut, d'un conseil de famille, ou enfin, si l'enfant n'a pas de parents connus, en obtenant le consentement des administrateurs de l'hospice où il aura été recueilli, ou de la municipalité du lieu de sa résidence.

(V. les art. 37, 57, 63, 73, 115, 133, 142, 197 et 343.)

Un époux ne peut devenir tuteur officieux qu'avec le consentement de l'autre conjoint.

(V. les art. 73, 124, 343 et 344.)

Le juge de paix du domicile de l'enfant dressera procès-verbal des demandes et consentements relatifs à la tutell officieuse.

(V. les art. 9, 58, 70, 73, 133 et 343.)

Cette tutelle ne pourra avoir lieu qu'au profit d'enfants âgés de moins de quinze ans.

Elle emportera avec soi, sans préjudice de toutes stipulations particulières, l'obligation de nourrir le pupille, de l'élever, de le mettre en état de gagner sa vie.

(V. les art. 43, 25, 31, 46, 203 et 353.)

Si le pupille a quelque bien et s'il était antérieurement en tutelle, l'administration de ses biens, comme celle de sa personne, passera au tuteur officieux, qui ne pourra néanmoins imputer les dépenses de l'éducation sur les revenus du pupille.

(V. les art. 25, 112, 144 et 343.)

Si le tuteur officieux, après cinq ans révolus depuis la tutelle, et dans la prévoyance de son décès avant la majorité du pupille, lui confère l'adoption par acte testamentaire, cette disposition sera valable pourvu que le tuteur officieux ne laisse point d'enfants légitimes.

(V. les art. 25, 63, 133, 170, 197, 343, 344, 347, 350 et 360.)

Dans le cas où le tuteur officieux mourrait, soit avant les cinq ans, soit après ce temps, sans avoir adopté son pupille, il sera fourni à celui-ci, durant sa minorité, des moyens de subsister, dont la quotité et l'espèce, s'il n'y a été antérieurement pourvu par une convention formelle, seront réglés, soit amiablement, entre les représentants respectifs du tuteur et du pupille, soit judiciairement, en cas de contestation.

(V. les art. 63, 120, 137, 151, 197, 207, 343 et 344.)

Si, à la majorité du pupille, son tuteur officieux veut l'adopter, et que le premier y consente, il sera procédé à l'adoption selon les formes prescrites; et les effets en seront, en tous points, les mêmes.

(V. les art. 63, 73, de 343 à 354 et suivants.)

Si, dans les trois mois qui suivront la majorité du pupille, les réquisitions par lui faites à son tuteur officieux, à fin d'adoption, sont restées sans effet, et que le pupille ne se trouve point en état de gagner sa vie, le tuteur officieux pourra être condamné à indemniser le pupille de l'incapacité où celui-ci pourrait se trouver de pourvoir à sa subsistance.

Cette indemnité se résoudra en secours propres à lui procurer un métier, le tout sans préjudice des stipulations qui auraient pu avoir lieu dans la prévoyance de ce cas.

(V. les art. 22, 31, 63, 306, et 313.)

Le tuteur officieux, qui aurait eu l'administration de quelques biens pupillaires, en devra rendre compte dans tous les cas.

(V. les art. 112, 343, 354 et 469.)

La tutelle est une autorité donnée conformément à la loi pour avoir soin de la personne et des biens d'un mineur ou d'un interdit. — *La tutelle officieuse* est une protection légale accordée à un enfant mineur par une personne qui se propose de l'adopter lorsqu'il sera devenu majeur.

Toute personne âgée de plus de cinquante ans, n'ayant ni enfants ni descendants légitimes, qui voudrait, pendant qu'un enfant de l'un ou de l'autre sexe est encore mineur, le lier à sa position, à son présent et à son avenir, par un acte que la loi autorise, pourra devenir son *tuteur officieux* en obtennat le consentement de ses père et mère, ou du survivant de l'un d'eux, ou, en leur absence, d'une assemblée de parents convoquée et présidée par le juge de paix, ou enfin, si on ne lui connaît pas de parents, en obtenant le consentement des administrateurs de l'hôpital où il aura été recueilli, ou du maire ou de l'adjoint de la commune dans la circonscription de laquelle il aura sa demeure.

Les actes de tutelle officieuse sont sujets au droit de cinquante francs pour enregistrement. (Transcription ou mention de l'acte sur les registres publics, loi du 18 avril 1816.)

Un mari ne peut être revêtu d'une tutelle officieuse qu'avec l'assentiment de sa femme; et la femme qu'avec l'assentiment de son mari.

Le juge de paix, dans la circonscription duquel demeure l'enfant, devra, dans un narré écrit, résumer les demandes et documents ayant trait à une tutelle officieuse.

Il faut qu'un enfant ait moins de quinze ans pour pouvoir être admis à jouir des avantages d'une tutelle officieuse.

Quelles que soient les clauses, conditions, conventions spéciales qui y sont énumérées, elle oblige le tuteur officieux à nourrir le pupille, à l'élever et à le mettre en position de pouvoir se suffire à lui-même.

Si le pupille possède quelques biens et s'il a été précédemment en tutelle, l'administration de sa personne et de ses biens reviendra de droit à son nouveau tuteur officieux, auquel il ne sera pas permis, toutefois, de prélever les frais de l'éducation de l'enfant sur le produit du revenu de ses biens.

Si le tuteur officieux, après cinq ans révolus de tutelle, prévoyant qu'il pourra mourir avant que le pupille soit majeur, l'adopte par testament, cette adoption ne sera valable qu'à cette condition seule que le tuteur officieux ne laissera pas d'enfants légitimes après lui.

Si le tuteur officieux mourait avant ou après les cinq ans fixés en l'article précédent, sans qu'il ait adopté son pupille, il sera fourni à celui-ci, durant sa minorité, de quoi vivre, et il y sera pourvu en qualité et quantité (si précédemment il n'y a pas eu à ce sujet convention formelle), soit par un arrangement à l'amiable et tout de conciliation entre les représentants respectifs du tuteur officieux et du pupille, soit, en cas de contestation, par voie judiciaire, par autorité de justice.

Quand le pupille deviendra majeur, si son tuteur officieux a l'intention de l'adopter et que le pupille y consente, l'adoption aura lieu selon les formalités énumérées ci-dessus, et les conséquences en seront, sous tous les rapports, identiques.

Si, dans les trois mois qui se sont écoulés depuis que le pupille est devenu majeur, les démarches qu'il a faites vis-à-vis de son tuteur officieux, dans le but de s'en faire adopter, n'ont pas eu de résultat, et que le pupille ne soit pas en position de pourvoir à sa subsistance par son travail ou autrement, le tuteur officieux pourra se voir con-

18.

damner à dédommager le pupille de l'impossibilité où il l'aura mis de gagner sa vie.

Ce dédommagement se résoudra en aide et assistance tendant à lui donner un état, une profession, le tout indépendamment de stipulations qui auraient pu avoir pour but la prévision de cette éventualité.

Le tuteur officieux qui aurait eu à gérer quelques biens de son pupille, sera obligé d'être prêt, en toutes circonstances, à justifier de la manière dont il les aura administrés.

TITRE IX

De la puissance paternelle

ART. 371, 372, 373, 374, 375, 376, 377, 378, 379, 380, 381, 382, 383, 384, 385, 386 et 387. L'enfant, à tout âge, doit honneur et respect à ses père et mère.

(V. les art. 133 et 1330.)

Il reste sous leur autorité jusqu'à sa majorité ou son émancipation.

(V. 25, 34, 133, 365, 476, 1384 et 1488.)

Le père seul exerce cette autorité pendant le mariage.

(V. les art. 25 et 74.)

L'enfant ne peut quitter la maison paternelle sans la permission de son père, si ce n'est pour enrôlement volontaire après l'âge de dix-huit ans révolus.

(V. les art. 9, 89 et 144.)

Le père qui aura des sujets de mécontentement très-graves sur la conduite d'un enfant aura les moyens de correction suivants :

(V. les art. 52, 133 et 145.)

Si l'enfant est âgé de moins de seize ans commencés, le père pourra le faire détenir pendant un temps qui ne pourra excéder un mois, et, à cet effet, le président du tribunal d'arrondissement devra, sur sa demande, délivrer l'ordre d'arrestation.

(V. les art. 25, 45, 113, 133 et 468.)

Depuis l'âge de seize ans commencés jusqu'à la majorité ou l'émancipation, le père pourra seulement requérir la détention de son enfant pendant six mois au plus; il s'adressera au président dudit tribunal qui, après en avoir conféré avec le procureur impérial, délivrera l'ordre d'arrestation ou le refusera, et pourra, dans le premier cas, abréger le temps de la détention requis par le père.

(V. les art. 9, 25, 34, 45, 72, 133, 316 et 468.)

Il n'y aura, dans l'un et l'autre cas, aucune écriture, ni formalité judiciaire, si ce n'est l'ordre même d'arrestation, dans laquelle les motifs n'en seront pas énoncés.

Le père sera seulement tenu de souscrire une soumission de payer tous les frais et de fournir les aliments convenables.

(V. les art. 16, 25, 34, 38, 145, 316 et 468.)

Le père est toujours maître d'abréger la durée de la détention par lui ordonnée ou requise. Si après sa sortie, l'enfant tombe dans de nouveaux écarts, la détention pourra être de nouveau ordonnée de la manière prescrite aux articles précédents.

(V. les art. 133, 316 et 468.)

Si le père est remarié, il sera tenu pour faire détenir son enfant du premier lit, lors même qu'il serait âgé de moins de seize ans, de se conformer à l'article 377.

(V. les art. 25 et 133.)

La mère survivante et non remariée ne pourra faire détenir un enfant qu'avec le concours des deux plus proches parents paternels et par voie de réquisition conformément à l'art. 377.

(V. les art.) 25, 37, 123, 130 et 133.)

Lorsque l'enfant aura des biens personnels, ou lorsqu'il exercera un état, sa détention ne pourra, même au-dessous de seize ans, avoir lieu que par voie de réquisition, en la forme prescrite par l'article 377.

L'enfant détenu pourra adresser un mémoire au procureur général près la cour impériale. Celui-ci s'en fera rendre compte par le procureur impérial près le tribunal de première instance et fera son rapport au président de la cour impériale, qui, après en avoir donné avis au père, et avoir recueilli tous les renseignements, pourra révoquer ou modifier l'ordre délivré par le président du tribunal de première instance.

(V. les art. 45, 72, 112, 123, 126, 133, 357 et 370.)

Les articles 376, 377, 378 et 379, seront communs aux pères et mères des enfants naturels légitimement reconnus.

Le père, durant le mariage, et, après la dissolution du mariage, le survivant des père et mère, auront la jouissance des biens de leurs enfants jusqu'à l'âge de dix-huit ans accomplis, ou jusqu'à l'émancipation qui pourrait avoir lieu avant l'âge de dix-huit ans.

(V. les art. 7, 25, 29, 112, 124, 133, 144, 205, 357, 453, 476 et 730.)

Les charges de cette jouissance seront :

1° Celles auxquelles sont tenus les usufruitiers;

2° La nourriture, l'entretien et l'éducation des enfants selon leur fortune;

3° Le payement des arrérages ou intérêts des capitaux;
4° Les frais funéraires et ceux de la dernière maladie.

(V. les art. 7, 16, 25, 126, 111, 321 et 600.)

Cette jouissance cessera à l'égard de la mère dans le cas d'un second mariage.

(V. les art. 7, 25, 131 et 228.)

Elle ne s'étendra pas aux biens que les enfants pourront acquérir par un travail ou une industrie séparée, ni à ceux qui leur seront donnés ou légués sous la condition expresse que les père et mère n'en jouiront pas.

(V. les art. 7, 25, 29, 104, 112, 133 et 889.)

La puissance paternelle est l'autorité qu'ont les père et mère dans une famille.

L'enfant, fils ou fille, quel que soit son âge, est tenu d'honorer et de respecter ses père et mère. — La loi veut que les enfants aient jusqu'à leur majorité le même domicile que leurs père et mère. — Il est bon qu'ils s'accoutument, aussitôt que possible, à se persuader qu'ils sont sous l'autorité paternelle et maternelle et qu'ils fassent ainsi l'apprentissage de la dépendance dans laquelle tous, hommes et femmes, nous sommes obligés, plus ou moins, de vivre.

L'enfant, fils ou fille, reste en puissance paternelle, jusqu'à ce qu'il ait atteint l'âge où il peut disposer de sa personne et de ses biens, ou jusqu'à ce qu'une émancipation en règle lui confère ce droit, quoiqu'il soit encore mineur.

Au père seul appartient cette autorité tant que dure le mariage.

Au fils il est interdit de quitter le domicile paternel, sans que son père le lui permette, ou l'envoie dans un établissement d'instruction publique, ou qu'il ne prenne volontairement du service dans l'armée de terre ou de mer, quand il a l'âge voulu, alternative qui ne concerne pas le sourd-muet, quoiqu'on en ait vu plus d'un servir dans les armées de terre et de mer.

Le père qui aura très-gravement à se plaindre de la manière habituelle d'agir de son enfant, pourra, pour le maintenir ou le faire rentrer dans le devoir, user à son égard des peines correctionnelles ci-après :

Si l'enfant n'est pas entré dans sa seizième année, le père aura le droit de le faire mettre et de le garder en prison pour un laps de temps qui ne pourra dépasser un mois. Le président du tribunal de première instance de son arrondissement sera tenu, sur sa requête, de lui délivrer l'ordre d'arrestation.

Depuis l'âge où l'enfant sera entré dans sa seizième année jusqu'à celui où il pourra disposer de sa personne et de ses biens, ou jusqu'à ce qu'une émancipation en règle lui confère ce droit, quoiqu'il soit encore mineur, le père ne pourra requérir son emprisonnement que pour six mois. Il devra, dans ce but, recourir au président du tribunal de première instance de l'arrondissement, qui, après en avoir conféré avec le procureur impérial chargé du ministère public, délivrera ou refusera l'ordre d'arrestation. Dans la première alternative, le président aura le droit de diminuer la durée de l'emprisonnement demandée par le père.

Dans l un et l'autre cas, il n'y aura besoin d'aucun acte ni d'aucune formalité judiciaire autre que l'ordre d'arrestation, dans lequel ne seront pas même énoncés les motifs de cette mesure.

Le père devra seulement s'engager à payer tous les frais et à fournir au prisonnier tous les aliments qui lui seront nécessaires.

Le père a toujours la faculté d'abréger la durée de la détention qu'il a requise ou ordonnée. Si, remis en liberté, l'enfant commet de nouvelles fautes, l'emprisonnement peut être renouvelé selon les formalités prescrites.

Si le père a contracté une nouvelle union, il sera obligé, pour faire mettre et pour garder en prison l'enfant qu'il a eu de son premier mariage, lors même qu'il n'aurait pas atteint sa seizième année, de se conformer aux prescriptions qui exigent qu'il s'adresse au président du tribunal de première instance de son arrondissement, etc., etc.

La femme qui a survécu à son premier mari et ne s'est point remariée, ne pourra faire emprisonner un enfant, fils ou fille, fruit de sa première union, qu'après en avoir conféré et s'être entendue avec les deux plus proches parents du côté du mari, et après s'être adressée également au président du tribunal de première instance de l'arrondissement.

Quand l'enfant aura des biens à lui, ou qu'il exercera

une profession, un métier quelconque, son emprisonnement, même lorsqu'il n'aura pas atteint sa seizième année, ne pourra avoir lieu qu'après qu'on se sera adressé au président du tribunal de première instance de l'arrondissement.

Il sera permis à l'enfant détenu d'adresser un mémoire sommaire sur sa position au procureur général chargé du ministère public près la cour impériale. Ce magistrat se fera rendre compte de l'état de l'affaire par le procureur impérial près le tribunal de première instance et présentera son rapport au président de la cour impériale, lequel, en ayant avisé le père et s'étant entouré de toutes les informations désirables, pourra révoquer ou modifier l'ordre donné par le président du tribunal de première instance.

Les formalités prescrites dans les quatre articles mentionnés ci-dessus seront également applicables aux pères et mères des enfants naturels légalement reconnus.

(V. les art. 38, 62 et 63.)

Le père, pendant la durée du mariage, même après la séparation de corps, et celui des deux époux qui aura survécu à l'autre, jouiront des biens de leurs enfants jusqu'à ce qu'ils aient atteint leur dix-huitième année, ou qu'un acte d'émancipation en règle les ait mis en possession légale de leur personne et de leurs biens avant cet âge.

Voici quelles sont les conditions onéreuses inséparables de la jouissance dont il est question en l'article précédent :

4o Celles qui incombent à toute personne jouissant des fruits ou revenus d'un héritage, et des intérêts d'un capital, dont la propriété appartient à un autre ;

2o Les aliments, l'entretien et l'éducation des enfants, proportionnellement à leur fortune et à leur position sociale ;

3o L'acquittement, en valeurs numéraires ou autrement, de ce qui est dû, de ce qui est échu d'un revenu, d'une rente, d'un loyer, plus les *intérêts*, le profit qu'on retire de l'argent prêté ou dû (*capitaux*, fonds d'une dette ou d'une rente) ;

4o Les frais qu'occasionnent les obsèques et cérémonies qui se font aux enterrements, et ceux que nécessite la maladie qui aboutit à la mort.

Cette jouissance des biens de l'enfant cessera d'avoir lieu à l'égard de la mère qui, devenue veuve, contractera un second mariage.

Elle n'embrassera pas les biens qu'il amasserait par une intelligence, un labeur, une industrie à part, ni ceux dont il lui serait fait don par testament ou autrement, à cette condition expresse que ses père et mère n'en jouiraient pas.

TITRE X

De la Minorité, de la Tutelle et de l'Émancipation

CHAPITRE PREMIER

DE LA MINORITÉ

ART. 388. Le mineur est l'individu de l'un et de l'autre sexe qui n'a point encore l'âge de vingt-un ans accomplis.

(V. les art. 9, 25, 37, 63, 76, 108 et 144.)

La *minorité* est l'âge où l'on ne peut encore disposer de sa personne et de ses biens. — La *tutelle* est l'autorité donnée, conformément à la loi, pour avoir soin de la personne et des biens d'un mineur ou d'un interdit. — L'*émancipation* est l'acte qui met un mineur en état de jouir de ses revenus, à l'âge et suivant les formalités prescrites par la loi.

Le mineur est l'individu, fils ou fille, qui n'a pas encore accompli ses vingt-un ans. Jusqu'à cet âge, il ne peut être témoin. (Loi du 25 vendémiaire an XI sur le Notariat.)

Le mineur en droit est l'individu de l'un ou de l'autre sexe qui n'a pas atteint l'âge prescrit par la loi pour user et jouir de ses droits et pour contracter valablement.

Aujourd'hui on est majeur à vingt-un ans dans toute la France. On ne peut toutefois contracter mariage sans le consentement de ses père et mère que lorsqu'on a vingt-cinq ans.

La surdi-mutité est-elle assimilable à la minorité?

Non, certainement. Ce serait outrager le simple bon sens que de chercher à soutenir le contraire, quand il est de toute évidence que la personne affligée de cette double infirmité a le degré d'intelligence voulu pour vivre libre.

C'est donc dans l'esprit de la loi que la cour impériale de Paris, en son audience du 12 janvier 1867, a donné gain de cause à Mlle Falanga, âgée de trente-deux ans, sourde-muette de naissance, demanderesse contre son père.

Cette personne avait été élevée, de neuf à seize ans, à l'Institution impériale des sourds-muets de Paris. Depuis sa sortie de cet établissement, elle avait résidé, pendant six ans, à Smyrne, chez son oncle. Revenue à Paris, elle fut placée, pendant cinq ans, chez une institutrice de la rue de Vaugirard, Mme Dumay ; puis enfin, sortie de là, elle fut mise par son père à Bourg-la-Reine, à l'institution des Filles du Calvaire, dirigée par des sœurs et où il paraît qu'elle était cloîtrée.

C'est dans cette situation qu'elle a formé contre son père, M. Falanga, une demande en pension alimentaire de 6,000 francs, fondée sur son infirmité, qui la mettait dans l'impossibilité de travailler et ne lui permettait pas, non plus, de vivre sans l'assistance d'une domestique.

M. Falanga a résisté à cette demande en soutenant qu'il avait toujours subvenu aux besoins de sa fille, qu'il y subvenait encore de la façon la plus large, et qu'elle était mal fondée à se plaindre de sa situation, qu'il avait toujours adoucie autant que possible.

Malgré cette résistance, la demande de Mlle Falanga avait été accueillie, en partie du moins, par jugement du tribunal civil de la Seine du 31 juillet 1866 ainsi conçu.

« Le tribunal,

» Attendu qu'appréciation faite de la situation pécuniaire de Falanga et des besoins de la demoiselle Falanga, augmentés par son état d'infirmité, il y a lieu de fixer à 2,500 francs la pension alimentaire que Falanga doit servir à sa fille;

» Par ces motifs,

» Condamne Falanga à servir à sa fille une pension annuelle de 2,500 francs, payable par trimestre et d'avance, à partir du jour de la demande, et le condamne, en outre, aux dépens. »

M. Falanga a interjeté de ce jugement un appel principal pour faire rejeter la demande de sa fille. Celle-ci a interjeté un appel incident pour faire élever à 6,000 francs, le chiffre de la pension.

Me Lefranc, avocat de M. Falanga, s'efforce de justifier les raisons qui peuvent le contraindre à résister à la demande formée contre lui, et notamment les craintes que la position de la demoiselle lui inspirerait si elle était absolument libre. Il conclut en déclarant que c'est le droit et le devoir du père de continuer à servir la pension de sa fille dans l'établissement où elle est placée, ainsi que tous les frais accessoires, aussi longtemps qu'elle y restera, attendu que C'EST D'UNE VÉRITABLE MINEURE QU'IL S'AGIT ICI.

Dans l'intérêt de Mlle Falanga, Me Salvetat a soutenu que M. Falanga n'obéissait dans la circonstance à aucun bon sentiment, qu'au contraire, il était riche, très-riche, commanditaire d'une société de commerce pour la fourniture des armées, dans laquelle il avait versé et devait verser jusqu'à concurrence de 500,000 francs ; propriétaire d'immeubles à Paris, où il possédait un superbe hôtel; qu'il avait abandonné depuis longtemps sa femme, qui vivait à Constantinople des bienfaits de son parent, l'évêque de cette capitale ; qu'il avait de nombreux domestiques dans son hôtel de Paris qu'il occupait avec une maîtresse dont la connaissance lui avait valu d'être mêlé, en 1852 à un débat scandaleux qui s'est déroulé devant la cour d'assises de la Seine; que c'est pour payer une pension moindre à sa fille qu'il l'a transférée de la rue de Vaugirard à Bourg-la-Reine ; que celle-ci est non-seulement majeure, mais intelligente, ainsi que sa correspondance le prouve, et qu'il n'a aucun droit à l'interdire.

Conformément aux conclusions sévères de M. l'avocat général Sénart, a été rendu l'arrêt suivant :

« La cour,

» Adoptant les motifs des premiers juges;

» Considérant toutefois que la pension alimentaire allouée à la d^{lle} Falanga n'est pas en rapport avec ses besoins et avec la position de fortune de Falanga, et qu'il y a lieu d'en augmenter le chiffre ;

» Considérant, en outre, que le devoir et l'obligation de fournir à sa fille des moyens d'existence et de lui payer une pension alimentaire ne peuvent être soumis à la condition qu'il prétend lui imposer de rester dans le couvent où elle est placée, et de ne pas en sortir sans cesser d'y avoir droit ;

» Que l'infirmité naturelle dont est atteinte la dlle Falanga, âgée de trente-deux ans, ne l'assimile pas à un mineur et ne peut donner à son père le pouvoir de la priver de sa liberté et de la tenir enfermée dans une maison claustrale, lorsqu'il n'a pas la volonté et lorsqu'il s'est mis dans l'impossibilité de lui ouvrir la sienne ;

» Sans s'arrêter aux conclusions de Falanga et à l'engagement qu'elles contiennent, lesquelles sont rejetées ;

« Confirme et, néanmoins, élève à 4,000 fr. la pension alimentaire de la dlle Falanga. »

CHAPITRE II

DE LA TUTELLE

SECTION PREMIÈRE

De la Tutelle des père et mère

ART. 389. 390, 391, 392, 393, 394, 395 et 396. Le père est, durant le mariage, administrateur des biens personnels de ses enfants mineurs.

Il est comptable, quant à la propriété et aux revenus, des

biens dont il n'a pas la jouissance, et, quant à la propriété seulement, de ceux des biens dont la loi lui donne l'usufruit.

(V. les art. 7, 25, 63, 112, 133, 365, 385, 421 et 1388.)

Après la dissolution du mariage arrivée par la mort naturelle ou civile de l'un des époux, la tutelle des enfants mineurs et non émancipés appartient, de plein droit, au survivant des père et mère.

(V. les art. 22, 25, 29, 33, 63, 108, 121, 133 et suivants.)

Pourra néanmoins le père nommer à la mère survivante et tutrice un conseil spécial, sans l'avis duquel elle ne pourra faire aucun acte relatif à la tutelle.

Si le père spécifie les actes pour lesquels le conseil sera nommé, la tutrice sera habile à faire les autres sans son assistance.

(V. les art. 25 et 385.)

Cette nomination du conseil ne pourra être faite que de l'une des manières suivantes :

1° Par acte de dernière volonté;

2° Par une déclaration faite, ou devant le juge de paix, assisté de son greffier, ou devant notaire.

(V. les art. 25, 27, 55, 63, 70, 113, 358 et 385.)

Si, lors du décès du mari, la femme est enceinte, il sera nommé un *curateur au ventre* par le conseil de famille.

A la naissance de l'enfant, la mère en deviendra tutrice, et le curateur en sera, de plein droit, le subrogé-tuteur.

(V. les art. 25, 29, 33, 108, 112, 311, 405, 450, 811 et 940.)

La mère n'est point tenue d'accepter la tutelle. Néanmoins, et en cas qu'elle la refuse, elle devra en remplir les devoirs jusqu'à ce qu'elle ait fait nommer un tuteur.

(V. les art. 25, 399 et 421.)

Si la mère tutrice veut se remarier, elle devra, avant l'acte de mariage, convoquer le conseil de famille, qui décidera si la tutelle doit lui être conservée.

A défaut de cette convocation, elle perdra la tutelle de plein droit; et son nouveau mari sera solidairement responsable de toutes les suites de la tutelle qu'elle aura indûment conservée.

(V. les art. 25, 29, 63, 142, 358 et 385.)

Lorsque le conseil de famille, dûment convoqué, conservera la tutelle à la mère, il lui donnera nécessairement pour cotuteur le second mari, qui deviendra solidairement responsable, avec sa femme, de la gestion postérieure au mariage.

(V. les art. 25, 63, 112, 142, 358 et 385.)

La tutelle est l'autorité légale des père et mère sur la personne et les biens de leurs enfants mineurs. — Le père a, pendant la durée du mariage, la gestion de leurs biens personnels. — Il est responsable, pour ce qui concerne le droit en vertu duquel une chose leur appartient en propre, des biens dont ils n'ont pas la jouissance, et, pour ce qui concerne uniquement la propriété, de ceux des biens dont la loi leur donne les fruits, les revenus et les intérêts.

Quand le mariage a été dissous par la mort naturelle d'un des époux ou par sa mort civile, qui l'exclut de toute participation aux droits civils, la tutelle, sur la personne et les biens des enfants n'ayant pas encore vingt-et-un ans, ou qu'un acte légal ne permettrait pas de jouir de leurs revenus, revient de plein droit à celui des deux époux qui survivrait à l'autre.

Le père aura cependant le droit d'adjoindre à la mère tutrice qui lui survivrait, une assistance conseillère, exclu-

sivement choisie dans ce but déterminé, et dont l'aide,
l'appui, le sentiment, l'opinion, lui sera indispensable pour
tout ce qu'elle voudra entreprendre concernant l'autorité
dont elle est revêtue. — Si le père prévoit et détermine
d'avance, en particulier, en détail, les attributions du futur conseil, la tutrice aura le droit de procéder aux autres
actes sans son assistance.

Le conseil, mentionné en l'article précédent, ne pourra
être élu, choisi, désigné que dans une des deux formes ci-
après : — ou par un acte de dernière volonté, un testament en règle du père; — ou par une déclaration faite,
soit devant le juge de paix de la circonscription, assisté
de son greffier, tenant le greffe, chargé, en outre, d'écrire
à l'audience les minutes des décisions et jugements, et d'assister le juge dans certaines circonstances, comme pour les
descentes de justice, les enquêtes, etc. ; soit devant notaires,
officiers publics, qui reçoivent et passent les contrats, les
obligations, les transactions et autres actes volontaires.

Si, au moment de la mort du mari, la femme est enceinte, un curateur spécial lui sera donné par le conseil
de famille, composé de parents convoqués et présidés par
le juge de paix, à cette fin de veiller aux intérêts du mineur. Ce curateur devra s'occuper de la grossesse et de
l'enfantement. — L'enfant venu au monde, la mère en deviendra tutrice, et *le curateur au ventre* sera, de plein
droit, son subrogé-tuteur, chargé de veiller à ce que la tutrice ne fasse rien de contraire aux intérêts du mineur.

La mère n'est point forcée d'accepter d'être tutrice. Si,

19.

pourtant, elle refuse de l'être, elle sera obligée d'en remplir les fonctions jusqu'à ce qu'elle ait obtenu la nomination d'un tuteur.

La mère tutrice, qui aurait l'intention de se remarier, sera tenue, avant de procéder à la célébration du second mariage, d'assembler le conseil de famille, qui décidera si elle doit rester en possession de la tutelle.

Si elle néglige de faire cette convocation, elle sera, de plein droit, dépouillée de la tutelle; et son nouveau mari sera complétement solidaire avec elle des conséquences d'une autorité qu'elle aura gardée sans en avoir le droit.

Quand le conseil de famille, réuni d'après les règles et formalités, aura décidé que la mère doit rester tutrice, il sera tenu de lui adjoindre, pour être tuteur avec elle, son second mari, qui partagera sa responsabilité pour toute la gestion qui aura suivi le nouveau mariage.

SECTION II.

De la tutelle déférée par le père ou la mère

Art. 397, 398, 399, 400 et 401. Le droit individuel de choisir un tuteur parent, ou même étranger, n'appartient qu'au dernier mourant des père et mère.

(V. les art. 25, 37, 421 et 1055.)

Ce droit ne peut être exercé que dans les formes prescrites par l'article 392 et sous les exceptions et modifications ci-après:
La mère remariée, et non maintenue dans la tutelle des enfants de son premier mariage, ne peut leur choisir un tuteur.

(V. les art. 25, 133 et 395.)

Lorsque la mère remariée et maintenue dans la tutelle, aura fait choix d'un tuteur aux enfants de son premier mariage, ce choix ne sera valable qu'autant qu'il aura été confirmé par le conseil de famille.

(V. les art. 133, 142, 170, 393, 395 et 421.)

Le tuteur élu par le père ou la mère n'est pas tenu d'accepter la tutelle, s'il n'est d'ailleurs dans la classe des personnes, qu'à défaut de cette élection spéciale, le conseil de famile eût pu en charger.

(V. les art. 25, 142, 393 et 427.)

DE L'AUTORITÉ SUR LA PERSONNE ET LES BIENS D'UN MINEUR DÉFÉRÉE PAR LE PÈRE OU LA MÈRE

Ce choix personnel d'un tuteur, appartenant à la famille ou même lui étant étranger, est le privilège exclusif du dernier vivant des deux époux.

On n'est admis à exercer le droit spécifié en l'article précédent, que d'après les prescriptions contenues en l'article 392 (nominations d'un conseil spécial), et en se soumettant aux réserves et restrictions mentionnées dans les articles 399, 400 et 401.

La femme qui, ayant contracté un second mariage, n'a pas été maintenue dans la tutelle des enfants du premier, n'est point admise à faire choix pour eux d'un tuteur.

Le choix d'un tuteur par la femme qui, ayant contracté un second mariage, aura été maintenue tutrice des enfants du premier, ne sera valable que s'il est approuvé, sanctionné, ratifié par le conseil de famille.

La personne appelée par le père ou la mère, le mari ou la femme, à la tutelle de leurs enfants, n'est pas forcée de l'accepter, si elle ne figure, d'ailleurs, dans la catégorie des personnes, qu'à défaut de cette élection spéciale, le conseil de famille pouvait y appeler.

SECTION III

De la tutelle des ascendants

ART. 402, 403 et 404. Lorsqu'il n'a pas été choisi au mineur un tuteur par le dernier mourant de ses père et mère, la tutelle appartient de droit à son aïeul paternel; à défaut de celui-ci, à son aïeul maternel, et ainsi en remontant, de manière que l'ascendant paternel soit toujours préféré à l'ascendant maternel du même degré.

(V. les art. 25, 29, 56, 63, 78, 124, 142, 421 et 907.)

Si à défaut de l'aïeul paternel du mineur, la concurrence se trouvait établie entre deux ascendants du degré supérieur qui appartinssent tous deux à la ligne paternelle du mineur, la tutelle passera de droit à celui des deux qui se trouvera être l'aïeul paternel du père du mineur.

(V. les art. 25, 49, 56, 63, 73, 142 et 421.)

Si la même concurrence a lieu entre deux bisaïeuls de la ligne maternelle, la nomination sera faite par le conseil de famille, qui ne pourra néanmoins que choisir l'un de ces deux ascendants.

(V. les art. 142, 393 et 421.

DE LA TUTELLE A EXERCER PAR LES ASCENDANTS (AÏEULS OU AÏEULES)

Quand il n'a pas été fait choix au mineur par le dernier mourant de ses père et mère, d'un tuteur chargé de veiller sur sa personne et ses biens, sa tutelle revient de droit à son aïeul du côté du père ; à défaut de celui-ci, à son aïeul du côté de la mère, et ainsi de suite, par voie ascendante, en donnant toujours la préférence à l'ascendant paternel sur l'ascendant maternel du même degré.

Si, à défaut de l'aïeul du côté du père et de l'aïeul du côté de la mère, il y avait égalité de position entre ces deux ascendants du degré supérieur, appartenant l'un et l'autre à la ligne paternelle, la tutelle reviendrait de droit à l'aïeul paternel du père du mineur.

Si la même concurrence se représente entre deux bisaïeuls (père de l'aïeul ou de l'aïeule) du côté maternel, ce sera au conseil de famille, dûment convoqué, à faire un choix, qui ne pourra, toutefois, s'étendre au delà des deux ascendants qui sont en présence.

SECTION IV

De la tutelle déférée par le conseil de famille

Art. 405, 406, 407, 408, 409, 410, 411, 412, 413, 414, 415, 416, 417, 418 et 419. Lorsqu'un enfant mineur et non émancipé restera sans père ni mère, ni ascendants mâles, comme aussi lorsque le tuteur de l'une des qualités ci-dessus exprimées se trouvera, ou dans le cas des exclusions dont il sera parlé ci-après, ou valablement excusé, il sera pourvu par un conseil de famille à la nomination d'un tuteur.

(V. les art. 25, 63, 108, 133, 142, 170, 397, 427 et 442.)

Ce conseil sera convoqué, soit sur la réquisition et à la dili-

gence des parents du mineur, de ses créanciers ou d'autres
parties intéressées, soit même d'office et à la poursuite du juge
de paix du domicile du mineur. Toute personne pourra dénoncer à ce juge de paix le fait qui donnera lieu à la nomination d'un tuteur.

(V. les art. 9, 25, 36, 37, 63, 71, 108, 111, 123, 142,
200, 205, 420, 422, 454 et 1056.)

Le conseil de famille sera composé, compris le juge de paix,
de six parents ou alliés, pris, tant dans la commune où la
tutelle sera ouverte, que dans la distance de deux myriamètres,
moitié du côté paternel, moitié du côté maternel, et en suivant
l'ordre de proximité dans chaque ligne.

Le parent sera préféré à l'allié du même degré, et, parmi le
parent du même degré, le plus âgé à celui qui le sera le moins.

(V. les art. 25, 37, 69, 70, 71, 73, 76, 127, 130, 142, 321
et 427.)

Les frères germains du mineur et les maris des sœurs germaines, sont seuls exceptés de la limitation de nombre posée en
l'article précédent.

S'ils sont six, ou au delà, ils seront tous membres du conseil
de famille, qu'ils composeront seuls, avec les veuves d'ascendants et les ascendants valablement excusés, s'il y en a.

S'ils sont en nombre inférieur, les autres parents ne seront
appelés que pour compléter le conseil.

(Voir les art. 37, 63, 142, 170 et 427.)

Lorsque les parents ou alliés de l'une ou de l'autre ligne, se
trouveront en nombre insuffisant sur les lieux, ou dans la distance désignée par l'article 407, le juge de paix appellera, soit
des parents ou alliés domiciliés à de plus grandes distances,
soit, dans la commune même, des citoyens connus pour avoir
eu des relations d'amitié avec le père ou la mère du mineur.

(V. les art. 9, 37, 63, 67, 70, 76, 142 et 427.)

Le juge de paix pourra, lors même qu'il y aurait sur les lieux un nombre suffisant de parents ou alliés, permettre de citer, à quelque distance qu'ils soient domiciliés, des parents ou alliés plus proches en degré ou de même degré que les parents ou alliés présents, de manière toutefois que cela s'opère en retranchant quelques-uns de ces derniers et sans excéder le nombre réglé par les précédents articles.

(V. les art. 9, 36, 37, 70, 73, 76, 130, 142, 427 et suivants.)

Le délai pour comparaître sera réglé par le juge de paix à jour fixe, mais de manière qu'il y ait toujours, entre la citation notifiée et le jour indiqué pour la réunion du conseil, un intervalle de trois jours au moins, quand toutes les parties citées résideront dans la commune ou dans la distance de deux myriamètres.

Toutes les fois que, parmi les parties citées, il s'en trouvera de domiciliées au delà de cette distance, le délai sera augmenté d'un jour par trois myriamètres.

(V. les art. 9, 28, 36, 63, 69, 70, 142, 154, 427 et suivants.)

Les parents, alliés ou amis, ainsi convoqués, seront tenus de se rendre en personne, ou de se faire représenter par un mandataire spécial.

Le fondé de pouvoir ne peut représenter plus d'une personne.

(V. les art. 36, 37, 76, 120, 137, 391, 427 et suivants, 1988 et 1990.)

Tout parent, allié ou ami convoqué, et qui, sans excuse légitime, ne comparaîtra point, encourra une amende qui ne pourra excéder cinquante francs, et sera prononcée sans appel par le juge de paix.

(V. les art. 33, 36, 37, 68, 70, 76, 177, 178 et 427.)

S'il y a excuse suffisante et qu'il convienne, soit d'attendre le membre absent, soit de le remplacer, en ce cas, comme en tout autre, où l'intérêt du mineur semble l'exiger, le juge de paix pourra ajourner l'assemblée ou la proroger.

(V. les art. 63, 70, 142 et 427.)

Cette assemblée se tiendra, de plein droit, chez le juge de paix, à moins qu'il ne désigne lui-même un autre local. La présence des trois quarts au moins de ses membres convoqués sera nécessaire pour qu'elle délibère.

(V. les art. 29, 70, 141; 427 et suivants.)

Le conseil de famille sera présidé par le juge de paix, qui aura voix délibérative et prépondérante en cas de partage.

(V. les art. 70, 142, 407 et suivants, 883, 888 et 889.)

Quand le mineur, domicilié en France, possédera des biens dans les colonies, ou réciproquement, l'administration spéciale de ces biens sera donnée à un protuteur.

En ce cas, le tuteur et le protuteur seront indépendants, et non responsables l'un envers l'autre pour leur gestion respective.

(V. les art. 9, 25, 63, 112, 120, 321, 391, 395, 427 et suivants.)

Le tuteur agira et administrera, en cette qualité, du jour de sa nomination, si elle a lieu en sa présence, sinon du jour qu'elle lui aura été notifiée.

(V. les art. 25, 154, 397, 450 et 882.)

La tutelle est une charge personnelle qui ne passe point aux héritiers du tuteur. Ceux-ci seront seulement responsables de la gestion de leur auteur, et, s'ils sont majeurs, il seront tenus de la continuer jusqu'à la nomination d'un nouveau tuteur.

(V. les art. 15, 63, 112, 395, 724 et 1370.)

DE L'AUTORITÉ SUR LA PERSONNE ET LES BIENS DU MINEUR DÉFÉRÉE PAR LE CONSEIL DE FAMILLE

Lorsqu'un enfant qui n'a pas encore atteint l'âge de la majorité et n'a pas été mis en possession de sa personne et de ses biens par une émancipation en règle, n'a ni père, ni mère, ni tuteur choisi par l'un ou l'autre, ni ascendants mâles, de même que, lorsque son tuteur, appartenant à une des catégories ci-dessus, se trouvera dans le cas d'une des exclusions mentionnées, ou valablement excusé de ne pouvoir remplir les fonctions auxquelles il a été appelé, ce sera au conseil de famille à lui nommer un tuteur.

Ce conseil (assemblée de parents) sera réuni, soit à la réquisition et à la diligence de ses proches, ou de ceux à qui il doit de l'argent, ou d'autres intéressés, soit, sans qu'il en ait été requis, par la seule initiative du juge de paix de la demeure du mineur; et tout individu aura la faculté d'apporter à la connaissance de ce magistrat la circonstance qui lui semblera nécessiter la nomination d'un tuteur.

Le conseil de famille se composera, outre le juge de paix, de six parents ou alliés choisis, soit dans la commune où l'on procédera à la tutelle, soit dans un rayon qui ne dépassera pas vingt mille mètres ou vingt kilomètres, ou environ cinq lieues de poste, moitié du côté du père, moitié de celui de la mère, et en tenant compte du plus proche degré de parenté dans chaque ligne.

Le parent aura la préférence sur l'allié du même degré,

et entre parents du même degré, le plus âgé sur le plus jeune.

Le *myriamètre*, mesure itinéraire de dix mille mètres, ou dix kilomètres, vaut à peu près deux lieues et demie de poste.

Les frères germains et sœurs germaines sont les frères et sœurs du mineur, nés d'un même père et d'une même mère, par opposition aux *consanguins*, nés seulement du même père, et aux *utérins*, nés seulement de la même mère.

Seuls les frères germains du mineur et les maris des sœurs germaines, ne sont pas compris dans la limite fixée au nombre des membres du conseil de famille.

S'ils atteignent le nombre de six ou le dépassent, ils feront tous partie du conseil de famille et le composeront même seuls, avec les veuves d'ascendants et les ascendants qui auront fait admettre des excuses valables, s'il en existe.

S'ils ne sont pas assez nombreux pour composer, à eux seuls, le conseil de famille, on n'aura recours aux autres parents que pour compléter le nombre voulu.

Quand les parents ou alliés du côté du père ou du côté de la mère ne seront pas assez nombreux pour composer le conseil de famille, soit dans la localité, soit dans le rayon de deux lieues et demie de poste dont il a été question, le juge de paix appellera des parents ou alliés ayant leur domicile plus loin, ou, dans la commune même, des habitants qu'on saura avoir été liés avec le père ou la mère du mineur.

Lors même qu'il y aurait dans la localité un nombre

suffisant de parents ou d'alliés pour composer le conseil de famille, le juge de paix pourra autoriser à assigner à comparaître, quelque éloigné que soit leur domicile, des parents ou alliés plus proches en degrés, ou de mêmes degrés que les parents ou alliés présents, pourvu néanmoins que cette substitution se fasse en supprimant de la liste quelques-uns des autres, et sans dépasser jamais le nombre que la loi détermine.

Le délai pour la comparution sera fixé par le juge de paix à jour invariable, mais de telle façon qu'il y ait toujours, entre la notification et le jour arrêté pour la réunion du conseil de famille, un intervalle de trois jours au moins, alors que toutes les parties convoquées habiteront la commune ou qu'elles n'en seront séparées que par une distance de cinq lieues de poste.

Lorsque, parmi les parties convoquées, il y en aura de domiciliées plus loin, le délai sera augmenté de vingt-quatre heures par sept lieues et demie de poste.

Les parents, alliés ou amis, convoqués de la sorte, seront obligés de se présenter eux-mêmes ou de se faire représenter par une personne qu'ils auront chargée d'une procuration spéciale.

Cette personne n'aura le droit de se présenter qu'au nom et à la place d'une seule.

Tout parent, allié ou ami qui, légalement convoqué, n'aura point comparu, sans pouvoir alléguer une excuse valable, s'exposera à être condamné à payer une amende pécuniaire qui ne pourra dépasser 50 francs, et sera prononcée par le juge de paix, sans qu'on puisse en appeler à une autorité supérieure.

Si l'excuse alléguée paraît suffire et qu'on juge à propos, soit de rester en séance jusqu'à ce que le membre du conseil de famille qui ne s'est pas encore présenté se présente, soit de pourvoir, séance tenante, à son remplacement provisoire, dans cette alternative, comme dans toute autre où la position du mineur paraîtra le commander impérieusement, le juge de paix aura le droit de remettre l'assemblée à un autre jour ou de la continuer.

Cette assemblée du conseil de famille tiendra obligatoirement ses séances dans le domicile du juge de paix, à moins qu'il ne fasse choix lui-même d'un autre local. La présence des trois quarts au moins de ses membres convoqués est indispensable pour qu'elle entre en délibération.

Le juge de paix présidera le conseil de famille ; il y occupera la première place, avec le droit d'y maintenir l'ordre, d'y donner la parole et de la retirer ; de recueillir les voix et de prononcer les décisions que l'assemblée rendra. Il aura voix délibérative ; son opinion sera décisive et l'emportera sur celles des autres membres présents, si elles se balancent et qu'il y en ait autant d'un côté que de l'autre.

Si le mineur, qui a son domicile en France, possède des propriétés dans une colonie (réunion d'hommes partis de chez nous pour aller s'établir ailleurs et généralement par delà les mers), ou si un mineur domicilié dans nos colonies a des biens en France, la gestion particulière des uns ou des autres pourra être confiée à un *protuteur*, nommé pour remplacer le *tuteur*.

Tuteur et protuteur seront alors indépendants l'un de l'autre et n'auront aucun compte à se rendre réciproquement de leur administration personnelle.

Le tuteur en prendra et remplira les fonctions à partir du jour où la tutelle lui aura été déférée, lui présent, ou à partir du jour où elle lui aura été notifiée.

La tutelle est une charge tout individuelle. Elle n'est point transmissible aux héritiers du tuteur ; ceux-ci sont seulement responsables de la manière dont l'aura exercée la personne dont ils héritent, et, s'ils ont atteint leur majorité, ils devront continuer à l'exercer jusqu'à ce qu'ait été nommé un nouveau tuteur.

D'un conseil de famille, ni même d'une tutelle, un sourd-muet, assez instruit, assez intelligent pour comprendre les autres et en être compris, ne peut être exclu, en raison de son infirmité, la loi ne donnant ce droit à personne.

SECTION V

Du subrogé-tuteur

ART. 420. Dans toute tutelle, il y aura un subrogé-tuteur, nommé par le conseil de famille.

Ses fonctions consisteront à agir pour les intérêts du mineur, lorsqu'ils seront en opposition avec ceux du tuteur.

(V. les art. 25, 63, 142, 365, 393, 426, 442, 450, 1442, 2137 et 2142.)

Dans toute tutelle, il devra y avoir un *subrogé-tuteur,*

choisi par le conseil de famille et qui aura pour fonction de surveiller et de défendre la position et la fortune du mineur toutes les fois que ses droits et ses intérêts pourront être en opposition avec ceux du tuteur.

Art. 423. En aucun cas, le tuteur ne votera pour la nomination du subrogé-tuteur, lequel sera pris, hors le cas de frères germains, dans celle des deux lignes à laquelle le tuteur n'appartiendra point.

(V. les art. 25, 32, 393 et 408.)

Dans aucune circonstance, le tuteur ne sera admis à voter pour la nomination du subrogé-tuteur, lequel devra être choisi, en dehors des frères germains, fils du même père et de la même mère, dans la ligne masculine ou féminine dont le tuteur ne fait point partie.

Ce qui a été dit ci-dessus pour le sourd-muet *tuteur*, doit également s'appliquer au sourd-muet *subrogé-tuteur*, aucun texte de loi ne l'excluant de ces fonctions.

SECTION VI

Des causes qui dispensent de la tutelle

Art. 432, 433, 434, 435 et 436. Tout citoyen non parent ni allié ne peut être forcé d'accepter la tutelle que dans le cas qu'il n'existerait pas, dans la distance de quatre myriamètres, des parents ou alliés en état de gérer la tutelle.

(V. les art. 25, 37, 63, 76, 120 et 438.)

Tout individu âgé de soixante-cinq ans accomplis peut refuser d'être tuteur. Celui qui aura été nommé avant cet âge pourra, à soixante-dix ans, se faire décharger de la tutelle.

(V. les art. 25, 64 et 438.)

Tout individu atteint d'une infirmité grave et dûment justifiée, est dispensé de la tutelle.

Il pourra même s'en faire décharger, si cette infirmité est survenue depuis sa nomination.

(V. les art. 25, 37, 120 et 438.)

Deux tutelles sont, pour toutes personnes, une juste dispense d'en accepter une troisième.

Celui qui, époux et père, sera déjà chargé d'une tutelle, ne pourra être tenu d'en accepter une seconde, excepté celle de ses enfants.

(V. les art. 25, 124, 133 et 438.)

Ceux qui ont cinq enfants légitimes, sont dispensés de toute tutelle autre que celle desdits enfants.

Les enfants morts en activité de service dans les armées seront toujours comptés pour opérer cette dispense.

Les autres enfants morts ne seront comptés qu'autant qu'ils auront eux-mêmes laissé des enfants actuellement existants.

(V. les art. 25, 46, 133, 197, 437 et 438.)

MOTIFS QUI EXEMPTENT DE LA TUTELLE

Tout individu qui n'est ni parent ni allié d'un mineur, ne saurait être forcé de consentir à lui servir de tuteur, s'il ne se trouve pas dans le rayon de huit lieues de poste des parents ou alliés qui pourront en remplir la fonction.

Quiconque aura accompli sa soixante-cinquième année, sera libre de refuser les fonctions de *tuteur*. Celui qui les aura acceptées antérieurement *à cet âge*, sera libre de les déposer quand il aura atteint sa soixante-dixième année.

Quiconque est en proie à une maladie sérieuse ou à une infirmité grave, légalement constatées, peut se faire dispenser des fonctions de tuteur.

Il peut même obtenir d'en être exempté, s'il en a éprouvé les premières atteintes depuis qu'il remplit ces fonctions.

Nous avons déjà démontré que ces deux exceptions n'étaient point applicables au sourd-muet instruit, intelligent. Libre cependant à lui d'essayer de les faire valoir, mais sans aucune contrainte extérieure.

Quiconque a déjà accepté deux tutelles, est en droit d'en refuser une troisième.

Le mari ayant des enfants et qui aurait déjà une tutelle ne saurait être contraint à en accepter une deuxième, hors celle de ses enfants.

Quiconque a cinq enfants nés en légitime mariage est exempté, de droit, de toute tutelle, à l'exception de celle des susdits enfants.

Dans les cinq enfants nécessaires pour qu'il y ait lieu à cette dispense, sont toujours naturellement compris ceux qui sont morts sous les armes au service de l'État.

Les autres enfants morts n'y sont compris que s'ils ont eux-mêmes laissé des enfants, fils ou filles, actuellement en vie.

SECTION VII

De l'incapacité, des exclusions et destitutions de la tutelle

Art. 442, 443 et 444. Ne peuvent être tuteurs, ni membres des conseils de famille :

1° Les mineurs, excepté le père ou la mère;

2° Les interdits;

3° Les femmes autres que la mère et les ascendantes;

4° Tous ceux qui ont ou dont les père et mère ont avec le mineur un procès dans lequel l'état de ce mineur, sa fortune, ou une partie notable de ses biens sont compromis.

(V. les art. 16, 25, 34, 63, 108, 112, 142, 369, 426, 445, 489, 495, 507 et 509.)

La condamnation à une peine afflictive ou infamante emporte, de plein droit, l'exclusion de la tutelle. Elle emporte, de même, la destitution dans le cas où il s'agirait d'une tutelle antérieurement déférée.

(V. les art. 22, 23, 25, 29, 120, 221, 397 et 426.)

Sont aussi exclus de la tutelle et même destituables, s'ils sont en exercice :

1° Les gens d'une inconduite notoire;

2° Ceux dont la gestion attesterait l'incapacité ou l'infidélité.

(V. les art. 25, 112, 369, 428 et 462.)

Incapacité se dit, en jurisprudence, de l'état d'une personne que la loi prive de certains droits. — L'*exclusion* est l'acte par lequel on renvoie, on retranche, on écarte quelqu'un d'une fonction quelconque. — La *destitution* est la déposition, la privation forcée d'une charge.

Ne sauraient être nommés tuteurs, ni admis à faire par-

20

tie d'un conseil ou d'une assemblée de famille : 1° ceux, hors le père ou la mère, à qui la *minorité* enlève l'administration de leur personne et de leurs biens; 2° ceux à qui cette gestion est enlevée par un acte d'*interdiction* en règle; 3° et 4° tous ceux qui soutiennent, ou dont les père et mère soutiennent, contre le mineur, un procès du sort duquel dépendent sa position, son avenir, ou une bonne portion de ses biens.

Est exclu forcément de la tutelle quiconque a été condamné à une peine corporelle et physique qui frappe directement l'individu, ou à une peine qui a un effet moral, qui le flétrit et le déshonore dans l'opinion publique. Elle entraîne également sa destitution s'il a été précédemment nommé tuteur.

Sont également exclus de la tutelle et peuvent même être destitués s'ils l'exercent, les individus dont l'absence de conduite sage et prudente est généralement connue, et ceux dont l'administration a prouvé qu'ils étaient incapables ou manquaient de probité.

SECTION VIII
De l'Administration du tuteur

Art. 450, 451, 452. 457, 401 et 408. Le tuteur prendra soin de la personne du mineur et le représentera dans tous les actes civils.

Il administrera ses biens en bon père de famille, et répondra des dommages-intérêts qui pourraient résulter d'une mauvaise gestion.

Il ne peut, ni acheter les biens du mineur, ni les prendre à forme, à moins que le conseil de famille n'ait autorisé le subrogé-tuteur à lui en passer bail, ni accepter la cession d'aucun autre droit ou créance contre son pupille.

(V. les art. 16, 25, 34, 63, 112, 200, 364, 393, 395, 406, 417, 418, 907, 1370, 1590, 1596, 1603, 1718, 2121 et 2135.)

Dans les dix jours qui suivront celui de sa nomination, dûment connue de lui, le tuteur requerra la levée des scellés, s'ils ont été apposés, et fera procéder immédiatement à l'inventaire des biens du mineur, en présence du subrogé-tuteur.

S'il lui est dû quelque chose par le mineur, il devra le déclarer dans l'inventaire, à peine de déchéance, et ce, sur la réquisition que l'officier public sera tenu de lui en faire et dont mention sera faite au procès-verbal.

(V. les art. 25, 38, 56, 58, 63, 112, 113, 123, 393, 422 et 449.)

Dans le mois qui suivra la clôture de l'inventaire, le tuteur fera vendre, en présence du subrogé-tuteur, aux enchères reçues par un officier public, et après des affiches ou publications dont le procès-verbal de vente fera mention, tous les meubles autres que ceux que le conseil de famille l'aurait autorisé à conserver en nature.

(V. les art. 25, 38, 56, 63, 64, 113, 126, 112, 251, 316, 393, 522, 524, 1063 et 1064.)

Le tuteur, même le père ou la mère, ne peut emprunter pour le mineur, ni aliéner, ni hypothéquer ses biens immeubles sans y être autorisé par un conseil de famille.

Cette autorisation ne devra être accordée que pour cause d'une nécessité absolue ou d'un avantage évident.

Dans le premier cas, le conseil de famille n'accordera son autorisation qu'après qu'il aura été constaté, par un compte sommaire présenté par le tuteur, que les deniers, effets mobiliers et revenus du mineur sont insuffisants.

Le conseil de famille indiquera, dans tous les cas, les immeubles qui doivent être vendus de préférence, et toutes les conditions qu'il jugera utiles.

(V. les art. 3, 13, 20, 25, 54, 63, 69, 71, 112, 113, 120, 126, 128, 142, 365, 454, 460, 470, 509, 1312, 1314, 1596 et 2126.)

Le tuteur ne pourra accepter ni répudier une succession échue au mineur sans une autorisation préalable du conseil de famille. L'acceptation n'aura lieu que sous bénéfice d'inventaire.

(V. les art. 13, 25, 63, 113, 142, 776 et 784.)

Le tuteur qui aura des sujets de mécontentement graves sur la conduite du mineur, pourra porter ses plaintes à un conseil de famille, et, s'il y est autorisé par ce conseil, provoquer la réclusion du mineur, conformément à ce qui est statué à ce sujet au titre de la PUISSANCE PATERNELLE.

(V. les art. 13, 25, 63, 142, 308, 375, 376, 377, 378, 379, 382 et 424.)

DE LA GESTION DE L'INDIVIDU CHARGÉ DE LA TUTELLE

Le tuteur soignera le mineur, veillera sur sa personne et agira sagement, prudemment, en son lieu et place, dans tous les actes de sa vie civile. — Il gérera ses biens en bon père de famille, avec autant d'ordre et d'économie que le ferait le propriétaire lui-même, et aura la responsabilité de tous les dommages-intérêts qui seraient la conséquence d'une administration négligée ou infidèle. — Il lui sera défendu d'acquérir, à prix d'argent, ou de toute autre manière, les biens du mineur, ni de les prendre à ferme, si le conseil de famille n'a pas permis au *subrogé-tuteur* de faire avec lui un contrat qui lui en laisse la jouissance à un prix convenu et pour un temps déterminé. Il ne pourra, non plus, accepter le transport en sa faveur d'aucun autre avantage, dette active, titre, droit qui le rendrait créancier de son pupille.

Le tuteur, dans l'intervalle des dix jours qui auront suivi le jour de sa nomination, parvenue selon les formes légales à sa connaissance, devra requérir *la levée des scellés, s'ils ont été apposés.*

Le scellé légal est une cire empreinte d'un cachet, qu'on appose à une serrure, à un meuble, à un cabinet, à un bureau, etc., par autorité de justice, pour empêcher momentanément de les ouvrir avant qu'il ait été levé par autorité de justice.

Le tuteur devra, en outre, en présence du subrogé-tuteur, faire procéder immédiatement à l'*inventaire*, rôle, mémoire, état, catalogue des biens du mineur, dans lequel seront énumérés et décrits, article par article, ses meubles et immeubles, titres et papiers, etc.

Dans les trente jours qui succéderont à la clôture de l'inventaire dont il est question en l'article précédent, le tuteur, en présence du subrogé-tuteur, fera mettre en vente publique, au plus offrant et dernier enchérisseur, après affiches ou publications qui seront mentionnées dans le procès-verbal de vente, tous les meubles en dehors de ceux que le conseil de famille aura autorisé le mineur à conserver pour son usage.

Il est interdit au tuteur, fût-ce le père ou la mère, de demander et recevoir un prêt quelconque pour le mineur, ni de transférer à une autre personne la propriété d'un fonds ou de tout ce qui en tient lieu, ni de soumettre ses biens immeubles à un droit réel qui les grève en les affectant à la sûreté, à l'acquittement d'une obligation, d'une dette, et qui les suit en quelques mains qu'ils passent, à moins d'en avoir obtenu l'autorisation du conseil de famille, autorisation qui peut être accordée seulement, soit pour cause de nécessité impérieuse, soit en vue d'un avantage incontestable.

Dans la première hypothèse, l'assemblée des parents ne donnera son autorisation que lorsqu'un compte sommaire, fourni par le tuteur, aura constaté que les deniers, effets mobiliers et revenus du mineur ne suffisent pas à couvrir les dépenses.

Dans tous les cas, le conseil de famille devra indiquer quels sont les immeubles à vendre préférablement, et à quelles conditions il juge utile que la vente en soit faite.

Pour accepter ou refuser un héritage qui échoit au mineur, le tuteur doit s'être pourvu préalablement d'une autorisation, en règle, du conseil de famille. S'il accepte, c'est seulement avec la faculté de ne payer les dettes de la succession que jusqu'à concurrence de ce qui est porté dans l'inventaire.

Le tuteur, qui aurait gravement à se plaindre de la conduite habituelle du mineur, sera en droit d'en référer à un conseil de famille légalement convoqué, et, si ce conseil l'y autorise, de provoquer l'emprisonnement du mineur, selon ce qui a été prescrit à cet égard au titre de la Puissance paternelle.

SECTION IX

Des comptes de la tutelle

Art. 469, 470, 471 et 475. Tout tuteur est comptable de sa gestion lorsqu'elle finit.

(V. les art. 25, 112, 113, 389, 2121, et 2135.)

Tout tuteur, autre que le père et la mère, peut être tenu, durant la tutelle, de remettre au subrogé-tuteur des états de situation de sa gestion, aux époques que le conseil de famille aura jugé à propos de fixer, sans, néanmoins, que le tuteur puisse être astreint à en fournir plus d'un chaque année.

Ces états de situation seront rédigés et remis sans frais sur papier non timbré et sans aucune formalité de justice.

(V. les art. 25, 56, 58, 77, 110, 112, 113, 142, 340, 378 et 393.)

Le compte définitif de tutelle sera rendu aux dépens du mineur lorsqu'il aura atteint sa majorité ou obtenu son émancipation. Le tuteur en avancera les frais.

On y allouera au tuteur toutes dépenses suffisamment justifiées et dont l'objet sera utile.

(V. les art. 9, 16, 25, 63, 113, 130, 372, 404, 476, 480 et 488.)

Toute action du mineur contre son tuteur relativement aux frais de la tutelle se prescrit par dix ans à compter de la majorité.

(V. les art. 9, 25, 31, 32, 63, 137, 321, 476, 1304 et 2045.)

COMPTES DE LA TUTELLE, GESTION, AVANCES, RECETTES,
DÉPENSES DE L'ADMINISTRATION D'UN TUTEUR

Il est obligé d'en rendre compte quand elle finit et que son mandat expire.

Tout tuteur, à l'exception du père et de la mère, peut être obligé, même pendant tout le temps que dure la tutelle, de remettre au subrogé-tuteur des inventaires de la position où se trouvent les affaires qu'il administre, aux époques qu'il plaira au conseil de famille de fixer. Il ne pourra être assujettti toutefois à lui en fournir plus d'un annuellement. Ces inventaires seront dressés et remis sans frais, sur papier libre, non revêtu de la marque ordonnée par la loi pour certains actes, et sans aucune formalité, judiciaire.

Le compte définitif qui devra clore et résumer la tutelle, sera produit aux frais du mineur, quand il sera parvenu à sa majorité, ou qu'une émancipation en règle l'aura mis en possession de sa personne et de ses biens. Le tuteur en avancera les frais, les paiera par anticipation, sans qu'il les doive, et fera simplement le déboursé. Il lui sera seulement accordé, dans ce compte définitif, toutes les dépenses qu'il justifiera avoir faites dans l'intérêt du mineur.

Toute réclamation judiciaire, ou autre, du mineur au tuteur, en ce qui concerne les actes de la tutelle, n'est plus admissible dix ans après que le mineur a atteint sa majorité et est entré ainsi en possession de sa personne et de ses biens.

CHAPITRE III

DE L'ÉMANCIPATION

Art. 476, 477, 478, 480, 481, 482, 483, 484, 485, 486 et 487.
Le mineur est émancipé, de plein droit, par le mariage.

.(V. les art. 9, 60, 64, 66, 67, de 68 à 76, 376 et 1088.)

Le mineur, même non marié, pourra être émancipé par son père, ou, à défaut de père, par sa mère, lorsqu'il aura atteint l'âge de quinze ans révolus.

Cette émancipation s'opérera par la seule déclaration du père ou de la mère, reçue par le juge de paix, assisté de son greffier.

(V. les art. 29, 55, 56, 60, 64, 65, 66, de 68 à 76, 144, 372 et 392.)

Le mineur, resté sans père ni mère, pourra aussi, mais seulement à l'âge de dix-huit ans accomplis, être émancipé, si le conseil de famille l'en juge capable.

En ce cas, l'émancipation résultera de la délibération qui l'aura autorisée et de la déclaration que le juge de paix, comme président du conseil de famille, aura faite dans le même acte que le mineur est émancipé.

(V. les art. 3, 13, 25, 55, 63, 70, 120, 142, 372, 407, 416 et 438.)

Le compte de tutelle sera rendu au mineur émancipé, assisté d'un *curateur*, qui lui sera nommé par le conseil de famille.

(V. les art. 25, 63, 113, 142, 372, 471 et 938.)

Le mineur émancipé passera les baux dont la durée n'excédera point neuf ans; il recevra ses revenus, en donnera décharge et fera tous les actes qui ne sont que de pure administration, sans être restituable contre ces actes dans tous les cas où le majeur ne le serait pas lui-même.

(V. les art. 25, 54, 63, 112, 365, 372, 395, 450, 935, 1305, 1370, 1429, 1430, 1718 et 1790.)

Il ne pourra intenter une action immobilière ni y défendre, même recevoir et donner décharge d'un capital mobilier, sans l'assistance de son curateur qui, au dernier cas, surveillera l'emploi du capital reçu.

(V. les art. 3, 16, 25, 31, 63, 120, 126, 372, 385, 450, 464, 1030 et 1304.)

Le mineur émancipé ne pourra faire d'emprunt, sous aucun prétexte, sans une déclaration du conseil de famille, homologuée par le tribunal de première instance, après avoir entendu le procureur impérial.

(V. les art. 13, 45, 63, 72, 126, 142, 197, 372, 438, 1124, 1305, 1308, 1310 et 1314.)

Il ne pourra, non plus, vendre ni aliéner ses immeubles, ni faire aucun autre acte que ceux de pure administration, sans observer les formes prescrites au mineur émancipé.

A l'égard des obligations qu'il aurait contractées par voie d'achats ou autrement, elles seront réductibles en cas d'excès; les tribunaux prendront, à ce sujet, en considération la fortune du mineur, la bonne ou mauvaise foi des personnes qui auront contracté avec lui, l'utilité ou l'inutilité des dépenses.

(V. les art. 3, 14, 25, 63, 76, 112, 126, 128, 138, 372, 450, 464, 460, 903, 905, 1003, 1244, 1305, 1312, 1314 et 1090.)

Tout mineur émancipé, dont les engagements auraient été réduits en vertu de l'article précédent, pourra être privé du bénéfice de l'émancipation, laquelle lui sera retirée en suivant les mêmes formes que celles qui auront eu lieu pour la lui conférer.

(V. les art. 14, 63, 372 et 460.)

Dès le jour où l'émancipation aura été révoquée, le mineur rentrera en tutelle et y restera jusqu'à sa majorité accomplie.

(V. les art. 9, 25, 63, 144, 372 et 385.)

Le mineur émancipé qui fait un commerce est réputé majeur pour les faits relatifs à ce commerce.

(V. les art. 9, 16, 63, 321, 372 et 1308.)

L'émancipation est l'action de mettre un fils ou une fille hors de la puissance paternelle, ou de mettre un mineur en état de jouir de ses revenus à l'âge et suivant les formes déterminées par la loi. — Le mineur est émancipé de plein droit quand il se marie.

L'émancipation du mineur, n'ayant pas même contracté mariage, peut être faite par son père, ou, à défaut de celui-ci, par sa mère, quand le mineur aura accompli sa quinzième année. Elle s'opérera par la seule déclaration du père ou de la mère au juge de paix, assisté de son greffier.

Le mineur qui n'aura plus ni père ni mère, peut également, pourvu qu'il ait accompli sa dix-huitième année, être émancipé, si le conseil de famille lui reconnaît une capacité suffisante. Dans cette circonstance, l'émancipation sera le résultat de la décision de cette assemblée de parents qui l'aura autorisée et de la déclaration du juge de paix qui l'aura présidée, constatant dans le même acte que le mineur est émancipé.

Ce sera au mineur émancipé qu'on rendra les comptes de tutelle, et, pour les recevoir, il sera assisté d'un *curateur* que lui aura donné le conseil de famille, afin de veiller à ses intérêts et de l'aider dans certains actes importants.

Le mineur émancipé pourra passer, mais pour neuf ans au plus, des baux donnant la jouissance d'une chose moyennant un prix convenu et pour un temps déterminé; il touchera lui-même ses revenus, en donnera quittance, déclarant telle ou telle personne quitte et libérée d'une dette ou d'un dépôt, et fera tous les actes qui ne sont que de pure administration, sans en être responsable, pas plus que le majeur ne le serait lui-même en pareil cas.

Il ne sera permis au mineur émancipé de poursuivre une action où il s'agira d'immeubles, de s'y présenter comme défendeur, de recevoir même et donner quittance d'un capital mobilier, qu'en étant assisté de son *curateur*, dont il a été ci-dessus question, lequel, dans ce dernier cas, veillera à l'emploi qu'il pourrait faire de l'argent reçu.

Il ne sera permis au mineur émancipé de contracter aucun emprunt, sous aucun prétexte que ce soit, sans s'y être fait autoriser par une décision du conseil de famille, approuvée et sanctionnée par le tribunal de première instance de l'arrondissement, après avoir entendu le procureur impérial, gardien des lois et investi du ministère public.

Il ne sera pas permis davantage au mineur émancipé de vendre ou d'aliéner ses immeubles, ni de faire aucun autre acte que ceux de pure administration, sans se soumettre aux formes imposées à sa situation par les articles 476 et suivants. — Quant aux obligations qu'il aurait pu contracter en faisant des achats, ou de toute autre manière, elles seront susceptibles d'être réduites en cas d'exagération, si les comptes des fournisseurs ont été enflés. Les tribunaux prendront, dans cette circonstance, en considération la fortune du mineur émancipé, la bonne ou mauvaise foi des individus qui ont traité avec lui, et la nécessité ou la superfluité des dépenses.

Le mineur émancipé, dont les engagements auraient subi une réduction, comme nous venons de le voir, s'exposerait à perdre les droits que l'*émancipation* lui donne à la jouissance de sa personne et de ses biens. Il pourrait même en être entièrement dépouillé, et l'on suivrait alors à son égard les formalités semblables à celles dont on a fait usage pour l'en revêtir.

A partir du jour où l'émancipation lui aura été retirée, le mineur devra se soumettre de nouveau à la tutelle jusqu'à ce qu'il ait atteint l'âge de sa majorité révolue.

Le mineur émancipé, qui se livre à un commerce quelconque, est considéré comme ayant atteint sa majorité, mais seulement pour ce qui concerne ses opérations et affaires commerciales.

21

TITRE XI

De la Majorité, de l'Interdiction et du Conseil judiciaire.

CHAPITRE PREMIER

DE LA MAJORITÉ.

Art. 488. La majorité est fixée à vingt-un ans accomplis. A cet âge on est capable de tous les actes de la vie civile, sauf la restriction portée au titre du mariage.

(V. les art. 7, 9, 25, 38, 63, 109, 130, 144, 148, 152, 174, 321, 372, 377, 783, 819, 933 et 1313.)

La *majorité* est l'âge fixé par la loi pour déclarer capable de tous les actes de la vie civile, sauf la restriction portée au titre du mariage et aussi celle relative à l'adoption, 344.

Il s'agit ici seulement de la *majorité civile*.

La *majorité politique* ne s'acquiert communément qu'à vingt-cinq ans.

Alors on n'a plus d'autre tuteur, d'autre surveillant que la loi; on est dégagé des liens de toute autre puissance, sauf l'honneur et le respect qu'on doit à tout âge à ses père et mère. (V. les art. 371 et 372.)

L'*interdiction* est l'acte par lequel on enlève cette libre disposition pour diverses causes que la loi définit. — On appelle *conseil judiciaire* la personne nommée pour assister en certains actes l'individu qui dissipe son bien en excessives et folles dépenses.

CHAPITRE II

DE L'INTERDICTION.

ART. 489, 490, 491, 492, 493, 498, 510, 511 et 512. Le majeur qui est dans un état habituel d'imbécillité, de démence ou de fureur, doit être interdit, même lorsque cet état présente des intervalles lucides.

(V. les art. 9, 174, de 486 à 488 inclusivement, 1028 et 1124.)

Tout parent est recevable à provoquer l'interdiction de son parent. Il en est de même de l'un des deux époux à l'égard de l'autre.

(V. les art. 87, 135, 174 et 424.)

Dans le cas de fureur, si l'interdiction n'est provoquée, ni par l'époux, ni par les parents, elle doit l'être par le procureur impérial, qui, dans les cas d'imbécillité ou de démence, peut aussi la provoquer contre un individu qui n'a ni époux, ni épouse, ni parents connus.

(V. les art. 37, 72, 120, 124, 174, 421, et de 486 à 488 inclusivement.)

Toute demande en interdiction sera portée devant le tribunal de première instance.

(V. les art. 45, 111, 174, 337 et de 486 à 488 inclusivement.)

Les faits d'imbécillité, de démence ou de fureur seront articulés par écrit. Ceux qui poursuivront l'interdiction, présenteront les témoins et les pièces.

(V. les art. 16, 25, 31, 46, 73, 111, 174, 321 et de 486 à 488 inclusivement.)

Le jugement, sur une demande en interdiction, ne pourra être rendu qu'à l'audience publique, les parties entendues ou appelées.

(V. les art. 27, 36, 111, 414, 174, et de 486 à 488 inclusivement.)

Les revenus d'un interdit doivent être essentiellement employés à adoucir son sort et à accélérer sa guérison. Selon les caractères de sa maladie et l'état de sa fortune, le conseil de famille pourra arrêter qu'il sera traité dans son domicile ou qu'il sera placé dans une maison de santé et même dans un hospice.

(V. les art. 9, 142, 174, 361, 365, 407, 451 et de 486 à 488 inclusivement.)

Lorsqu'il sera question du mariage de l'enfant d'un interdit, la dot ou l'avancement d'hoirie et les autres conventions matrimoniales seront réglés par un avis du conseil de famille, homologué par le tribunal, sur les conclusions du procureur impérial.

(V. les art. 23, 45, 63, 72, 114, 126, 142, 174, et de 486 à 488.)

L'interdiction cesse avec les causes qui l'ont déterminée ; néanmoins la main-levée ne sera prononcée qu'en observant les formalités prescrites pour parvenir à l'interdiction, et l'interdit ne pourra reprendre l'exercice de ses droits qu'après le jugement de main-levée.

(V. les art. 7, 20, 27, 71, 174, 177, 460 et de 486 à 488 inclusivement.)

Il faut nécessairement *interdire* tout individu ayant atteint sa *majorité, quand il est dans un état habituel d'imbécillité,* faiblesse d'esprit qui ôte la faculté de raisonner et de comprendre, *de démence*, folie, aliénation d'esprit, ou *de fureur*, rage, manie, frénésie, alors même que la raison lui revient de temps en temps.

Mais *le sourd-muet* doit-il être considéré comme appartenant à une de ces trois catégories par cela seul qu'il est sourd-muet? Cette question est depuis long-temps résolue négativement par la jurisprudence nouvelle, comme elle l'avait été par la jurisprudence ancienne, et c'est, en particulier, l'opinion du célèbre Merlin, qui soutient formellement qu'on n'est pas autorisé à demander qu'un individu soit interdit par cela seul qu'il est sourd-muet, s'il n'est pas, en outre, établi, non-seulement qu'il est dépourvu de l'intelligence nécessaire à la gestion de ses affaires mais même, qu'il est incontestablement réduit à la condition d'imbécile, d'idiot ou de fou, opinion confirmée, du reste, par un arrêt de la cour impériale de Lyon, du 14 janvier 1812, affaire Bezelon, et par plusieurs autres que nous avons eu ou que nous aurons l'occasion de mentionner.

Tout parent a le droit de demander et de poursuivre l'interdiction, dont il vient d'être parlé, contre un parent; tout mari ou femme, contre l'autre époux.

En cas de rage, manie, frénésie, l'interdiction n'étant pas réclamée et poursuivie, ni par le mari ou la femme, ni par les parents, doit nécessairement l'être par le procureur impérial, chargé du ministère public, du maintien de l'ordre et de l'application des lois près le tribunal de première instance de l'arrondissement. Dans le cas de faiblesse d'esprit ôtant plus ou moins la faculté de comprendre et de raisonner, et celui de folie ou d'aliénation plus grave d'esprit, ce magistrat a également le droit de provoquer l'interdiction d'un individu qui n'a ni mari, ni femme, ni parents connus.

Pour réclamer et poursuivre une demande d'interdiction, on doit s'adresser au tribunal de première instance de l'arrondissement.

Les faits sur lesquels s'appuie un des trois cas ci-dessus, ayant été énoncés et détaillés par écrit, les demandeurs qui poursuivront l'interdiction, présenteront les pièces qui les constatent et les individus qui en ont été témoins.

Tout jugement en demande d'interdiction devra nécessairement être prononcé en séance publique, les parties pour et contre ayant été entendues ou citées à comparaître.

Ce qu'un interdit retire annuellement de ce qu'il possède doit être surtout employé à améliorer sa position et à faire tout ce qui sera possible pour arriver au recouvrement de sa santé et de sa raison. Suivant les phases, les alternatives de son mal et l'état de sa fortune, le conseil de famille sera libre de décider s'il doit être soigné dans sa demeure, ou placé dans une *maison de santé* qui reçoit les malades pour un prix convenu, et même dans un hospice où ils sont admis sans rien payer.

Toutes les fois qu'il s'agira du mariage de l'enfant, fils ou fille d'un interdit, *la dot* (le bien qu'une femme apporte dans le ménage en se mariant), ou *l'avancement d'hoirie* (ce qui se donne par anticipation à un héritier ou à une héritière) et *les autres conventions matrimoniales* (articles stipulés entre les époux ou leurs représentants dans un contrat de mariage), devront être arrêtés, déterminés par un avis du conseil de famille et sanctionnés par le tribunal de première instance de l'arrondissement, le procureur impérial, chargé du ministère public et gardien du respect dû à la loi, ayant été entendu dans ses conclusions.

Cet article 511 qui exige que, lorsqu'il est question du mariage de l'enfant d'un interdit, la dot ou l'avancement d'hoirie soit réglé par un conseil de famille, est-il applicable aux enfants du sourd-muet par cela seul que celui-ci ne sait pas écrire? Non, certes. Il faut, de plus, qu'il soit prouvé que le sourd-muet est incapable de manifester sa volonté, et c'est alors à la justice de vérifier le fait.

En vain invoque-t-on, à l'appui de l'opinion contraire, un arrêt de la cour impériale de Nîmes, du 3 janvier 1811, affaire Touzellier. Il ne faut pas oublier, dans ce cas particulier, que le sourd-muet avait été mis en tutelle avant la promulgation du Code, comme étant hors d'état de manifester sa volonté, et que le conseil de famille avait dû être alors convoqué. (Contr. Magnien, no 1780).

L'action d'ôter à l'interdit la libre disposition de ses biens et même de sa personne en cas d'imbécillité, de démence ou de fureur, cesse, s'arrête, discontinue, n'existe plus quand cessent les motifs qui lui ont donné naissance.

Toutefois l'acte judiciaire ou volontaire qui lève cet empêchement, ne peut être mis à exécution qu'en se soumettant à certaines formalités qui ont présidé à l'ouverture de *l'interdiction;* et *l'interdit* rentre seulement dans la plénitude de *l'exercice de ses droits* quand a été prononcé le *jugement de main-levée* dont il a été question dans les articles ci-dessus.

Cette question d'interdiction joue, du reste, constamment un grand rôle dans l'existence des pauvres sourds-muets; et des parents avides s'en sont emparés, à diverses reprises, sur plusieurs points de la France, pour essayer de détourner à leur profit le peu de fortune de ces malheureux. Par bonheur, presque toujours, les tribunaux et les cours supérieures ont, dans leur droiture et leur impartialité, tranché la difficulté en leur faveur. Les exemples ne nous manqueraient pas, si nous voulions citer tous ceux que nous avons sous la main. Forcé de nous circonscrire dans les limites de cet ouvrage, nous nous bornerons à en rapporter quelques-uns.

Mais d'abord constatons que, jusqu'à présent, la véritable portée de l'intelligence du sourd-muet, qui n'a pas été initié aux bienfaits de l'éducation mimique dans nos institutions spéciales, et la part qu'on doit fixer à sa liberté dans les actes de la vie ordinaire, ont présenté un double problème que la science a, plusieurs fois, abordé, sans parvenir à le résoudre.

Certains esprits prévenus s'obstinent à assimiler la surdi-mutité à l'idiotisme; ils refusent au malheureux privé du sens de l'ouïe et de l'usage de la parole, les notions du droit, des lois, les idées d'obligation, de possibilité, de nécessité, de liens de famille, d'intérêt social, de religion, toute idée générale; en un mot, ils le déclarent, dans leur système préconçu, inaccessible à l'amour, à l'amitié, à la reconnaissance, à l'ambition, à la gloire, et, en le jugeant ainsi, ils l'affranchissent de toute responsabilité légale.

Telle est, entre beaucoup d'autres, l'opinion d'Hoffbauer, qui pense que les sourds-muets devraient rester en tutelle jusqu'à ce qu'on se fût assuré qu'ils auraient acquis des idées exactes, certaines, positives, de la vie civile.

Notre célèbre Orfila, au contraire, qui s'est prononcé sur cette grave question avec autant de sagesse que de réserve, les croit susceptibles d'acquérir, même au sein de leur famille, avec toutes les connaissances usuelles désirables, des idées claires et pratiques du bien et du mal. S'ils ne saisissent pas, sur-le-champ, toutes les conséquences de certaines actions criminelles, au moins, dans son opinion, ne tardent-ils pas à comprendre qu'elles sont répréhensibles et qu'elles doivent être punies; ils acquièrent promptement une idée nette de la propriété, etc., etc.

Les faits semblent donner raison à ce dernier système : On a vu des sourds-muets faire preuve d'infiniment d'adresse dans la perpétration d'un crime, ou manifester de la honte, du repentir, et témoigner la joie la plus vive lorsqu'un signe leur annonçait leur acquittement. Une jeune fille, atteinte de cette double infirmité, se suicide,

21.

ne pouvant supporter les suites honteuses d'un amour vio-
lent auquel elle a succombé. Et l'on ose soutenir encore
que les sourds-muets ne réfléchissent pas, ne raisonnent
pas et ne savent pas ce qu'ils font ?

Et pourtant nous lisons encore, le 26 décembre 1843,
dans le *Recueil des Actes de la préfecture du Haut-Rhin* :

« Un sourd-muet inconnu, récemment arrêté à Sainte-
Marie-aux-Mines, sous la prévention de vagabondage, a
été déposé dans les prisons de Colmar.

» MM. les maires qui pourraient donner des renseignements sur le domicile habituel et la famille de cet individu,
dont le signalement est transcrit ci-après, sont priés de
nous les adresser. »

« Ce n'est pas sans un sentiment pénible, dit à ce sujet
le *Courrier du Haut-Rhin*, que nous avons lu cet avis,
aussi sec dans la forme que peu humain au fond.

» On trouve dans la rue un malheureux privé de l'ouïe
et de la parole ; égaré, il cherche peut-être le chemin pour
rentrer chez ses parents ; et l'autorité ne le sait mettre ailleurs qu'en prison, avec des voleurs! et pourquoi en prison ? Sous la prévention de vagabondage.

» Un sourd-muet vagabond ! Est-ce que, par aventure,
on le mettrait aussi en jugement sur cette prévention ? Il
ne peut pas se défendre ; il sera donc condamné ? Une prison, le lieu de correction des malfaiteurs, est-ce donc là
le seul asile que notre société civilisée ait à offrir à ce
malheureux sourd-muet ? Mais à quoi servent alors nos

hospices civils qu'on appelle *les asiles de l'infortune ?* Nous savons bien que, par un esprit étroit de localité, les hospices n'admettent les malheureux étrangers à la commune que moyennant rétribution.

» Mais en prison aussi le département paye. Ce n'est donc même pas une économie que d'avoir mis ce pauvre idiot en prison plutôt qu'à l'hospice. Ce sont là de ces faits affligeants dont l'administration, dans ses habitudes sèchement bureaucratiques, donne, en vérité, trop souvent l'exemple. »

Qu'on me permette de placer ici un autre fait que j'emprunte à la *Gazette des Tribunaux* du 9 novembre 1866, et qui prouve, une fois de plus, combien, en pareille circonstance, les autorités de Paris sont souvent supérieures à toutes les autres en mansuétude et en justice.

« Louis Ropiquet, sourd-muet âgé de vingt-quatre ans, est traduit devant le tribunal correctionnel sous la double prévention de mendicité et de rébellion.

» Le 23 octobre, à cinq heures du soir, il avait été arrêté sur la place du Havre, cherchant à vendre des alphabets de sourds-muets sans être muni de l'autorisation de la police, et ce serait dans ces circonstances qu'invité par des sergents de ville à se rendre à un poste de police, il leur aurait résisté avec violence.

» Le pauvre garçon, jusqu'à ce moment très-abattu, interrogé, sur l'ordre de M. le président, par un professeur de l'institution des sourds-muets, subit à l'instant une métamorphose complète; il se lève, il s'anime; tout parle chez lui, hors la langue. Ses mains, ses yeux, son teint empourpré, son souffle pénible dégénérant parfois en petits cris sauvages : c'est sa défense qu'il présente, presque une prière qu'il adresse à ses juges; mais on pourrait s'y tromper, tant cette prière est fulgurante et ressemble à la colère; il faut la traduction calme et mesurée de l'interprète pour la ramener à ses justes proportions.

» Ce contraste a frappé l'auditoire et aussi l'esprit d'un avocat présent à l'audience, M⁰ Guinet, qui, prenant d'office et d'assaut la défense, a fait comprendre que le langage énergique des sourds-muets a bien pu être pris par les sergents de ville qui l'ont arrêté, pour des menaces et des violences, alors que, dans la pensée du pauvre infirme, il ne cherchait qu'à se justifier. »

A l'appui de cette défense, lecture a été donnée d'une lettre du prévenu adressée par lui à M. le procureur impérial. Voici cette lettre, qui exprime de si bons sentiments :

« Paris, le 29 octobre 1866.

» Monsieur le procureur impérial,

» Veuillez bien m'excuser si je me permets de vous adresser cette lettre ! j'ai un mot à vous dire.

» Depuis six jours je suis en prison, inculpé de rébellion et de mendicité; cependant, je ne suis pas né pour être mendiant. Je vous proteste de mon innocence, mais seulement je puis être coupable de rébellion involontaire.

» Monsieur, je vais vous dire comment je suis arrêté :

» Mardi dernier, à cinq heures du soir, je me mettais en ribote avec deux de mes camarades. Après avoir bu quatre verres d'absinthe, j'étais ivre-mort, à tel point que j'avais la vue moins claire

» En quittant le cabaret pour faire un petit tour dans la rue, je me rappelle un peu que quelques personnes m'ont heurté brutalement, et que je me suis mis à les frapper ; que j'ai été tomber à la renverse et que l'on m'a donné des coups de poing à la tête et au visage. Ça m'a étourdi beaucoup et j'ai perdu la raison. Les agents de police m'ont arrêté, ils m'ont mis au poste de police, et ils m'ont accusé de leur avoir résisté.

» Monsieur le procureur, je puis jurer sur l'Évangile que je ne me souviens pas d'avoir résisté aux agents.

» Le lendemain mercredi, je me suis réveillé dans la cellule du poste ; j'ai été très-étonné de me voir enfermé dans une profonde obscurité; alors j'ai crié et pleuré comme un enfant. Les sergents de ville m'ont dit de me taire ; je leur ai demandé ce que j'avais fait pour être arrêté. Ils m'ont dit que j'avais été arrêté en état d'ivresse et de rébellion. Après avoir été présenté chez M. le commissaire de police, il m'a demandé la profession que j'exerce; je lui ai répondu que je suis tailleur d'habits, et vendeur d'alphabets de sourds-muets. M. le commissaire m'ayant demandé pourquoi je n'ai pas travaillé de mon état de tailleur, je lui ai dit que c'était parce que l'on n'a pas voulu de moi à cause de mon infirmité. Je lui ai montré une feuille d'alphabet de sourds-muets dans laquelle il a regardé. M. le commissaire m'a accusé alors de mendicité déguisée.

» Monsieur le procureur, j'ai eu beau défendre moi-même ma cause, de peur que je ne sois insolent avec M. le commissaire; dès lors, je me tourmente beaucoup, j'en suis très-malade. Outre que je suis sourd-muet, je suis paralytique du bras gauche. Je suis marié; ma pauvre femme tombe du haut mal tous les quinze jours ; pour moi, je la nourris. En un mot, je suis le plus malheureux de tous mes frères infirmes.

» Monsieur le procureur, j'ai eu bien tort de me mettre en ribote, et je prends la ferme résolution de ne plus tomber à l'avenir dans mes anciennes fautes.

» Monsieur le procureur, veuillez recevoir mes salutations les plus empressées et les plus respectueuses !

» Votre serviteur très-respectueux et très-humble,

» Louis ROPIQUET, âgé de 24 ans. »

Le tribunal, sur les conclusions du ministère public, admettant des circonstances atténuantes, a condamné Ropiquet seulement à six jours de prison.

Enfin, s'il faut en croire ce qu'a écrit sur ce sujet un juge fort compétent en pareille matière, le sourd-muet Massieu, relativement aux idées qu'il possédait avant d'avoir reçu cette éducation spéciale, bienfait de la civilisation moderne, il est permis de penser que les Espagnols

Pierre Ponce, Paul Bonot et Perreira, le Hollandais Amman, l'Anglais Wallis, et, chez nous, les abbés de l'Épée et Sicard, n'ont fait que développer et étendre, par une méthode sûre, les idées et les sentiments qui préexistent, sans conteste, chez le sourd-muet privé d'éducation.

Au conseil d'État, lors de l'élaboration des Codes, il fut question aussi, comme nous l'avons déjà dit, de le déclarer incapable de contracter mariage: mais la sagesse de nos plus éminents législateurs réunis préféra laisser aux tribunaux le soin de chercher dans les circonstances de fait s'il est ou non capable de volonté ; et tel a été, depuis lors, le point de départ de presque toutes les décisions de la jurisprudence moderne, non pas en ce qui regarde l'union conjugale seulement, mais dans les divers actes de la vie civile où il est appelé à jouer un rôle et dans la question grave de l'*interdiction* spécialement.

Une affaire de ce dernier genre se présentait à l'audience solennelle de la cour royale de Paris, le 8 mai 1837, à propos d'un sourd-muet que des parents avides voulaient faire interdire.

Son défenseur expose ainsi les faits de la cause :

« M. Hébert, sourd-muet de naissance, jouissant de la plénitude de sa raison, sachant lire et écrire, contre qui ne s'est jamais élevée aucune plainte, se verra-t-il interdit par le seul fait qu'il a poursuivi son oncle pour le payement d'une créance, d'ailleurs sacrée ? Telle est la question du procès.

« Né en 1803 à Sergines, arrondissement de Sens, mon client perdit sa mère en 1805, son père en 1815, et fut recueilli par sa tante Angélique Hébert, qui, lui prodiguant les soins et l'affection d'une mère, lui fit donner la seule éducation possible dans un village : il apprit à lire, à écrire, à distinguer les monnaies, à cultiver les vignes et les champs. Son avoir est bien modeste : une petite maison, une vigne, quelques ares de terre, d'un revenu total de 101 francs 35 centimes, des valeurs mobilières s'élevant à 770 francs; voilà tout son patrimoine! Après avoir eu successivement trois *tuteurs*, ce jeune sourd-muet parvint en 1824 à sa majorité : il prit alors l'administration de ses biens, administration qui n'excédait pas son intelligence; l'événement se chargea de le démontrer.

» En effet, ses terres furent avantageusement données à bail moyennant vingt-deux boisseaux de froment, plus l'acquit des impositions. Hébert avait à régler son compte de tutelle avec la veuve de son second tuteur. Ce compte fut rendu par-devant notaire; le reliquat en fut fixé à 1,197 francs, dont 605 seulement furent versés entre les mains d'Angélique Hébert, sa mère adoptive; le reste fut dû par des membres de la famille, au nombre desquels figurait, pour une somme minime, Tiburce Legendre, oncle de mon client et son adversaire caché dans cette affaire.

» Après sept années d'attente, Hébert est assez mal avisé pour lui demander ce qui lui est dû et pour lui faire un commandement à ce sujet. Cette liberté grande devient; aux yeux du débiteur, une preuve manifeste de démence ; et son interdiction paraît inévitable.

» Au bout de quatre mois, cependant, il se décide à lui faire des offres réelles ; mais, quand il est question de les réaliser devant notaire, il objecte que son frère Edme Legendre, l'adversaire apparent, poursuit, depuis quelques jours, l'interdiction de son neveu, et il refuse de payer.

» Cette demande en interdiction était trop tardive pour ne pas être suspecte, surtout quand la cause de ces poursuites, évidemment inspirées par le dépit, était si facile à pénétrer. On compose, ou plutôt on organise un conseil de famille, dans lequel Tiburce lui-même vient délibérer avec deux beaux-frères d'Edme Legendre. L'avis se pressentait aisément; il ne pouvait pas ne pas être favorable à l'interdiction.

» On présente la requête, sans articuler aucun fait grave, sérieux. Quand il s'agit de procéder à l'interrogatoire par écrit du sourd-muet, on s'étonne avec une naïve candeur de voir qu'il ne comprend le langage des gestes que de la part des personnes qui vivent ordinairement avec lui. Mais ces gestes convenus, habituels, c'est sa langue à ce malheureux ; il n'en connaît pas d'autre. N'importe! le tribunal de Sens déclare qu'il y a lieu à interdiction.

» La surprise et la douleur causées à Hébert par cette décision, prouvent suffisamment qu'il en a compris la portée et les conséquences. Prenez toute sa vie de 1803 à sa majorité, de sa majorité à ce jour, et citez un seul fait qui permette de croire à l'idiotisme qu'on lui suppose maintenant! Il a, au contraire, constamment donné des preuves d'une intelligence plus qu'ordinaire ; majeur, il a sagement administré ses biens; en réclamant ce que lui doit son oncle, il a prouvé qu'il ne néglige pas le soin de ses intérêts; et c'est un tel acte qui devient l'origine d'une demande en interdiction? »

Ici le défenseur s'appuie de plusieurs certificats délivrés par le juge de paix, les membres du conseil municipal, l'état-major de la garde nationale, un notaire honoraire, le curé de Sergines. Il en résulte qu'Hébert est intelligent, qu'il joue aux cartes, à la boule, qu'il ne se laisse pas tromper sur la valeur de l'argent, qu'enfin, selon l'expression du notaire honoraire, *il ne lui manque que la parole.* Un autre notaire habitant le voisinage s'est transporté sur les lieux à la sollicitation du défenseur : quatre questions écrites ont été adressées par lui au sourd-muet, qui aux trois premières a très nettement répondu *oui,* et *non* à la dernière, preuve certaine qu'il comprend parfaitement la portée des demandes qu'on lui fait, qu'il lit bien l'écriture et écrit lui-même sans difficulté! Le défenseur produit, à l'appui de cette dernière assertion, une lettre, dictée à son client, dont la calligraphie est étonnante. Il termine par le certificat suivant du baron Thénard, l'illustre chimiste, professeur au collège de France, à l'École polytechnique et à la faculté des sciences, ancien député, ancien pair, ancien membre du conseil de l'instruction publique, auteur de plusieurs ouvrages estimés, mort en 1857 :

« Hébert est de mon pays; j'ai eu occasion de le voir et je me suis assuré que, bien loin d'être idiot, il a de l'intelligence et même beaucoup plus que nombre de personnes qui entendent et parlent. C'est aussi l'opinion des principaux habitants de Sergines, qui le connaissent très-bien... Hébert participe à tous les jeux et à tous les amusements du pays; il compte, paie, reçoit, sans erreur et sans qu'il soit possible de le tromper. Il cultive sa vigne avec beaucoup de soin, distingue facilement et reconnaît les différents vins d'une cave. Il fait fidèlement les commissions qu'on lui confie. Il est d'un caractère fort doux; sa conduite est très-régulière; il est plein de reconnaissance pour les services qu'on lui rend; il inspire un intérêt général; et, sauf le peu de personnes qui demandent son interdiction, on verrait avec beaucoup de peine qu'elle fût confirmée. S'il était interdit, en effet, il serait sous la tutelle d'individus qui, non-seulement toucheraient ses revenus, mais le forceraient à travailler plus qu'il ne peut ni ne doit. Il a le sentiment bien prononcé de sa position et éprouve la plus vive crainte en pensant que l'arrêt qui va être prononcé, pourrait le priver en réalité de son bien et de sa liberté. Il est heureux aujourd'hui; l'avenir pour lui est effrayant. »

L'avocat du défendeur prend, à son tour la parole et soutient le bien jugé de la sentence frappée d'appel. Dans son opinion, le pauvre sourd-muet ne serait qu'un instrument; les véritables adversaires seraient deux officiers ministériels qui tiendraient Hébert sous leur influence, sous leur tutelle. A l'en croire, l'appelant ne saurait pas lire; il écrirait, il est vrai, mais en imitant servilement les caractères qui lui serviraient de modèles et sans y attacher aucun sens.

« Si la lettre qu'on a produite, ajoute l'avocat, était autre chose qu'une imitation machinale, œuvre de la main et non de la tête, il pourrait donner des leçons non-seulement de calligraphie, mais d'orthographe, *à la plupart de ceux qui lui ont délivré des certificats de capacité.* L'épreuve à laquelle il a été soumis dans la chambre du conseil, ne permet pas le moindre doute sur le fait que j'énonce : on lui a posé par écrit ces questions : *Comment vous appelez-vous? Désirez-vous être interdit?* et, au lieu d'y répondre, il les a reproduites en les copiant. Des certificats nombreux témoignent, il est vrai, de l'intelligence du sourd-muet; mais personne n'ignore avec quelle facilité de pareils certificats sont arrachés par l'importunité, sinon par l'intrigue. On m'en a fait parvenir, à moi aussi, un, ce matin, signé de 74 habitants de Sergines, qui, tous, attestent que l'interdiction est une mesure salutaire, indispensable pour le malheureux Hébert. La nomination *d'un conseil judiciaire* (V. les art. 488, 513, 514, 515), que proposent nos adversaires, en repoussant l'interdiction, ne serait qu'un remède impuissant. Oui, quand il y a faiblesse, entraînement, passion, donnez un conseil judiciaire! mais, quand il y a obtusion d'une intelligence fermée aux conseils, l'interdiction et une tutelle en règle peuvent seules protéger efficacement le pauvre sourd-muet. »

Le ministère public, qui penche évidemment du côté de l'opinion émise par l'avocat de l'intimé, est d'avis que le sourd-muet, privé de l'éducation artificielle que reçoivent ses frères d'infortune dans des institutions spéciales, se trouve complétement isolé du monde moral, et vit, au milieu de nous, sans comprendre les obligations sociales et civiles qui nous lient les uns aux autres,

« Hébert, dit-il, ne peut pas savoir lire ; il écrit sans doute et même avec une certaine habileté; mais il écrit sans intelligence, se bornant à reproduire machinalement des caractères qui ne sont pas pour lui des signes d'idées : son interdiction est dès lors nécessaire. »

La cour, contrairement à la manière de voir de l'avocat de l'intimé et à celle du ministère public, après en avoir délibéré dans la chambre du conseil, réforme la décision des premiers juges, sur le motif qu'il ne résulte pas des circonstances de la cause qu'Hébert soit dans un état d'imbécillité de nature à motiver son interdiction, et lui donne M. Labarthe pour conseil judiciaire. . . . . . .

. . . .

Cinq ans après, en 1842, une question semblable se présente en appel à la cour royale de Rouen, et le nom d'Hébert s'y trouve encore mêlé; mais, cette fois, il n'appartient pas aux sourds-muets dont on demande l'interdiction; c'est la propriété des parents qui la poursuivent.

Voici les faits sur lesquels la cour avait à délibérer :

Les sieur et dame Parnuit, qui n'avaient jamais été affectés, l'un ni l'autre, d'aucune infirmité corporelle, ont donné le jour à six enfants, dont quatre sont nés sourds-muets.

Dans le courant de 1810, les époux Hébert, agissant au nom et comme beau-frère et sœur de ces derniers, ont poursuivi leur interdiction devant le tribunal civil de Louviers; et cette demande a été accueillie par les premiers juges, quoique les quatre sourds-muets, tous d'un âge mûr, d'une vigueur remarquable, aptes à divers exercices du corps, jouant bien aux cartes, aux dominos, connaissant à merveille la valeur de l'argent, comptassent sans hésiter, et ne fussent pas des membres inutiles de la société au milieu de laquelle le sort les a fait naître.

Mais le tribunal, considérant que, n'ayant reçu aucune éducation, ils devaient être dans l'impossibilité de veiller utilement à la gestion de leurs affaires, et, sans avoir égard au plus ou moins haut degré d'intelligence de ces infortunés, avait jugé à propos de les déclarer tous quatre interdits.

L'un d'eux, Pierre-Félix Parnuit, interjeta appel; et pour lui Me Sénard vint demander à la cour royale de Rouen qu'en considération des preuves d'intelligence qu'il avait toujours données, on se bornât à lui nommer un conseil judiciaire, ajoutant que l'interdiction pure et simple, si elle était confirmée, mettrait obstacle à un mariage que son client était sur le point de conclure et que la cour ne voudrait pas aggraver le malheur de Parnuit en augmentant encore d'une privation celles que la nature lui avait imposées.

Cette demande était combattue par Me Dessaux, qui soutenait que l'interdiction devait être maintenue.

Mais la cour de Rouen, adoptant les motifs qui avaient prévalu, en pareil cas, à la cour de Paris, et après avoir entendu le ministère public,

« Attendu que les sourds-muets de naissance ne peuvent être interdits que si leurs infirmités naturelles ont tellement paralysé leur intelligence, qu'ils doivent être considérés comme étant réduits à un état habituel d'imbécillité;

» Attendu qu'il n'est pas établi au procès que tel soit l'état de Pierre-Félix Parnuit ;

» Mais, attendu qu'il résulte des faits de la cause que ses facultés intellectuelles ont cependant été affaiblies par la privation de deux de ses sens et par l'absence de toute éducation ;

» Que les circonstances exigent donc qu'il lui soit donné un conseil judiciaire ;

» La cour rejette la demande en interdiction formée par les époux Hébert, et donne néanmoins pour conseil judiciaire à Pierre-Félix Parnuit Me Massin, notaire à Amfreville-la-Campagne, sans l'assistance duquel il ne pourra désormais plaider, transiger, emprunter, recevoir un capital mobilier, ni en donner décharge, aliéner, ni

grever ses biens d'hypothèques; et condamne les époux
Hébert aux dépens. » . . . .

. . . .

Cette grave question d'interdiction, que nous n'avons
encore considérée que sous un seul aspect, est inépuisable
en ce qui concerne les pauvres sourds-muets. Qu'on nous
permette, pour en finir, de l'envisager sous une nouvelle
phase, rentrant plus spécialement dans l'article 511 du
Code civil dont nous nous sommes déjà occupé!

Les tribunaux doivent-ils valider la reconnaissance d'un
enfant naturel faite par une sourde-muette interdite? Tel
est le problème qu'avait à résoudre le tribunal civil de
Saint-Omer dans son audience du 15 février 1861.

Rappelons d'abord que la doctrine et la jurisprudence
s'accordent pour admettre que la personne à laquelle un
conseil judiciaire a été donné, même pour affaiblissement
des facultés intellectuelles, est apte à se marier sans l'assistance de ce conseil!

Locré (*Esprit du Code civil*, tome II, page 4), déclare que
tel est le droit du sourd-muet même qui ne sait pas écrire.

« On a laissé, dit-il, à l'arbitrage des tribunaux le discernement des circonstances et des signes qui peuvent
faire juger si, en pareil cas, le sourd-muet a ou non consenti. »

L'interdit peut-il se marier? Le tribunal de la Seine,
par jugement du 24 mars 1841, a cru devoir résoudre
cette question affirmativement en déclarant que la situa-

tion de l'interdit ne lui enlève pas, dans l'espèce, la faculté de consentir au mariage.

Une question, qui a, avec celle que nous venons d'indiquer, une étroite analogie, se produisait devant le tribunal de Saint-Omer dans les circonstances suivantes :

La dlle X....., sourde-muette de naissance, avait donné le jour, le 13 décembre 1834, à une fille naturelle, qui fut déclarée par la sage-femme et inscrite par l'officier de l'état civil comme enfant de ladite dlle X...

Le 31 mars 1836, celle-ci fut interdite. Depuis lors, elle n'a pas cessé de traiter l'enfant dont il s'agit comme sa fille et elle lui a souvent donné ce nom dans des lettres qu'elle a écrites à diverses personnes. Sa famille même a pris soin de l'enfant naturel depuis sa naissance, l'a élevé, instruit et a pourvu à tous ses besoins.

Au commencement de 1861, l'enfant naturel se disposant à contracter mariage, le tuteur de la mère interdite réunit le conseil de famille, conformément à l'article 511 du Code civil, pour être autorisé à constituer une dot à l'enfant naturel.

Cette autorisation fut accordée; puis, avant de poursuivre l'homologation (V. art. 72 et 126), on dut faire constater par un acte régulier que la jeune fille était bien l'enfant né de la dlle X..... le 13 décembre 1834. A cet effet, celle-ci se rendit, le 17 janvier 1861, chez le notaire C..., qui constata sa parfaite lucidité et dressa un acte authentique portant reconnaissance par la dlle X... de l'enfant naturel dont il s'agit.

Dans le corps même de cet acte, l'interdite avait écrit de sa main qu'elle déclarait reconnaître pour sa fille naturelle l'enfant né le 13 décembre 1834, inscrit à la mairie sous les prénoms de Flavie-Rose X..., comme née d'elle. Munie de cet acte de reconnaissance, la fille naturelle se disposait à poursuivre l'homologation de la délibération du conseil de famille, quand des difficultés parurent devoir s'élever sur la valeur de la reconnaissance passée par l'interdite.

Alors la d^{lle} Flavie-Rose X....., se fondant sur la-dite reconnaissance authentique passée par l'interdite en état de lucidité, et, se prévalant subsidiairement de son acte de naissance, de sa possession d'état conforme, et, au besoin, des commencements de preuves par écrit émanant de la d^{lle} X..., assigna le tuteur de celle-ci pour voir déclarer qu'elle, Flavie-Rose, était bien la fille de la d^{lle} X.....; et le tuteur s'en rapporta à la justice sur cette demande.

Le tribunal statua en ces termes :

« Considérant que l'article 502 du Code Napoléon (Code civil) en déclarant nuls de plein droit tous actes passés par un interdit postérieurement à son interdiction, n'a évidemment entendu parler que des engagements civils qui pourraient être souscrits par une personne placée dans cette situation exceptionnelle; mais ne s'est pas proposé de refuser, dans tous les cas, tout effet légal, quel qu'il fût, émanant de cette personne; qu'il n'est pas douteux, par exemple, malgré l'absolutisme apparent de l'acte cité, que la réparation par l'interdit de son quasi-délit ne puisse être tenue pour valable, au moins selon les circonstances ; et qu'il en est de même de l'exécution par l'interdit d'une obligation naturelle;

» Considérant que la reconnaissance d'un enfant naturel est un acte comparable, de tout droit, à ceux-là, puisqu'il n'est que la réparation d'un tort, l'acquit d'un droit de conscience, l'exécution d'une obligation imposée par la nature ;

» Qu'à l'égard du mineur présumé incapable par la seule faiblesse de son âge, la jurisprudence et la doctrine n'ont pas hésité à admettre une pareille exception aux principes généraux en déclarant que, bien que le mineur soit toujours restituable contre les actes qui le lèsent, la reconnaissance de paternité échappe à la règle commune et ne peut jamais être attaquée du chef de lésion seulement;

» Que, de même, la faveur attachée à cette reconnaissance a amené une autre dérogation en permettant à la femme mariée de la faire sans autorisation de son mari;

» Qu'il est donc rationnel de penser que, même pour l'interdit, cette exception a été conservée, et qu'en conséquence, malgré les présomptions défavorables dont elle sera souvent entourée, sa déclaration de paternité n'est pourtant pas nulle de plein droit, mais peut être examinée et appréciée selon les circonstances;

» Que, par une application plus rigoureusement textuelle de l'art. 502, on arriverait à un résultat déraisonnable;

qu'on effet, cet article déclarant nuls aussi, de plein droit, tous actes passés par la personne pourvue d'un conseil judiciaire, sauf l'assistance de ce conseil, il faudrait admettre, ou que le législateur a jugé que celui à qui on ne peut reprocher qu'une certaine prodigalité dans la gestion de ses affaires, est, par cela seul, devenu incapable de reconnaître, d'aucune manière, sa paternité, ou qu'il a cru que l'opinion d'un conseil judiaire pouvait, dans une pareille question, être de quelque secours;

» Qu'on est donc, de toutes parts, conduit à reconnaître que l'art. 502, malgré la généralité de sa rédaction, comporte la distinction posée;

» Que, dès lors, puisque l'interdiction peut être prononcée à l'occasion d'un état habituel d'imbécillité, de démence ou de fureur, bien que cet état présente des intervalles lucides, on est toujours recevable à prétendre qu'il y avait de pareils intervalles et à démontrer que l'acte examiné appartient à une époque où l'interdit jouissait de toute sa raison ou d'une force d'esprit suffisante;

» Considérant que, dans le présent cas, tout concourt à persuader que l'acte de reconnaissance passé par la dlle X....., le 17 janvier 1861 devant Me C....., notaire à Saint-Omer, est émané d'elle dans ces conditions;

» Qu'en effet, l'officier public y constate que la dlle X... lui a paru jouir, quand elle a comparu devant lui pour cette déclaration, de toute la liberté d'esprit désirable, appréciation confirmée comme le fait même de la déclaration par la signature de deux témoins instrumentaires;

» Qu'il est notoire que, bien que sourde-muette de naissance, elle sait parfaitement lire et écrire, et que des lettres missives tracées de sa main dénotent une raison saine et une intelligence nette et assez étendue;

» Qu'on ne signale de sa part aucun fait de fureur ou de démence, en sorte qu'il paraît que la mesure de prévention tutélaire dont elle a été l'objet de la part de la justice, n'a point été motivée par une faiblesse naturelle d'esprit ou une maladie mentale, mais bien par l'état d'infériorité périlleuse où son infirmité pouvait la placer dans ses relations sociales et particulièrement dans la gestion de ses affaires, considération dont une éducation appropriée, reçue depuis l'interdiction, a détruit ou considérablement affaibli la puissance;

» Qu'enfin, l'absence de conclusions contraires de la part des personnes intéressées à constater la situation de la demanderesse, confirme cette appréciation;

(Suivent des motifs tirés de l'acte de naissance, de la possession d'état et du commencement de preuve par écrit);

» Le tribunal dit que Flavie-Rose X... est bien la fille naturelle de dlle X..., dont celle-ci est accouchée à Saint-Omer, le 13 décembre 1831, et qu'elle jouira de tous les droits accordés par la loi aux enfants naturels reconnus. (V. l'art. 62.) »

22.

CHAPITRE III

DU CONSEIL JUDICIAIRE

Art. 513, 514 et 515. Il peut être défendu aux prodigues de plaider, de transiger, de recevoir un capital mobilier et d'en donner décharge, d'aliéner, ni de grever leurs biens d'hypothèques, sans l'assistance d'un conseil qui leur est nommé par le tribunal.

(V. les art. 45, 112, 126, 128, 385, 391, 467, 481, 499, 501, 1028, 1124, 1910 et 3126.)

La défense de procéder sans l'assistance d'un conseil, peut être provoquée par ceux qui ont le droit de demander l'interdiction ; leur demande doit être instruite et jugée de la même manière.

Cette défense ne peut être levée qu'en observant les mêmes formalités.

(V. les art. 111, 174, 391, 424, 449, 451, 460, 488, de 489 à 512 inclusivement.)

Aucun jugement, en matière d'interdiction, ou de nomination du conseil, ne pourra être rendu, soit en première instance, soit en cause d'appel, que sur les conclusions du ministère public.

(V. les art. 27, 45, 111, 171, 177, 178, 358, 391, 488, 511, 512 et 516.)

Le conseil judiciaire est nommé aux prodigues par le tribunal de première instance de leur arrondissement. — Aux prodigues il peut être défendu de contester quelque chose en justice, de passer un acte pour accommoder un différend, un procès, de toucher le prix d'un capital en meubles, d'en donner quittance, de transférer à autrui la propriété d'un fonds ou de ce qui en tient lieu, de grever leurs biens d'un droit réel qui les affecte à la sûreté, à l'acquittement d'obligations ou de dettes, les suivant partout, en quelques mains qu'ils passent, le tout sans l'assistance du conseil judiciaire en question.

La prohibition d'agir en rien de grave sans l'aide du conseil judiciaire susdit, peut être réclamée par quiconque a le droit de demander l'interdiction ; et l'instance sera instruite et jugée selon les mêmes formalités. — Cette prohibition ne saurait d'ailleurs être révoquée qu'en suivant la même marche.

Un conseil judiciaire doit être nommé au sourd-muet avec moins de difficulté que lorsqu'il s'agit d'une personne jouissant de toutes ses facultés physiques : par exemple, s'il ne sait ni lire ni écrire, s'il ne connaît pas la valeur des monnaies, etc. (Arrêt de la cour de cassation, du 30 janvier 1844.)

Encore que le sourd-muet ne puisse pas être interdit en raison de son infirmité, il y a lieu néanmoins de lui nommer un *curateur* ou *conseil judiciaire* dans le sens de l'article 499, surtout si, ne sachant ni lire ni écrire, il a requis lui-même cette nomination. (Arrêt de la cour impériale de Lyon, du 14 janvier 1812. — SIREY, *tome* XIII, *2e partie.*)

Quand il s'agit d'interdiction ou de choix d'un conseil judiciaire, aucun jugement, aucun arrêt ne peut être prononcé par le tribunal de première instance, ou par la cour impériale, près de laquelle il a été fait appel, que sur les conclusions du ministère public, représenté par le procureur impérial ou le procureur général.

TITRE II

De la propriété

ART. 544, 545 et 550. La propriété est le droit de jouir et de disposer des choses de la manière la plus absolue, pourvu qu'on n'en fasse pas un usage prohibé par les lois et par les règlements.

(V. les art. 123, 126, 128, 389, 463, 636, 644, 647, 649, 672 et de 686 à 711 inclusivement.)

Nul ne peut être contraint de céder sa propriété, si ce n'est pour cause d'utilité publique, et moyennant une juste et préable indemnité.

(V. les art. 33, 69, 71, 207, 369, 389, 543 et 643.)

Le possesseur est de bonne foi quand il possède comme propriétaire en vertu d'un titre translatif de propriété dont il ignore les vices.

Il cesse d'être de bonne foi du moment où les vices lui sont connus.

(V. les art. 29, 46, 120, 138, 389, 542, 543, 1378, 2131 et 2265.)

La propriété est donc, non-seulement la possession, l'usage, la jouissance d'une chose, mais le droit d'en tirer tous les avantages qu'elle comporte, et d'en faire même absolument ce qu'on veut, l'aliénant au besoin, par vente, par donation ou autrement, sans restrictions ni bornes, pourvu qu'on n'en fasse pas un usage défendu par les lois, ordonnances, décrets, statuts, déterminant et prescrivant ce que, dans toutes ces circonstances, on doit faire ou éviter.

On peut donc jouir avec sécurité de ses biens tant que cette jouissance ne nuira à personne, chacun devant avoir le bon esprit de sacrifier, au besoin, une partie de ses droits, avec la certitude d'attendre des autres un sacrifice égal, dans l'occasion.

On ne saurait forcer personne à *céder*, laisser, abandonner sa propriété, à moins que ce ne soit pour le profit et l'avantage du grand nombre, pour le bien de l'État ou de la Commune, encore cela ne peut-il avoir lieu (qu'il s'agisse de l'alignement des rues, de la construction d'un édifice, de la plantation d'une promenade), que contre un équitable dédommagement pécuniaire ou autre, convenu d'avance, à la satisfaction réciproque.

Celui qui a entre les mains, en son pouvoir, une propriété, est censé être de bonne foi tant qu'il possède, en qualité de propriétaire, l'immeuble dont il jouit en vertu d'un titre qui lui en permet la vente, la cession, le transfert, titre dont il ne soupçonne pas les défauts, les imperfections, les vices. Sa bonne foi cesse du moment où il est prouvé qu'il ne les ignore pas.

TITRE III

De l'usufruit, de l'usage et de l'habitation.

CHAPITRE PREMIER

DE L'USUFRUIT.

ART. 578. L'usufruit est le droit de jouir des choses dont un autre a la propriété, comme le propriétaire lui-même, mais à la charge d'en conserver la substance.

(V. les art. 9, 25, 26, 120, 365, 385, 389 et 550.)

Usufruit signifie *usage des fruits*, et les fruits d'une maison sont les loyers qu'elle rapporte. Ainsi *l'usufruitier* jouit d'un bien sans en être propriétaire, mais seulement pendant sa vie ou pour un temps déterminé. Il recueille les fruits d'un immeuble, il touche le revenu d'un héritage, il encaisse les intérêts d'un capital, dont la propriété appartient à un autre, à la condition expresse de n'en rien détourner, ni détériorer d'important, d'essentiel; et le bien continue, dans l'intervalle, à appartenir au *nu-propriétaire.* C'est sa *nue propriété.*

L'usage est la coutume, la pratique reçue, l'emploi d'une chose, le droit de s'en servir personnellement, quand la propriété est à un autre, le droit qu'ont les voisins d'une forêt ou d'un pacage d'y couper du bois ou d'y mener paître leur bétail.

L'habitation est l'endroit où l'on demeure, que l'on habite, la maison, le domicile, l'action d'habiter un lieu, le séjour qu'on y fait habituellement, le droit de demeurer dans la maison d'autrui, sans payer de loyer.

SECTION PREMIÈRE

Des droits de l'Usufruitier.

ART. 582, 583, 584 et 595. L'usufruitier a le droit de jouir de toute espèce de fruits, soit naturels, soit industriels, soit civils, que peut produire l'objet dont il a l'usufruit.

(V. les art. 126, 384, 578, 581 et 596.)

Les fruits naturels sont ceux qui sont le produit spontané de la terre. Le produit et le croît des animaux sont aussi des fruits naturels.

Les fruits industriels d'un fonds sont ceux qu'on en obtient par la culture.

(V. les art. 596, 1802 et 1811.)

Les fruits civils sont les loyers des maisons, les intérêts des sommes exigibles, les arrérages des rentes.

Les prix des baux à ferme sont aussi rangés dans la classe des fruits civils.

(V. les art. 3, 7, 365, 385, 578, 581, 596, 1153, 1714, 1905, 1909 et 1980.)

L'usufruitier peut jouir par lui-même, donner à ferme à un autre, ou même vendre ou céder son droit à titre gratuit. S'il donne à ferme, il doit se conformer, pour les époques où les baux doivent être renouvelés et pour leur durée, aux règles établies pour le mari à l'égard des biens de la femme, au titre du *Contrat de mariage et des droits respectifs des époux.*

(V. les art. 63 à 76, 112, 120, 203, de 212 à 226, 310, 385, 580 et suivants, 1429 et 1430.)

L'usufruitier a la jouissance de tous les fruits naturels, industriels ou civils, qu'est susceptible de produire le bien dont il a l'usufruit.

Les fruits naturels sont ceux que produit le sol de lui-même, spontanément, sans culture, ainsi que ceux que rapportent les bestiaux, les troupeaux, les animaux domestiques, etc. par leur travail, leur multiplication, etc.

Les fruits industriels d'un fonds sont les résultats de sa culture.

On entend par *fruits civils* le produit de la location de cabinets, chambres, logements, appartements, meublés ou non meublés, les intérêts des sommes dues et exigibles, les arrérages des revenus annuels. Dans cette catégorie sont rangés également les produits des *baux à ferme*, des propriétés rurales ou des maisons, bâtiments, ateliers, magasins, etc., dont on a cédé la jouissance moyennant un prix convenu et pour un temps stipulé d'avance.

L'usufruitier est libre, soit de jouir par lui-même, soit d'affermer à autrui, soit même de vendre ou de céder son droit à titre gratuit ou onéreux. S'il afferme, il doit, pour les époques de renouvellement des baux et pour l'espace de temps qu'ils embrasseront, se conformer aux obligations imposées au mari en ce qui concerne les biens de sa femme au titre sus-mentionné.

SECTION

Des obligations de l'usufruitier

ART. 605, 606 et 607. L'usufruitier n'est tenu qu'aux réparations d'entretien.

Les grosses réparations demeurent à la charge du propriétaire, à moins qu'elles n'ai·nt été occasionnées par le défaut de
réparations d'entretien depuis l'ouverture de l'usufruit; auquel
cas l'usufruitier en est aussi tenu.

(V. les art. 74, 120, 385, 389, 395, 544, 582, 608 et
1109.)

Les grosses réparations sont celles des gros murs et des
voûtes, le rétablissement des poutres et des couvertures entières ;

Celui des digues et des murs de soutènement et de clôture,
aussi en entier.

Toutes les autres réparations sont d'entretien. (*Ibidem.*)

'.' le propriétaire ni l'usufruitier ne sont tenus de rebâtir ce
q·i e·: 'ombé de vétusté, ou ce qui a été détruit par cas fortuit.

(V. les art. 385, 389, 544, 578, 582 et 608.)

Celui qui a la jouissance de l'usufruit, est seulement
tenu aux réparations d'entretien, qu'on fait ou qu'on doit
faire pour entretenir et réparer un immeuble et le maintenir en bon état. — Restent à la charge du propriétaire
celles des gros ouvrages de maçonnerie, formant enceinte
et portant les combles, celles des constructions entières,
dont les pièces se soutiennent les unes les autres, la
remise en leur premier état, en bon état, en meilleur état,
des poutres et autres grosses pièces de bois servant à sou-

23

tenir les solives, les planches et les poutres d'un plancher
et des couvertures, des toitures entières, complètes, ainsi
que celles, en entier aussi et complétement, des digues et
amas de terre, de pierres, de bois, servant de rempart
contre l'eau et des murs de soutènement, d'appui, de clôture, enfermant, à l'intérieur, une cour, un jardin, un parc,
etc., à moins qu'elles n'aient eu pour cause le manque de
réparations d'entretien depuis que l'usufruit est ouvert.
Dans ce dernier cas, l'usufruitier en est également responsable.

Nous avons défini et décrit les unes et les autres dans
l'article précédent; voir aussi les renvois sus-mentionnés.

Le propriétaire ni l'usufruitier ne sont forcés de relever,
ni de reconstruire ce qui, par vieillesse, s'est affaissé, de
haut en bas, s'est écroulé, a été entrainé, ou a été détruit,
abattu, renversé, démoli, ruiné par une circonstance accidentelle, en dehors de toute prévision.

SECTION III

Comment l'usufruit prend fin

ART. 617 et 618. L'usufruit s'éteint par la mort naturelle et
par la mort civile de l'usufruitier;

Par l'expiration du temps pour lequel il a été accordé;

Par la consolidation ou la réunion sur la même tête des deux
qualités d'usufruitier et de propriétaire;

Par le non-usage du droit pendant trente ans;

Par la perte totale de la chose sur laquelle l'usufruit est
établi.

(V. les art. 22, 25, 578, 619, 623, 624, 1209, 1300, 1302,
2236, 2238 et 2262.)

L'usufruit peut aussi cesser par l'abus fait de la jouissance, soit en commettant des dégradations sur le fonds, soit en le laissant dépérir faute d'entretien.

Les créanciers de l'usufruitier peuvent intervenir dans les contestations pour la conservation de leurs droits ; ils peuvent offrir la réparation des dégradations commises, et des garanties pour l'avenir.

Les juges peuvent, suivant la gravité des circonstances, ou prononcer l'extinction absolue de l'usufruit, ou n'ordonner la rentrée du propriétaire dans l'objet qui est grevé, que sous la charge de payer annuellement à l'usufruitier ou à ses ayant-cause, une somme déterminée, jusqu'à l'instant où l'usufruit aurait dû cesser.

(V. les art. 578, 619 et 1167.)

Cinq causes principales peuvent faire cesser cette jouissance des fruits, du revenu d'un héritage, des intérêts d'un capital dont la propriété appartient à un autre :

1o La mort naturelle ou la peine qui enlève à un condamné toute participation aux droits civils;

2o La fin de la durée de l'usufruit;

3o Le cas où la qualité de propriétaire et celle d'usufruitier se trouveraient réunies sur une même tête;

4o Celui où l'usufruitier n'aurait pas usé de son droit, pendant trente ans;

5o Enfin l'annihilation, l'anéantissement du gage sur lequel reposait l'usufruit.

L'usufruit peut également prendre fin par suite de l'abus que l'usufruitier en ferait dans sa jouissance, soit en dégradant le fonds, soit en le laissant dépérir faute de soins.

Il est permis aux personnes à qui l'usufruitier doit de l'argent, d'intervenir dans les contestations pour le maintien de leurs créances; ils peuvent même offrir de faire réparer les dégradations qu'il aurait commises et déposer des garanties pour sa gestion future.

Les juges du tribunal de première instance de l'arrondissement ont, de leur côté, le droit, suivant que les circonstances sont plus ou moins graves, de prononcer la cessation complète de l'usufruit, ou la rentrée du propriétaire dans ses biens, à la charge de payer, chaque année, à l'usufruitier, ou à ses représentants, une somme fixée d'avance, jusqu'au moment de l'extinction de l'usufruit.

CHAPITRE II

DE L'USAGE ET DE L'HABITATION

Art. 625, 626 et 627. Les droits d'usage et d'habitation s'établissent et se perdent de la même manière que l'usufruit.

(V. les art. 578, 617, 618, 1127 et 2108.)

On ne peut en jouir, comme dans le cas de l'usufruit, sans donner préalablement caution et sans faire des états et inventaires.

(V. les art. 578, 617, 618, 2018 et 2040.)

L'usager et celui qui a un droit d'habitation, doivent jouir en bons pères de famille.

(V. les art. 578, 617, 618, 623 et 624.)

Les droits d'usage et d'habitation, que leur titre seul

fait assez comprendre, ont la même origine et peuvent avoir la même fin que ceux de l'usufruit.

Comme quand il s'agit des droits d'usufruit, on n'en peut jouir qu'après avoir fourni une garantie ou caution valable, et avoir fait dresser un état, ou inventaire, aussi complet que possible, des objets appropriés à l'usage ou à l'habitation.

Ceux qui ont un droit d'usage ou un droit d'habitation sont tenus d'exercer l'un et l'autre avec tous les soins et ménagements qu'un père de famille apporte dans la jouissance de ses biens personnels.

TITRE IV

DES SERVITUDES OU SERVICES FONCIERS

Art. 637. Une servitude est une charge imposée sur un héritage pour l'usage et l'utilité d'un héritage appartenant à un autre propriétaire.

(V. les art. 25, 365, 389, 544 et 2177.)

La servitude est donc une condition onéreuse frappant un héritage pour le service et l'avantage d'un héritage qui est la propriété d'une autre personne. — Le service foncier est une servitude affectant spécialement un fonds de terre. — Servitude signifie, en général, un assujettissement imposé à un fonds, un champ, etc, et par lequel le propriétaire est obligé d'y souffrir certaines charges, certaines incommodités, comme l'écoulement des eaux, un passage, une voie, etc. — Service foncier s'applique plus spécialement au droit qu'a le propriétaire d'un fonds sur un fonds voisin pour la commodité, l'avantage du sien, comme, par exemple, au droit d'y passer pour se rendre dans sa propriété, ou à celui d'aller y puiser de l'eau. — Ainsi, quelquefois, comme on l'a vu dans tout ce qui a trait à l'*usufruit*, on jouit du revenu d'un bien qui ne vous appartient pas, et quelquefois aussi, il faut, pour l'utilité commune, que chacun souffre que le voisin ait quelque droit sur notre propriété. C'est de la sorte qu'un mutuel secours soutient la société, qui ne pourrait exister si tous les hommes, voulant user de leurs droits dans toute leur rigueur, refusaient de s'entr'aider.

SECTION I

Du mur et du fossé mitoyens

ART. 655. Dans les villes et les campagnes, tout mur servant de séparation entre bâtiments jusqu'à l'héberge, ou entre cours et jardins, et même entre enclos dans des champs, est présumé mitoyen, s'il n'y a titre ou marque du contraire.

(V. les art. 81, 430, 361, 389, 666, 675, 1350 et 1352.)

Le mur (ouvrage de maçonnerie), le fossé (fosse creusée en long dans la terre) sont, l'un et l'autre, mitoyens quand ils tiennent le milieu entre deux propriétés qu'ils séparent. Dans les villes, les bourgs, les villages, comme dans les champs, tout mur séparant deux constructions jusqu'à *l'héberge* (point jusqu'où un mur est censé être commun entre deux bâtiments contigus, de hauteur inégale), ou entre *cours* (espaces découverts, dépendants d'une maison, d'une ferme, d'une métairie, et environnés de murs ou de bâtiments), et *jardins* (lieux découverts dans lequels on cultive des légumes, des fleurs, des arbres, des arbustes, etc.,) *et même entre enclos dans les champs* (prés, bois, bruyères, taillis, terres labourables, etc.) est censé, présumé, réputé *mitoyen*, tant que le contraire n'est prouvé, ni par titres, ni par aucun autre indice.

ART. 666. Tous fossés entre deux héritages sont présumés mitoyens, s'il n'y a titre ou marque du contraire.

(V. les art. 81, 361, 389, 653, 1350 et 1352.)

Tous fossés séparant deux propriétés sont censés, réputés mitoyens, tant que le contraire n'est prouvé, ni par aucun titre authentique, ni par aucun autre indice qui mérite foi.

DES VUES SUR LA PROPRIÉTÉ DE SON VOISIN.

ART. 675. L'un des voisins ne peut, sans le consentement de l'autre, pratiquer dans le mur mitoyen aucune fenêtre ou ouverture, en quelque manière que ce soit, même à verre dormant.

(V. les art. 78, 389, 653 et 666.)

Les vues sur la propriété d'un voisin sont les fenêtres ou ouvertures quelconques qui permettent, n'importe comment, de voir ce qui se passe chez son voisin.

La loi les interdit expressément sans le consentement de l'autre voisin, lors même qu'il ne s'agirait que de *verre dormant*, carreau qui ne s'ouvre point.

Aucune ouverture ne peut donc être pratiquée dans un mur mitoyen que d'un commun accord entre les deux voisins.

DE L'ÉGOUT DES TOITS.

ART. 681. Tout propriétaire doit établir des toits de manière que les eaux pluviales s'écoulent sur son terrain ou sur la voie publique; il ne peut les faire verser sur le fonds de son voisin.

(V. les art. 197, 389, 544 et 675.)

Les égouts des toits sont des conduits, des tuyaux, des canaux pratiqués dans la couverture d'un bâtiment.

Tout propriétaire est tenu de faire construire ses toits de manière que les eaux de pluie s'en déversent sur le sol qui lui appartient ou sur la voie publique, rues, places, carrefours, routes, chemins, etc. Il ne lui est permis, sous aucun prétexte, de les faire écouler sur la propriété de son voisin.

DU DROIT DE PASSAGE.

ART. 682, 683 et 684. Le propriétaire dont les fonds sont enclavés et qui n'a aucune issue sur la voie publique, peut réclamer un passage sur les fonds de ses voisins pour l'exploitation de son héritage, à la charge d'une indemnité proportionnée au dommage qu'il peut occasionner.

(V. les art. 120, 316, 369, 544 et 681.)

Le passage doit régulièrement être pris du côté où le trajet est le plus court du fonds enclavé à la voie publique.

(V. les art. 544 et 681.)

Néanmoins il doit être fixé dans l'endroit le moins dommageable à celui sur le fonds duquel il est accordé.

(V. les art. 389, 544 et 681.)

Le propriétaire dont le fonds est enfermé, enclos, dans ceux de ses voisins, et qui n'a aucune sortie sur la voie

publique, rues, places, carrefours, chemins, etc., est en droit
de demander un passage sur les terres des voisins, la faculté d'y passer, de les traverser, pour faire valoir sa propriété, à la condition de payer, en dédommagement, une
indemnité proportionnelle au préjudice qu'il pourra causer
aux voisins.

Il faut que le passage soit tracé, autant que possible,
dans la partie de la propriété qui offre l'espace à traverser
le plus court, le moins long, des terres encloses à la voie
publique.

Le passage devra, toutefois, autant que possible, être
accordé, de préférence, dans la partie des propriétés qu'il
traversera, où il y aura moins de dommage à souffrir pour
les propriétaires.

LIVRE III

DES DIFFÉRENTES MANIÈRES DONT ON ACQUIERT
LA PROPRIÉTÉ

DISPOSITIONS GÉNÉRALES

ART. 711. La propriété des biens s'acquiert et se transmet
par succession, par donation entre-vifs, ou testamentaire, et par
l'effet des obligations.

(V. les art. 14, 20, 25, 34, 112, 137, 317, 389, 450, 541,
718, 893, 1101 et 2219.)

MODES DIVERS PAR LESQUELS ON DEVIENT PROPRIÉTAIRE
RÈGLES GÉNÉRALES.

La propriété des biens, meubles ou immeubles, peut s'acquérir ou se transmettre par l'hérédité des effets qu'une personne laisse en mourant, par la donation que se font entre elles, dans un acte public, des personnes vivantes, par celle qui résulte d'un testament en règle, et par l'effet de tout acte, passé devant notaire ou sous seing privé, par lequel on s'oblige à payer certaine somme, à donner ou à faire telle chose dans un temps fixé.

Ainsi on acquiert la propriété d'une chose en l'achetant, par suite d'une convention en vertu de laquelle une personne s'engage à livrer la chose et l'autre à la payer; on peut devenir aussi propriétaire d'une chose donnée; la chose est alors appelée *cadeau*.

Voilà donc trois manières d'acquérir la propriété d'une chose, puisque qu'on peut nous la transmettre, par suite d'une convention, d'un don gratuit ou d'une disposition testamentaire. Mais on n'est pas toujours libre de donner ce qu'on veut, et il faut bon nombre de conditions essentielles pour rendre valables les conventions. Nous nous en occuperons plus tard, ainsi que des testaments.

Ici, sans aller plus loin, trouvent naturellement place deux faits curieux, intéressant particulièrement nos pauvres sourds-muets.

Pour ce qui concerne le premier, nous lisons dans *le Constitutionnel* du 21 mai 1839 :

Un testament olographe (écrit tout entier de la main du

testateur)et d'une valeur considérable, a été fait à Saint-Jean d'Angély (Charente) par une sourde-muette, âgée de 66 ans, ne possédant aucune instruction, en faveur de son mari. Le mari et la femme sont morts. Le fils d'un premier lit du mari a voulu faire valoir ce testament, mais l'héritier légitime s'y est opposé. Cette affaire importante, plaidée par Me Battur, avocat à la cour royale de Paris, a été jugée par le tribunal de Saint-Jean-d'Angély en faveur de l'héritier légitime. Indépendamment des questions de fait et de droit, il était utile d'examiner si le sourd-muet de naissance, qui n'a point été initié, par une éducation spéciale, à l'art d'écrire et de formuler ses pensées, a pu, bien qu'il imitât automatiquement les caractères de l'écriture, rédiger, en connaissance de cause, ce testament olographe.

Consulté par Me Battur, M. Paulmier, instituteur des sourds-muets, s'est fait un devoir de lui communiquer ses notions dans plusieurs conférences qu'il a eues chez lui et à l'Institution royale des sourds-muets. Toutes ces con-férences ont été terminées, comme conclusion, par une lettre de M. Paulmier à Me Battur, qui en a fait lecture à l'audience du tribunal de Saint-Jean-d'Angély.

Voici le second fait que nous avons annoncé et que nou empruntons à la Presse du 7 mars 1843. Il s'agit ici d'une aliénation d'immeubles par un sourd-muet. La cause a été jugée par la cour royale d'Angers, sous la présidence de M. le premier président Desmazières, à l'audience du 1er fé-vrier 1843.

Par contrat du 3 novembre 1839, les époux Tarrière

vendent à Garnier la closerie de la Chèvrière, propriété de
l'épouse. Le prix consiste en une rente viagère de 300 fr.
sur la tête des deux vendeurs, sauf réduction à 200 fr.
lors du décès du prémourant, et aux stipulations que le
prorata dû au moment de ce prédécès sera, dans tous les
cas, porté à 200 fr., payables à l'un des neveux desdits
vendeurs.

Le mari avait soixante-dix ans; la femme, cinquante-six;
ils étaient sans enfants.

A la nouvelle de la vente, les héritiers de la femme pro-
voquent son interdiction, la représentant comme sourde-
muette et idiote.

Un jugement du tribunal de Mayenne, motivé sur ce
que la défenderesse est incapable de se gouverner et en
état habituel d'imbécillité, prononce conformément à la demande.

Aux termes de l'art. 506 du Code civil, Tarrière deve-
nait, de plein droit, le tuteur de sa femme, à laquelle, au
surplus, fut aussi donné un subrogé-tuteur.

Néanmoins, un neveu de celle-ci, nommé Roger, est élu
tuteur spécial à l'effet de poursuivre la nullité de l'acte
du 3 novembre 1839, en invoquant le texte de l'art. 503 du
même Code.

Après appointement sur les faits articulés et comparution personnelle de l'interdite, un autre jugement du
17 août 1842, annule la vente par ce motif que la femme
Tarrière ne paraissait pas douée d'un degré d'intelligence
suffisant pour l'avoir valablement consentie.

, Sur l'appel de Garnier, la cour a statué ainsi qu'il suit :

« Attendu qu'il est reconnu par toutes les parties que l'état actuel de la femme Tarrière est à peu près ce qu'il a toujours été ;

» Qu'il résulte de deux enquêtes qu'elle est imparfaitement organisée, quant aux facultés de l'ouïe et de la parole, sans être pourtant tout à fait sourde ou tout à fait muette : tous les témoins s'accordent aussi à reconnaître, et les habitudes de sa vie prouvent qu'elle n'est point dénuée d'intelligence.

» Le plus grand inconvénient de cet état est de percevoir avec peine les paroles qu'on lui adresse et de se faire entendre difficilement, surtout à l'égard des étrangers ; mais, quant aux personnes habituées à vivre avec elle, elle comprend ce qui lui est dit, et rend intelligible ce qu'elle dit, sans trop d'efforts.

» Au cours de l'année 1836, elle a fait son testament devant un notaire digne de toute confiance ;

» Elle a exprimé plusieurs fois l'intention de vendre l'immeuble qui fait l'objet du procès ; divers témoins ont été chargés par elle de le proposer spécialement à Garnier, acquéreur et appelant ; elle l'a fait offrir aussi à l'un de ses héritiers naturels, ainsi qu'à un tiers, qui en dépose, et ceux-ci n'ont point accepté, parcequ'ils ne voulaient pas se charger d'une rente viagère ;

» Attendu d'ailleurs que la vente consentie à Garnier paraît faite à un prix très-raisonnable, quand on considère la consistance de l'immeuble et sa valeur présumable d'après l'impôt, eu égard aussi à la circonstance que la rente viagère est constituée sur deux têtes; que ce contrat d'ailleurs est par sa nature un acte tout à fait favorable, très-moral, fort usité dans les campagnes de la part d'époux parvenus à un certain âge, n'ayant point d'enfants, dans la vue d'assurer leur aisance commune et celle du survivant des deux; qu'aussi il est appris par les enquêtes que la femme Tarrière, du chef de laquelle était la propriété, faisait connaître ses intentions à cet égard en disant qu'elle ne voulait pas qu'après elle son *bonhomme* fût exposé à mourir de faim;

» Attendu que ce qui prouve encore qu'elle agissait avec discernement et en pleine connaissance de cause, c'est le soin qu'elle a pris de s'assurer, lors de la rédaction, si le champ du Fourneau y était compris;

» Qu'il résulte de ces documents et de tous les faits de l'instance que l'on ne pense pas dire que la cause de l'interdiction existât notoirement à l'époque où l'acte a été fait;

» Par ces motifs, la cour met à néant le jugement définitif dont est appel; statuant par décision nouvelle, déclare l'intimé mal fondé dans sa demande, l'en déboute; déclare bon et valable le contrat de vente à rente viagère consenti, au profit de l'appelant, devant notaire, le 3 novembre 1839, lequel produira son plein et entier effet. »

(M. Alain-Targé, avocat-général; plaidants MM^{es} Gain et Bellanger.)

Art. 712, 713, 714, 715 et 716. La propriété s'acquiert aussi par accession ou incorporation et par prescription.

(V. les art. 3, 126, 137 et suivants, 2219 et 2281.)

Les biens qui n'ont pas de maître appartiennent à l'État.

(V. les art. 33, 112, 389, 723 et 768.)

Il est des choses qui n'appartiennent à personne et dont l'usage est commun à tous.
Des lois de police règlent la manière d'en jouir.

(V. la loi du 21 mai 1836. V. aussi les art. 3, 77, 389, 544, 1384 et 1451.)

La faculté de chasser ou de pêcher est également réglée par des lois particulières.

(V. les art. 3, 13, 77 et 544.)

La propriété d'un trésor appartient à celui qui le trouve dans son propre fonds. Si le trésor est trouvé dans le fonds d'autrui, il appartient, pour moitié, à celui qui l'a découvert, et, pour l'autre moitié, au propriétaire.
Le trésor est toute chose cachée ou enfouie sur laquelle personne ne peut justifier sa propriété et qui est découverte par le pur effet du hasard.

(V. les art. 389 et 544.)

La *propriété* d'une chose, soit mobilière, soit immobilière, donne droit à tout ce qu'elle produit et à ce qui s'y unit accessoirement, soit naturellement, soit artificiellement : ce droit s'appelle *droit d'accession.* —L'*incorporation* est l'état des choses qui s'unissent, se mêlent, pour ne faire qu'un seul corps. — La *prescription* est la manière d'acquérir la propriété d'une chose par sa possession non interrompue pendant un temps que la loi détermine, ou de se libérer d'une dette quand le créancier a laissé passer un certain temps fixe sans en demander le payement.

Les biens auxquels on ne connaît pas de maître, sont censés appartenir au gouvernement. Les animaux qu'on prend à la chasse ou à la pêche, le *corail*, cette production précieuse et calcaire, qu'on trouve au fond de la mer et que la mode a longtemps utilisée, et utilise encore, etc., etc., deviennent la propriété du *premier occupant*, de celui qui s'en empare le premier.

Dans cette catégorie il faut ranger les chemins, routes et rues à la charge de l'État, les fleuves et rivières navigables ou flottables, les rivages, lais et relais de la mer, les ports, les havres, les rades et généralement toutes les portions du territoire français qui ne sont pas susceptibles d'une propriété privée.

L'autorisation de chasser ou de pêcher est aussi règlementée par des lois spéciales. Pour se livrer sans inquiétude à l'un ou l'autre de ces exercices, il faut préalablement se munir d'un permis de chasse ou de pêche.

Il est bien entendu que, lorsque vous trouvez un trésor dans votre propriété, ce trésor vous appartient à vous qui le trouvez. Quand vous le trouvez dans la propriété d'une autre personne, il appartient, moitié à celui qui l'a découvert, moitié à celui dans la propriété duquel on le trouve, — Suit la définition du *Trésor*, qui nous semble bien restreinte auprès de celle qu'en donne le *Dictionnaire de l'Académie*, dans sa dernière édition : *Trésor*, y est-il dit, est un *amas d'or, d'argent, ou d'autres choses précieuses mises en réserve.* — Chaque jour, le premier venu, un pauvre ouvrier souvent, trouve sur la voie publique, qui est la propriété de tout le monde, une somme de plusieurs milliers de francs qu'il s'empresse de déposer, presque toujours, sans condition, entre les mains du *commissaire de police,* représentant de l'autorité, qui ne manque pas de lui prodiguer des éloges ; et très-souvent, le propriétaire du trésor, non-seulement ne remercie pas l'ouvrier sans la probité duquel son argent serait perdu, mais, oublie même, dans sa joie, de lui offrir une récompense honnête, comme c'est son devoir. Il y a là, à notre avis, une importante lacune à combler dans notre Code.

Autres lacunes : les auteurs d'écrits en tous genres et de compositions artistiques, musicales ou autres, ont seuls le droit, pendant leur vie, à moins de conventions contraires, de vendre leurs ouvrages et d'en autoriser la reproduction sous quelque forme que ce soit, d'où est résultée la création de *la Société des gens de lettres* et de celle des *auteurs dramatiques,* gardiennes vigilantes des intérêts de leurs commettants. Ce droit de *propriété littéraire et artistique* appartient, après la mort des intéressés, pour un temps fixe, à leurs veuves et enfants, et, pour un temps moins long, à leurs autres héritiers ou successeurs. (Voir la loi du 19 juillet 1793, le décret du 5 février 1810, la loi du 3 août 1844, etc., etc.)

Les *inventeurs* de nouveaux procédés de fabrication dans les arts ont seuls le droit de vendre les produits de leur fabrication pendant cinq, dix ou quinze ans, à leur volonté, lorsqu'ils ont demandé un brevet à l'autorité pour ce laps de temps et avant toute publication de leur invention.

Ce *brevet* leur est accordé S. G. D. G., *sans garantie du gouvernement,* pour la réalité ou la bonté de leur invention, à la charge, par eux, de payer exactement, pendant la durée du brevet, une redevance de cent francs par an. (Voir la loi du 3 juillet 1844, etc., etc.)

TITRE PREMIER
Des successions
CHAPITRE Ier
DE L'OUVERTURE DES SUCCESSIONS ET DE LA SAISINE DES HÉRITIERS

ART. 718. La succession s'ouvre par la mort naturelle et par la mort civile.

(V. les art. 22, 25, 29, 33, 37, 46, 112 et 130.)

On entend par *succession* l'hérédité et les biens, les effets, qu'une personne laisse en mourant. L'ouverture d'une succession se dit de l'époque où les biens d'un défunt sont dévolus à ses héritiers. La *saisine* est la possession qui appartient de plein droit à un héritier. — La *mort naturelle* est la cessation ordinaire de la vie, suite de l'âge, d'une maladie, d'un accident, etc. — La *mort civile* est celle qui prive un condamné, ayant subi le dernier supplice ou vivant encore, de toute participation aux droits civils.

A défaut de testament, la succession passe aux plus proches parents du défunt.

Le sourd-muet qui sait écrire peut accepter, dit-on, par lui-même ou par un fondé de pouvoir, la succession qui lui échoit. S'il ne sait pas écrire, ajoute-t-on, l'acceptation doit avoir lieu par l'intermédiaire d'un *curateur*, nommé à cet effet suivant les règles établies au titre *de la Mino-rité, de la Tutelle et de l'Émancipation.*

Ainsi, le Code autorise le sourd-muet sachant écrire à accepter, soit par lui-même, soit par un fondé de pouvoir, des donations qui lui seraient faites. Seulement, les notai-res étant tenus, d'après la loi du 25 ventose an XI, de donner lecture de l'acte aux parties et de mentionner l'ac-complissement de cette formalité, et, d'un autre côté, cette lecture ne pouvant servir à rien, puisqu'il s'agit d'un sourd-muet, le notaire qui dresserait l'acte d'acceptation, ou le mandat donné par le sourd-muet pour accepter en son nom, devrait attester qu'il a fait prendre lecture de l'acte par le sourd-muet.

Quant au second paragraphe de l'article précité, nous avouerons ne pas comprendre très-bien la nécessité de nommer au sourd-muet illettré un curateur *ad hoc,* si le notaire et les témoins, ou les deux notaires, connaissent la valeur de ses signes.

Le sourd-muet illettré peut-il faire une donation entre-vifs, comme il peut en accepter une ?

Nous lisons dans un ouvrage spécial, d'un grand mérite, (*Contr. Magnin, Des Minorités, No 581*):

« S'il s'agit d'accepter une succession ou d'y renoncer, nous supposons que, dans le premier cas, comme dans le deuxième, il est question d'un acte à passer au greffe. Or la loi ne règle ici aucune forme particulière pour le sourd-muet; et, lorsqu'il ne sait pas écrire, nous ne croyons pas la nomination d'un curateur indispensable ; un procuration notariée, dans laquelle le notaire aurait, avec l'aide d'un interprète, ou autrement, attesté la volonté du sourd-muet, devrait suffire au greffier, qui pourrait aussi, par l'emploi des mêmes moyens, recevoir directement la déclaration du sourd-muet. »

Le sourd-muet illettré peut-il faire une donation entre-vifs, comme il peut en accepter une? La question, ce nous semble, ne saurait donner lieu à aucune controverse, quand il est généralement reconnu qu'il peut contracter mariage lorsqu'il est en état de manifester à cet égard un consentement réel, et qu'à plus forte raison, on ne saurait lui interdire les conventions ou donations qui se font par contrat de mariage, alors que l'article 1398 du Code civil autorise le mineur à faire de semblables dispositions, pourvu qu'il soit autorisé des personnes dont le consentement est jugé nécessaire pour la validité du mariage.

D'autres auteurs, qui ont traité cette grave question, se sont accordés à la résoudre dans un sens contraire et ont prétendu appuyer leur argumentation sur le second paragraphe de l'article 936 (voir plus bas). Parmi eux, on cite Martin, Pothier, Guilhem; on va même jusqu'à invoquer une décision du tribunal de Liége, du 2 mai 1809, alors que la Belgique appartenait à la France. C'est, ont-ils observé, que le sourd-muet ne peut donner des signes certains de sa volonté.

Mais un arrêt de la cour de cassation, du 30 janvier 1844, est venu pulvériser un raisonnement aussi peu fondé. Il reconnait au sourd-muet toute capacité, pourvu qu'il puisse se faire comprendre du notaire rédacteur et de ceux qui l'assistent lors de la disposition.

Ainsi il a été jugé qu'un sourd-muet n'est pas incapable de faire une donation entre-vifs par cela seul qu'il ne sait pas écrire. La donation par lui faite peut être déclarée valable lorsqu'il est constant, d'une part, qu'il avait la capacité nécessaire pour contracter, et, de l'autre, qu'il a pu se mettre en communication avec les témoins et le notaire de manière à ne laisser aucun doute sur ses intentions et sa volonté.

Si donc la donation doit être valable dans le cas spécifié, il n'en reste pas moins évident qu'il appartient aux tribunaux d'apprécier si le sourd-muet a su se faire comprendre et s'il a été compris, et de prendre les mesures nécessaires pour le protéger lorsqu'il est appelé à débattre en justice des intérêts dont il ne comprend pas l'importance entière et qui pourraient souffrir de son ignorance.

A l'égard du sourd-muet qui a assez d'intelligence pour pouvoir contracter les actes ordinaires de la vie, nous ne pensons pas qu'il soit indispensable de lui nommer un conseil spécial, ayant uniquement pour mission de l'assister dans le cours de l'instance en partage. Mais, s'il s'agit pour lui d'un partage de succession, il nous paraît sage de lui nommer un conseil judiciaire, alors surtout que le sourd-muet n'a d'autre guide qu'une personne dont les intérêts sont en opposition avec les siens.

On a donc fait preuve, selon nous, d'une raison éclairée lorsqu'on a jugé que le conseil nommé pour assister ce sourd-muet n'excédait par sa mission quand, dans l'instance où figurait notre frère d'infortune, il prenait des conclusions contraires aux siennes, alors surtout que, déclaré par le conseil de famille incapable d'administrer ses affaires, il ne paraissait pas avoir été, dans l'expression de sa volonté, à l'abri de toute influence étrangère intéressée. On dirait vainement qu'en pareil cas, le conseil ne s'est pas borné à diriger et assister le sourd-muet, mais qu'il l'a représenté, ce qui constituerait une violation flagrante de la vieille maxime qu'*en France nul ne plaide par procureur.*

CHAPITRE III

DES DIVERS ORDRES DE SUCCESSIONS

SECTION PREMIÈRE

Dispositions générales

ART. 731 et 733. Les successions sont déférées aux enfants et descendants du défunt, à ses ascendants et à ses parents collatéraux, suivant les règles déterminées.

(V. les art. 25, 35, 37, 39, 46, 73, 133, 174, 397, et 730.)

Toute succession échue à des ascendants ou à des collatéraux se divise en deux parts égales, l'une pour les parents de la ligne paternelle, l'autre pour les parents de la ligne maternelle.

Les parents utérins ou consanguins ne sont pas exclus par les germains; mais ils ne prennent part que dans leur ligne, sauf co qui sera dit à l'article 752. Les germains prennent part dans les deux lignes.

(V. les art. 25, 71, 73, 161, 321, 401, 408, 442, 465, 730 et 750.)

DIFFÉRENTS DEGRÉS DANS UN HÉRITAGE
Règles dominantes

Les successions reviennent aux fils et filles, petits-fils et petites-filles du testateur, etc., à ses père et mère, grand-père et grand'mère, etc., à ses parents collatéraux, c'est-à-dire en dehors de la ligne directe ascendante ou descendante, oncles, frères, sœurs, neveux, nièces, cousins germains, etc., conformément aux lois et usages.

Tout héritage qui revient à des personnes dont on descend, ou à celles qui sont en dehors de la ligne directe, soit descendante, soit ascendante, se partage en deux fractions pareilles, semblables, l'une pour les parents du côté du père, l'autre pour les parents du côté de la mère.

Ligne, en ce sens, veut dire dépendant d'une race, d'une famille.

Les parents utérins ou nés de frères et sœurs issus de même mère, mais non de même père, et *les parents consanguins* ou du côté paternel, ne sont pas écartés par *les germains*, frères ou sœurs nés d'un même père et d'une même mère, par opposition à *consanguin* et *utérin* ; mais ils participent à l'héritage seulement dans leur ligne, excepté ce dont il est question à l'article 752. *Les germains* susdits participent à ce qui revient à l'une et à l'autre ligne.

Aucun transfert, transport, transmission d'un bien ou

d'un droit ne peut s'effectuer d'une ligne à l'autre qu'en l'absence de tout ascendant ou collatéral de ces deux lignes.

En définitive, la proximité de parenté s'établit par le nombre de générations. Chaque génération s'appelle un *degré*. La suite des degrés forme *la ligne*. On appelle *ligne directe* la suite des degrés entre personnes descendant l'une de l'autre, et *ligne collatérale* la suite des degrés entre personnes qui ne descendent pas les unes des autres, mais descendent d'un auteur commun.

La ligne directe se divise en descendante et ascendante, l'une liant le chef avec ceux qui descendent de lui, l'autre le liant avec ceux dont il descend. En ligne directe, on compte autant de degrés qu'il y a de générations entre les personnes; ainsi le fils est, à l'égard du père, au premier degré, le petit-fils au second; et réciproquement du père et de l'aïeul à l'égard des fils et petits-fils.

En ligne collatérale, les degrés se comptent par les générations depuis l'un des parents jusque et non compris l'auteur commun, et depuis celui-ci jusqu'à l'autre parent. Ainsi deux frères sont au deuxième degré; l'oncle et la tante au troisième; les cousins-germains au quatrième; et ainsi de suite.

Ici trouve naturellement sa place le résumé d'un curieux *arbre généalogique*, dressé par M. Cleyette, principal clerc de notaire à Orléans, dont nous sommes redevable à Mᵉ Eugène Dupuy, avocat à la cour impériale de Paris, père d'une intéressante jeune sourde-muette.

FRANÇOIS,

4e arrière-petit fils 6

........cousin au 12e degré avec........

ARMAND,

6e degré.

........cousin au 11e degré avec........

EDME,

3e arrière-petit fils 5.

........cousin au 10e degré avec........

BENOIT,

5e degré.

........cousin au 9e degré avec........

DENIS,

2e arrière-petit-fils 4.

........cousin au 8e degré avec........

CLAUDE,

4e degré.

........cousin au 7e degré avec........ 6e degré avec

CHARLES,

arrière-petit fils 3.

........cousin issu de germain 6e degré avec........

DIDIER,

3e degré.

cousin issu de germain 5e degré avec........ 4e degré avec

BERNARD,

petit-fils 2.

........cousin-germain 4e degré avec........

ÉTIENNE,

2e degré.

neveu, arrière grand oncle, grand oncle, oncle 3e degré avec, 3e degré avec

ANTOINE,

fils de Pierre 1re génération.

........Frère, 2e degré avec........

FÉLIX,

1er degré. avec Pierre.

PIERRE auteur commun

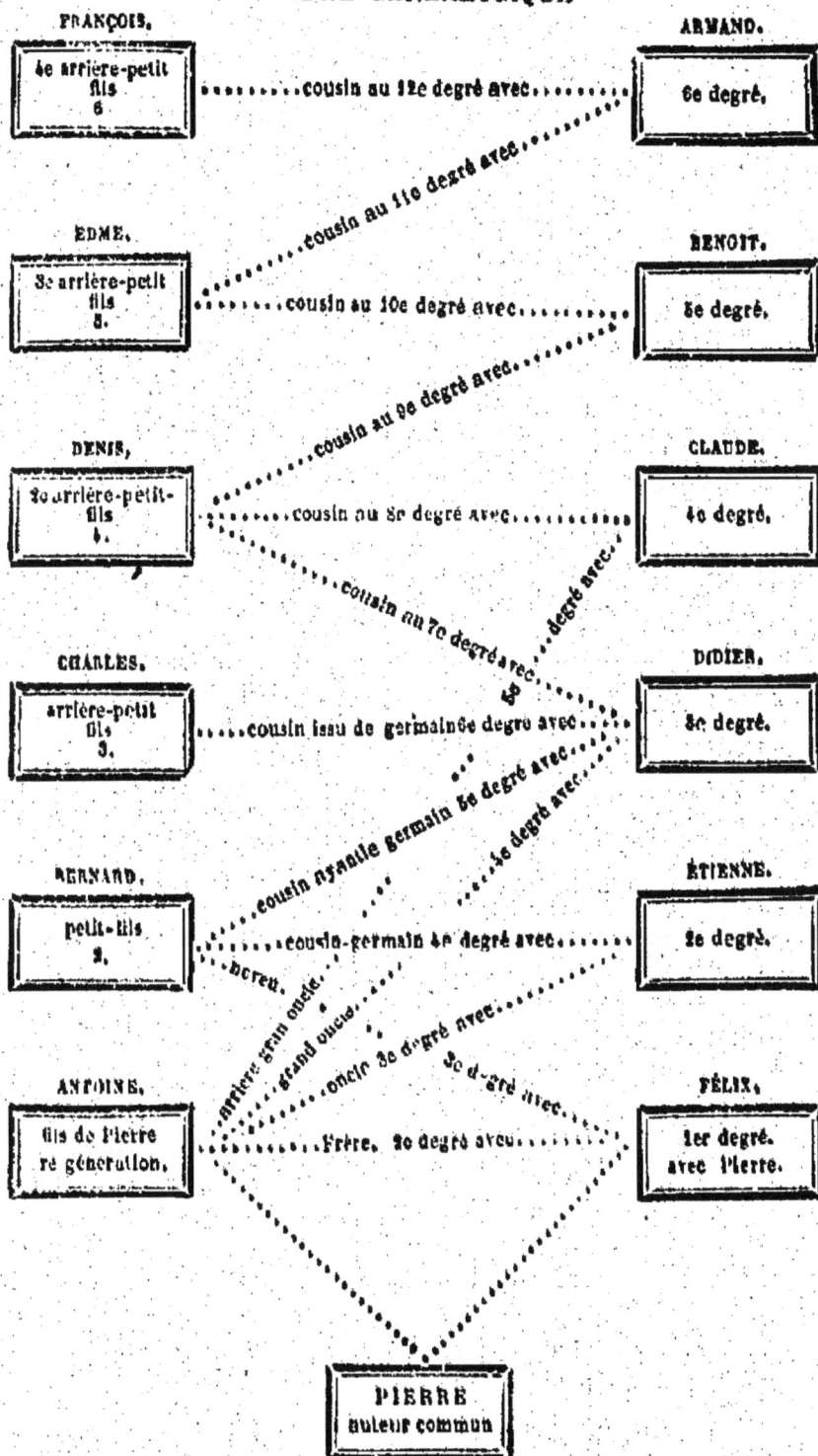

Ayant deux enfants *Antoine* et *Félix*, qui ont eux-mêmes chacun un fils, le premier *Bernard* et le second *Étienne*, la progéniture se continue ainsi.

EXPLICATION DE L'ARBRE GÉNÉALOGIQUE POUR LA SUP-
PUTATION DES DEGRÉS DE PARENTÉ SUCCESSIBLES.

La proximité de parenté s'établit par le nombre de générations ; chaque génération s'appelle *un degré*.

La suite des degrés forme la ligne : on appelle *ligne directe* la suite des degrés entre personnes qui descendent l'une de l'autre ; et *ligne collatérale*, la suite des degrés entre personnes qui ne descendent pas les unes des autres, mais qui descendent d'un auteur commun.

On distingue la ligne directe en ligne directe descendante et ligne directe ascendante.

La première est celle qui lie le chef avec ceux qui descendent de lui ; la deuxième est celle qui lie une personne avec ceux dont elle descend.

En ligne directe on compte autant de degrés qu'il y a de générations entre les personnes ; ainsi le fils est à l'égard du père au premier degré, le petit-fils au second, et réciproquement du père et de l'aïeul à l'égard des fils et des petits-fils.

En ligne collatérale, les degrés se comptent par les générations depuis l'un des parents jusque et non compris l'auteur commun et depuis celui-ci jusqu'à l'autre parent.

Ainsi, deux frères sont au deuxième degré, l'oncle et le neveu sont au troisième degré, les cousins-germains sont au quatrième ; ainsi de suite.

Au surplus, pour connaître, au moyen de l'arbre ci-dessus figuré, le degré de parenté d'une personne à une autre, il suffit d'ajouter au nombre de degrés indiqués par l'une d'elles le nombre de générations représenté par la seconde personne.

Les parents au-delà du douzième degré ne succèdent pas.

Ici tous les NOMS de droite sont entre eux en ligne directe ; il en est de même de ceux de gauche et les liens de parenté existant entre ces deux lignes constituent la ligne collatérale.

———————

CHAPITRE V

DE L'ACCEPTATION ET DE LA RÉPUDIATION DES SUCCESSIONS

SECTION PREMIÈRE

De l'Acceptation

ART. 774, 775 et 776. Une succession peut être acceptée purement et simplement, ou sous bénéfice d'inventaire.

(V. les art. 25, 461, 769, 789, 79 et 794.)

Nul n'est tenu d'accepter une succession qui lui est échue.

(V. les art. 25 et 794.)

Les femmes mariées ne peuvent pas valablement accepter une succession sans l'autorisation de leur mari ou de justice, conformément aux dispositions du chapitre VI du titre du MARIAGE.

Les successions échues aux mineurs et aux interdits ne pourront être valablement acceptées que conformément aux dispositions du titre DE LA MINORITÉ, DE LA TUTELLE ET DE L'ÉMANCIPATION.

(V. les art. 13, 25, 45, 55, 63, 108, 113, 120, 124, 170, 174, de 215 à 226 inclusivement, 392, 461, 463, 727 et 934.)

DE LA FACULTÉ QU'A TOUT HÉRITIER D'ACCEPTER OU DE REFUSER LA TOTALITÉ OU UNE PARTIE D'UN HÉRITAGE QUI LUI EST LAISSÉ.

On est libre d'accepter un héritage ou une part d'héritage, sans réserve, sans condition, ou avec faculté de n'en payer les dettes que jusqu'à concurrence de ce qui sera porté dans l'énumération faite par la justice.

Personne ne peut être contraint à accepter un héritage qui lui est dévolu dans un testament quelconque ; nul ne peut être héritier malgré lui.

Il n'est permis à l'épouse d'accepter d'une manière valable un héritage, qu'autant qu'elle y est autorisée par l'époux ou par la justice, comme il est dit au *titre du mariage*.

Quant aux héritages qui adviennent aux individus qui n'ont pas atteint l'âge prescrit par les lois pour disposer de leur personne et de leurs biens, et à ceux à qui un jugement en a interdit l'usage pour imbécillité, démence, ou

fureur, ils ne peuvent être acceptés d'une manière valable,
qu'ainsi qu'il est dit au titre *de la minorité, de la tutelle
et de l'émancipation.*

S'il s'agit pour un sourd-muet ou une sourde-muette
d'accepter un héritage, tout doit se borner, selon nous, à
passer un acte au greffe du tribunal de première instance.
A cet égard, *le Code* n'exige aucune forme spéciale pour
eux. S'ils ne savent pas écrire, nous ne croyons nullement,
comme on l'a prétendu, l'intervention d'un *curateur*
indispensable. *Une procuration notariée*, dans laquelle *le
notaire* aurait, avec l'aide d'un interprète, traducteur,
truchement, ou tout autre intermédiaire capable, digne
de confiance, attesté la volonté du sourd-muet ou de la
sourde-muette, doit, à nos yeux, suffire au greffier du
tribunal de première instance, qui peut, en outre, par
l'emploi du même moyen, recevoir directement la déclaration de l'un ou de l'autre.

SECTION II
De la Renonciation aux successions

Arr. 784. La renonciation à une succession ne se présume
pas. Elle ne peut plus être faite qu'au greffe du tribunal de première instance dans l'arrondissement duquel la succession est
ouverte et sur un registre particulier tenu à cet effet.

(V. les art. 25, 45, 55, 63, 108, 113, 120, 324, 392, 461,
718, 774, 776, 780, 789, 794 et 845.)

FACULTÉ D'UN HÉRITIER DE RENONCER A UN HÉRITAGE.

La renonciation à un héritage ne se conjecture pas par
déduction ou supposition. Elle doit, forcément, obligatoirement, être faite au greffe du tribunal de première instance

dans la circonscription duquel l'ouverture de la succession a eu lieu, et être inscrite sur un registre à ce destiné.

Si c'est un sourd-muet qui désire refuser un héritage, notre opinion est la même que celle que nous avons manifestée à propos d'une acceptation de sa part. Toute démarche préalable doit se borner pour lui à passer un acte au greffe. La loi n'a encore ici aucune obligation spéciale à lui imposer. Lors même qu'il ne saurait pas écrire, nous ne croyons nullement. malgré ce qu'on a prétendu, la nomination d'un *curateur* indispensable. Une procuration notariée, dans laquelle le notaire, à l'aide d'un interprète ou autrement. se trouve en mesure de pouvoir attester la volonté du sourd-muet, nous semble devoir suffire abondamment au greffier, qui pourra recevoir de la même manière la déclaration du sourd-muet.

TITRE II

Des donations entre-vifs et des testaments

CHAPITRE Ier

DISPOSITIONS GÉNÉRALES

ART. 893, 894 et 895. On ne pourra disposer de ses biens à titre gratuit, que par donation entre-vifs ou par testament dans les formes ci-après établies :

La donation entre-vifs est un acte par lequel le donateur se dépouille actuellement et irrévocablement de la chose donnée en faveur du donataire qui l'accepte.

Le testament est un acte par lequel le testateur dispose, pour le temps où il n'existera plus, de tout ou partie de ses biens, et qu'il peut révoquer.

21.

(Pour les trois articles précédents, voir les articles 25, 34, 38, 112, 113, 130, 137, 217, 382, 460, 847, 901, 913, 931, 953, 967 et 979.)

La donation entre-vifs est un acte écrit, une déclaration volontaire, en vertu de laquelle une personne vivante (donatrice), se dépouille, au moment présent et sans qu'il y ait à revenir là-dessus, d'une partie quelconque de ce qu'elle possède en faveur d'une autre personne vivante (donataire), qui l'accepte volontairement et sans y être contrainte.

Le testament, de son côté, est un acte authentique, valable, par lequel celui qui le fait (testateur), déclarant ses dernières volontés, dispose, pour le temps où il aura cessé de vivre, de la totalité ou d'une partie de ce qu'il possède, en faveur de celui, celle, ceux ou celles, que la loi appelle à la recueillir (héritier, héritière), ou autres. Le testateur est libre, tout le temps de sa vie, d'annuler, de déclarer nul le testament qu'il a fait, pour lui en substituer ou ne pas lui en substituer un autre, en bonne et due forme.

Le testament olographe, comme nous l'avons dit, est celui qui est écrit, daté et signé de la main du testateur; *le testament par acte public*, celui qui est reçu par deux notaires, en présence de deux témoins; *le testament mystique* ou *secret*, celui qui est écrit ou au moins signé par le testateur, et remis par lui, clos et scellé, à un notaire, en présence de six témoins; *le testament inofficieux*, celui dans lequel le testateur ne fait aucune mention de ses plus proches parents, héritiers de droit; *le testament ab irato*, du mot latin *colère*, celui qui est fait par un motif de mauvais vouloir, ou de haine; *le testament de mort* (locution maintenant peu usitée), énonçant jadis la déclaration libre et volontaire d'un criminel après sa condamnation à mort; *le testament militaire*, celui qui se fait à l'armée avec toutes les formalités nécessaires aux autres testaments.

En définitive, on peut disposer à titre gratuit de cequ'on possède, seulement de deux manières, ou par *donation entre-vifs*, ou par *testament*, dans les formes voulues.

La question de savoir si un sourd-muet a le droit de disposer de ses biens, de faire une donation ou un testament, mérite plus que jamais de fixer l'attention publique, lorsque, de nos jours encore, on rencontre des hommes qui persistent à ne point lui reconnaître ce droit, appuyant cette opinion exceptionnelle sur le même argument par lequel, dans l'acte de mariage, ils voudraient interdire au sourd-muet la déclaration écrite de ses intentions, de son consentement, sans l'intermédiaire d'un parlant, invoquant toujours et partout l'obligation de la parole articulée.

M. Gouin, sourd-muet de naissance, peintre de talent, était, depuis longues années, atteint d'une névralgie, qui lui faisait appréhender sa fin prochaine. Dans cette circonstance, il s'occupa du sort de sa jeune fille parlante; et, après avoir fait d'inutiles démarches auprès de plusieurs notaires de Paris, il s'adressa, de guerre lasse, à l'un d'eux, qui sut mieux saisir l'esprit de la loi. C'était Me Moreau (de la Seine), maire du septième arrondissement d'alors, qui a figuré dans nos assemblées législatives. Grâce à ce fonctionnaire, le vœu paternel du sourd-muet fut exaucé.

A quinze lieues de Paris, à Coulommiers (Seine-et-Marne), M. Catois, alors âgé de vingt-trois ans, ancien élève de l'Institution impériale, venait d'hériter de sa mère. Il est appelé chez Me Dezpommiers, doyen des notaires de cette ville, qui lui propose tout d'abord de consentir à ce qu'il soit convoqué un conseil de famille pour lui nommer un tuteur. Comme on le pense bien, M. Catois repousse cette proposition. On est forcé de reconnaître que son instruction rend cette prescription au moins inutile... Que, afin de gérer ses affaires, il soit donné un curateur ou un conseil judiciaire au sourd-muet atteint d'imbécillité ou de démence, cette disposition est parfaitement conforme au simple bon sens: le sourd-muet rentre ici dans le droit commun ; car qui oserait encore invoquer contre lui les Institutes de Justinien, écrites, nous l'avons prouvé, sous l'influence d'autres temps et d'autres mœurs ?

Le sourd-muet de naissance peut faire un *testament olographe*, s'il sait lire et écrire ; mais il ne suffit pas, pour la validité de cet acte, qu'il ait été écrit et signé de sa main; il faut encore qu'il soit prouvé que le sourd-muet sait écrire mentalement sa volonté, sans copier un modèle, ou, du moins, qu'il sait lire et comprendre l'écriture.

Le sourd-muet qui sait lire et écrire peut faire un *testament mystique*, par la raison que, bien qu'il ne puisse entendre la lecture de l'acte, il peut en prendre connaissance lui-même par lecture; mais, il faut que le testament soit entièrement écrit, daté et signé de sa main, et que, pour la présentation de ce testament, ainsi que pour la rédaction de l'acte de suscription, les formalités prescrites par l'article 979 soient exactement observées, c'est-à-dire, qu'au haut de l'acte de suscription, le sourd-muet écrive en présence du notaire et des témoins.

On ne permet pas au sourd-muet de faire un testament par signes, quand ce mode de tester est admis dans le *testament militaire,* pourvu qu'il soit signé du testateur ; d'où il résulte que le sourd-muet qui ne sait pas lire et écrire ne peut tester. On ne lui accorde pas même le bénéfice de la loi relative au testament militaire. Est-ce juste?

Il suit des dispositions formelles du Code Napoléon que le sourd-muet illettré ne peut être admis à tester. Que celui qui sait écrire recoure à la forme olographe ou mystique!... on le comprend... Mais celui qui ne sait pas?... Et quant à un testament par-devant notaire, il faut le dicter, et que le testateur en entende ensuite la lecture, double impossibilité radicale! Allons plus loin! un sourd-muet illettré qui n'a pas de moyens clairs et précis d'exprimer sa volonté, peut-il contracter mariage?

Quoiqu'il en soit (et c'est ici une question de fait), on a vu, en 1842, le ministère public conclure pour la négative dans un tribunal français, bien que la plaignante ne fût nullement idiote, et en dépit d'une traduction mimique très-expressive de la définition du l'illustre Portalis : *Le consentement est la voix du cœur.*

A quoi bon prolonger la série de ces exemples? Peut-être la loi trouvera-t-elle prochainement le moyen de concilier les exigences de l'ordre social avec les droits

imprescriptibles de l'humanité. Mais d'ici là nous avons
un devoir à remplir, un devoir sacré, puisque ces malheureux sont nos frères; c'est de nous efforcer de répandre
de plus en plus la lumière dans leurs rangs. Hâtons-nous
de guérir cette plaie sociale! Il y a urgence.

« Les sourds-muets et les aveugles, ne peuvent, dit
Me Coin-Delisle, être appelés comme témoins, ni au civil,
ni au criminel, ni surtout dans un testament, parce qu'ils
sont frappés d'infirmités physiques qui les empêcheraient
de remplir leurs fonctions ; or il n'y a pas de témoins là
où l'on ne trouve pas, dans une personne assistant à un
fait, la faculté d'attester ce qu'elle a vu et entendu. Dans
tous autres actes que le testament, le sourd-muet qui sait
écrire peut être admis comme témoin. Quant au sourd-
muet qui ne sait pas écrire, il peut, dans ce cas, pen-
sons-nous, être assisté d'un interprète. »

Le Code autrichien interdit aux sourds-muets et aux
aveugles la faculté de servir de témoins dans les testaments.

On lit dans le Code bavarois : « Les aveugles ne peuvent
disposer de leurs biens qu'au moyen d'un testament *nun-
cupatif*, c'est-à-dire dicté par le testateur, avec les formalités prescrites par la loi. (Art 7, Liv. III, Chap. II.) Ni
les sourds-muets, ni les aveugles ne peuvent servir de témoins dans un acte testamentaire (*ibidem*, art 7.) »

Dans l'Angleterre, ce pays si avancé en civilisation, les
sourds-muets sont relégués dans la catégorie des individus
tombés en enfance, soumis, comme les idiots, à un tuteur,
et enchaînés pour toujours à son existence. Qui le croirait ?

CHAPITRE IV

DES DONATIONS ENTRE-VIFS

SECTION PREMIÈRE

De la forme des donations entre-vifs

ART. 931 et 935. Tous les actes portant donation entre-vifs seront passés devant notaire dans la forme ordinaire des contrats; et il en restera minute, sous peine de nullité.

(V. les art. 14, 25, 68, 113, 176, 460, 893, 894, 901, 1101, et 1105.)

La donation faite à un mineur non émancipé, ou à un interdit, devra être acceptée par son tuteur conformément au titre DE LA MINORITÉ, DE LA TUTELLE ET DE L'ÉMANCIPATION.

Le mineur émancipé pourra accepter avec l'assistance de son curateur.

Néanmoins, les père et mère du mineur émancipé ou non émancipé, ou les autres ascendants, même du vivant des père et mère, quoiqu'ils ne soient ni tuteurs, ni curateurs du mineur, pourront accepter pour lui.

(V. les art. 25, 63, 108, 161, 174, 187, 372, 463, 774, et 894.)

La donation entre-vifs est, comme nous l'avons dit, un acte volontaire, en vertu duquel une personne vivante (donatrice) se dépouille actuellement et irrévocablement d'une chose en faveur d'une autre personne vivante (donataire), qui l'accepte volontairement et sans y être contrainte.

Toute écriture relative à une donation entre-vifs doit être dressée, rédigée, devant notaire, selon la formule habituelle des contrats, conventions, pactes, traités, qui ont lieu entre deux ou plusieurs personnes et sont rédigés en présence de l'autorité.

Une *minute* (original sur lequel s'expédient les copies qu'on appelle *grosses*) doit, sous peine d'annulation de l'acte susdit, rester déposée dans l'étude où le notaire travaille avec ses clercs.

Quand une donation est faite à un individu qui, n'ayant pas atteint l'âge de la majorité, n'a pas été mis, par une émancipation légale, en état de jouir de ses revenus, ou à un individu privé par la justice de la libre disposition de ses biens et même de sa personne pour cause certaine d'imbécillité, de démence ou de fureur, la donation dont il s'agit, doit être acceptée par celui qui est chargé de la tutelle du mineur non émancipé ou de l'interdit.

Rien ici de spécial à noter pour les sourds-muets, les cas d'imbécillité et de folie n'étant pas, quoi qu'on dise, plus fréquents chez eux qu'autre part.

Le mineur émancipé peut accepter, sans obstacle, une donation, s'il se présente assisté du curateur qui lui a été donné par la justice pour veiller à ses intérêts et l'assister dans ses actes les plus importants.

Cependant, les père et mère du donataire, mineur émancipé ou non, ou les grands parents dont il descend, ses père et mère étant même en vie, sont, quoiqu'ils n'aient été investis ni de la tutelle ni de la curatelle du mineur, aptes à accepter pour lui la donation dont il s'agit.

Art. 936. Le sourd-muet qui saura écrire, pourra accepter lui-même ou par un fondé de pouvoir. S'il ne sait pas écrire, l'acceptation doit être faite par un curateur nommé à cet effet, suivant les règles établies au Titre DE LA TUTELLE ET DE L'É-MANCIPATION.

(V. les art. 25, 36, 108, 120, 123, 137, 406, 480, 774, 847, 894, 904, 911, 913, 963, 979, 1123, 1124 et 1398.)

Rien de plus simple en apparence que cet article du Code Napoléon, qui semble inspiré par une vive sympathie pour les sourds-muets; et aucun peut-être n'a cependant donné lieu à plus de controverses.

Que veut-il dire pourtant?

Que le sourd-muet sachant écrire, peut, soit par lui-même, soit par un fondé de pouvoir jugé capable de le remplacer et choisi dans ce but, accepter une donation qui lui est faite;

Que, lorsque la donation est faite à un sourd-muet ne sachant pas écrire, elle doit être acceptée par un curateur spécial choisi dans ce but selon les formes prescrites au Titre dont il est question ci-dessus.

Si le sourd-muet est reconnu apte à contracter mariage, on ne saurait lui interdire les conventions et donations qui se font par contrat de mariage, quand l'article 1398 du Code Napoléon autorise le mineur à faire de semblables dispositions, pourvu qu'il soit assisté des personnes dont le consentement est nécessaire à la validité du mariage. C'est évident.

Qu'au lieu d'un contrat de mariage, il s'agisse d'une simple *donation entre-vifs* (voir l'article 894), le discernement et la maturité de raison qu'exige le premier de

ces actes, peuvent-ils être consciencieusement mis en
doute chez le même individu ? Et la même manifestation
de consentement ne doit-elle pas être jugée suffisante ?

Mais une objection a été faite : l'article 936, exigeant,
comme nous venons de le voir, que le sourd-muet ne sachant pas écrire, ne puisse *accepter* une donation entre-
vifs autrement que par l'entremise d'un *curateur*, délégué
à cet effet, ne lui interdit-il pas, à plus forte raison, de
faire personnellement une donation au profit d'un tiers ?
Déclaré incapable de prendre part à la donation comme
donataire, comment ne le serait-il pas d'y figurer comme
donateur ? Si ses intérêts peuvent être éventuellement
compromis par l'acceptation irréfléchie d'une libéralité, ne
risqueraient-ils pas d'être encore plus sérieusement exposés
dans un acte ayant pour but de le dépouiller de la totalité
ou d'une partie de ses biens ? Si, aux yeux de la loi, sa
capacité est suspecte quand il ne s'agit que *d'accepter*,
ne doit-elle pas l'être davantage lorsqu'il est question de
disposer ?

Sous ce rapport, dit-on, la jurisprudence nouvelle n'aurait fait que maintenir les prohibitions de l'ancienne.
Après avoir cherché quel était le véritable sens des lois
romaines sur ce sujet (L. 34, D. *de donat. L, discutis,*
C. *qui testamenta facere possint*), Ricard (*De donat.* I*re* partie, n° 135), décide magistralement que les sourds-muets
de nature, *qui n'ont point l'art de l'écriture,* sont incapables de disposer de leurs biens par donation entre-vifs,
aussi bien que par *testament,* et il ajoute que l'usage dans

le royaume est de n'admettre aucune de ces dispositions.

A l'appui de cette opinion, il cite un arrêt du Parlement, du 27 octobre 1595, et il ajoute :

« Il est absolument nécessaire que celui qui dispose de ses biens, puisse faire concevoir son intention par une voie indubitable, qui se restreint à la parole et à l'écriture, tous les autres moyens par lesquels nous pouvons nous expliquer, étant trop incertains pour servir de fondement à une disposition importante. »

L'ordonnance de 1735, conforme à cette doctrine, porte, article 2 :

« Déclarons pareillement nulles toutes dispositions qui seraient faites par *signes*, encore qu'elles eussent été rédigées par écrit sur le fondement desdits signes. »

Mais, d'abord, ne faut-il pas prendre garde à deux choses?

La première, c'est que l'article 936 du Code Napoléon, placé dans le chapitre qui règle la forme des donations entre-vifs, ne peut être sérieusement considéré comme établissant une règle infaillible de capacité.

La seconde, c'est qu'il ne parle que de l'acceptation des donations, et que c'est seulement par induction et à l'aide d'un *à fiortiori* un peu suspect, qu'on en veut étendre l'application à la confection même de l'acte de donation.

De ce que la loi exige que le sourd-muet illettré ne puisse valablement accepter que par l'entremise d'un curateur *ad hoc*, est-on bien autorisé à conclure qu'elle n'a pas voulu qu'il pût faire personnellement une donation?

Ici l'analogie manque, à moins qu'on ne prétende qu'il pourra faire cette donation avec l'assistance d'un curateur.

Et puis, qui vous assure que ce que l'on induit de l'article 936, pour le cas d'une donation, on ne l'induira pas, au même titre, pour tout autre contrat, de sorte qu'il faudra décider que le sourd-muet qui ne sait pas écrire, ne peut contracter mariage à l'aide d'un consentement manifesté par signes, puisqu'il ne saurait, par le même procédé, accepter la donation faite à son profit ?

L'ancienne jurisprudence qu'on invoque en faveur de l'opinion contraire, était fondée sur ce qu'en ce temps-là, les sourds-muets se trouvaient également dans l'impossibilité de manifester leur volonté. On ne soupçonnait pas alors les merveilleux procédés à l'aide desquels on fait leur éducation. Cette jurisprudence a donc cessé de jouir de l'autorité qu'elle avait anciennement.

Telle est l'opinion qui a été adoptée par Guilhem (*des Donations*, n° 405), par Vazeille (*des Donations*, art. 901, n° 11 et art. 936, n° 1), et que la cour de cassation à consacrée dans l'espèce suivante :

Le sieur Clergue, sourd-muet de naissance, ne sachant ni lire, ni écrire, comparaissait, le 4 février 1835, devant M° Dubosq, notaire, assisté de son frère, de sa nièce; et là, en présence de l'abbé Bertrand, curé de sa paroisse, du sieur Record, propriétaire cultivateur, et de deux témoins, qui, par leurs relations avec ce sourd-muet, étaient à même de comprendre ses signes et de juger de sa capacité, il faisait donation de tous ses biens à Pierre Clergue, son neveu, qui l'acceptait, à la charge de nourrir, loger et vêtir le donateur pendant sa vie de la manière dont il l'avait toujours été.

De l'acte dressé par le notaire il résulte que le sourd-muet Clergue a exprimé sa volonté au moyen de signes que les assistants, témoins et notaire, ont compris parfaitement, et dont ils se sont assurés à l'aide d'épreuves auxquelles ils se sont livrés.

Cet acte constate, d'ailleurs, qu'il a été lu aux comparants, et qu'on l'a fait comprendre par signes au donateur, qui a manifesté, y est-il dit, au moyen de signes très-intelligibles, que le notaire avait exprimé sa pensée.

Cependant, le sieur Clergue étant décédé en 1839, ses héritiers attaquèrent la donation susdite comme émanée d'une personne *incapable* (voir art. 911), se fondant sur ce que le sourd-muet, qui ne sait pas écrire, ne pouvant pas accepter une donation sans l'assistance d'un curateur (V. art. 936), avait, à plus forte raison, besoin de cette assistance pour consentir lui-même cette donation.

Le sieur Pierre Clergue, donataire, répondit que les incapacités sont de droit étroit, et que la loi n'ayant nulle part frappé le sourd-muet qui ne sait pas écrire, de l'incapacité de donner, il n'était pas permis de créer contre lui une pareille incapacité, sauf aux tribunaux à apprécier s'il remplit les conditions d'intelligence et de sanité d'esprit exigées par l'art. 901 pour la validité des donations.

Le 16 août 1844, arrêt confirmatif de la cour royale de Toulouse qui maintient la donation,

« Attendu qu'en reconnaissant dans l'art. 1123 la faculté de contracter à tous ceux qui n'en ont pas été déclarés incapables par la loi, le législateur a exprimé la volonté que les incapacités ne fussent pas étendues au delà du cercle qu'il a lui-même tracé ;

» Que l'article 1124 ne comprend point les sourds-muets parmi ceux qui sont frappés de cette interdiction ;

» Qu'aucun autre texte législatif ne les atteint en ce qui concerne les actes ordinaires de la vie civile;

» Qu'il faut donc les admettre à les faire, à moins que leur situation même n'amène, par une analogie avec ceux qui, étant doués de la parole, ne peuvent valablement s'obliger, une raison pour leur défendre de s'engager;

» Attendu que leur infirmité ne pourrait entraîner cette prohibition qu'autant qu'elle les priverait de l'intelligence qui permet d'apprécier l'action qu'ils doivent faire, et de la volonté qui valide le consentement qu'ils doivent donner;

» Qu'alors, en effet, que *celui qui sait et qui veut* peut s'obliger, et que le concours de deux volontés sur le même objet suffit pour former le lien de droit entre deux personnes qui s'engagent l'une envers l'autre, le sourd-muet peut contracter, si d'ailleurs, il est en état de faire comprendre la pensée qui l'inspire;

» Que l'écriture est, sans doute, pour ceux dont l'éducation a développé l'intelligence, un moyen sûr de se mettre en relation avec les autres, en même temps qu'elle offre une garantie de la sincérité des conventions qui se forment entre eux; mais que, lorsque l'expérience prouve, tous les jours, que des sourds-muets privés du secours de cette instruction que d'admirables procédés, inventés par la charité, unie au génie, ont permis de donner à leurs semblables, savent se faire comprendre de ceux avec qui ils sont en rapport, aussi bien qu'ils les comprennent eux-mêmes, vouloir leur défendre de s'obliger serait violer la loi qui ne demande que l'intelligence et la liberté du consentement...»

Renvoi en cassation de la part des sieurs Roques et consorts pour violation de l'article 936 du Code civil.

Le 30 janvier 1844, chambre des requêtes, arrêt portant ce qui suit :

« La cour,

» Attendu, en droit, qu'en général, toute personne peut contracter et s'obliger, à moins que la faculté ne lui en ait été expressément refusée par la loi;

» Que les causes d'incapacité doivent être ainsi traitées comme de véritables exceptions qui ne sauraient juridiquement s'étendre, par aucune induction, d'un cas nettement prévu à un cas purement hypothétique;

» Qu'en ce qui touche particulièrement les sourds muets, aucune disposition de la loi ne les déclare formellement incapables de contracter;

» Que les procédés d'enseignement si heureusement appliqués à leur éducation ne permettent plus, en effet de les considérer, ainsi que le faisait le Droit Romain, comme dépourvus généralement de l'intelligence nécessaire à la gestion de leurs affaires;

» Qu'il est manifeste, au contraire, qu'à l'aide de ces procédés, ils peuvent acquérir un degré supérieur d'instruction et parvenir au plus complet développement de leurs facultés intellectuelles;

» Que, dans une pareille condition, il serait impossible de leur contester la capacité d'apporter dans les transactions où ils sont parties, un consentement libre, volontaire et suffisamment éclairé;

» Que cette vérité a été si bien sentie, qu'il est attesté par les procès-verbaux du conseil d'État, du 17 fructidor, an IX, que, dans la discussion du titre *du mariage*, les auteurs du Code civil s'accordèrent à regarder le sourd-muet comme capable de contracter mariage dans tous les cas où il pourrait utilement manifester sa volonté, et que l'appréciation ou le discernement des signes pouvant faire juger si le sourd-muet a ou non consenti, serait laissé à l'arbitrage des tribunaux;

» Attendu que, si le sourd-muet peut exprimer une volonté, un consentement suffisant pour valider son mariage, il s'ensuit que, conformément à l'article 1398 du Code Napoléon, il sera également habile à consentir toutes les conventions dont le contrat de mariage est susceptible, et qu'ainsi la faculté de disposer, dans ce cas, de sa fortune, sous forme de donation entre-vifs, ne lui est pas interdite;

» Attendu qu'il importe peu que le sourd-muet soit lettré, pourvu que la capacité de consentir ne lui soit point contestée, et qu'il puisse suffisamment faire connaître sa volonté;

» Qu'il ne faut pas, en effet, confondre la capacité de vouloir ou de consentir avec les modes divers sous lesquels la volonté ou le consentement peut être manifesté;

» Que la loi n'a, en général, déterminé aucun mode suivant lequel les personnes capables de s'obliger seraient tenues d'exprimer leur consentement;

» Que la parole et l'écriture ne sont que des moyens conventionnels auxquels il peut être, en certains cas, suppléé par d'autres signes propres à exprimer, d'une manière suffisamment claire et précise, la volonté de la personne qui est obligée de recourir à ce mode de manifestation;

» Que la loi elle-même n'a pas hésité à admettre le langage des signes comme une expression fidèle de la volonté des sourds-muets quand elle dit, dans l'article 333 du Code d'instruction criminelle, que, si l'accusé est sourd-muet et ne sait pas écrire, le président nommera d'*office* pour *son interprète* la personne qui aura le plus d'habitude de converser avec lui;

» Qu'il en sera de même à l'égard du *témoin sourd-muet*;

» Qu'ainsi *la défense* et *le témoignage* peuvent être utilement produits en justice par signes;

» Que, dès lors, il serait contraire à la raison de sup-

25.

poser que le sourd-muet, qui peut valablement contracter
mariage, se défendre et témoigner en justice par signes,
ne pourrait, à l'aide du même moyen, exprimer le consentement utile, quand il s'agit pour lui de disposer de
ses biens par donation entre-vifs;

» Attendu que, si l'article 936 exige, dans le cas où le
sourd-muet donataire ne sait pas écrire, que l'acceptation
de la donation soit faite par un curateur nommé à cet
effet, on ne saurait induire des termes de cet article
l'incapacité pour le sourd-muet illettré de faire personnellement une donation entre-vifs;

» Que l'article 936, en effet, n'a nullement pour objet
d'établir une règle de capacité;

» Qu'il se borne à déterminer, pour le cas qu'il prévoit,
une simple formalité dans l'intérêt général des sourds-
muets, et surtout dans l'intérêt de ceux qui, dépourvus
de toute intelligence, se trouveraient, sans la précaution
de la loi, hors d'état de profiter des libéralités qui leur seraient adressées;

» Attendu, en fait, que l'arrêt attaqué déclare que des
faits et connaissances de la cause, dont l'appréciation souveraine appartenait à la cour royale, il résulte une preuve
complète que le sourd-muet, auteur de la donation dont
il s'agit, avait toute la capacité nécessaire pour contracter,
et qu'il a pu se mettre en communication avec le notaire
et les témoins, de manière à ne laisser aucun doute sur ses
intentions et sa volonté;

» Que, par suite, l'arrêt attaqué, en reconnaissant la

validité de ladite donation, loin de violer la loi, en a fait, au contraire, une juste application ;

» Rejette. »

(Contr. Ricard, loc., cit.; Pottier, des Donations entre-vifs, sect. 1re, art. 1er; Merlin, Répert. V. Sourd-muet, no 4; Grenier, des Donat. no 283 ; Favard, Répert. V. Sourd-muet, no 2; Guilhem, des Donat., no 107; Coin-Delisle, ibidem, sur l'art. 936; Liége, 12 mai 1809, aff. Servotte, 1 art. 6019; — V. Donation, no 90.)

Quoiqu'il en soit de la mémorable affaire que nous venons de rapporter, nous persistons à croire que ses dispositions ont été écrites sous l'inspiration de l'ancienne jurisprudence, et qu'il ne doit y avoir lieu à la nomination d'un curateur que dans le cas où le sourd-muet serait incapable de manifester sa volonté.

Art. 969, 970, 971 et 972. Un testament pourra être olographe, ou fait par acte public, ou dans la forme mystique.

(V. les art. 25, 113 et de 973 à 980 inclusivement.)

Le testament olographe ne sera point valable s'il n'est écrit en entier, daté et signé de la main du testateur. Il n'est assujetti à aucune autre forme.

(V. les art. 25, 39, 62, 170, 931, 967 968, de 973 à 980 inclusivement, 1001, 1007 et 1008.)

Le testament par acte public est celui qui est reçu par deux notaires en présence de deux témoins, ou par un notaire en présence de quatre témoins.

(V. les art. 25, 967, 968, de 973 à 980 inclusivement et 1001.)

Si le testament est reçu par deux notaires, il leur est dicté par le testateur, et il doit être écrit par l'un de ces notaires, tel qu'il est dicté.

S'il n'y a qu'un notaire, il doit également être dicté par le testateur et écrit par ce notaire.

Dans l'un et l'autre cas, il doit en être donné lecture au testateur, en présence des témoins.

Il est fait du tout mention expresse.

(V. les art. 20, 25, 38, 56, 104, 113, 120, 967, 968, de 973 à 980 inclusivement et 1001.)

Un testament peut être, ou *olographe* ou dressé par acte public, ou fait dans la forme *mystique* ou secrète. Ces différentes manières de tester sont expliquées dans les articles qui précèdent.

Pour être valable, le testament olographe a besoin d'être écrit d'un bout à l'autre, daté et signé de la main du testateur. Il n'est soumis à aucune forme. Peu importe dans quels termes il sera rédigé, pourvu qu'il exprime sa volonté nette et précise.

Par deux notaires en présence de deux témoins, ou par un notaire en présence de quatre témoins, ainsi doit être reçu le testament, dit *par acte public*.

Pour qu'un testament soit reçu par deux notaires, il faut que le testateur le leur *dicte* (*dicter*, c'est prononcer à haute et intelligible voix, mot à mot, une phrase, ou une suite de phrases, pour qu'une ou plusieurs personnes les écrivent sous sa dictée). Le testament doit être *écrit*, (*écrire*, c'est former, tracer, figurer les caractères d'une langue), par un de ces notaires, absolument comme il est dicté.

Pour qu'un testament soit reçu par un seul notaire, il faut également qu'il soit *dicté* par le testateur, et *écrit* par ce notaire.

Dans l'un et l'autre cas, il faut qu'en présence des témoins, le testament soit *lu* au testateur (*lire*, c'est parcourir des yeux, avec connaissance de la valeur des lettres, ce qui est écrit, et le lire à celui qui entend et écoute.)

Mais, comment le sourd-muet qui n'entend ni ne parle, pourra-t-il dicter un testament ? Comment pourra-t-il en entendre la lecture ? graves questions qui seront traitées plus bas.

Il faut, d'ailleurs, que de tout ce qui précède il soit fait mention formelle, positive, dans le testament.

En définitive, le sourd-muet peut-il tester ? La négative était décidée par les lois romaines pour le sourd-muet de naissance (*L.* 29, *C. de testam.*); mais celui qui n'était muet que par accident, pouvait tester. (*L.* 10, *C. qui testam. fac. poss.*) Telle était aussi notre ancienne jurisprudence (V. Ricard, 1re partie, no 131 et suiv.; Furgole, *des testaments*, ch., 2e sect., no 105 et suiv.; Merlin, *Répert.* V; V. *Sourd-muet*, no 3, V. *Testament.*)

A ce propos, nous lisons dans un recueil estimé des hommes compétents : *Le Répertoire de la jurisprudence du notariat* (1845), supp., no 8 et suivants :

« Ce ne sont pas seulement les vices de *l'esprit* qui empêchent de tester; mais encore ceux du *corps.* Nous avons à parler des aveugles, des *sourds* et des *sourds-muets*...

« Que le *sourd*, ajoute-t-il lors même qu'il n'est ni muet, ni aveugle, ne puisse tester en aucune manière s'il ne sait ni lire ni écrire, c'est ce qui est de toute évidence. Car, pour tester dans la forme *olographe* (V. art. 969), il faudrait qu'il sût lire et écrire ; pour tester dans la forme *mystique* (V. *ibidem*), il faudrait, au moins, qu'il sût lire ; et pour tester par *acte public* (V. *ibidem.*), il faudrait qu'il pût entendre la lecture, ou, au moins, lire lui-même comme nous le verrons aux numéros suivants. (Duranton, t. IX, nº 83.)

« Mais, s'il sait lire et écrire, il peut tester dans toutes les formes. »

Il peut tester dans la forme *olographe*, et cela n'a pas besoin d'être démontré (Grenier, nº 282).

« Il peut tester dans la forme *mystique*. Pour remplir les formalités de ce testament, il suffit même de savoir lire, et de pouvoir parler. C'est ce qu'exprime suffisamment l'article 978 du Code Napoléon, lorsqu'il n'interdit cette forme de tester qu'à *ceux qui ne savent ou ne peuvent lire.*

« Enfin, il peut tester par *acte public*.

« A la vérité, il faut qu'il en puisse entendre la lecture ; mais, d'abord, il y a même nécessité pour l'acte de sus- cription du testament mystique ; et cependant, nous venons de voir que la loi permet au *sourd* de faire ce testament ; ensuite, le notaire peut donner au *sourd* son testament pour qu'il le lise lui-même à haute voix, s'il n'est pas muet, et il peut lui faire déclarer que telles sont ses intentions.

» C'est par un semblable procédé que, dans une espèce analogue, Merlin (*Répert.* V. *Sourd-muet*, nᵒ 4) enseigne que peut être remplie la formalité de la lecture. (V. *Sourd-muet*, nᵒ 21 et suivants) :

» Ce que nous venons dire du *sourd* ne s'applique pas à celui qui a seulement l'ouïe dure (V. Justinien, *quib. non est permiss. testam. fac.*, S. 3; Duranton. t. IX nᵒ 83).

» C'est encore un point constant que *le muet* et *le sourd-muet* ne peuvent tester par acte public; car la première condition de la validité de cette espèce de testament est qu'il soit *dicté* par le testateur; d'où il s'ensuit que, s'ils ne savent ni lire, ni écrire, ils ne peuvent tester d'aucune manière. Aussi la loi 29. C. *de testament*, etc. dit-elle à ce sujet : *Si talis est testator que neque scribere, neque articulatè loqui potest, mortuo similis est.* Si tel est le testateur qu'il ne puisse ni écrire, ni parler et articuler, il est semblable à un mort. (Grenier, nᵒ 283.)

» Mais, s'ils savent lire et écrire, ils peuvent faire un testament mystique. (V. l'art. 979 du Code Napoléon.)

» C'est une question si le muet ou le sourd-muet qui savent lire et écrire, peuvent faire un testament olographe; mais il faut se décider pour l'affirmative, parce que le caractère propre de ce testament est qu'il soit entièrement écrit, daté et signé de la main du testateur, ce qui peut être fait par une personne atteinte de mutisme, comme par toute autre. (Grenier n° 284; Bordeaux 16 août 1836, affaire Pinet, V. art. 893.)

» Remarquons qu'il n'y a plus de différence à faire entre celui qui est devenu sourd-muet *par accident* et le sourd-muet *de naissance*, l'article 979 du Code civil, précité, les comprenant tous dans ces termes : *En cas que le testateur ne puisse parler, mais qu'il puisse écrire.* » (Merlin, *loc. cit.* Colmar, 17 janvier 1815, aff. Hirn.)

Nous lisons dans un autre bon recueil : *Le Dictionnaire de la vie pratique :*

« *Les sourds-muets* qui savent écrire ou seulement signer, peuvent faire, comme tout autre personne, des *contrats* (V. art. 1001), ou autres actes de la vie civile : leur signature atteste le consentement qu'ils ont donné. Quand ils ne savent pas écrire, mais qu'on peut s'assurer de leur intelligence, au moyen des personnes qui se font entendre d'eux par signes, ils ne sont point privés du droit de contracter. Seulement ils doivent avoir recours au ministère d'un notaire. Pour les *donations entre-vifs* (V. ci-dessus), ils peuvent en faire avec le concours de leur interprète. Pour les accepter, il faut, s'ils ne savent pas écrire, qu'il leur soit donné un *curateur*, spécialement nommé à cet effet dans la forme prescrite pour la nomination d'un *tuteur* (V. ci-dessus les art. 389 et 450).

» Le sourd-muet qui sait écrire peut faire son testament sous forme *olographe* ou *mystique*, mais il ne pourrait tester devant notaire, car il ne saurait se faire compren-

dre que par un intermédiaire, et la loi veut que le notaire
et les témoins soient en état de le comprendre personnellement, comme tout ce qui se dit et se passe sous leurs
yeux. Le testament doit être dicté au notaire, et non à un
tiers en présence d'un notaire, lequel n'écrirait alors que
ce qui lui aurait été transmis par ce tiers.

» Lorsqu'un sourd-muet est poursuivi en justice pour
un crime ou un délit, le président lui nomme d'office pour
interprète la personne qui a le plus d'habitude de converser avec lui. Il en est de même du témoin sourd-muet.
Si l'accusé ou le témoin sourd-muet sait écrire, le greffier
écrit et lui remet les questions et observations, et reçoit
de lui les réponses et déclarations qu'il met par écrit.
Le greffier donne lecture du tout. (V. Code Nap., art. 396;
Code d'instr. crim., art. 339; Réglem. des 27 juillet et
sept. 1847.) »

A ces éminentes opinions, nous sera-t-il permis de
joindre nos humbles observations personnelles publiées
dans la *Gazette des tribunaux* du 4 janvier 1854, et qui,
à défaut de tout autre mérite, ont, au moins, celui d'éma-
ner d'un sourd-muet?

« Il nous semble, écrivions-nous alors, que le Code Napoléon, quelque éclairé et juste qu'il se soit montré à l'é-
gard des sourds-muets, est encore bien loin d'avoir considéré, en ce qui les concerne, la grave question du
testament dans tous ses rapports avec leur position sociale.

» Dans les limites de l'intelligence que Dieu nous a départie, nous allons nous efforcer de répandre sur ce sujet toute la clarté dont il est susceptible, afin de faire partager aux esprits les plus prévenus la conviction qui nous anime.

» Sans avoir besoin de reproduire ici les dispositions formulées par la Constitution justinienne à leur détriment sous l'influence des préjugés universels des peuples païens du monde ancien contre toute espèce d'infirmité humaine, nous nous bornerons à rappeler que les exceptions qu'elle avait cru devoir établir à l'avantage, non-seulement de ceux qui sont affligés de cette double privation par suite de quelque accident survenu, soit au moment de leur naissance, soit dans le cours de leur vie, mais encore en faveur des malheureux auxquels leur surdité congéniale n'interdit pas entièrement l'usage de la parole, ont paru tellement étranges à la législation moderne, mieux éclairée, qu'elle en a fait bonne justice.

» Mais, en proclamant que l'absence de la parole n'est point, ainsi que l'antiquité paraissait le supposer, un obstacle à l'exercice et au développement de la pensée de l'enfant chez lequel cette absence se fait remarquer, elle se tait en présence du sourd-muet qui veut tester par devant notaire.

» Ces scrupules, peu fondés, sans doute, ont lieu de surprendre quiconque a été appelé à prendre une part plus ou moins directe à l'existence de ces infortunés. On se souvient encore du vœu formel qu'émit le Conseil général de Saône-et-Loire, dans ses sessions de 1820 et de

1827, de voir proposer aux Chambres une loi qui comblât
les lacunes que présente le Code civil à l'égard des sourds-
muets et prescrivît les mesures nécessaires à la conservation de leurs droits et à la défense de leurs intérêts.

» On remarque avec un étonnement non moins pénible
que certains commentateurs n'ont pas craint de dénier
au sourd-muet le droit de faire un testament public, cet
acte devant, selon eux, être *dicté* par le testateur à peine
de nullité, et qu'ils ne se sont pas mieux accordés, à défaut de texte précis, sur ce point ainsi que sur plusieurs
autres en litige.

» Objection principale : les signes ne doivent point
s'interposer entre la volonté du sourd-muet et l'acte qui
la constate.

» En d'autres termes, les dernières volontés qu'exprime
un sourd-muet mourant au moyen de la mimique, doivent
perdre les caractères légaux d'une véritable disposition
testamentaire.

» Abordons, avant tout, la question du testament, telle
que l'entend tout le monde! Il ne nous sera pas difficile,
ce nous semble, de faire ressortir, à tous les yeux, les
considérations générales qui militent en faveur du droit
d'admission pour le sourd-muet à la communauté des intérêts.

» Au xiie siècle, une décrétale du pape Innocent III,
autorise le mariage d'un sourd-muet, même ignare, pourvu
qu'il soit dûment constaté qu'il a manifesté sa volonté à
cet égard d'une manière claire et intelligible.

» Cet acte important est reconnu valable en France,
pour la première fois, par un arrêt du parlement de Paris
du 16 janvier 1638, et, plus tard, par un autre arrêt du
26 juin 1776.

» Toutefois, alors qu'on travaillait à la rédaction du
Code civil, cette même question fut remise sur le tapis et
longuement discutée dans la séance du 26 fructidor an IX.
Le premier consul, dont le sens si clairvoyant, si admirable, savait résoudre toutes ces questions, quelqu'ardues
qu'elles fussent, vint à bout de faire partager là-dessus sa
conviction à tout son conseil. « La loi, pensait-il, devait,
» en se taisant à l'égard des sourds-muets, les faire rentrer
» dans le droit commun, puisque la faculté ne leur était plus
» contestée de donner une libre manifestation à leur pen-
» sée. »

» Alors, pour quelle raison valable oserait-on aujour-
d'hui séparer, à leur désavantage, la question du testament
de celle du mariage, cet acte le plus sérieux de la vie
civile auquel est attachée la responsabilité d'une existence
tout entière?

» Mais, songez donc que c'est mettre le comble aux ri-
gueurs exercées par la nature sur ces malheureux, d'ailleurs égaux, au moins, sous le rapport de l'intelligence et
de la moralité, à beaucoup de parlants, que de vouloir les
frustrer ainsi du principal moyen de disposer de leur fortune envers leur femme, leurs parents ou les objets de
leurs plus chères affections, par le motif qu'ils ne savent
ni lire ni écrire!

» Les mots *dicter* et *prononcer* suposent-ils, d'une nécessité absolue et exclusive, l'émi..ion de la voix? Et le droit naturel s'oppose-t-il à ce qu'on puisse reconnaître ailleurs le signe évident de la volonté et de la certitude?

» Mais il est généralement reconnu, surtout depuis que l'art de reconquérir cette intéressante catégorie de citoyens à la religion et à la société fait, chaque jour, de nouveaux progrès, que ces deux mots sont applicables, soit aux expressions de la pensée reproduite, lettre à lettre, par *la dactylologie*, soit à la représentation de cette pensée par *la mimique*, cette langue aussi infaillible et même plus claire, plus complète, que la langue écrite ou parlée.

» Est-ce qu'on nous opposera, par hasard, que le sourd-muet testateur ne peut pas entendre la lecture de son testament, qu'aux termes de l'article 972 du Code Napoléon, doit lui donner le notaire, en présence des témoins, et que cet officier public ne peut pas, non plus, certifier que le testateur lui a dicté, que lui, notaire, a écrit sous sa dictée, et qu'il a lu ce testament au testateur et à ses témoins?

» Mais, n'entend-on pas aussi bien et souvent même mieux par les yeux que par les oreilles? Vraiment on ne comprend pas pourquoi le notaire se refuserait à recourir à l'un ou à l'autre des deux moyens de communication que nous venons d'indiquer.

» Or, encore une fois, la dactylologie n'est autre chose qu'une traduction figurative de la volonté; c'est la parole tracée en l'air. Donc, la loi ne peut pas interdire l'usage de la dactylologie, lorsqu'il s'agit d'un sourd-muet sachant lire et écrire.

» Quant à la mimique, beaucoup mieux que l'autre moyen, elle interprète tout ce qui se passe dans l'âme. C'est un langage établi sur la double base de la nature et de l'analogie, un langage universel, un langage d'inspiration, que tout le monde peut employer, le parlant aussi bien que le sourd-muet.

» La loi ne peut pas donc, non plus, s'opposer à l'admission de la mimique, s'il est question d'un sourd-muet illettré.

» Voici de quelle manière on devrait procéder, dans le testament public, à l'égard de ces infortunés :

» La question qui regarde le sourd-muet sachant lire et écrire nous paraît ne devoir soulever aucune objection sérieuse.

» Si le sourd-muet sait lire seulement, il n'aura, à notre avis, qu'à *dicter* son testament par signes à une personne familiarisée avec son idiome particulier, sauf à écrire lui-même au bas de l'acte l'approbation *en lettres moulées* de tout ce qui précède.

» Si le sourd-muet ne sait ni lire, ni écrire, on ne voit pas, après tout, plus d'inconvénient pour lui, sinon à signer son nom *en lettres moulées*, du moins, à tracer, à la place, une croix (V. article 39 du Code Napoléon), comme font nos paysans, toutes les fois qu'il sera bien avéré qu'il sait parfaitement ce qu'il fait et qu'il comprend toute la portée de l'acte qu'il va approuver.

» Et, en ce qui touche *les lisants* et *les écrivants*, quelle plus irrécusable garantie peut-on exiger que les formes de la signature ou de l'approbation, dès que la loi les aura consacrées? Sérieusement on ne saurait demander davantage, et refuser d'y voir un signe aussi parfait que tout autre d'une volonté bien arrêtée serait nier le mouvement de l'homme qui marche.

» Opposera-t-on au mode de tester par acte public, tel que nous le proposons pour le sourd-muet ne sachant pas signer son nom, la raison qu'il n'a pas, comme le paysan ignare, l'avantage d'entendre la lecture de l'acte?

» Ou, en d'autres termes, prétendra-t-on que la traduction du testament à l'aide du langage des gestes ne saurait équivaloir à ces rapports immédiats de l'ouïe qui constituent l'essence de la volonté testamentaire reçue par acte public?

» Mais, à quelque point de vue qu'on se place, cet argument nous semble détruit de fond en comble par le seul fait de la présence de l'interprète du sourd-muet. Devant lui, toute surprise, toute captation devient impossible, outre que sa traduction consciencieuse est là encore pour attester l'intelligence et le consentement du testateur.

» Il reste une dernière difficulté à lever en ce qui concerne l'officier public.

» La question ne saurait être encore ici douteuse, à notre avis, en ce sens que, conformément à l'article 972 du Code Napoléon, il lui sera loisible de recourir, en présence des témoins, à la mimique ou à la dactylologie. La mimique, en particulier, est la compagne habituelle, spontanée, imprévue, indispensable de tout discours. Il ne faut certainement pas de longues études pour se la rendre familière.

» Quant à la dactylologie, il suffira au fonctionnaire d'avoir sous les yeux un alphabet imprimé ou gravé, tel qu'en possèdent tous les sourds-muets, d'y puiser, une à une, les lettres dont il aura besoin pour ses mots, de les calquer, pour ainsi dire, à l'aide de ses doigts sur ce modèle et de les reproduire de la sorte aux yeux de tous avec une fidélité scrupuleuse. Du reste, cet instrument de communication ne demande qu'une demi-heure d'étude, tout au plus.

» On nous dira peut-être : nous comprenons fort bien que la mimique puisse, dans ce cas, remplacer la parole et l'écriture, mais comment voulez-vous que les témoins exigés par la loi puissent entendre tous suffisamment cette langue muette? Comment voulez-vous qu'ils puissent l'apprendre à première vue, alors qu'ils sont soudainement appelés à assister le sourd-muet illettré dans cet acte important de la vie? Mais il nous semble que l'impossibilité qu'on allègue ici pour le sourd-muet vient moins de lui, puisqu'il à la mimique à sa disposition, que des témoins dépaysés, incertains, et du danger qu'au premier aspect ils peuvent courir de se voir dépouiller de leur droit au profit de la fraude.

» Mais quand même, parmi les témoins (ce qui ne peut manquer d'arriver parfois en pareille circonstance), il ne s'en rencontrerait pas un possédant la mimique ou la dactylologie, un interprète sourd-muet, ou parlant, possédant l'une ou l'autre, n'est-il pas là pour éclairer la religion des témoins aussi bien que celle de l'officier public? Le notaire, avant d'écrire le testament, ne peut-il pas constater, en tête de l'acte, que l'interprète a prêté serment de rapporter fidèlement les intentions du sourd-muet, et que ce serment a été reçu par lui notaire en présence des témoins?

» Pour justifier notre persévérance à l'égard de nos frères, auxquels la législation civile et criminelle ne nous paraît pas, quoiqu'on dise, donner toutes les garanties désirables, qu'il nous soit permis de rappeler ici à nos lecteurs les considérants de l'arrêt solennel de la cour de Cassation, en date du 30 janvier 1844, dans l'affaire du sieur Clergue auquel ses héritiers entendaient imposer l'art. 930, interdisant au sourd-muet qui n'a point la conscience de la valeur des lettres qu'il trace, la faculté d'accepter une donation entre-vifs et lui imposant un curateur *ad hoc.*

» Cet arrêt, bien que les termes de l'article en question parussent pouvoir donner lieu à une interprétation toute contraire, témoins les doutes émis à cet égard par le savant Merlin dans son *Répertoire de jurisprudence*, n'en déclare pas moins inattaquable le droit qu'a le sourd-muet illettré de procéder devant l'officier public à une dona-
26

tion entre-vifs, lorsqu'il est capable de donner un consentement libre, éclairé, et qu'il peut s'exprimer par le langage des gestes qui lui est naturel. . . . .

. . . .

» Toutes les conditions que nous avons mentionnées, étant admises, pourquoi le sourd-muet illettré ne serait-il pas reconnu apte à tester par acte public lorsqu'il est prouvé qu'il peut, aidé d'un ou de deux interprètes, manifester sa dernière volonté par des signes expressifs en présence du nombre de notaires et de témoins requis pour ces sortes d'actes? Enfin, ne faut-il pas que pour lui toutes les conséquences découlent rigoureusement d'un principe général dont l'évidence a été établie?

» Nous le répéterons pour la vingtième fois, si la loi accorde au sourd-muet illettré le droit de contracter mariage, à plus forte raison doit-elle lui reconnaître, du moins tacitement, toute capacité requise pour les autres actes de la vie civile. Donc il est légitime que son application concorde avec les perfectionnements qu'a reçus son moral.

» Et d'ailleurs, n'a-t-on pas sous les yeux la confirmation par un arrêt du parlement de Toulouse en date du 6 août 1679, du testament olographe d'un sourd-muet de naissance, le peintre-écrivain Guibal?

» Autre fait plus récent, quoique indirect, à l'appui de notre demande :

» Dans le courant de juin 1853, un pourvoi formé en faveur d'un sourd-muet contre un arrêt de la cour d'appel de Montpellier, en date du 1er décembre 1852, a été admis sur le rapport de M. le conseiller Bernard (de Rennes) et sur les conclusions contraires de M. l'avocat général Sevin, plaidant M° Fabre.

» Ces dernières considérations ne donnent-elles pas raison à notre nouvelle insistance pour que le sourd-muet, tant lettré qu'illettré, soit admis, comme les autres citoyens, à tester par acte public, le sourd-muet illettré, mais jouissant de sa raison, pouvant exprimer ses dernières volontés par signes en présence de deux interprètes, choisis l'un par lui, l'autre par le président du tribunal?

» De la thèse que nous venons de soutenir relativement au langage habituel des sourds-muets, il doit, ce nous semble, résulter nécessairement la suppression de l'ordonnance de 1735, art. 2, sur la forme des testaments, déclarant nuls ceux des sourds-muets, encore qu'ils aient été rédigés sur la vue des signes, ces signes, prétend-elle, offrant quelque chose de trop équivoque pour qu'on puisse admettre comme valables des volontés dernières manifestées de cette manière. Cette prétention pouvait avoir quelque chance d'être admise à cette époque où les moyens de communication du sourd-muet n'avaient pas encore acquis le degré de perfection qu'on s'accorde à leur reconnaître aujourd'hui.

» Mais maintenant que l'art d'instruire ces infortunés a fait, dans toutes les parties du monde, des progrès évidents, incontestables, vouloir encore essayer de soutenir une pareille doctrine, c'est plus qu'une anomalie, un contre-sens, une dérision, c'est une barbarie, que rien ne justifie. »

ART. 973 et 974. Le testament doit être signé par le testateur. S'il déclare qu'il ne sait pas signer, il sera fait dans l'acte mention expresse de sa déclaration, ainsi que de la cause qui l'empêche de signer.

(V. les art. 26, 38, 39, 55, 58, 101, de 967 à 972 inclusivement et 1001.)

Le testament devra être signé par les témoins, et, dans les campagnes, il suffira qu'un des deux témoins signe, si le testament est reçu par deux notaires, et que deux des quatre témoins signent, s'il est reçu par un notaire.

(V. les art. 25, 39, 113, 393 et de 967 à 972 inclusivement.)

Le testament devra être signé par le testateur. S'il déclare qu'il ne sait pas signer son nom, ou qu'une cause quelconque l'empêche d'apposer sa signature sur l'acte, il devra être formellement fait mention de cette déclaration dans le testament, qui fera connaître également la cause qui empêche le testateur de signer.

Le testament devra être signé par les témoins, individus présents, dont on est tenu de se faire assister pour certains actes, tels que les testaments. Dans les bourgs, villages ou hameaux éloignés, c'est assez qu'un des deux témoins appose sa signature sur le testament, si cet acte est dressé en présence de deux notaires; et que deux des quatre témoins le signent, s'il est passé par devant un seul notaire.

Un mot maintenant sur les *témoins instrumentaires*. C'est ainsi qu'on appelle ceux qui assistent un notaire dans *la passation* d'un acte.

Pour être témoin instrumentaire, il faut d'abord être citoyen français, sachant signer et être domicilié dans l'arrondissement communal où l'acte est passé. (Loi du 25 ventose, an II, art. 9.)

Que doit-on entendre aujourd'hui par ces mots: *citoyen français?*

Ils n'expriment plus, en général, que la qualité de français, majeur, mâle, jouissant des droits civils et ayant l'exercice des droits politiques, ou l'aptitude à les exercer. (V. *Cité*, *Citoyen*, nos 5 et 6.)

On ne peut douter que l'intention du législateur n'ait été de rejeter le témoignage des sourds et des aveugles. C'est aussi ce que dit Merlin, dans son *Répertoire*. (V. *Témoin instrumentaire*, § 2, no 2.)

« En effet, se hâte-t-il d'ajouter, quel est le but du législateur lorsqu'il exige que des témoins soient appelés à un testament? C'est sans contredit, de prévenir toutes les surprises et de garantir l'accomplissement de toutes les formalités. Il faut donc, pour atteindre ce but, que les témoins voient le testateur, qu'ils entendent ce qu'il dit, qu'ils le comprennent et qu'ils puissent certifier que tout ce que l'acte énonce avoir été fait en leur présence, l'a été réellement. Il faut par conséquent, qu'ils ne soient ni aveugles, ni sourds. » (Grenier, no 281, V. *Aveugle*, *Sourd-muet*.)

» Il n'en est pas de même à l'égard des muets, et telle est encore l'opinion de Merlin. (*Loc. cit.*). Pourquoi, dit-il, chez les Romains, les muets ne pouvaient-ils pas être témoins dans un testament? Parce que, chez eux, les témoins devaient promettre au testateur de rendre témoignage de ses dispositions, *repromittere testimonium.* En France, ni *les témoins testamentaires* ni *les témoins des actes entre-vifs*) n'ont jamais fait de promesse semblable. Il n'aurait donc jamais dû être nécessaire qu'ils sussent parler, pourvu que, d'ailleurs, ils vissent le testateur et l'entendissent. C'était donc sans motif que notre ancienne jurisprudence (V. l'ordonnance même de 1735, art. 46) avait maintenu l'exclusion des muets. Cette exclusion ne peut, à plus forte raison, exister encore sous le Code Napoléon. (V. l'art. 7 de la loi du 30 ventôse, an XII; contre Grenier, *ibidem*; V. *Sourd-muet*, nº 1 et suivants.) »

SECTION V.

Du serment.

ART. 1357. Le serment judiciaire est de deux espèces :

1º Celui qu'une partie défère à l'autre pour en faire dépendre le jugement de la cause. Il est appelé DÉCISOIRE;

2º Celui qui est déféré d'office par le juge à l'une ou à l'autre des parties.

(V. les art. 25, 27, 36, 45, 397, 406, 453, 1101 et 2275.)

Le serment, en général, est l'affirmation ou la promesse qu'on fait en prenant à témoin Dieu ou ce qu'on regarde comme saint et sacré.

On peut l'exiger de toute personne qui nie l'existence

d'un fait, d'un pacte, d'un contrat, auquel elle est présumée avoir pris part.

Le serment judiciaire est celui qu'on peut être appelé à faire en justice. Il est de deux sortes : 1º celui qui est déféré par une partie à la partie adverse pour en faire dépendre le jugement qui adviendra. On le nomme *décisoire*, *décisif*; 2º celui que le juge défère, sans en être requis et par le seul droit de sa charge, à l'une ou à l'autre des parties.

TITRE V

Du contrat de mariage et des droits respectifs des époux

CHAPITRE Ier

DISPOSITIONS GÉNÉRALES

ART. 1387. La loi ne régit l'association conjugale, quant aux biens, qu'à défaut de conventions spéciales, que les époux peuvent faire comme ils le jugent à propos, pourvu qu'elles ne soient pas contraires aux bonnes mœurs, et, en outre, sous diverses modifications.

(V. les art. 25, 34, 46, 58, de 63 à 76, 112, 124, 391, 417, 511, 936, 1101, 1318, 1320 et 1398.)

Le contrat de mariage est celui que les époux dressent entre eux avant leur union légale, pour régler les conditions et le mode d'administration de leurs biens et propriétés pendant le mariage.

Droits naturels du mari et de la femme, faculté qu'ils ont de faire telle ou telle chose, d'en jouir, d'en disposer, d'y prétendre, etc. — Règles principales :

La loi ne règle l'association des époux, quant à ce qu'ils possèdent, que s'il n'existe pas entre eux des conventions particulières. Ces conventions, les époux peuvent les faire comme bon leur semble, pourvu qu'elles ne blessent en rien les lois de la morale, et suivant diverses modifications convenues.

Ici se présente encore la question délicate du sourd-muet. Celui qui ne sait ni lire ni écrire, pouvant néanmoins contracter mariage, stipuler les conventions civiles de mariage et manifester sa volonté à cet égard, y a-t-il lieu ou n'y a-t-il pas lieu de lui nommer judiciairement un curateur spécial à l'effet de cette stipulation? La question a été décidée le 3 août 1855 par la cour impériale de Paris (1re chambre), présidée par le premier président Delangle, dans l'affaire du sieur Pierre Meslaye, vigneron à Montigny, sourd-muet, ne sachant ni lire ni écrire, veuf, avec deux enfants, depuis le mois de mars, qui, étant sur le point de contracter un second mariage, avait l'intention de faire à sa future épouse une donation de 800 fr., affaire qui a été déjà deux fois citée: 1o dans l'*Introduction* de cet ouvrage; 2o dans notre commentaire au sujet de l'art. 76 du présent Code Napoléon.

SECTION III

De la restitution de la dot.

Art. 1564. Si la dot consiste en immeubles, — ou en meubles non estimés par le contrat de mariage, ou bien mis à prix, avec déclaration que l'estimation n'en ôte pas la propriété à la femme; — le mari ou ses héritiers peuvent être contraints à la restituer sans délai, après la dissolution du mariage.

(V. les art. 55, 227, 389, 453, 514, 516, 1104, 1387, 1391, 1409, 1540, 1541, 1549, 1563 et 1565.)

COMMENT ON PEUT ÊTRE FORCÉ A RESTITUER UNE DOT.

Si elle consiste en immeubles ou meubles dont la valeur n'ait pas été exactement déterminée dans le contrat de mariage, ou qui aient été mis aux enchères avec la déclaration que cette estimation n'en enlevait pas la propriété à l'épouse, l'époux ou ses héritiers pourront se voir contraints à restituer cette dot sans retard, après que le mariage aura été dissous.

Art. 1565. Si elle consiste en une somme d'argent, — ou en meubles mis à prix par le contrat, sous déclaration que l'estimation n'en rend pas le mari propriétaire, — la restitution n'en peut être exigée qu'un an après la dissolution.

(V. les art. 55, 124, 227, 453, 514, 516, 578, 843, 855, 963, 1104, 1426, 1387, 1409, 1541, 1564, 1909 et 2121.)

Si la dot de l'épouse consiste en une somme d'argent, ou en meubles mis à prix par le contrat de mariage, sans qu'il y soit déclaré que l'estimation n'en rend pas l'époux responsable, la restitution n'en pourra être légalement exigée qu'un an après que le mariage aura été dissous.

SECTION IV

Des biens paraphernaux

ART. 1574 et 1576. Tous les biens de la femme qui n'ont pas été constitués en dot, sont PARAPHERNAUX.

(V. les art. 7, 142, 203, 511, 1409, 1536, 1540, 1544 et 1577.)

La femme a l'administration et la jouissance de ses BIENS PARAPHERNAUX. — Mais elle ne peut les aliéner, ni paraître en jugement en raison desdits biens, sans l'autorisation du mari, ou, à son refus, sans la permission de la justice.

(V. les art. 225, 215, 217, 1536, 1577 et 1991.)

Paraphernaux (de deux mots grecs signifiant *outre* et *dot*) est un terme de jurisprudence qui ne s'emploie guère qu'au pluriel pour désigner les biens de l'épouse qui n'ont pas été constitués en dot, et dont elle conserve l'administration et la jouissance. On dit quelquefois aussi substantivement, au singulier et au pluriel : le *paraphernal* et les *paraphernaux*.

Si tous les biens de l'épouse sont *paraphernaux* et s'il n'y a pas de convention dans le contrat de mariage pour leur faire supporter une partie des charges de la maison, elle y contribuera jusqu'à concurrence du tiers de son revenu.

A l'épouse seule appartiennent l'administration et la jouissance des biens dont il est question mais elle ne peut, ni en transférer à qui que ce soit la propriété, ni paraître en justice pour ce qui les concerne, sans y être autorisé par l'époux, et, sur son refus, par l'autorité compétente.

Si l'époux en a joui malgré l'opposition constatée de l'épouse, il est responsable envers elle de tous les produits existants ou consommés.

TITRE X

Du Prêt

Art. 1874. Il y a deux sortes de prêt :

Celui des choses dont on peut user sans les détruire ;

Et celui des choses qui se consomment par l'usage qu'on en fait.

La première espèce s'appelle PRÊT A USAGE, ou COMMODAT ;

La deuxième s'appelle PRÊT DE CONSOMMATION, ou simplement PRÊT.

(V. les art. 578, 1384, 1456, 1673, 1875 et 1892.)

Prêt, en général, action de donner une chose à condition qu'on la rendra. Il n'est guère usité qu'en parlant de l'argent qu'on prête par contrat ou obligation. Il se dit, cependant, quelquefois aussi, de la somme prêtée. On le dit enfin d'autres choses que de l'argent.

Il y a deux espèces de prêt :

Celui des choses dont on a la faculté de se servir, pourvu qu'on ne les détruise pas. On le nomme *prêt à usage ou commodat*.

Et celui des choses qui se consomment par l'usage qu'on en fait, par suite de cet usage, à force de s'en servir. On le nomme *prêt de consommation*, ou tout simplement *prêt*.

Art. 1875, 1876 et 1877. Le prêt à usage ou COMMODAT est un contrat par lequel l'une des parties livre une chose à l'autre pour s'en servir, à la charge par le preneur de la rendre après s'en être servi. — Ce prêt est essentiellement gratuit. — Le prêteur demeure propriétaire de la chose prêtée.

(V. les art. 36, 120, 780, 1101, 1384, 1451, 1565, 1717, 1812, 1874, 1892 et 1893.)

Le prêt à usage ou *commodat*, dont il a été question ci-dessus, est un contrat par lequel l'une des parties livre à l'autre une chose, pour qu'elle s'en serve et la lui restitue après s'en être servi. Ce prêt est obligatoirement gratuit, et le prêteur reste propriétaire de la chose prêtée.

Art. 1880, 1881, 1882, 1885, 1888, 1892 et 1893. L'emprunteur est tenu de veiller en bon père de famille à la garde et à la conservation de la chose prêtée. Il ne peut s'en servir qu'à l'usage déterminé par sa nature ou par la convention; le tout à peine de dommages-intérêts, s'il y a lieu.

(V. les art. 114, 126, 450, 578, 1101, 1384, 1387, 1451, 1582, 1585 et 1874.)

Si l'emprunteur emploie la chose à un autre usage, ou pour un temps plus long qu'il ne le devait, il sera tenu de la perte arrivée, même par cas fortuit.

(V. les art. 578, 1104, 1320, 1384, 1451 et 1874.)

Si la chose prêtée périt par cas fortuit dont l'emprunteur aurait pu la garantir en employant la sienne propre, ou, si ne pouvant conserver que l'une des deux, il a préféré la sienne, il est tenu de la perte de l'autre.

(V. les art. 1104, 1384, 1603, 1874 et 1878.)

L'emprunteur ne peut pas retenir la chose par compensation de ce que le prêteur lui doit.

(V. les art. 1384, 1874 et 1877.)

Le prêteur ne peut retirer la chose prêtée qu'après le terme convenu, ou, à défaut de convention, qu'après qu'elle a servi à l'usage pour lequel elle a été empruntée.

(V. les art. 457, 578, 1384, 1874 et 1877.)

Le prêt de consommation est un contrat par lequel l'une des parties livre à l'autre une certaine quantité de choses qui se consomment par l'usage, à la charge par cette dernière de lui en rendre autant de même espèce et qualité.

(V. les art. 36, 120, 1101, 1384, 1451, 1582, 1842, et de 1875 à 1891.

Par l'effet de ce prêt, l'emprunteur devient le propriétaire de la chose prêtée; et c'est pour lui qu'elle périt, de quelque manière que cette perte arrive.

(V. les art. 1104, 1384, 1565, 1730 1874, 1877 et 1830, 1888, 1890.)

L'emprunteur est tenu de veiller en bon père de famille à la garde de l'objet qu'on lui a prêté, et à son maintien en bon état; il doit mettre tous ses soins à empêcher qu'il ne se gâte et ne dépérisse; il ne lui est permis de s'en servir que pour l'usage prescrit par sa nature et par la convention qui le lie; le tout, s'il ne veut pas s'exposer, en cas urgent, à payer des dommages-intérêts.

Dans le cas où l'emprunteur se servirait de la chose prêtée pour un autre usage ou pour un temps plus long qu'il n'est convenu, il sera responsable de la perte arrivée, même par hasard et d'une façon imprévue.

Dans le cas où la chose prêtée périrait par une circonstance fortuite, que l'emprunteur eût pu détourner en faisant usage d'une chose lui appartenant en propre, ou que, ne pouvant conserver que l'une des deux, il aurait mieux aimé garantir la sienne, il sera civilement responsable de la perte de l'autre.

L'emprunteur n'a pas le droit de garder la chose qu'on lui a prêtée, sous prétexte que c'est en compensation d'une somme que le prêteur lui devrait. En d'autres termes, il n'est permis à personne de se payer de ses propres mains.

Le prêteur n'a le droit de reprendre la chose qu'il a prêtée qu'après l'expiration du terme convenu, ou, s'il n'existe pas de convention entre le prêteur et l'emprunteur, qu'après que la chose prêtée aura servi à l'usage pour lequel elle avait été empruntée.

Le prêt de consommation est un contrat par lequel il est livré par l'une des parties à l'autre certaines choses qui s'usent et se détériorent en servant, à la condition que l'emprunteur devra en restituer au prêteur un égal nombre, de même espèce et de même qualité.

La conséquence de ce prêt est de rendre l'emprunteur propriétaire de la chose qui lui a été prêtée, et il a à en supporter la perte, de quelque manière qu'elle arrive.

ART. 1905, 1906, 1907, 1908, 1909, 1960 et 1961. Il est permis de stipuler des intérêts pour simple prêt, soit d'argent, soit de denrées, ou autres choses mobilières.

(V. les art. 364, 385, 584, 1326, 1381, 1409, 1874 et 1875, 1891, 2277.)

L'emprunteur qui a payé des intérêts qui n'étaient pas stipulés, ne peut ni les répéter, ni les imputer sur le capital.

(V. les art. 385, 957, 1265 et 1904.)

L'intérêt est légal ou conventionnel. L'intérêt légal est fixé par la loi. L'intérêt conventionnel peut excéder celui de la loi, toutes les fois que la loi ne le prohibe pas. — Le taux de l'intérêt conventionnel doit être fixé par écrit.

(V. les art. 124, 385, 456, 474, 488, 856, 1344 et 1904.)

La quittance du capital donnée sous réserve des intérêts en fait présumer le payement et en opère la libération.

(V. les art. 112, 385, 784, 1426, 1819, 1903 et 1904.)

On peut stipuler un intérêt moyennant un capital que le prêteur s'interdit d'exiger.

Dans ce cas, le prêt prend le nom de CONSTITUTION DE RENTE.

(V. les art. 110, 364, 385, 1124, 1541, 1565, 1659, 1874, et de 1875 à 1891.)

Cette rente peut être constituée de deux manières, en perpétuel ou en viager.

(V. les art. 1015, 1409, 1541, 1904, 1964 et 1968.)

La justice peut ordonner le séquestre :
1° Des meubles saisis sur un débiteur;

2° D'un immeuble ou d'une chose mobilière dont la propriété
ou la possession est litigieuse entre deux ou plusieurs personnes;

3° Des choses qu'un débiteur offre pour sa libération.

(V. les art. 29, 31, 36, 389, 452, 526, 727, 788, 1322,
1324, 1409, 1451, 1904, 1916, 1918, 1955, 1957 et 1959.)

Intérêt se dit généralement du profit qu'on tire d'un
simple prêt, soit d'argent, soit d'objets mobiliers, soit de
denrées ou marchandises, prêt qu'il est permis aux parties
de stipuler entre elles.

L'emprunteur qui a payé des intérêts qui n'avaient point
été fixés d'avance, n'a le droit, ni de demander qu'on les
lui rende, ni celui d'exiger qu'on les défalque du capital
dont il est détenteur.

L'intérêt qui résulte d'un prêt est conforme à la loi, ou
basé sur des clauses convenues. Il n'est pas défendu de
porter celui-ci à un taux supérieur au taux légal toutes
les fois que la loi ne s'y oppose pas. Le taux de l'intérêt
conventionnel doit être réglé par un titre écrit. En général, il est interdit de prêter de l'argent à plus de *cinq pour
cent* à des particuliers et à plus de *six pour cent* à des commerçants.

L'intérêt qui dépasse le taux légal est appelé *usure*.
Celui qui s'y livre habituellement (l'*usurier*) encourt une
amende de la moitié des capitaux qu'il a prêtés à usure.

La quittance du capital dans laquelle il n'est pas fait
mention spéciale des intérêts, suffit pour donner à croire

qu'ils ont été payés et équivaut à un acquittement, à une décharge, à une libération en règle.

Il est permis de stipuler un intérêt fictif sur un capital que le prêteur s'interdit à lui-même de jamais exiger. Dans ce cas spécial, le prêt reçoit la qualification de *constitution de rente.*

La rente dont il vient d'être question, peut être constituée de deux manières, soit *en perpétuel,* sans *durée limitée,* soit *en viager,* pour *la durée de la vie.* La première est essentiellement rachetable. Mais les parties peuvent également convenir que le rachat n'aura pas lieu avant un délai qui ne dépassera pas dix ans, ou sans avoir averti le créancier au terme d'avance dont elles seront convenues.

La justice à le droit d'ordonner le séquestre ou dépôt judiciaire :

1o Des meubles saisis sur un débiteur ou chez un débiteur;

2o D'un immeuble, bien, propriété, ou objet mobilier, dont le droit par lequel il appartient personnellement à quelqu'un, ou la jouissance, la liberté, la facilité actuelle de disposer ou de jouir, est en litige, en contestation, entre deux ou plusieurs individus, hommes ou femmes intéressés à la chose;

3* De valeurs quelconques que celui qui doit, offre pour acquitter sa dette.

TITRE XII

Des contrats aléatoires

Art. 1964. Le contrat aléatoire est une convention réciproque dont les *effets*, quant aux avantages et aux pertes, soit pour toutes les parties, soit pour une ou plusieurs d'entre elles, dépendent d'un événement incertain.

Tels sont : le contrat d'assurance ;

Le prêt à grosse aventure ;

Le jeu et le pari ;

Le contrat de rente viagère.

(V. les art. 36, 207, 1015, 1104, 1105, 1357, 1387 et 1874, sauf ce qui concerne le jeu et le pari, et le contrat de rente viagère, dont il va être traité, de l'art. 1965 à l'art. 1970, inclusivement.)

Aléatoire, du latin *alea*, chance, hasard.

L'assurance est un acte, un traité, par lequel, moyennant une somme convenue, on s'engage à rembourser la valeur de certains objets dans le cas où ils seraient détruits ou perdus. Les assurances, fort restreintes lors de la promulgation du Code civil, et n'embrassant guère que les assurances maritimes et celles contre l'incendie, ont pris dans ces dernières années un développement immense. On cite, entre autres, celles sur l'exonération militaire qui rassuraient les familles sur les chances du tirage au sort, celles sur la vie humaine dont les prévisions s'étendent encore plus loin, les *assurances mutuelles*, associations de

propriétaires s'engageant à supporter en commun certaines pertes que viendraient à éprouver quelques-uns d'entre eux, etc., etc., etc. — La double infirmité du sourd-
muet le dispense, comme de juste, tout naturellement du
service militaire et du service de mer.

Le prêt est l'action par laquelle on prête de l'argent à
intérêt. Il n'est guère usité qu'en parlant de l'argent qu'on
prête par contrat ou par obligation et plus souvent encore de la somme prêtée.

La loi proscrit le prêt usuraire ; elle autorise jusqu'à un
certain point le prêt sur hypothèques et même le prêt sur
gages ou nantissements, auquel s'ouvrent, pour fonction-
ner sous sa vigilance, *les monts-de-piété*, utiles parfois à
l'ouvrier, mais qui le ruinent aussi trop fréquemment.

A grosse aventure, prêt à grosse aventure, action de mettre une somme d'argent sur quelque navire de commerce,
au hasard de la perdre si le navire périt.

Cette locution a vieilli : les négociants, même des plus
petits ports de France, disent aujourd'hui *prêter à la
grosse*. Les grandes compagnies d'assurances par actions
ont encore absorbé ce commerce comme beaucoup d'autres.

ART. 1965. La loi n'accorde aucune action pour une dette de
jeu ou pour le payement d'un pari.

(V. les art. 385, 851, 1964, 1966 et 1967.)

Le jeu est un exercice de récréation, ou autre, ayant certaines règles, dans lequel on risque d'ordinaire de l'argent.

Il y a des jeux de hasard, comme le passe-dix, le trente et quarante, le biribi; des jeux de calcul et de combinaison, comme
les dames, le domino, les échecs; des jeux mêlés de combinaison et de hasard, le tric-trac, le piquet; des jeux de commerce, comme la plupart des jeux de cartes; des jeux d'a-
dresse, comme le jeu de paume, le jeu de billard, etc. —
Par extension, *jeu de bourse* se dit de toute espèce d'agio-
tage sur les fonds publics. — On parle encore beaucoup
trop aussi des *académies de jeux*, ou jeux publics, des *Kur-
sals*, maisons de *jeux* où l'on ne joue plus guère habituellement qu'à des jeux de hasard, lesquels sont autorisés surtout par les petits États d'Allemagne qui trouvent ainsi le
moyen d'accroître leurs faibles revenus quand vient la sai-
son des eaux thermales où presque toutes ces villes sont
situées. — La ferme des jeux était autrefois mise à haut
prix en France, et ses banquiers étaient de grands personnages.

Le pari est un gageure ou promesse réciproque par laquelle deux ou plusieurs personnes qui soutiennent des
chances contraires, s'engagent à payer une certaine somme
à celui qui se trouvera avoir raison. On entend par sommes pariées au jeu celles qu'en dehors de l'enjeu ordinaire,
gagnent entre elles des personnes et dont le sort est décidé par celui de la partie.

Il est facile de comprendre d'après ces simples explications pourquoi le Code de tout peuple civilisé n'accorde
aucune action en justice pour demander et refuser le
payement des dettes de jeu, comme celui de tout pari,

quelles que soient les raisons qu'on pense être en droit d'alléguer de part et d'autre.

Art. 1966. Les jeux propres à exercer au fait des armes, les courses à pied ou à cheval, les courses de chariots, le jeu de paume, et autres jeux de même nature qui tiennent à l'adresse et à l'exercice du corps, sont exceptés de la disposition précédente.

Néanmoins, le tribunal peut rejeter la demande quand la somme lui paraît excessive.

(V. les art. 958, 1326, 1961, 1965 et 1967.)

Certainement le Code a eu raison de ne point exclure absolument de la disposition précédente les réclamations qui peuvent avoir trait aux jeux et exercices du corps, favorisant l'adresse et entretenant la santé, tels que l'escrime, qui apprend l'art des armes, à l'aide de fleurets et de plastrons, pour arriver à savoir se servir du pistolet, de l'épée, du sabre, et défendre avec quelque chance sa vie; les courses à pied, à cheval, en char; les exercices nautiques sur les lacs, les fleuves, les rivières, la mer; le jeu de paume si en vogue chez les Basques français ou espagnols, qui attire des populations entières, et dans lequel deux ou plusieurs *partners* se jettent et se renvoient avec acharnement une balle, au milieu d'applaudissements frénétiques, soit à la main, soit avec des gantelets, des raquettes ou des battoirs, dans une lice spéciale, etc.

La loi a eu pourtant raison de laisser au tribunal la faculté de repousser les demandes excessives, comme il ne s'en présente que trop chez nous, depuis que l'extravagance des courses anglaises de chevaux a envahi la France,

27.

et que, chaque jour, sur la tête d'un quadrupède des écuries de M. tel ou tel, nos *sportsmen* parient des sommes considérables qui feraient vivre, des années entières, d'honnêtes familles.

Puisque notre jurisprudence s'en mêle, pourquoi, du même coup, ne repousserait-elle pas aussi, à tout jamais, bien loin de nos frontières, ces nouveaux jeux sanglants du cirque, ces courses barbares de taureaux, idolâtrées de l'Espagne, et auxquelles nos mœurs françaises auront bien de la peine à se faire?

CHAPITRE II

DU CONTRAT DE RENTE VIAGÈRE

SECTION PREMIÈRE

Des conditions requises pour la validité du contrat

ART. 1968, 1969 et 1970. La rente viagère peut être constituée à titre onéreux, moyennant une somme d'argent, ou pour une chose mobilière appréciable, ou pour un immeuble.

(V. les art 217, 516, 1015, 1326, 1384 1409, 1451, 1544, 1659, 1910, 1971, 1972 et 2276.)

Elle peut être aussi constituée à titre purement gratuit, par donation entre-vifs ou par testament.

(V. les art 25, 217, 378, 727, 894, 931, 967, 1105, 1544, 1971 et 1279.)

Dans le cas de l'article précédent, la rente viagère est réductible si elle excède ce dont il est permis de disposer. Elle est

nulle, si elle est au profit d'une personne incapable de recevoir.

(V. les art 120, 725, 901, 911, 913, 920, 1015, 1443,
1915, 1971 et 1972.)

La rente viagère est un revenu qui est à vie, dont on ne
doit jouir que tout le temps que dure l'existence. Elle est
régie par un contrat, à certaines conditions requises pour
sa validité. Elle peut être constituée à titre onéreux ou
acquise à prix d'argent, ou sous la condition d'acquitter
certaines charges, ou moyennant une chose mobilière éva-
luable, ou pour un immeuble, un bien, une propriété, etc.

On peut également constituer une rente viagère (ou à
vie), de sa propre volonté, sans y être tenu par une donation entre personnes vivantes, ou par clause insérée
dans un testament. Dans ces différents cas, pour pouvoir
devenir valable, elle doit être revêtue de toutes les formalités requises par la loi.

Quand une rente viagère est le résultat d'un acte de pure
volonté, auquel on n'était pas tenu, qu'elle provient d'une
donation entre-vifs ou d'une clause de testament, la somme
à laquelle elle s'élève, peut être réduite, si elle dépasse
celle dont le testateur ou le donateur avait la disposition.
Elle est nulle de fait, si la personne, homme ou femme,
à qui elle était destinée, se trouve, par ses antécédents
ou sa position, inhabile ou incapable, au nom de la loi,
d'en profiter.

TITRE XVIII

Des priviléges et hypothèques

Art. 2092 et 2093. Quiconque s'est obligé personnellement, est tenu de remplir son engagement sur tous ses biens mobiliers et immobiliers, présents et à venir.

(V. les art 112, 516, 1101, 1120, 1409, 1673, 2094, 2095, 2099, 2101, 2114, 2116, 2121, 2123, 2127, 2140, 2154, 2180 et 2196.)

Les biens du débiteur sont le gage commun de ses créanciers; et le prix s'en distribue entre eux par contribution, à moins qu'il n'y ait entre les créanciers des causes légitimes de préférence,

(V. les art 71, 112, 406, 443, 516, 788, 1101, 1120, 1327, 1409, 1673, 1686, 2094, 2095, 2099, 2101, 2114, 2116, 2121, 2123, 2127, 2149, 2154, 2180, et 2196.)

On entend par *privilége* le titre à la préférence, le droit que la qualité d'une créance donne à celui qui en est porteur, d'être préféré aux autres créanciers. On entend par *hypothèque* le droit réel qui grève les immeubles affectés à la sûreté, à l'acquittement d'une obligation, d'une dette, et qui les suit, en quelques mains qu'ils passent.

Tout individu qui s'est engagé de sa propre personne, est astreint à exécuter son engagement, dont il offre pour garantie tous ses biens mobiliers et immobiliers, actuels et futurs.

Les biens, meubles et immeubles, de celui qui doit, offrent un gage commun à tous ses créanciers.

Ceux-ci ont le droit de les fa. e vendre, et le prix qu'ils en retirent, se partage entre eux *au prorata*, *au marc le franc* de leur créance, à moins qu'il n'existe entre eux des causes légitimes de préférence, qui ne sont autres que les *priviléges* et les *hypothèques* dont il a été question.

ART. 2095. Le privilége, comme on l'a dit, est un droit que la qualité de la créance donne à un créancier d'être préféré aux autres créanciers, même hypothécaires.

(V. les art 71, 112, 406, 153, 516, 788, 1101, 1120, 1320, 1327, 1409, 1673, 1686, 1882, 2085, 2092, 2093, 2099, 2101, 2121, 2123, 2127, 2149, 2151, 2180 et 2196.)

Entre les créanciers privilégiés, la préférence se règle par les différentes qualités des priviléges. Les créanciers privilégiés qui sont sur le même rang sont payés par concurrence.

ART. 2099. Les priviléges peuvent être sur les meubles ou sur les immeubles.

(V. les art 71, 112, 406, 413, 516, 788, 1101, 1120, 1320, 1327, 1409, 1673, 1686, 1882, 2085, 2092, 2093, 2095, 2100, 2101, 2121, 2123, 2127, 2149, 2151, 2180 et 2196.)

Il peut y avoir privilége sur les *meubles* (choses, en jurisprudence, qui peuvent être aisément transportées d'un lieu dans un autre, sans détérioration) ou sur *les immeubles* (qui ne peuvent être transportés, les biens-fonds et certaines choses qui leur sont assimilées par une fiction de la loi.)

ART. 2100 et 2101. Les priviléges sont, ou généraux, ou particuliers sur certains meubles.

Les créances privilégiées sur la généralité des meubles sont celles ci-après désignées et s'exercent dans l'ordre suivant :

1° Les frais de justice ;

2° Les droits funéraires ;

3° Les frais quelconques de la dernière maladie concurremment entre ceux à qui ils sont dus ;

4° Les salaires des gens de service, pour l'année échue, et ce qui est dû sur l'année courante ;

5° Les fournitures de subsistances faites au débiteur et à sa famille ; savoir : pendant les six derniers mois, par les marchands en détail, tels que boulangers, bouchers et autres, et, pendant la dernière année, par les maîtres de pension et marchands en gros.

(V. les art 71, 112, 126, 321, 385, 406, 413, 452, 516, 788, 810, 1101, 1120, 1320, 1317, 1357, 1391, 1409, 1673, 1686, 1781, 1882, 2373, 2085, 2092, 2093, 2095, 2102, 2120, 2123, 2127, 2149, 2154, 2180, 2196 et 2272.)

Chacun comprendra sans peine, d'abord pourquoi les créances privilégiées, énumérées ci-dessus, ont été placées en première ligne ; puis, pourquoi la généralité des meubles leur a été affectée, et enfin, quel esprit de justice a présidé au rang d'inscription des parties intéressées, dans cette urgente nomenclature. Un souvenir aux milliers de pauvres sourds-muets qui couvrent la France, n'eût peut-être pas été, non plus, déplacé dans les deux articles, 2100 et 2101.

ART. 2102. Les créances privilégiées sur certains meubles sont :

1° Les loyers et fermages des immeubles, sur les fruits de la récolte de l'année, et sur le prix de tout ce qui garnit la maison louée ou la ferme, et de tout ce qui sert à l'exploitation de la ferme; savoir, pour tout ce qui est échu et pour tout ce qui reste à échoir, si les baux sont authentiques, ou, si, étant sous signature privée, ils ont une date certaine; et, dans ces deux cas, les autres créanciers ont le droit de relouer la maison ou la ferme pour le restant du bail, et de faire leur profit des baux ou fermages, à la charge toutefois de payer au propriétaire tout ce qui lui serait encore dû;

Et, à défaut de baux authentiques, ou, lorsqu'étant sous signature privée, ils n'ont pas une date certaine, pour une année à partir de l'expiration de l'année courante;

Le même privilège a lieu pour les réparations locatives, et pour tout ce qui concerne l'exécution du bail;

Néanmoins, les sommes dues pour les semences ou pour les frais de la récolte de l'année, sont payées sur le prix de la ré-colte, et celles dues pour ustensiles, sur le prix de ces ustensi-les, par préférence au propriétaire, dans l'un et l'autre cas;

Le propriétaire peut saisir les meubles qui seraient dans sa maison ou sa ferme, lorsqu'ils ont été déplacés sans son con-sentement, et il conserve sur eux son privilège, pourvu qu'il ait fait la revendication; savoir, lorsqu'il s'agit du mobilier qui garnissait une ferme, dans le délai de quarante jours; et, dans celui de quinzaine, s'il s'agit des meubles garnissant une maison;

2° La créance sur le gage dont le créancier est saisi;

3° Les frais faits pour la conservation de la chose;

4° Le prix d'effets mobiliers non payés, s'ils sont encore en la possession du débiteur, soit qu'il ait acheté à terme ou sans terme;

Si la vente a été faite sans terme, le vendeur peut même re-vendiquer les effets tant qu'ils sont en la possession de l'ache-teur, et en empêcher la vente, pourvu que la revendication soit faite dans la huitaine de la livraison, et que les effets se trouvent dans le même état dans lequel cette livraison a été faite;

Le privilége du vendeur ne s'exerce toutefois qu'après celui du propriétaire de la maison ou de la ferme, à moins qu'il ne soit prouvé que le propriétaire avait connaissance que les meubles et autres objets garnissant sa maison ou sa ferme n'appartenaient pas au locataire;

5° Les fournitures d'un aubergiste, sur les effets des voyageurs qui ont été transportés dans son auberge;

6° Les frais de voiture et les dépenses accessoires sur la chose voiturée;

7° Les créances, résultant d'abus et prévarications commis par les fonctionnaires publics dans l'exercice de leurs fonctions, sur les fonds de leur cautionnement et sur les intérêts qui peuvent en être dus.

(V. les art 70, 412, 426, 321, 385, 406, 413, 452, 516, 788, 810, 1401, 4420, 4320, 4327, 4357, 4391, 4409, 4673, 4686, 1752, 4784, 4882, 4922, 2073, 2085, 2092, 2093, 2095, 2100, 2401, 2103, 2440, 2424, 2423, 2427, 2449, 2454, 2480, 2196, 2270, 2272 et 2279.)

L'ordre qui a présidé dans cet article à la distinction des créances privilégiées sur certains meubles plutôt que sur d'autres, n'est pas moindre que celui que nous avons cru devoir faire remarquer dans les deux articles précédents sur les créances privilégiées s'adressant à la généralité des meubles.

Ici également tout est clair, net, précis, logique et parfaitement compréhensible. Tout a été prévu avec un soin scrupuleux en ce qui concerne les loyers et les fermages *authentiques* ou sous signatures privées; les fruits de la récolte de l'année, ou le prix des meubles garnissant les lieux; les échéances, le droit de relouer, les réparations locatives, les semences, les frais de la moisson, les ustensiles, la saisie des objets, le privilége du vendeur, ne s'exerçant, sauf de rares exceptions, qu'après celui du propriétaire; le droit de l'aubergiste sur les effets du voyageur; les frais de voiture; le privilége sur le cautionnement d'un fonctionnaire public et sur ses intérêts, pour des créances résultant, de sa part, d'abus et de prévarications, etc., etc., etc.

Beaucoup de sourds-muets sont propriétaires et font valoir eux-mêmes très-bien leurs propriétés. Plusieurs ne manquent pas d'ailleurs de notaires ou d'avoués consciencieux, dont les bons conseils leur sont acquis et leur ont été souvent utiles. Pour le surplus, ici le texte simple du Code Napoléon suffit amplement.

Art. 2103. Les créanciers privilégiés sur les immeubles sont :

1° Le vendeur, sur l'immeuble vendu, pour le payement du prix. S'il y a plusieurs ventes successives dont le prix soit dû, en tout ou en partie, le premier vendeur est préféré au second, le deuxième au troisième, et ainsi de suite;

2° Ceux qui ont fourni les deniers pour l'acquisition d'un immeuble, pourvu qu'il soit authentiquement constaté, par l'acte d'emprunt, que la somme était destinée à cet emploi; et, par la quittance du vendeur, que ce payement a été fait des deniers empruntés;

3° Les cohéritiers, sur les immeubles de la succession pour la garantie des partages faits entre eux, et des soultes ou retour de lots;

4° Les architectes, entrepreneurs, maçons et autres ouvriers employés pour édifier, reconstruire ou réparer des bâtiments, canaux, ou autres ouvrages quelconques, pourvu néanmois que, par un expert nommé d'office par le tribunal de première instance, dans le ressort duquel les bâtiments sont situés, il ait été dressé préalablement un procès-verbal, à l'effet de constater l'état des lieux relativement aux ouvrages que le propriétaire déclarera avoir dessein de faire, et que les ouvrages aient été, dans les six mois au plus de leur perfection, reçus par un expert également nommé d'office; — mais le montant du privilége ne peut excéder les valeurs constatées par le second procès-verbal, et il se réduira à la plus-value existante à l'époque de l'aliénation de l'immeuble et résultant des travaux qui y ont été faits.

5° Ceux qui ont prêté les deniers pour payer ou rembourser les ouvriers jouissent du même privilége, pourvu que cet emploi soit authentiquement constaté par l'acte d'emprunt et par la quittance des ouvriers, ainsi qu'il a été dit ci-dessus pour ceux qui ont prêté les deniers pour l'acquisition d'un immeuble.

(V. les art. 71, 112, 126, 321, 385, 406, 413, 452, 516, 788, 810, 1101, 1120, 1317, 1320, 1317, 1320, 1327, 1357, 1391, 1409, 1650, 1673, 1686, 1752, 1781, 1792, 1882, 1952, 2073, 2085, 2092, 2093, 2095, de 2100 à 2102, 2121, 2123, 2127, 2149, de 2150 à 2154 de 2180 à 2195, 2196, 2271, 2272 et de 2274 à 2279.)

Peuvent être exercés des priviléges sur les biens-fonds ou propriétés :

1° Par le vendeur sur l'immeuble vendu, pour le payement du procès; s'il y a plusieurs ventes successives, le premier vendeur étant préféré au second, puis le deuxième, et ainsi de suite;

2° Par celui qui a fourni de l'argent pour l'acquisition de l'immeuble, étant bien constaté que cet argent n'a eu d'autre origine, ni d'autre destination;

3° Par les divers héritiers d'une succession pour garantie des partages faits entre eux, et de ce qu'on doit aux autres pour rétablir l'égalité des lots, quand celui qui est échu ne peut se diviser et se trouve d'une valeur plus grande;

4o Par les architectes, entrepreneurs et différents ouvriers, employés à édifier, reconstruire ou réparer des bâtiments, canaux ou autres œuvres quelconques, à la suite d'un procès-verbal d'expert nommé d'office par le tribunal du ressort, et la réception, dans les six mois au plus de leur achèvement, par un autre expert également nommé d'office; le montant du privilége ne pouvant dans ce cas dépasser la valeur constatée par le second procès verbal de celui-ci, et devant se réduire à la *plus-value* existante lors de l'aliénation de l'immeuble et au résultat des travaux accomplis;

5o Par les individus ayant prêté l'argent nécessaire à payer ou à rembourser les ouvriers, pourvu que l'emploi en soit authentiquement justifié par un acte d'emprunt en régle et par la quittance, due et valable, des ouvriers, comme il a été dit ci-dessus pour les individus qui auraient prêté l'argent nécessaire à l'acquisition d'un immeuble.

Art. 2114. L'hypothèque est un droit réel sur les immeubles affectés à l'acquittement d'une obligation.

Elle est, de sa nature, indivisible, et subsiste en entier sur tous les immeubles affectés, sur chacun et sur chaque portion de ces immeubles.

Elle les suit dans quelques mains qu'ils passent.

(V. les art. 123, 516, 1536, 1673, 2116, 2117, 2121, 2123, 2127, 2146, 2154, 2180 et 2196.)

L'hypothèque, comme nous avons déjà eu l'occasion de le dire, est un droit réel qui grève les biens, fonds, propriétés, immeubles affectés à la sûreté, à l'acquittement d'une obligation, d'une dette, et qui les suit en quelques mains qu'ils passent.

Elle ne peut être divisée et existe complétement sur la totalité des immeubles qu'elle frappe, sur chacun d'eux et sur chaque portion de chacun.

Elle peut être définie, en somme, le droit de se faire payer sur le prix d'un immeuble, de préférence à tous les autres créanciers.

Art. 2116 et 2117. L'hypothèque est, ou légale, ou judiciaire, ou conventionnelle.

L'hypothèque légale est celle qui résulte de la loi.

L'hypothèque judiciaire est celle qui résulte des jugements ou actes judiciaires.

L'hypothèque conventionnelle est celle qui dépend des conventions et de la forme extérieure des actes et des contrats.

(V. les art. 123, 124, 127, 516, 1357, 1673, de 2100 à 2113, 2114, 2121, 2123, 2127, 2146, 2154, 2180 et 2196.)

Nous expliquerons plus en détail dans les articles suivants ce qu'on doit entendre par hypothèque légale, judiciaire et conventionnelle.

Art. 2121. Les droits et créances auxquels l'hypothèque légale est attribuée, sont ceux des femmes mariées sur les biens de leur mari; ceux des mineurs et interdits sur les biens de leur tuteur; ceux de l'État, des communes et des établissements publics sur les biens des receveurs et administrateurs comptables.

(V. les art. 24, 25, 63, 69, 108, 112, 123, 124, 127, 361, 389, 450, 469, 509, 516, 910, 1357, 1428, 1549, 1673, 2114, 2116, 2117, 2123, 2135, 2146, 2153, 2154, 2180, 2193 et 2196.)

Les droits et créances que confère l'*hypothèque légale*, s'exercent par les femmes mariées sur les biens de leur mari, par les mineurs et interdits sur les biens de leur tuteur, et par le gouvernement, les municipalités et les établissements publics sur les biens particuliers des receveurs, percepteurs, directeurs et administrateurs, que leurs places assujettissent à rendre compte de leur gestion.

L'hypothèque légale des mineurs, des interdits et des femmes mariées leur est accordée, de plein droit, par la loi, et elle existe en leur faveur indépendamment de toute inscription hypothécaire.

ART. 2123. L'hypothèque judiciaire résulte des jugements, soit contradictoires, soit par défaut, définitifs ou provisoires, en faveur de celui qui les a obtenus. Elle résulte aussi des reconnaissances ou vérifications faites en jugement, des signatures apposées à un acte obligatoire sous seing privé...

Les décisions arbitrales n'emportent hypothèque qu'autant qu'elles sont revêtues d'une ordonnance judiciaire d'exécution.

L'hypothèque ne peut pareillement résulter des jugements rendus en pays étranger, qu'autant qu'ils ont été déclarés exécutoires par un tribunal français, sans préjudice des dispositions contraires qui peuvent être dans les lois politiques ou dans les traités.

(V. les art. 23, 25, 27, 63, 69, 108, 112, 120, 123, 124, 127, 361, 389, 450, 469, 509, 516, 910, 1101, 1320, 1323,

1324, 1357, 1428, 1549, 1673, 2114, 2146, 2147, 2121, 2124, 2127, 2135, de 2146 à 2152, 2153, 2154, 2180, 2193 et 2196.)

L'hypothèque judiciaire est la conséquence d'un jugement rendu, soit après que les parties contraires ont été entendues ou ont produit leurs titres, soit après qu'une ou plusieurs d'entre elles ont manqué à l'assignation qui leur avait été donnée. Ce jugement est provisoire ou définitif en faveur de la partie qui l'a obtenu.

L'hypothèque judiciaire peut résulter aussi des reconnaissances ou vérifications faites en jugement des signatures apposées à un acte obligatoire par un tribunal compétent.

Pour qu'elle emporte hypothèque judiciaire, il faut qu'une sentence rendue par des arbitres choisis afin de terminer un différend, soit déclarée obligatoire par un tribunal compétent.

L'hypothèque judiciaire peut résulter d'un jugement rendu en pays étranger alors seulement que le jugement a été déclaré exécutoire par un tribunal français, sans qu'on renonce pour cela aux dispositions contraires qui existeraient dans les lois politiques des peuples ou dans leurs traités de paix et d'alliance.

Art. 2124 et 2127. Les hypothèques conventionnelles ne peuvent être consenties que par ceux qui ont la capacité d'aliéner les immeubles qu'ils y soumettent.

Elles ne peuvent l'être que par acte passé en forme authentique devant deux notaires, ou devant un notaire et deux témoins.

(V. les art. 25, 27, 63, 69, 108, 112, 113 120, 123, 124,
127, 361, 389, 450, 469, 509, 516, 910, 1101, 1317, 1320,
1323, 1324, 1357, 1428, 1549, 1673, 2114, 2116, 2117,
2121, 2123, 2146, 2151, 2180 et 2196.)

Les incapables, les mineurs, que la loi prive de certains droits, ou exclut de certaines fonctions, ne peuvent
consentir d'*hypothèques conventionnelles*. Il leur manque la
faculté de transférer à d'autres la propriété d'un fonds, ou
de ce qui tient lieu de fonds, qui y est soumis. L'hypothèque conventionnelle exige, en effet, pour être valable, un
acte authentiquement dressé en présence de deux notaires
ou officiers publics qui reçoivent et passent les contrats,
les obligations, les transactions et autres actes volontaires, ou devant un notaire et deux témoins qui y assistent
et les remplacent.

Ceux qui n'ont sur l'immeuble qu'un droit suspendu par
une condition, ou qui peut, en certains cas, être cassé,
annulé, détruit par un acte contraire, ou par un partage,
ne sont point aptes à consentir une hypothèque de ce
genre.

Les biens à venir ne peuvent être ainsi hypothéqués.

Entre les créanciers, l'hypothèque, soit légale, soit judiciaire, soit conventionnelle, n'a de rang que du jour de
l'inscription prise par le créancier sur les registres du
conservateur des hypothèques.

Tous les articles du Code Napoléon que nous passons
sous silence, pour ne pas accroître démesurément ce Com-

mentaire, sont trop nombreux ou trop compliqués, pour
que le sourd-muet, même instruit, comme l'entendant-parlant, y puisse, au besoin, recourir avec fruit, sans l'assistance de son conseil ordinaire, notaire, avoué, ou avocat,
en qui il a mis sa confiance.

Art. 2146. Les inscriptions se font au bureau du conservateur des hypothèques dans l'arrondissement duquel sont situés
les biens soumis au privilége ou à l'hypothèque, etc...

(V. les art. 23, 25, 27, 65, 69, 108, 112, 113, 120, 127,
361, 389, 450, 469, 509, 516, 797, 910, 1101, 1317, 1320,
1323, 1324, 1357, 1428, 1549, 1673, 2092, 2114, 2116,
2117, 2121, 2123, 2124, 2127, 2154, 2180 et 2196.)

Les inscriptions sont des mentions plus ou moins étendues, que fait sur ses registres, en son bureau, dépendant
de l'administration publique dans la circonscription duquel
sont situés les biens sujets au privilége, le conservateur ou
gardien des hypothèques.

Tous les créanciers inscrits le même jour exercent en
concurrence une hypothèque de la même date, sans différence entre l'inscription du matin et celle du soir, quand
même elle serait indiquée par le conservateur.

Pour opérer l'inscription, le créancier présente au conservateur, soit par lui-même, soit par une tierce personne, l'original ou la copie authentique du jugement ou
de l'acte qui autorise le privilége ou l'hypothèque, avec
deux bordereaux sur papier timbré indiquant la position
exacte et détaillée du créancier et du débiteur, chacun

en ce qui le concerne, et tous les deux à l'égard l'un de l'autre. Le conservateur fait mention sur son registre du contenu des bordereaux, et remet au requérant, tant le titre, ou l'expédition du titre, que l'un des bordereaux, au bas duquel il certifie avoir fait l'inscription.

ART. 2154. Les inscriptions conservent l'hypothèque et le privilége pendant dix années à compter du jour de leur date. Leur effet cesse si ces inscriptions n'ont pas été renouvelées avant l'expiration de ce délai.

(V. les art. 23, 25, 27, 28, 62, 63, 69, 108, 112, 113, 120, 123, 124, 127, 361, 389, 450, 469, 509, 526, 637, 797, 916, 1104, 1109, 1124, 1317, 1320, 1323, 1324, 1357, 1428, 1549, 1576, 1625, 1673, 1676, 2021, 2092, 2095, 2103, 2114, 2116, 2117, 2121, 2123, 2124, 2127, 2146, 2180, 2196, 2204 et 2215.)

Les inscriptions ou mentions faites sur les registres du conservateur gardent le privilége et l'hypothèque pendant dix années à partir du jour de leur date. Leur effet cesse et s'annule si elles n'y sont point renouvelées avant l'expiration de ce délai.

Les frais des inscriptions sont à la charge du débiteur, s'il n'y a point de stipulation contraire. L'avance en est faite par l'inscrivant, excepté dans le cas d'hypothèques légales, pour l'inscription desquelles le conservateur a son recours contre le débiteur.

Les frais de la transcription, qui peut être requise par le vendeur, sont à la charge de l'acquéreur.

Les inscriptions sont rayées du consentement des partios, ayant capacité à cet effet, ou en vertu d'un jugement en dernier ressort, ou passé en force de chose jugée.

Peuvent être réputées excessives et réduites comme telles, les inscriptions frappant plusieurs immeubles, quand il est reconnu et prouvé que la valeur d'un seul, ou de quelques-uns, excède de plus d'un tiers en fonds libres le montant des créances en capital et accessoires légaux. L'excès dans ce cas est laissé à l'arbitrage des juges.

Les créanciers ayant privilége ou hypothèque sur un immeuble, le suivent en quelques mains qu'il passe pour prendre rang et être payés suivant l'ordre de leurs créances ou inscriptions.

Pour les articles du Code Napoléon omis, faute d'espace, dans cette partie de notre commentaire, le sourd-muet pourra toujours recourir au texte même du Code, et se faire aider des conseils du notaire, de l'avoué ou de l'avocat, en qui il a mis sa confiance.

ART. 2180. Les priviléges hypothèques s'éteignent :
1° Par l'extinction de l'obligation principale;
2° Par la renonciation du créancier à l'hypothèque;
3° Par l'accomplissement des formalités et conditions prescrites aux tiers détenteurs pour purger les biens par eux acquis;
4° Par la prescription.

La prescription est acquise au débiteur, quant aux biens qui sont dans ses mains, par le temps fixé pour la prescription des actions qui donnent l'hypothèque ou le privilége.

Quant aux biens qui sont dans les mains d'un tiers détenteur, elle lui est acquise par le temps réglé pour la prescription de la propriété à son profit. Dans le cas où la prescripton suppose un titre, elle ne commence à courir que du jour où il a été transcrit sur les registres du conservateur.

Les inscriptions prises par le créancier n'interrompent pas le cours de la prescription établie par la loi en faveur du débiteur ou du tiers détenteur.

(V. les art. 23, 25, 27, 28, 32, 62, 63, 69, 108, 112, 113, 120, 123, 124, 127, 137, 351, 361, 389, 406, 450, 469, 509, 516, 637, 797, 910, 1017, 1101, 1109, 1121, 1317, 1320, 1323, 1324, 1357, 1428, 1497, 1549, 1576, 1625, 1673, 1676, 2021, 2092, 2093, 2095, 2103, 2114, 2116, 2117, 2121, 2123, 2124, 2127, 2146, 2154, 2196, 2204, 2215 et 2219.)

Les priviléges et hypothèques s'éteignent et cessent :
1° Par l'extinction, le payement, la compensation, l'acquittement, le solde, la terminaison quelconque de l'obligation principale;

2o Par la renonciation au gage de l'hypothèque de la part de celui à qui l'argent est dû;

3o Par l'accomplissement, l'exécution entière des formalités et obligations imposées à des tierces personnes ayant les immeubles en leur pouvoir, pour qu'ils cessent d'être grevés d'hypothèques;

4° Par la *prescription*. En jurisprudence, la prescription s'entend généralement de la manière d'acquérir la propriété d'une chose par sa possession non interrompue pendant un temps que la loi détermine, ou de se libérer d'une dette quand le créancier a laissé passer un certain temps sans en demander le payement.

Ici elle est acquise au débiteur, relativement aux immeubles qu'il a entre les mains, par le temps fixé pour la *prescription* des actes qui assurent le privilége ou l'hypothèque.

Relativement aux immeubles qui sont en mains tierces, la prescription est acquise au détenteur pour le laps de temps fixé pour qu'elle ait lieu à son profit. Dans le cas où elle s'appuierait sur un titre en règle, elle commence seulement à courir du jour où le titre a été consigné dans les registres du conservateur des hypothèques.

Les inscriptions prises par celui à qui il est dû de l'argent, ne sauraient interrompre le cours de la *prescription* qui repose sur la loi protectrice de celui qui doit de l'argent ou du tiers détenteur d'un immeuble.

Pourront, les acquéreurs d'immeubles appartenant à des maris ou à des tuteurs, lorsqu'il n'existera pas d'inscription sur lesdits immeubles, à raison de la gestion du tuteur, ou des dots, reprises et conventions matrimoniales de la femme, être admis à remplir les formalités exigées par la loi pour que les immeubles qu'ils ont acquis, cessent d'être grevés d'hypothèques.

Art. 2196. Les conservateurs des hypothèques sont tenus de délivrer à tous ceux qui le requièrent, copie des actes transcrits sur leurs registres et celle des inscriptions subsistantes, ou certificat qu'il n'en existe aucune.

(V. les art. 23, 25, 27, 28, 31, 34, 45, 62, 63, 66, 69, 108, 112, 113, 120, 123, 124, 127, 137, 324, 351, 361, 389, 406, 449, 450, 469, 509, 516, 637, 797, 910, 1017,

1101, 1109, 1124, 1317, 1320, 1323, 1324, 1357, 1428, 1497, 1549, 1576, 1628, 1673, 1676, 2031, 2092, 2093, 2095, 2103, 2114, 2116, 2117, 2121, 2123, 2124, 2127, 2146, 2154, 2180, 2204, 2215 et 2219.)

Les conservateurs des hypothèques sont tenus de livrer à quiconque les leur demandera, des copies des actes consignés sur leurs registres et des inscriptions qui y sont mentionnées, ou, dans le cas contraire, des certificats constatant qu'ils n'en possèdent point.

Ils sont responsables du préjudice qui pourrait résulter de ces omissions, à moins que l'erreur ne provienne de désignations insuffisantes qu'on ne saurait leur imputer.

Tous les registres des conservateurs doivent être sur papier timbré, cotés et paraphés, à chaque page, par un juge du tribunal dans la circonscription duquel se trouve le bureau. Ils sont arrêtés chaque jour, ainsi que les livres d'enregistrement des actes.

Les conservateurs qui ne se conformeraient pas à ces dispositions, risqueraient d'encourir une amende de deux cents à mille francs pour la première contravention, et d'être destitués pour la seconde, sans compter les dommages-intérêts dus aux parties, lesquels seront payés avant l'amende.

Les mentions de dépôts, les inscriptions et transcriptions doivent être faites sur les registres, de suite, sans aucun blanc, ni aucune interligne, sous peine contre le conservateur d'une amende de mille à deux mille francs, et de

28.

dommages-intérêts en faveur des parties, ici encore payables avant l'amende.

TITRE XIX

De l'expropriation forcée

Art. 2204 et 2215. Le créancier peut poursuivre l'expropriation : 1° des biens mobiliers et de leurs accessoires réputés immeubles, appartenant en propriété à son débiteur; 2° de l'*usufruit* appartenant au débiteur sur les biens de même nature.

(V. les art. 112, 385, 406, 516, 788, 1018, 1268, 1409, 1549 et 2123.)

La poursuite peut avoir lieu en vertu d'un jugement provisoire ou définitif, exécutoire par provision, nonobstant appel; mais l'adjudication ne peut se faire qu'après un jugement définitif en dernier ressort, ou passé en force de chose jugée.

La poursuite ne peut s'exercer en vertu de jugements rendus par défaut durant le délai de l'opposition.

(V. les art. 27, 28, 66, 111, 112, 120, 121, 178, 385, 406, 1268, 1409, 1549 et 2123.)

Exproprier quelqu'un c'est le priver d'une propriété immobilière, soit par voie de saisie, soit pour cause d'utilité publique, moyennant une indemnité.

Celui à qui il est dû de l'argent, a le droit de poursuivre l'expropriation :

1° Des biens mobiliers et de leurs accessoires réputés immeubles appartenant en propriété à celui qui doit;

2° De l'*usufruit* ou jouissance des prêts, du revenu d'un

héritage, des intérêts d'un capital, dont la propriété appartient à celui qui doit.

Cependant, la part, non divisée, d'un héritier dans les immeubles d'une succession, ne peut être mise en vente par ses héritiers personnels avant le partage ou la vente au plus offrant et dernier enchérisseur, qu'ils sont libres de provoquer, s'ils le jugent convenable, et dans lesquels ils ont le droit d'intervenir.

Les immeubles d'un mineur, même émancipé, ou d'un interdit, ne peuvent être mis en vente avant la recherche légale de son mobilier, pour le faire vendre en justice, s'il y a lieu.

La vente forcée des immeubles ne peut être poursuivie qu'en vertu d'un acte authentique et exécutoire, pour une dette certaine et liquidée. Si la dette est en espèces non liquidées, la poursuite est valable, mais l'adjudication peut seulement avoir lieu après la liquidation.

La poursuite peut être valable en exécution d'un jugement provisoire, ou d'un jugement définitif, exécutoire par provision, nonobstant appel; mais la mise en vente ne peut avoir lieu qu'à la suite d'un jugement définitif en dernier ressort, sans appel, ou qui est passé en force de chose jugée et ne peut plus être réformé par aucune voie légale, la partie condamnée ne s'étant pas pourvue dans le délai fixé.

La poursuite ne saurait être valable en exécution de jugements rendus par défaut ou manquement à l'assignation donnée dans le délai de l'opposition.

Elle ne peut être annulée sous prétexte que celui à qui l'on doit l'aurait commencée pour une somme plus forte que celle qui lui est due.

Toute poursuite ou expropriation d'immeubles doit être précédée d'un commandement de payer, fait suivant les formes réglées par le *Code de procédure civile*, à la requête et diligence de celui à qui il est dû, à la personne de celui qui doit, ou à son domicile, par le ministère d'un huissier, chargé de signifier les actes de justice et de mettre à exécution les jugements.

TITRE XX

De la prescription

ART. 2219, 2220 et 2221. La prescription est un moyen d'acquérir ou de se libérer par un certain laps de temps et sous les conditions déterminées par la loi.

(V. l'art. 711).

On ne peut d'avance renoncer à la prescription; on peut renoncer à la prescription acquise.

(V. les art. 124, 711, 2228, 2229, 2232, 2233, 2234, de 2242 à 2246, 2253, 2254, 2258, 2260, 2261, 2262, 2263, 2265, 2268, et de 2270 à 2280.)

La renonciation à la prescription est expresse ou tacite. La renonciation tacite résulte d'un fait qui suppose l'abandon du droit acquis.

(V. les art. 104, 123, 124, 183, 1382, 2228, 2229, 2232,

2233, 2234, de 2242 à 2246, 2253, 2254, 2258, de 2260 à 2262, 2263, 2268, de 2270 à 2280.)

Nous avons déjà défini *la prescription* une manière d'acquérir la propriété d'une chose par sa possession non interrompue pendant un laps de temps que la loi détermine, ou le moyen de se libérer d'une dette, quand le créancier a laissé passer un certain laps de temps sans en demander le payement.

La propriété d'un immeuble *se prescrit* par une possession non interrompue, continue, *pendant trente ans*, sans que le véritable propriétaire ait fait aucune poursuite judiciaire pour rentrer dans sa propriété.

On n'a pas le droit de renoncer d'avance à une prescription ; il est permis de renoncer seulement à une prescription acquise, dont on a le droit de jouir.

On peut renoncer à la prescription, ou en termes exprès, formels, positifs, ou *tacitement*. La renonciation tacite résulte d'un fait, d'un acte, qui donne à croire, qui fait supposer qu'on abandonne un droit acquis.

Celui qui a le droit d'invoquer la prescription, peut néanmoins y renoncer en avouant la dette par obligation de conscience, et, dans ce cas, il ne peut plus se rétracter. — Celui qui ne peut aliéner, ne peut renoncer à la prescription acquise. — Il est défendu aux juges de suppléer d'office, sans en être requis, par le seul devoir de leur charge, à un moyen résultant de la prescription.

La prescription peut être opposée, en tout état de cause,

même devant une cour impériale, à moins que la partie qui ne l'aurait pas opposée, ne soit présumée, d'après les circonstances, y avoir renoncé.

Ceux à qui il est dû de l'argent, ou tout autre personne ayant intérêt à ce que la prescription soit acquise, peuvent l'opposer, lors même que celui qui doit ou le propriétaire du lieu y renoncerait.

L'État, les établissements publics et les communes sont soumis aux mêmes prescriptions que les simples particuliers et ont également le droit de les opposer.

ART. 2228 et 2229. La possession est la détention ou la jouissance d'une chose ou d'un droit que nous tenons ou que nous exerçons par nous-mêmes, ou par un autre qui la tient ou qui l'exerce en notre nom.

Pour pouvoir prescrire, il faut une possession continue et non interrompue, paisible, publique, non équivoque, et à titre de propriétaire.

(V. les art. 29, 104, 123, 1382, 1384, 1451, 2219, 2220, 2221, 2232, 2233, 2234, do 2242 à 2246, 2253, 2254, 2258, de 2260 à 2265, 2268, de 2270 à 2280.)

On est toujours présumé posséder pour soi et à titre de propriétaire, s'il n'est prouvé qu'on a commencé à posséder pour un autre. Quand on a commencé à posséder pour un autre, on est toujours présumé posséder au même titre, s'il n'existe pas de preuve du contraire.

Pour avoir le droit d'invoquer ou de faire valoir la prescription, il faut prouver qu'on jouit d'une possession continue, sans interruption aucune, calme, tranquille, connue de tous, qu'on ne peut révoquer en doute et dont on invoque avec raison le titre comme propriétaire.

ART. 2232, 2233 et 2234. Les actes de pure faculté et ceux de simple tolérance ne peuvent fonder ni possession, ni prescription.

Les actes de violence ne peuvent fonder, non plus, une possession capable d'opérer la prescription. — La possession utile ne commence que lorsque la violence a cessé.

Le possesseur actuel qui prouve avoir possédé anciennement, est présumé avoir possédé dans le temps intermédiaire, sauf la preuve certaine.

(V. les art. 25, 29, 104, 123, 124, 183, 1109, 1120, 1382, 1384, 1401, 1451, 1731, 1794, 1837, 2219, 2220, 2221, 2228, 2229, 2242, de 2243 à 2246, 2253, 2254, 2258, de 2260 à 2265, 2268, 2270, et de 2271 à 2280.)

User de bonne volonté à votre égard, vous reconnaître en votre position par acte de pure tolérance, ne suffit pas pour établir, en votre faveur, un droit de possession, ni pour vous autoriser à *prescrire* en vertu de ce prétendu droit.

La violence ne vous donne pas davantage une possession qui vous rende apte à prescrire. Une possession fructueuse et valable ne commence que lorsque la violence a cessé.

Celui qui a maintenant une chose entre ses mains et qui prouve l'avoir possédée autrefois, est regardée comme l'ayant eue en son pouvoir dans le temps intermédiaire qui s'est écoulé depuis lors jusqu'à présent si l'on ne peut faire valoir avantageusement contre lui la preuve du contraire.

Pour compléter la prescription, on est libre de joindre à sa possession celle de l'individu dont elle émane, de quelque manière qu'on lui ait succédé, soit à titre universel ou particulier, soit à titre lucratif ou onéreux.

Celui qui possède pour autrui, le fermier, le dépositaire, l'usufruitier, ou tout autre, qui détient la chose du propriétaire précairement, par une concession toujours révocable au gré de celui qui l'a faite, ne peut jamais faire valoir la prescription, pour quelque laps de temps que ce soit.

Les héritiers de ceux qui tenaient la chose à l'un des titres énoncés ci-dessus, n'ont pas, non plus, le droit de prescrire, si ce n'est dans le cas où leur titre de possession se trouverait interverti, soit pour une cause venant d'une tierce personne, soit par leur opposition au droit du propriétaire.

Art. 2242, 2243, 2244 et 2245. La prescription peut être interrompue, ou naturellement, ou civilement.

Il y a interruption naturelle lorsque le possesseur est privé, pendant plus d'un an, de la jouissance de la chose, soit par l'ancien propriétaire, soit même par un tiers.

Une citation en justice, un commandement ou une saisie, signifiés à celui qu'on veut empêcher de prescrire, forment l'interruption civile.

La citation en conciliation devant le bureau de paix interrompt la prescription, du jour de sa date, lorsqu'elle est suivie d'une assignation en justice donnée dans les délais de droit.

(V. les art. 25, 29, 62, 70, 104, 123, 124, 183, 318,

351, 1109, 1120, 1318, 1320, 1382, 1384, 1401, 1451, 1563, 1731, 1794, 1837, 2059, 2209, 2220, 2221, 2228, 2229, 2232, 2233, 2234, 2246, 2253, 2254, 2258, de 2260 à 2265, 2268, et de 2270 à 2280.)

La prescription peut être interrompue naturellement ou civilement; naturellement, si le possesseur est privé, plus d'un an, de la jouissance de la chose par le propriétaire, ou même par une tierce personne; civilement, si une citation en justice, un commandement par huissier en vertu d'un jugement ou d'un titre exécutoire, ou une saisie en règle sont signifiés à la personne qu'on veut empêcher de prescrire.

La citation en conciliation devant *le juge de paix*, pour essayer de s'entendre avant de commencer un procès, interrompt la prescription, à partir du jour de sa date, pourvu qu'elle soit suivie d'une assignation en justice, par exploit, dans les délais de droit.

Art. 2246. La citation en justice, donnée même devant un juge incompétent, interrompt la prescription.

(V. les art. 25, 29, 45, 62, 66, 70, 104, 123, 124, 183, 318, 351, 1109, 1120, 1318, 1320, 1382, 1383, 1384, 1401, 1451, 1563, 1731, 1794, 1837, 2059, 2219, 2220, 2221, 2228, 2229, 2232, 2233, 2234, 2242, 2243, 2244, 2245, 2253, 2254, 2258, de 2260 à 2265, 2268, et de 2270 à 2280.)

La citation en justice, même devant un juge compétent, n'ayant pas le droit d'examiner une semblable affaire
29

et de la juger, suffit néanmoins pour interrompre la prescription.

L'assignation est nulle par défaut de forme, si le demandeur se désiste de sa plainte; s'il la laisse périmer,
faute de l'avoir poursuivie en temps utile; si sa demande
est rejetée. Dès lors l'interruption de la prescription est
regardée comme nulle et non avenue.

La prescription est interrompue par la reconnaissance
que le débiteur ou le possesseur fait du désir de celui contre lequel il prescrivait.

ART. 2753 et 2254. La prescription ne court point entre époux.
Elle court contre la femme mariée, encore qu'elle ne soit
point séparée par contrat de mariage, ou en justice, à l'égard
des biens dont le mari a l'administration, sauf son recours contre le mari.

(V. les art. 25, 29, 45, 62, 66, 70, 104, 112, 123, 124,
183, 215, 318, 354, 727, 873, 1109, 1120, 1318, 1320,
1321, 1383, 1384, 1387, 1401, 1450, 1563, 1731, 1794,
837, 2059, 2219, 2220, 2221, 2228, 2229, 2232, 2233,
2234, de 2242 à 2246, 2258, de 2260 à 2265, 2268, et
de 2270 à 2280.)

Il n'y a point prescription possible entre les époux. Mais
il y en a contre la femme mariée, lors même qu'elle ne serait point séparée par son contrat de mariage, ou devant
les tribunaux, au sujet des biens dont l'administration serait restée au mari, la loi lui réservant toutefois son recours
contre celui-ci.

Cependant la prescription ne court point durant le mariage pour l'aliénation d'un fonds constitué sous le régime dotal.

ART. 2258, 2259, 2260, 2261, 2262 et 2263. La prescription ne court pas contre l'héritier bénéficiaire, à l'égard des créances qu'il a contre la succession.

Elle court contre une succession vacante, quoique non pourvue de curateur.

Elle court encore pendant les trois mois pour faire inventaire, et les quarante jours pour délibérer.

Elle se compte par jours et non par heures.

Elle est acquise lorsque le dernier jour du terme est accompli.

Toutes les actions, tant réelles que personnelles, sont prescrites par trente ans, sans que celui qui allègue cette prescription, soit obligé d'en rapporter un titre, ou qu'on puisse lui opposer l'exception déduite de la mauvaise foi.

Après vingt-huit ans de la date du dernier titre, le débiteur d'une rente peut être contraint à fournir, à ses frais, un titre nouveau à son créancier ou à ses ayants-cause.

(V. les art. 25, 29, 45, 46, 63, 69, 70, 104, 112, 123, 124, 137, 183, 245, 348, 351, 406, 727, 788, 793, 802 811, 873, 953, 1109, 1120, 1318, 1320, 1331, 1382, 1383, 1384, 1387, 2059, 2219, 2220, 2221, 2228, 2229, 2232, 2233, 2234, de 2242 à 2246, 2253, 2254, 2265, de 2268 à 2280.)

Il n'y a point de prescription contre l'héritier sous bénéfice d'inventaire pour les créances qu'il possède contre la succession. Mais la prescription court contre une succession que personne n'a réclamée, lorsqu'elle a été ouverte, ou à laquelle on a renoncé, aucun curateur n'ayant été nommé par la justice pour l'administration de ses biens.

Elle court encore pendant les trois mois que peut durer

l'inventaire ou le catalogue, article par article, des biens meubles, titres, papiers qu'elle embrasse, et les quarante jours qui peuvent être consacrés à en délibérer.

La prescription s'évalue, s'établit, non pas sur les heures, mais sur les jours qu'elle a couru, qu'elle court et qu'elle a à courir. Elle appartient incontestablement à l'intéressé quand le dernier jour du terme fixé par la loi est accompli et révolu.

Toutes les actions réelles, positives, personnelles, sont prescrites de droit par une durée de trente ans. Il n'est pas nécessaire, pour que cette prescription soit valable, que celui qui l'invoque, en fournisse la preuve, en présente un titre, un acte quelconque; et la partie adverse n'est point admise, en cette circonstance, à faire valoir contre lui une accusation de mauvaise foi.

Quand il y a vingt-huit ans écoulés depuis la date du dernier titre, ou acte, celui qui doit une rente, peut être forcé de fournir, à ses frais, un nouveau titre ou acte, à celui à qui il doit, ou à ses représentants dûment autorisés.

Art. 2265. Celui qui acquiert de bonne foi et par juste titre un immeuble, en prescrit la propriété pour dix ans, si le véritable propriétaire habite dans le ressort de la cour impériale dans l'étendue de laquelle l'immeuble est situé, et par vingt ans, s'il est domicilié hors dudit ressort.

(V. les art. 25, 29, 45, 62, 66, 70, 102, 104, 112, 123, 124, 137, 138, 183, 215, 318, 351, 389, 406, 516, 550, 727, 788, 793, 802, 811, 873, 953, 1109, 1120, 1318, 1320, 1321, 1382, 1383, 1384, 1387, 1565, 1662, 2059, 2080,

2219, 2220, 2221, 2228, 2229, 2231, 2233, 2234, de 2242 à 2246, 2253, 2254, de 2258 à 2263, et de 2269 à 2280.)

La personne qui devient, de bonne foi et sur titre suffisant, incontestable, propriétaire d'un immeuble, en prescrit la propriété par une jouissance de dix ans, quand le propriétaire antérieur habite dans la circonscription de la cour impériale, au ressort de laquelle l'immeuble appartient, et par une jouissance de vingt-ans, lorsqu'il a son domicile en dehors de cette circonscription.

Si le véritable propriétaire a été, à différentes époques, domicilié dans cette circonscription et au dehors, il faut pour compléter la prescription, ajouter à ce qui manque aux dix ans de présence, un nombre d'années d'absence double de celui qui manque pour compléter ces dix ans de présence.

Tout titre, que le défaut de forme rend nul, ne peut servir de base à la prescription de dix et vingt ans.

Art. 2268 et 2269. La bonne foi est toujours présumée; et c'est à celui qui allègue la mauvaise foi, à la prouver.

Il suffit que la bonne foi ait existé au moment de l'acquisition.

(V. les art. 25, 29, 45, 46, 62, 66, 70, 102, 104, 112, 123, 124, 137, 138, 183, 215, 318, 351, 389, 406, 516, 550, 707, 788, 793, 802, 811, 873, 953, 1109, 1120, 1318, 1320, 1321, 1382, 1383, 1384, 1387, 1565, 1662, 2059, 2180, 2219, 2220, 2221, 2228, 2229, 2232, 2233, 2234, de 2242 à 2246, 2253, 2254, de 2258 à 2265, et de 2270 à 2280.)

La bonne foi est toujours censée exister dans une acquisition; c'est à celui qui prétend qu'il y a de la mauvaise foi, à en fournir la preuve.

Il suffit pour que l'acquisition soit valable, qu'il y ait eu bonne foi incontestable au moment où elle a eu lieu.

ART. 2270, 2271, 2272, 2273, 2274, 2275, 2276, 2277, 2278, 2279 et 2280. Après dix ans, l'architecte et les entrepreneurs sont déchargés de la garantie des gros ouvrages qu'ils ont faits ou dirigés.

L'action des maîtres et des instituteurs des sciences et arts, pour les leçons qu'ils donnent au mois; — Celle des hôteliers et traiteurs, à raison du logement et de la nourriture qu'ils fournissent; — Celle des ouvriers et gens de travail, pour le payement de leurs journées, fournitures et salaires, — se prescrivent par six mois.

L'action des médecins, chirurgiens et apothicaires, pour leurs visites, opérations et médicaments; — Celle des huissiers, pour le salaire des actes qu'ils signifient et des commissions qu'ils exécutent; — Celle des marchands, pour les marchandises qu'ils vendent aux particuliers non marchands; — Celle des maîtres de pension, pour le prix de la pension de leurs élèves et des autres maîtres, pour le prix de l'apprentissage; — Celle des domestiques qui se louent à l'année, pour le payement de leur salaire, — se prescrivent par un an.

L'action des avoués, pour le payement de leurs frais et salaires, se prescrit par deux ans à compter du jugement du procès, ou de la conciliation des parties, ou depuis la révocation desdits avoués. A l'égard des affaires non terminées, ils ne peuvent former de demandes pour leurs frais et salaires qui remonteraient à plus de cinq ans.

La prescription, dans les cas ci-dessus, a lieu, quoiqu'il y ait eu continuation de fournitures, livraisons, services et travaux. Elle ne cesse de courir que lorsqu'il y a eu compte arrêté, cédule, ou obligation, ou citation en justice non périmée.

Néanmoins, ceux auxquels les prescriptions seront opposées, peuvent déférer le serment à ceux qui les opposent, sur la ques-

tion de savoir si la chose a été réellement payée. — Le serment
pourra être déféré aux veuves et héritiers, ou aux tuteurs de ces
derniers, s'ils sont mineurs, pour qu'ils aient à déclarer s'ils
ne savent pas que la chose soit due.

Les juges et avoués sont déchargés des pièces cinq ans après
le jugement des procès. Les huissiers, après deux ans depuis
l'exécution de la commission, ou la signification des actes dont
ils étaient chargés, en sont pareillement déchargés.

Les arrérages de rentes perpétuelles et viagères; — Ceux des
pensions alimentaires; — Les loyers des maisons et le prix
de ferme des biens ruraux; — Les intérêts des sommes prêtées,
et généralement tout ce qui est payable par année, ou à des
termes périodiques plus court; — se prescrivent par cinq ans.

Les prescriptions dont il s'agit dans les précédents articles
courent contre les mineurs et les interdits, sauf leur recours
contre leurs tuteurs.

En fait de meubles, la possession vaut titre. — Néanmoins,
celui qui a perdu ou auquel il a été volé une chose, peut la re-
vendiquer pendant trois ans, à compter du jour de la prise ou
du vol, contre celui dans les mains duquel il la trouve, sauf à
celui-ci son recours contre celui des mains duquel il la
tient.

Si le possesseur actuel de la chose volée ou perdue, l'a achetée
dans une foire, ou dans un marché, ou dans une vente publique, ou d'un marchand vendant des choses pareilles, le propriétaire originaire ne peut se la faire rendre qu'en remboursant
au possesseur le prix qu'elle lui a coûté.

(V. les art. 25, 29, 45, 46, 54, 62, 66, 70, 102, 104, 112,
113, 123, 124, 126, 137, 138, 183, 215, 318, 351, 385,
389, 406, 450, 516, 550, 717, 788, 793, 802, 811, 873,
883, 953, 1015, 1109, 1120, 1265, 1318, 1320, 1321, 1326
1357, 1382, 1384, 1387, 1391, 1409, 1451, 1549,
1565, 1582, 1585, 1662, 1708, 1711, 1779, 1781, 1788,
1792, 1874, 1905, 1910, 1968, 2059, 2060, 2101, 2102,

2180, 2219, 2220, 2221, 2228, 2229, 2232, 2233, 2234, de 2242 à 2246, 2253, 2254, do 2258 à 2261, 2263, 2268 et 2269.)

Au bout de six années révolues, l'architecte, les maçons et les divers entrepreneurs de travaux de bâtiments sont entièrement déchargés de la garantie des gros ouvrages qu'ils ont exécutés, conduits et surveillés.

L'action des maîtres, professeurs, instituteurs, pour les leçons de lecture, de grammaire, d'écriture, de calcul, de sciences et d'arts qu'ils donnent, au mois, à un prix convenu; celles des maîtres d'hôtel et restaurateurs, pour le logement et la nourriture qu'ils fournissent; celle enfin des ouvriers et gens de peine pour leurs journées de travail, fournitures et salaires, se prescrivent au bout de six mois.

L'action des médecins, chirurgiens, sages-femmes, pharmaciens, pour leurs visites, consultations, opérations, médicaments; celle des huissiers, pour le coût et les honoraires des actes qu'ils signifient et des commandements qu'ils exécutent; celle des marchands, pour les objets par eux vendus à des personnes qui ne font pas le commerce; celle des maîtres d'école et de pension pour les soins qu'ils prennent de leurs élèves, et celle des maîtres d'apprentissage pour enseigner leur métier aux jeunes gens qui s'y destinent; celle enfin des domestiques, serviteurs à gages, qui s'engagent à l'année, pour le payement de leur salaire, se prescrivent au bout d'un an.

L'action des *avoués* (officiers de justice, appelés autrefois *procureurs*), dont la fonction est de représenter les parties devant les cours et tribunaux, et de faire, en leur nom, tous les actes de procédure nécessaires, se prescrit par deux ans pour le payement de leurs frais et salaires, à compter du jugement des procès, ou de la conciliation des parties, ou depuis le jour où lesdits avoués auraient été révoqués ou auraient vendu leur charge. Quant aux affaires qui ne seraient pas encore terminées, il ne leur est pas permis d'adresser à leurs clients des demandes pour des frais et salaires qui remonteraient au delà de cinq ans.

Toutes les prescriptions dont il vient d'être parlé, ne cessent nullement d'exister, quoiqu'il y ait eu continuation de fournitures, de livraisons, de services et de travaux. Elles s'arrêtent seulement lorsqu'il y a un règlement de compte, acte ou *cédule* par le juge de paix, permettant d'abréger les délais dans un cas urgent, ou citation en justice, notification à comparaître devant un tribunal, laquelle n'est point périmée et n'a point perdu sa valeur pour n'avoir pas été faite en temps utile.

Néanmoins les personnes auxquelles ces prescriptions sont objectées, ont le droit de requérir le serment de la partie adverse, sur la question de savoir si la chose a été réellement, véritablement payée, oui ou non? Le serment peut être également déféré aux veuves, aux héritiers, ou au tuteurs de ceux-ci, s'ils sont encore mineurs, pour qu'ils aient à déclarer s'ils croient ou ne croient pas que la chose soit due.

Les juges et avoués cessent d'être responsables des pièces, actes et titres qui leur ont été confiés, quand cinq ans

29.

se sont écoulés depuis le jugement des procès que ces pièces concernent ; et les huissiers, deux ans après l'exécution des actes et la signification des mandats dont ils étaient chargés.

Les arrérages échus des rentes perpétuelles et à vie, ceux des pensions alimentaires, les loyers des maisons, le prix des fermes des biens ruraux, les intérêts des sommes d'argent prêtées, et généralement tout ce qui est payable par an ou à des échéances plus rapprochées, se prescrit au bout de cinq ans.

Les prescriptions dont il s'agit dans les précédents articles, sont applicables aux interdits et aux mineurs, qui sont libres d'exercer leur recours contre les tuteurs à qui leur surveillance est confiée.

En fait de meubles, comme on l'a souvent dit, *possession vaut titre*. Toutefois, la personne qui aurait perdu, ou à laquelle aurait été volé un objet quelconque, a le droit de le revendiquer, pendant trois ans, à partir du jour où elle s'est aperçue qu'elle l'avait perdu, ou qu'il lui avait été dérobé, de l'individu entre les mains duquel elle suppose qu'il se trouve, celui-ci étant libre, bien entendu, d'exercer son recours contre celui de qui il tient la chose.

Dans le cas où le possesseur actuel l'aurait achetée dans une foire, dans un marché, dans une vente publique, ou d'un marchand faisant trafic de choses semblables, le propriétaire primitif ne peut exiger qu'elle lui soit rendue, qu'en remboursant au détenteur le prix qu'elle lui a coûté.

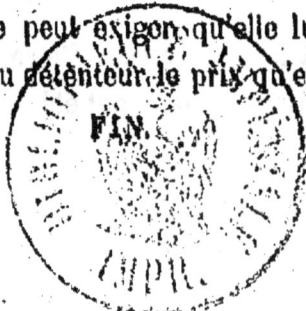

FIN.

TABLE ALPHABÉTIQUE

DU

CODE NAPOLÉON

MIS A LA PORTÉE DES SOURDS-MUETS
DE LEURS FAMILLES
ET DES PARLANTS EN RAPPORT JOURNALIER AVEC EUX

Les chiffres indiquent les articles du Code compris ou non compris
dans ce Commentaire.

Absents, éloignés de leur demeure ordinaire, dont on n'a point
de nouvelles depuis un certain temps, et dont la résidence actuelle n'est pas connue, 112, 135.

Acceptation de succession, 774.

Accession (droit d'), droit que le propriétaire d'une chose,
mobilière ou immobilière, a sur ce qu'elle produit, ou sur ce qui
s'y unit et s'y incorpore comme dépendance, comme accessoire,
soit naturellement, soit artificiellement. On le dit quelquefois
des choses mêmes sur lesquelles ce droit est exercé, 550.

FIN DE LA TABLE DU CODE NAPOLÉON

Mis à la portée des sourds-muets, de leurs familles et des parlants en rapport journalier avec eux.

POISSY. — TYP. DE ARBIEU, LEJAY ET Cie.

ŒUVRES DE FERDINAND BERTHIER

A LA LIBRAIRIE DU PETIT JOURNAL
21, boulevard Montmartre, 21.

HISTOIRE ET STATISTIQUE DE L'ÉDUCATION DES SOURDS-MUETS, 1839, 1 vol. in-8°.

NOTICE SUR LA VIE ET LES OUVRAGES D'AUGUSTE BÉBIAN, ancien censeur des études de l'Institution impériale des sourds-muets de Paris, 1839, 1 vol. in-8°.

LES SOURDS-MUETS AVANT ET DEPUIS L'ABBÉ DE L'ÉPÉE, mémoire qui a obtenu le prix proposé par *la Société des sciences morales, lettres et arts de Seine-et-Oise*, 1840, 1 vol. in-8°.

DEUX MÉMOIRES, lus en 1839 et 1848 au Congrès historique de Paris, l'un SUR LA MIMIQUE CHEZ LES PEUPLES ANCIENS ET MODERNES, l'autre sur la PANTOMIME DANS SES RAPPORTS, SOIT AVEC L'ENSEIGNEMENT DES SOURDS-MUETS, SOIT AVEC LES CONNAISSANCES HUMAINES, in-8°.

EXAMEN CRITIQUE DE L'OPINION DE FEU LE DOCTEUR ITARD, médecin en chef de l'Institution impériale des sourds-muets de Paris, Réfutation présentée aux Académies de médecine et des sciences morales et politiques, 1852, 1 vol. in-8°.

OBSERVATIONS SUR LA MIMIQUE, CONSIDÉRÉE DANS SES RAPPORTS AVEC L'ENSEIGNEMENT DES SOURDS-MUETS, adressées le 13 juin 1853 à l'Académie impériale de médecine, à propos des questions relatives à la surdi-mutité à l'articulation et à la lecture de la parole sur les lèvres, qui s'y discutaient en ce moment, in-8°.

DISCOURS PRONONCÉS EN LANGAGE MIMIQUE aux distributions solennelles des prix de l'Institution impériale des sourds-muets de Paris, des 13 août 1842, 9 août 1849 et 8 août 1857, in-8°.

BANQUETS DES SOURDS-MUETS RÉUNIS POUR FÊTER LES ANNIVERSAIRES DE LA NAISSANCE DE L'ABBÉ DE L'ÉPÉE, de 1834 à 1848 et de 1849 à 1863, relation publiée par la Société centrale des sourds-muets de Paris, 2 vol. in-8°.

L'ABBÉ DE L'ÉPÉE, sa vie, son apostolat, ses travaux, sa lutte et ses succès, avec l'*historique des monuments élevés à sa mémoire à Paris et à Versailles*, orné de son portrait gravé en taille douce, d'un *fac simile* de son écriture, du dessin de son tombeau dans l'église Saint-Roch à Paris, et de celui de sa statue à Versailles, 1853, 1 vol. in-8°.

POISSY. — TYP. ARBIEU, LEJAY ET Cᴵᴱ.

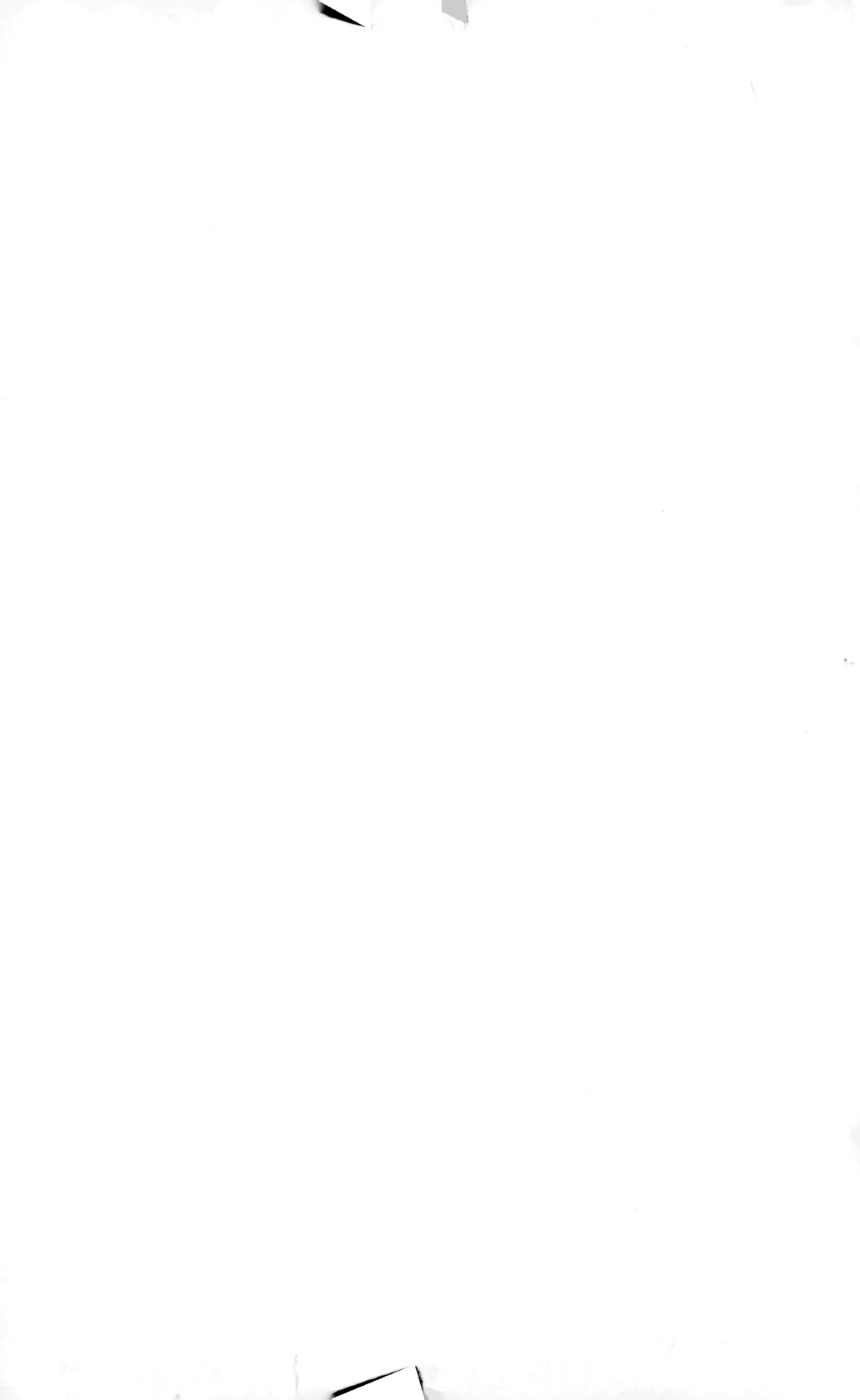

www.ingramcontent.com/pod-product-compliance
Lightning Source LLC
Chambersburg PA
CBHW060909220326
41599CB00020B/2893